通識教育叢書・治學方法叢刊

治學方法

楊晉龍　著

陳序

　　任何學術之「研究」，都離不開「科學方法」，而「科學方法」是以「邏輯思維」為主的，與藝術或文學之「創作」以「形象思維」為主的，有所不同。

　　用「科學方法」研究學術，必定涉及「求異」與「求同」的互動邏輯。一般而言，開始時，先在某一層面作「移位」或「轉位」式的「求異」，有了結果之後，再提升到高一層面作「包孕」式的「求同」，且以高一層面之「求同」來檢查低一層面的「求異」；兩者就如此互動，繼續不斷地提升其層面，以逐漸由某一學術領域跨界到其他領域，譬如由「人文學科」跨到「社會學科」，甚至跨到「自然學科」，致使一些「方法論」提升為「方法論原則」，甚至形成其「層次邏輯系統」（拙作〈試論方法論原則之層次系統 —— 以修辭與章法為考察範圍〉，《文與哲》學報20期，2012年6月，頁367-407）。而這種「求異」與「求同」，就「方法論原則」來看，前者是「先果後因」的「歸納」，後者是「先因後果」的「演繹」，都與「因果邏輯」有關。

　　而這種「因果邏輯」，在哲學上雖只是「範疇」之一，卻與「諸範疇」息息相關，能產生「普遍的有機聯繫」（張立文《中國哲學邏輯結構論》，2002年，頁11），因此在「邏輯學」中受到普遍的重視，而尊之為「律」。雖然它曾一度受到羅素（B. Russell.，1872-1970）偏執之影響，使研究沉寂了半個世紀；但到了二十世紀三〇年代後，卻有了新的發展，如美國當代哲學家、計算機理論家勃克斯（A. W. Burks），就提出了「因果陳述邏輯」，而建立了一個「公理

系統」，「從具有邏輯必然性的規律或理論陳述中推導出具有因果必然性的『因果律』陳述，進而推導出事實陳述。這種推導過程，不僅能解釋已知的事實，而且能預見未知的事實。」（黃順基、蘇越、黃展驥主編《邏輯與知識創新》，2002年，頁328-332）這在邏輯學的理論方面，是有相當大的創新價值的。

既然「因果邏輯」能產生「普遍的有機聯繫」，而建立了一個「公理系統」，自然就具有「母性」來統合諸多「層次邏輯」類型，如「本末」、「終始」、「先後」、「今昔」、「動靜」、「體用」、「虛實」（時間、空間、假設與事實、虛構與真實）、「賓主」、「立破」、「問答」、「敘論」……等（拙作〈論「因果」章法的母性〉，《國文天地》18卷7期，2002年12月，頁94-101）。更值得注意的是：這種「因果邏輯」既是一般「方法論」，也是「方法論原則」，更可用其「移位」、「轉位」作橫向聯繫、「包孕」作縱向聯繫，以形成其「螺旋系統」（拙作〈因果邏輯與章法結構〉，臺北大學《中文學報》14期，2013年9月，頁1-28）。由此更彰顯出「因果邏輯」在眾多「層次邏輯」類型中的基礎性。

由於「層次邏輯」反映的是宇宙人生「萬事萬物」的內在關係，而這「萬事萬物」，正是「學術研究」的對象，所以要從事於此，便必須重視這種能上徹於「層次邏輯系統」的「方法論」。《大學》一開篇就說：「物有本末，事有終始，知所先後，則近道矣。」直接指出：「本末」、「終始」、「先後」的「層次邏輯」就是研究《大學》深入其義理的主要「方法」——「方法論」。其實，這「本末」、「終始」、「先後」或其他的「層次邏輯」，不是僅僅可用於研究某一種已有的「典籍」或「學說」，以解釋「已知的事實」而已，更可由此逐步「開疆闢土」，能預見「未知的事實」，作「知識創新」的努力。因為宇宙萬物的創生、含容、變化的過程，都脫

離不了這種「層次邏輯系統」的「螺旋」作用（約翰‧格里賓〔John Gribbin〕著、方玉珍等譯《雙螺旋探密——量子物理學與生命》，2001年），從其正面產生「循環、往復而提高」的效果（拙作《多二一（0）螺旋結構論——以哲學、文學、美學為研究範圍》，2007年），不斷地層層互動，而生生不息。

正因為這種「層次邏輯」的「螺旋」互動，無所不在，所以可適用到「教育理論」之上，早在十七世紀，捷克教育家夸美紐斯（J. A.Comenius，1592-1670）即提出「螺旋式課程（Spiral curriculum）圓周式教材排列的發展」的理論，也稱「螺旋式循環原則（Principle of Spiral Circulation）」；到了二十世紀六十年代，美國心理學家布魯納（J. S.Brunner，1915-）也主張如此設計「分科教材」（顧明遠主編《教育大辭典》，1990年，頁276。又，許建鉞編譯《簡明國際教育百科全書》，1991年，頁611）。而如今如直接落到「教學」之具體層面上來看，則舉其大端者而言，其中課程的「設計」與「目的」，關涉「因果」的螺旋互動；教材的「理論」與「實用」，關涉「虛（因）實（果）」的螺旋互動；課堂的「教師講授」與「學生實踐（學習）」，關涉「賓（果）主（因）」的螺旋互動。有了這些「互動」，自然能有良好的「師生互涉立場」、「教學相長」，而達到使學生「獲得更佳學習效果的目的」，以呈現「層次邏輯」螺旋互動的最大功用。

楊晉龍教授，治學嚴謹，才華橫逸，一直以來，都精神飽滿，活力充沛，不但勤於作「學術研究」，陸續發表其具有「創見」的成果；也勤於到處「演講」或參加各類「學術研討會」，提出許多「新意見」，供學者或學生參考；更勤於參加各大學博碩士「學位論文」的口考，多方以「新觀點」指點迷津，使學生能用「新理路」來改好論文。這一切都是他歸根於「方法論」、「方法論原則」與「層次邏

輯系統」廣作研究的具體表現。

　　而很慶幸地，三年多以前，在他百忙中，答應撰寫《治學方法》，供人文學科尤其是中文系所作為「教材」，使教師與學生都能掌握「要領」，以增進「課程」的教學效果；先是在《國文天地》以「專欄」方式刊載，如今在「集樹成林」後，又授權給「萬卷樓圖書有限公司」出版。而個人忝為「萬卷樓圖書有限公司」董事長兼《國文天地》總編輯，感佩之餘，特在此出版前夕，提供這本論著始終流貫著「螺旋互動」意涵的小小閱讀心得，以表達誠摯的謝意與祝賀之忱！

陳滿銘

序於國文天地雜誌社

二〇一四年八月三十日

林序

　　晉龍兄是一位奇人，一般奇人都是跑江湖的，晉龍兄卻不是，他是臺灣最高學術研究機構中央研究院中國文哲研究所的研究員。一九九〇年八月一日，我進入中國文哲研究所，擔任副研究員，當時文哲所借用在半山腰的蔡元培館。由於原使用者仍保留不少房舍，所以相當擁擠，我和晉龍兄分配在同一個研究室。一九九〇年至今已整整二十四年，我逐漸了解晉龍兄，我所說的奇人，是因為他進入文哲所之前所擔任的工作，都不是一般中文系出身的人會去做的。各位如果詳讀蕭開元整理的〈從窯工到經學家──訪楊晉龍教授談學思歷程〉（《經學研究論叢》第16輯，2009年5月），處處可見他的奇言異行。

　　以下一大段是最常見的生平介紹：

> 楊晉龍，臺南縣佳里鎮番仔寮（北門郡）人，一九五一年出生於高雄縣阿蓮鄉信興磚瓦廠，一九七九年臺北延平中學夜補校畢業，一九八四年臺灣大學夜間部中文系畢業，一九八九年高雄師範學院國文研究所碩士，一九九七年國立臺灣大學中文研究所博士。曾任臺北榮民總醫院護理部護理佐理員；臺北雅禮補校國文教師；臺北市立師範學院進修部兼任講師；臺灣大學中國文學系兼任講師；中央研究院中國文哲研究所籌備處約聘研究助理、專任研究助理、助研究員、副研究員，現為研究員。曾獲中央研究院年輕學者研究著作獎。主要研究宋代以後的《詩經》學史、四庫

學。自認在經學史的研究方法、儒家禮儀及教育思想上，亦
有己見。學位論文《錢謙益史學研究》（1989）、《明代
詩經學研究（1997）》；另有〈論《詩問略》之作者與內
容〉（1999）、〈臺灣近五十年（1949-1998）詩經學研究
概述〉等數十篇論文。

晉龍兄對他的出身，採取如孔聖人「吾少也賤，多能鄙事。」的態
度。所以一五一十地把他少年時的鄙事描述得十分清楚，大家聽到他
的講述都非常驚訝，竟然從一個窯工變成中國文學博士，這是晉龍兄
人格特質之一。他撰寫研究論文幾乎採取竭澤而漁的方法，引證多達
數十百條，因此贏得博學家的美名。此外，他尋找研究論題跟一般人
只注意傳統性論題大不相同，例如明代《詩經》學的論文，他會撰寫
〈明清詩經學著作中的《文昌化書》〉、〈明代詩經學論著應用佛典
的研究〉，又寫了〈經學與基督宗教：明清專著中的西學概念〉，這
些都是一般人無法想到的論題。他常說他外文不好，為了吸收新知，
他閱讀外文著作的中譯本多達百餘種，是臺灣中文界學者中西學知識
相當豐富的一位。

　　一九九〇年我開始在臺北市立教育大學中語系碩士班和碩專班講
授「治學方法」，用的教材是我自己編著的《學術論文寫作指引》
（臺北市：萬卷樓圖書公司，1996年9月），當時碩士班的學生有
十幾名，碩專班學生有二十多位，一學年下來，要批改的作業多達
六七十份，深感吃不消。這時我向古國順所長報告，是否可請楊晉龍
先生來碩專班講授「治學方法」，古所長欣然接受。二〇〇〇年晉龍
兄開始在市立教育大學講授「治學方法」，二〇〇一年也到剛成立的
臺北大學中國文學系講授「讀書指導」。二〇〇三年國立高雄師範大
學經學研究所成立，晉龍兄也應邀講授「治學方法」。因為晉龍兄講

授的内容跟以前所謂的治學方法大不相同，學界許多人要求他的講義能夠在《國文天地》連載，二○○八年二月萬卷樓圖書公司請學界人士喝春酒時，晉龍兄終於答應在《國文天地》刊登所有治學方法的講義，此一專欄自《國文天地》24卷8期（2009年1月）起，連載了三年多，在《國文天地》第28卷第12期（2013年5月）圓滿結束。

這本《治學方法》基本上根據刊登於《國文天地》的文稿，增刪而成。前有緒論，以下再分九講：

第一講　基本理念的說明
第二講　師生自介及問卷意義的分析
第三講　教學與研究的環境分析
第四講　世界視野下的研究環境概說
第五講　標點與閱讀的分析討論
第六講　論文書寫的技術性內容
第七講　論文書寫的實質性內容
第八講　論文評論的相關內容與問題
第九講　總結性的教學歸納

這本書與前人所撰寫的治學方法，有很大的不同，茲舉數例說明：
其一，在第一講〈基本理念的說明〉中，特別強調治學方法不等於研究方法。

「研究方法」簡單的說，就是如何進行研究並做好學問的方法。比較複雜的說，就是探討一種能幫助學習者有效掌握如何建立規則、如何吸收且內化外在知識的操作程序或運作技巧，以便可以恰當地進行學術研究，並因而取得學術上的

「發現」或「重現」等具有創新意義與價值的方法。

所謂治學方法，晉龍兄說：

> 「治學方法」課程與「讀書指導」、「國學導讀」、「國學概論」或「古籍導讀」之類課程，既相關卻又不同，這些課程涉及的有關書籍內容、版本、聲韻、訓詁、斠讎、目錄、輯佚等等的基本知識，乃是「治學方法」課程的重要基礎，沒有這些基本知識即無法有效進行「治學方法」課程的教學，學習者缺乏這些基本知識，則對「治學方法」課程的學習必然受到嚴重的不良影響。

晉龍兄在這裡特別強調「研究方法」不等於「治學方法」，「研究方法」是如何進行研究並做好學問的方法，至於「治學方法」晉龍兄並沒有為它作嚴格的定義，從前面的引文可以知道有關書籍內容、版本、聲韻、訓詁、斠讎、目錄、輯佚等的基本知識是「治學方法」的重要基礎，可見古代典籍的基本知識是「治學方法」不可或缺的學習條件。至於兩者的異同晉龍兄可能要作更簡潔扼要的說明。

其二，在第二講〈用師生自介及問卷意義的分析〉中，提到用自我介紹的方式，可以加強師生間的了解：

> 「自介」的目的，主要在於經由同學閱讀教師的「自介」之後，引發同學誠實面對自己的思考，因而可以比較確實的和自己內在坦承的「見面聊天」，故而「自介」書寫的重點，不在於同學寫出多少內容，而在於同學「回想省思」了多少？

根據晉龍兄的設計程序：（1）閱讀自己的自介；（2）閱讀教師的自

介；（3）思考兩個不同版本在寫作的基本精神與內容上相同與相異之處；（4）以教師的「自介」為基準評量自己的「自介」，確定兩者實質上的異同；（5）根據教師「自介」的基本精神改寫自己的自介；（6）檢查並確定沒有文句與錯別字的問題後，將「自介」傳送給老師。講授治學方法的學者不妨根據晉龍兄的設計程序去執行，看看是否能達到晉龍兄所預期的效果，這是這本書最有創意的地方。

至於第四講至第九講，與其他討論學術論文寫作方法的書籍內容互有出入，同一問題，晉龍兄這本大作討論得更深入、更具分析性，從這些問題的討論、分析，也可以看出他思慮是相當周密的。也因中文人不善於作分析，晉龍兄所到之處，很快就成為焦點人物。

我與晉龍兄認識二十多年，我們的研究室同在五樓，有許多經學問題我們的觀點並不一致，但仍是諮詢、請教的好對象。這二十多年間，我承擔經學研究室的研究計畫，都仰賴秋華兄和晉龍兄從旁協助，才有那麼多的研究成果，我心中充滿感激。在他的大作出版之際，晉龍兄要我寫一篇序。我把這二十多年間交往的經過作為序的基本材料，如果寫得不好，請晉龍兄見諒。晉龍兄這本書，可以說是我和陳滿銘老師代為催生的，我們樂見這本書能夠成為國內外研究生必備的參考用書。晉龍兄的著作還有很多待出版，至少單篇論文就有一百多篇，想參考他論文的人都為他著急，有大陸學者說別人是論文不足也要出書，晉龍兄是有論文但卻不想出書。他四庫學的論文我督促他出版催了八年，他仍是原封不動，晉龍兄就是這樣的一個奇人。

誌於中央研究院中國文哲研究所五〇一研究室

二〇一四年九月十四日

梁序

　　我與晉龍兄認識一段時間了，這段時間，對於一位七十多歲的老人來說，並不算長。但因為雙方都是性情中人，因此相處起來十分愉快，頗有知音，以及惺惺相惜之感，就像相識已經很久一樣的老朋友。

　　晉龍兄的大作《治學方法》一書，即將於萬卷樓圖書公司出版。晉龍兄在去年公司尾牙宴上，即已囑我作序。酒酣耳熱之際，加上我與晉龍兄之間的情誼，當下便一口答應。酒醒之後，才驚覺「『治學方法』並非我的專長，怎麼寫序呢？」今天，公司編輯同仁拿著即將殺青的稿子給我，要我交稿。當下，便趕緊將關起門來用功，通讀本書。

　　用功地當下，便想起二○○八年萬卷樓圖書公司的春酒宴，席間由陳滿銘老師、林慶彰老師和我一起，慫恿晉龍兄將他在大學講授的「治學方法」課程的講義，在《國文天地》上連載發表。當時，也是在酒酣耳熱之際，晉龍兄答應了！就這樣，為本書的出版工作，展開了序曲。

　　經過了半年的準備，從二○○九年一月號的《國文天地》開始刊登，到二○一三年的五月號結束。再加上後來刊登的兩期摘要，總共連載了五十五期。將近四年的時間，每個月必須在固定的時間提交一份七千字的稿件，對任何人來說，都是一件不容易的事情，更何況是肩負繁重研究工作的研究人員。加上那段時間，晉龍兄還擔任中研院文哲所副所長的職務。行政工作是最累人的，加上學術研究的壓力，但是晉龍兄做到了！不僅沒有一次脫稿，而且都在約定的時間內，將

稿件寄到編輯部的信箱。這不僅表現出，他過人的毅力，以及精準的時間管理，更表現出他對《國文天地》的重視，和對朋友承諾的堅持。十分令人感動。

在二〇一三年五月，連載結束的時候，我打了一通電話給晉龍兄，提出了希望把這段時間連載的稿子，集結成一本書，造福眾多的讀者，做為讀者做學問的案頭書。晉龍兄仍然不改爽快的個性，一口答應。但要求不能夠馬上出版，必須讓他有充分的時間，進行修改和調整。因為，將近四年的連續寫作稿件，前後必須再加以修整、補充。這是晉龍兄對著作負責任的表現，當然我是絕對支持的。到了二〇一四年三、四月號，晉龍兄又補充了兩講，並告知本書即將可以出版。我請編輯部同仁詢問晉龍兄「有沒有什麼要求？」他回信告知「出書的目的，是方便大家閱讀，並沒有利益上的要求。唯一的要求就是，如果萬卷樓不出書了，希望無條件讓其他出版社出版。」晉龍兄的回信，讓我對他的人格更加的敬重，他對學術公器的無私和熱忱，十分令人敬佩。

今年是《國文天地》雜誌創刊以來，六月份邁入第三十年，本月是萬卷樓成立二十六年。雖然我早年在中央銀行上班時，曾經在多所大學商學院任教，後來投入商場歷練。十八年前，在因緣際會下，到萬卷樓擔任經理人。這段時間，雖然浸濡在書海當中，但學術研究仍然不是我的專業。晉龍兄的大作出版，邀我作序，為了避免班門弄斧，謹就本書出版的過程，以及我對晉龍兄的敬仰，以此誌之，謹為之序，以告讀者。並表達我對晉龍兄的感謝。

萬卷樓圖書股份有限公司總經理　梁錦興

二〇一四年八月二十六日謹誌

目次

緒 論

　　高等教育的目的至少包括：培育社會需要的人才及培育學術研究的人才等兩項基本功能，在整個培育人才的過程中，潛能的開發自是其中非常重要的工作，學術論文就是展現新開發潛能的重要工具，因此只要進入大學及研究所，無論隸屬於自然學科、社會學科或人文學科，開發潛能積極創新，並將新意具現為文字，有效的傳達給同行，就成為所有大學生與研究生必須面臨的基本挑戰。積極創新是所有學科的共同要求，但展現創意的論文寫作方式，則不同的學科各有寫作行規，「治學方法」的課程就是提供人文學科尤其是中文系所同學，如何治學與研究相關方法與思考的建議參考，目的是協助有心研究的同學，可以更好且更有效進入學術研究的情境中，因而能在高等教育過程中，獲得更豐厚的學習效果。

　　為了達成協助大學系所同學獲得更佳學習成果的目的，本課程將分成「教師講授」與「學生實踐」兩部分進行，「學生實踐」即是聽完教師講授後，書寫論文及研究計畫的實習，這一部分與教師講授的內容，如鳥之雙翼缺一不可，「學生實作」的部分無法在此討論，因此以下僅討論教師講授的部分。教師的講授將分成十個單元進行，在進入正式的十講課程之前，當有必要針對教師及其學術淵源與教育觀、講課的動機與目的、講課的基本認知，以及講課進行的程序等等，進行必要的說明，讓同學對教師的思想與學術理念，有個比較清楚的了解，擔負此一說明相關資訊工作的即是「緒論」也。

一　理念與緣起的說明

　　傳統中國教學活動中，「教學相長」的觀點，[1]應該是所有關心中國教育思想者耳熟能詳的基本認知，筆者在思考教學行為之際，於是將這個觀點當作實際教學活動的基本原則，根據這個原則因而將教學活動理解為教師與學習者之間，相互了解與相互學習的互動溝通過程，並在這個教育活動基本認知的原則下，依據教師在教學之際的考慮，將教師的教學行為區分為：（一）基於「教師本位立場」的教學；（二）基於「學習者本位立場」的教學；（三）基於「師生互涉立場」的教學等三大教學類型。筆者在學術領域中屬於「理想上」必須注重「致用」之優先性，並以「經世」為終極考慮的專業經學研究者；在教學的功能上，則是確認教育主要是以引導學習者慎用「本能」且有效發揮自我「潛能」，並使其恰當且愉快適應社會生活為目的之教育者。因此在教學考慮上自然比較傾向於既尊重教師學術專業考量，同時也尊重學習者現實需要和實踐可能的「師生互涉立場」的教學類型，這也就是此「治學方法」課程講授時，始終秉持的基本學術與教學的立場。

　　「師生互涉立場」教學立場下的教師，進行教學活動之際，除必須充分保障學習者有關學習上的基本權利（right）外，同時還必須充分尊重學習者在學習上擁有自由選擇的終極權力（power），故而認定教師教導的內容是否有效或有意義，並不是由教師單方面

1　[漢]鄭玄注，[唐]孔穎達等正義：《禮記正義·學記》（臺北：藝文印書館，1981年元月影印[清]嘉慶20年[1815]江西南昌府學《重栞宋本十三經注疏附校勘記》本），卷三十六，頁2b，總頁648。本書所有涉及《十三經》的正文內容，均使用此一版本，故下文直接在引文前後註明書名與篇章，不再重複抄錄出版資訊，以省篇幅。

就可決定，而是必須經由學習者再加確定，此即「師生互涉」的意義。在此種教學思考為前提的考慮下，則教師固然要了解學習者接受課程之初，已經具備有那些有利於學習的「起點行為」（entering behavior），學習者當然也有必要了解教師形成其思想與知識內容的背景，亦即必須在師生相互了解對方知識的內涵與來源背景之後，纔有可能確實達到此一教學上「互涉」溝通學習交流的預設目標。基於此種「師生互涉」而必須相互了解的需要，故而純就有效教學的角度而論，即使面對的是屬於未可知而無法了解其「起點行為」的同學，教師同樣有義務將本身的學習背景、知識來源、專業性質、教學理念等等，這些關係到「互涉」的內容告知同學。基於這樣的認知，因此在未正式進入「治學方法」課程的正題之前，當然就有必要將寫作此課程的源起、教師的知識背景、教師對治學與研究專業上的基本認知，先來個宏觀全景式的略說，以方便同學了解教師所以如此說之故，然後即可做為判斷是否接受教師言論或觀點的依據。

　　基於「教學相長」與「師生互涉立場」的前提，更有必要在學習者未進入正課或正文之前，鄭重提醒大家一個非常重要的訊息，那就是此書中所言，僅是在教師個人學習反思之下，「自以為是」最佳的引導大家治學與研究的方法，且絕對是許許多多有效進行治學與研究的教導方式「之一」而已，亦即所提供的內容，僅是「可能的近似答案」而非「確定的唯一答案」，故而必然還存在有許多可以再加商榷的瑕疵或錯誤。基於此種基本認知，所以要慎重地提醒大家聽課之際，除必須要時時記得「答案僅是學習的開始」之基本認知外，還要時時保持一種對教師所言批判的精神和挑毛病的態度，必須經由自己慎重確定沒有問題之後纔能選擇性的接受教師的言論，以免不小心而蒙受教師錯誤訊息的誤導或傷害。這種批判精神當然是治學與研究之際，必須擁有的基本認知，自也是治學和研究的學習過程中，必須自

我建立的重要基本素養。既然這是學習治學與研究必須培養建立的重要基本素養，則當然要以治學與研究的實際操作者──教師做為最先批判對象，若果教導批判反思精神的教師，經受不起學習者的批判質疑，則如何有資格說自己有能力教導或引導學習者了解並運用批判反思的精神呢？再者同樣基於「師生互涉立場」教學類型，還有一個最基本的要求，就是教師用以引導學習者的內容，必須是教師親身體驗過之事。換言之；就是要絕對遵守「教師要叫學生去死之前，自己必須先死給學生看」的基本原則，絕對禁止出現「教師賭咒叫學生去死」的狀況。此種具有經濟學上「賽局理論」（game theory）精神的教學類型，[2]當然只是我自己選擇的教學基本原則，卻不一定適合所有的教師。

這個課程講授內容的背景，主要是根據國立高雄師範大學經學研究所和臺北市立教育大學（即「臺北市立大學」）中國語文學系夜間教學碩士班的研究生需要而設計，這兩家研究所的研究生，大致是未來準備任職於國、高中的教師和國民小學的在職教師，大家進修的主要目的，對學術深入或深化研究的需求度較低，對如何把學術落實到實際教學活動的需求性較高，有趣的是大家的這個需求，事實上正好和筆者專業的經學研究，要求「通經致用」的基本原則相通。為了因應大家的實際需求，本課程內容設計的重點，雖然也會注意到學術深化或深入方面的引導，但並不特別要求長時間累積學術厚度與深度方面的訓練；反而比較偏向提供如何引導同學在有限時間內，適當運用較為容易掌握的學術資源，以進行論文寫作的相關訊息，以及如何把學習和研究的內容，有效地與教學活動或日常行為結合的問題為

2 　「賽局理論」的內容，參考了巫和懋、夏珍：《賽局高手：全方位策略與應用》
　　（臺北：時報文化出版企業公司，2002）的相關討論。

重心。此種把學術研究當作學習目標「之一」而非「唯一」的實際狀況，自與一般研究生僅僅以學術研究為「唯一」考慮前提下的設計內容並不完全相同。換言之；此課程的內容實際上是依照特定需要而「量身訂做」出來的結果，這種以結合「教學」與「治學」及「生活」為主的治學與研究內容，未必符合所有學習者的需要，但對於具有教師身分或準備成為教師的研究生們，或者可以有點實際的功能。

二　教師學術背景的說明

筆者民國六十八年（1979）由延平高中夜補校進入臺灣大學夜間部中文系就讀，當時筆者在臺北榮民總醫院擔任護理佐理員的職務，在這之前筆者曾學過製磚燒瓦及維修相關機器的技術、製造裝修電熱水器的水電工、製造模具的鉗工、槍砲修理士、汽車與戰車修理士、化學藥劑調配工、反循環樁基礎工程技術人員、油漆工、室內裝潢工、賣麵的路邊攤老闆等等，這些實際工作的經驗，使得筆者在思考問題時，總會注意程序的適切性和如何有效應用的問題，這大概也是後來選擇研究「經學」的內在原因吧！

筆者進入臺大後，一年級就受到張淑香老師和柯慶明老師的教導，當時有種求知若渴的感覺，經常在課上與課外向許多老師們請教問題，這個習慣差點還導致樂蘅軍老師無法上課，但經由張老師和柯老師不厭其煩的引導，筆者那個注意程序與應用的思考傾向，竟然逐漸轉移到如何做研究的問題上。更有趣的是當年大一英文課本中，居然有一課專門介紹討論邏輯謬誤（fallacy）的問題，因為不懂得這個新鮮詞彙，因而購買好幾本《邏輯》和《哲學概論》的書籍閱讀，看到書中論及「方法論」的問題，於是再購買涉及「方法論」的書籍翻

閱，第一本看的是勞思光先生（1927-2012）的《思想方法五講》。[3]
大約從大一開始，就懵懵懂懂的注意到所謂研究學問「方法」的問
題，但還不是很明確；後來又在柯慶明老師、張淑香老師、張以仁老
師（1930-2009）、吳宏一老師、陳修武老師、周鳳五老師、葉慶炳
老師（1927-1993）、羅聯添老師、李偉泰老師、彭毅老師、齊益壽
老師、方瑜老師、黃沛榮老師、梁榮茂老師、周學武老師、何大安老
師、蕭璠老師、鄭良樹老師、章景明老師、葉賡勛老師、何佑森老師
（1931-2008）、黃振華老師（？-1998）……等等老師的教導下，於
是如何治學的思考逐漸明朗。

　　民國七十四年（1985）筆者考入國立高雄師範學院國文學研究
所就讀，開始接受中文本科系的周虎林老師、劉文起老師、林慶勳
老師、曾昭旭老師、戴景賢老師、龔鵬程老師、何淑貞老師、顏崑
陽老師、吳哲夫老師、高明老師（1909-1992）、王熙元老師（1932-
1996）、應裕康老師（？-2013）……等；還有教育系的陳迺臣老
師、吳松林老師等，有關學術研究和治學方法的教導。再加上經常與
國文研究所的方中士、崔文娟、鄭富春……等；教育研究所的莊勝
義、蘇永明、張川木、黃文三……等同學，進行學術的爭辯，為了
「輸人不輸陣」的面子問題，因此除中文本科系必讀的書籍外，更
閱讀了不少西洋思想、方法學、教育學、教育思想、教育心理學等方
面的書。就在這樣經由老師的引導和同學的相互激勵，再加上筆者自
己的閱讀、反省與綜合，於是所謂治學與研究的思考，終於比較明確
的建立。同時又驚訝的發現，以前愛看的漫畫、推理小說、武俠小
說、愛情小說、布袋戲、卡通、電影；工作關係而看的機械、彈道、
電學、電子學、化學、物理學、心理學、童軍學、生理學及護理、醫

3　勞思光：《思想方法五講》（香港：文光書局，1958）。

藥和醫學相關的書；準備高普考而閱讀的衛生行政、人事管理、法律學、政治學、經濟學、行政學及警察學等方面的書，似乎也都有某些可以和治學與研究拉上關係的內容，於是統合這些知識，並結合從吳松林老師處學到的教育心理學方法，自己創造了一個具有明確範圍與教學方式的「吳楊式教學法」，同時也在「吳楊式教學法」的意義下，創造了一套自以為與眾不同的治學與研究的方法。

　　民國七十八年（1989）筆者考入臺大中文所博士班，當時由於自詡對治學與研究的方法有一套，並覺得臺大中文系所的同學，很多不懂得如何治學與研究，於是跑去找系主任黃啟方老師，毛遂自薦的說可以為中文系所同學開「治學方法」的課，黃老師大概被我這個大膽學生的突兀行動嚇了一跳，因此說可以安排讓我講幾個小時，我說幾個小時不夠所以不講了，後來當然就不了了之囉。博士班時除修習和旁聽孔德成老師（1920-2008）、程元敏老師、張亨老師、彭毅老師、許倬雲老師……等的課程外，並受到張以仁老師和吳宏一老師的指導，由於在臺北市立教育學院進修部兼課，因此繼續受到陳迺臣老師的教導；博二進入剛成立的中央研究院中國文哲研究所籌備處工作，因此有機會向陳槃先生（1905-1999）、王叔岷老師（1914-2008）、柳存仁先生（1917-2009）、戴璉璋老師、陳鴻森學長、林慶彰老師等等學習請益，再加上那些研究領域有別，來自不同地區的研究人員及訪問學者等的學術討論爭辯，都對自己學術的了解與成長大有幫助，對治學與研究的相關問題因此也就越來越明確。故而在民國八十八年間發現中央圖書館有一個「研究方法」的網頁，裡面並沒有放置任何資料時，就把寫好的「研究方法大綱」寄贈給該網站，掛在網上供有興趣者參考。

　　民國八十九年（2000）間和林慶彰老師討論問題時，曾提到臺灣當時中文系所在教導「治學方法」時，大多數沒有先弄清「治學方

法」和「讀書指導」的差別，多數「治學方法」課程或書籍，只是另一種形式的「讀書指導」而已。於是經由林老師的介紹，並經古國順所長的同意，從民國八十九年（2000）開始在臺北市立教育大學（今「臺北市立大學」）中語系夜碩班教授「治學方法」；民國九十年（2001）則到剛成立一年的臺北大學中文系講授「讀書指導」；民國九十二年（2003）國立高雄師範大學經學研究所成立，因為我是該校的校友，因此也受邀到經學研究所開課教導「治學方法」。這是形成此課程的背景、過程及筆者教學經歷的實際狀況。

三　定義與範圍的說明

　　「研究方法」簡單的說，就是如何進行研究並做好學問的方法。比較複雜的說，就是探討一種能幫助學習者有效掌握如何建立規則、如何吸收且內化外在知識的操作程序或運作技巧，以便可以恰當地進行學術研究，並因而取得學術上的「發現」或「重現」等具有創新意義與價值的方法。講授「治學方法」的目的，就在於協助學習者找到一種在學習過程中，能夠有效幫助自己建立具備個人特色的學習規則，並因而獲得最佳學習效果的途徑與執行程序。

　　「治學方法」課程學習的基本內容，我將之歸納為兩個相關聯，但注重不同教導方向的「有何」和「如何」等兩類的教學內容。「有何」的教學，教導那些和治學相關或可以協助治學的既有成果，就是教導一種「增強研究基本能力」的知識與技術，教學的內容還可以分成「基礎性知識」、「擴充性知識」與「操作性知識」等三個不同層面的知識：一、「基礎性知識」指學習者必須具備的基本專業知識，以中文相關領域而言，就是傳統的小學（文字、聲韻、訓詁）、版本學、目錄學、辨偽學、輯佚學，以及思想史、歷史學、文化知識等；

其中目錄學與輯佚學部分，尤其需要特別注意網路資料庫出現後產生的影響狀況。二、「擴充性知識」指和學習者本身專業研究相關，或有助於學習者專業研究等，具備輔助學習者專業研究功能的其他專業知識而言，「擴充性知識」的範圍相當廣泛，且因人因研究專業而異，就現代中文系所的學習者與研究者而言，西方文學理論、社會學、政治學、傳播學、行銷學、管理學、經濟學、人類學、民族學、宗教學、民俗學、法律學、文化研究……等等，都可納入其中。三、「操作性知識」指如何寫成論文的技術，包括議題訂定、章節設計、體例要求、字數多寡、段落安排、寫作程序、寫作計畫、遣詞用字、腳註功能等實際的寫作技術，以及合法引述、合宜請教、評論與回應等相關的技術。就「治學方法」課程的基本要求而言，主要以「操作性知識」為重點，至於「擴充性知識」則不一定要納入，再者「治學方法」課程預設的教導對象，我將之設定為已具備相關學科基礎知識，對學術研究具有比較強烈興趣的學習者，故而「基礎性知識」不列入教學的範圍。「如何」的教學內容，則教導如何將學習獲得的「有何」之知識內容與操作技術，適當且有效地運用在學術研究和論文寫作上，這是一種「有效管理研究資訊」的教學。因此「治學方法」的教學目標，就是培養學習者學會統合運用前述「有何」和「如何」等兩類內容的能力，同時還要能具有較為長期性效應的教學。

　　觀察現在臺灣中文系所開設「治學方法」一類課程者，若以教導的內容為依據，則大致可區分為五種不同的教學類型：一、專以「有何」相關之內容教導者；二、專以「如何」相關之內容講說者；三、以「有何」為主而以「如何」為輔的教導者；四、以「如何」為主而以「有何」為輔的教導者；五、重視「有何」與「如何」平衡的教導

者。[4]但無論教學內容屬於何種類型，就其整體的教學主軸而言，大概很難脫離「如何做研究」與「如何寫好論文」兩個重要的範圍或方向。如何做研究？即治學與研究的問題；如何寫好論文？即論文寫作與技術的問題。這兩個相關的問題，既有連續性的關係，也有前後次序的關係。我的觀點是：必須先有一定程度「治學與研究」的訓練與自覺，纔比較容易確定研究的方向，也比較能了解研究的相關問題與策略，因而纔有可能達到符合「論文寫作與技術」基本要求的能力，然後纔能進行學術研究或論文寫作。因為無論研究或寫作論文，必須先考慮到研究的方向與途徑，如此纔有可能在論文寫作的過程中，比較有效的運用研究的方法和技術，因而取得較佳的研究成果。「治學方法」課程因此就必須注意到此種與研究能力培養具有密切關係的先後次序，比較正確的方式，就是先教導學習者確立研究的程序與方向，然後再教導實際寫作論文相關的操作程序，這樣學習者纔有可能比較有效地運用先前教導的原則，完成一篇合乎學術基本要求的正式論文。

　　依據前述觀點而設計的「治學方法」課程的教學程序，大致可以分為以下十項：一、有關教師背景的了解，以及「治學方法」的學科定義、學科性質、課程主旨、學習的內容等內涵的討論；二、有關如何正確讀書、如何有效學習、如何尋找閱讀主題、配合研究的條件如何，以及如何獲得研究資料以確定研究方向等問題的探討；三、有關研究或寫作論文的工作與過程，對學習者本身具有何種價值與意義等研究功能的探討；四、有關研究工作對整個學術文化的意義與貢獻等，這類主要是涉及研究價值問題的分析；五、有關研究者「先驗

4　此係二〇一四年三月十日透過「臺灣Google」（https://www.google.com.tw/）和「大陸百度」（http://www.baidu.com/）搜索引擎搜尋能見到的「教學大綱」及掛在網路的相關文章所得的大致結果。

結論」的來源與問題等，這類涉及的是「前解釋」立場的自我分析與了解；六、有關如何取得最正確研究資訊、如何選擇最合用資料等，這類則涉及蒐集資料與合法恰當使用資料等的探討；七、有關如何養成良好學習態度與習慣，諸如自我充實學術能力、隨時發現資料和搜集相關資訊、養成有效學術聯想等的探討；八、有關如何面對既有答案，既能見其所言，又能窺其所未言，以及面對現象出現疑惑或產生「不以為然」，甚至「難以忍受」的感覺時，如何把這些情緒反應，轉化為「有效問題」等，這類是如何將面對的平常問題予以有效問題化的訓練；九、有關如何確定最適合學習者本身學術「專門研究對象」，探討如何指導學習者正確選定研究主題；十、有關論文寫作如何達到最佳狀態，以合乎最高要求。以上也是「治學方法」課程必須教導的內容，教學或學習之際固然要注意此先後程序，但卻也不必死守，若能以整體綜合的意識為教學前提，則效果未必不佳。

「治學方法」課程與「讀書指導」、「國學導讀」、「國學概論」或「古籍導讀」之類課程，既相關卻又不同，這些課程涉及的有關書籍內容、版本、聲韻、訓詁、斠讎、目錄、輯佚等等的基本知識，乃是「治學方法」課程的重要基礎，沒有這些基本知識即無法有效進行「治學方法」課程的教學，學習者缺乏這些基本知識，則對「治學方法」課程的學習必然受到嚴重的不良影響，因此學習的效果必然不佳，但「治學方法」課程不必教這些基本知識，教導的重點是放在實際的研究與論文寫作上，如何有效且適當地運用這些「基礎性知識」的技術。熟悉這些「基礎性知識」，可讓學習者面對文獻資料時，具備一種確認所知資料之外是否還有其他資料、確定所得資料的正確性與有效性，以及如何運用更開闊的視野進行研究的能力。以下稍舉數例以說明「基礎性知識」對學習者帶來的正面功能：一、「考證學」可以協助學習者有效確認資料記載的正確性。所謂資料的正確

性至少可以包括兩類：一是記錄文本符號（包括文字與圖像等）的正確性，亦即確認所見的資料，就是當初記錄者或創作者的原始樣貌；一是確認記錄事件內容的正確性，亦即確認所見的資料，沒有刻意隱瞞、刻意造假或涉入太多個人價值判斷，甚至以個人價值替代事件意義的問題。二、「目錄學」可以協助學習者有效確認運用資料的搜集是否齊全完備。這也可以包括兩個方向：一是知道多少資料與此事件相關，亦即了解所有直接紀錄此事件的文本與非文本資料，以及與此事件發生相關的淵源、成因與影響的資料；一是知道多少可以用來分析探討此事件內容的方法與參考資料，亦即涉及研究立場與學科整合等相關的資料或資訊。三、「版本學」可以協助學習者有效確認現存資料中那一個文獻的內容比較可信。就是找出比較沒有問題的諸如記錄不全、闕文少頁或錯別字等一類疏漏的文本。四、「輯佚學」可以提供學習者更完備的文獻資料。就是尋找出未曾受到注意而遺漏的資料，亦即再一次確認是否還存在有某些他人未曾注意或一般目錄遺漏闕載的資料。但在網路資料庫出現之後，則由於資料庫在搜尋功能上的方便性與精確性，因此對於前人蒐集的輯佚資料絕不可照單全收，一定要再經過有效的確認方可。五、「斠讐學」可以協助學習者有效減低資料的參差程度，以確保資料的統一性。亦即面對眾多混雜而記錄參差的資料之際，經由比對判斷而確定資料中的某一記載的文本，相對於其他文本比較完整或比較可信，但並不能保證絕對確實可信。這部分的學習和研究，同樣可以借用網路資料庫的功能，因而獲得更多可資利用的參考資訊。六、文字、聲韻、訓詁等「傳統小學」，可以增強學習者解讀與詮釋文本時的正確性與有效性。亦即細緻的了解每一個字的讀音、意義及其歷史衍變的狀況。「聲韻學」在於了解不同時代的讀音與分韻；「文字學」在了解文字的字形演變及其一般性的意義；「訓詁學」在於了解不同歷史時空中的文字與典章制度的實

際運用狀況及其特殊的意義。這些內容當然對於有心進行傳統學術研究的學習者大有助益。

就一般的狀況而言，先修過或自修過「讀書指導」、「國學導讀」、「國學概論」或「古籍導讀」等相關課程者，再修習「治學方法」課程，就學習程序而言，應該是比較理想的方式，也比較能獲得較佳的學習效果。以上即有關「治學方法」的定義及其研究範圍等相關問題的簡略說明。

四 小結

「治學方法」課程設計的內容，就其終極目的而言，必須要能夠強化或引導具有學習意願者，建立正常的研究態度，並且還要能協助學習者：確定具有學術價值的研究主題、深化研究的對象、發現新的問題、創新研究的方法、開發新的研究方向、尋找適切的資料、運用正確的研究策略、獲得有效且具有學術價值答案等等的功能，這些功能目標若能確實達成，自然就比較有可能寫出不僅合乎基本學術要求，同時還具有學術價值的論文。

學習經歷和生活歷程影響個人的判斷，我的生活與學習經歷較為特殊，因此對於某些事件的判斷，我的觀點可能與一般學者不同。例如我就曾經從論學的角度，將現代研究者區分為：「平民百姓角度的論學者」和「學者士人角度的論學者」等兩大類，並以為抱持「平民百姓角度」一類思考者，傾向於注重「如何活下去」的問題；至於抱持「學者士人角度」一類思考者，則傾向於注重「如何有尊嚴」的問題。例如同樣面對「投降」一事，「平民百姓角度的論學者」基於百姓生存權利重於一朝一姓存亡的前提，故認為只要能讓百姓免於死亡威脅，則「投降」並無不可；「學者士人角度的論學者」基於一朝一

姓存亡重於百姓生命的前提，故認為即使百姓全部犧牲也決不可「投降」。我也曾根據學者意識型態的表現，將現代研究者區分為「以整體中華文化為關照的論學者」和「以大漢民族文化為關照的論學者」等兩種類型，例如同樣面對滿清皇朝的皇帝及學者，「以整體中華文化為關照」類型的學者，會從「四海一家」的「民族平等」角度，進行客觀的觀察與評價；「以大漢民族文化為關照」類型的學者，會從「民族大義」的「夷夏大防」角度，進行「種族主義」式的批判。同時還依據學者批判傳統的表現，將現代研究者區分為「自我承擔責任的普通人」和「責怪祖先的敗家子」等兩種類型，例如面對滿清末年中華民族受到東西方殖民主義列強欺凌的悲慘狀況，「普通人」類型的學者，首先思考的是如何負責解決面臨的災難；「敗家子」類型的學者，首先思考的則是批判祖先為何害我面臨此一苦難。[5]我自認為屬於綜合「自我承擔責任的普通人」、「以整體中華文化為關照」和從「平民百姓角度論學」的研究者，因此對於某些事件的觀察和判斷，可能會有異於某些長期存在的「刻板印象」，大家爾後若看到這些不同的判斷，千萬不要覺得太過奇怪。以下即分成十講，闡述「治學方法」的理念與寫作論文的技術等內容。

---

5 對「敗家子類型」學者內含有興趣的讀者，請參考楊晉龍：〈「四庫學」研究的反思〉，《中國文哲研究集刊》第4期（1994年3月），頁349-394所言。

第一講
基本理念的說明

一　前言

　　《治學方法》一書，係受到陳滿銘老師和林慶彰老師等師長們的鼓勵要求而寫成。師長們對我這位「怪咖」如何上「治學方法」，充滿了好奇心，因此要求寫作的內容，應盡可能如實呈現上課的實際狀況，故而以下的表現，除刪除某些可以列入「限制級」的內容，以及較為瑣碎的規定外，其餘均盡可能按照上課的講稿及口頭的補充說明呈現，並未進行專書寫作式的修飾，故而文中必然有某些不太符合專書或論文寫作方式之處，內容當然也不免有重複之處；並且在寫作上課講稿之際，並無嚴格學術要求的預設，故而某些引文或者未詳列出處，若是自己的書倒還容易查到，因為我的讀書習慣是將書中比較重要的內容，重點式的列在扉頁，並註明頁碼，這個習慣可以方便後來尋找資料之用，但若是向圖書館借的書，則沒有此種方便，因而就很難再花時間找得齊全，大約僅能註明書名，無法註出詳細頁碼，甚至有的還忘記做註記，因此若讀者發現有「疑似抄襲」之處，就請不吝告知，以便補入來源資訊。不過我那個將書中重點及頁碼標示在扉頁的習慣，應該可以提供研究生參考，至少可以減少重新尋找資料時不知從何下手的困擾。同時因為本課程的教學主要是從屬於「自我承擔責任的普通人」、「以整體中華文化為關照」和「從平民百姓角度論學」研究立場下的發言，則必然也有許多不符合或不同於一般性「刻板印象」的學術觀點判斷之處；更由於我是位傳統經學的專業研究

者，因此舉例說明或價值判斷上，大致會不自覺地比較偏向經學家的立場發言，這當然也是個不容否認的事實；我開課教導的對象，既然或者是未來的國高中教師，或者是在職的小學教師，因此有相當多是專門針對教師身分發言的內容，舉例和批判故而也都有偏向教師主位立場之處，這是要特別提醒讀者注意之處。我這些不同於以往或一般的種種教學設計的表現，請容許我借用中央研究院院士余國藩先生（1938-）研究《西遊記》時，所說「比起其他學者來，我的研究方法確實稍有『不同』」的自評；[1] 如此設計寫作的期望是達到德國「希望」哲學家布洛赫（Ernst Bloch，1885-1977）所謂「在此，我們揭露在個人的、社會的和自然的進程方面從未注意到的那種習以為常的或怵目驚心的意義」的目的。[2] 或者也可以容許我借用美國倫理學家諾齊克（Robert Nozick，1938-）所謂「一種不那麼完善的著作，一種包含有未完成的觀點、推測、公開的問題和難點、提示、邊際聯繫和一種主要論證思路的著作，在我們的理智生活中也應該有其地位和意義。有關各種主題的並非定論的那些話，也應有自己的一席之地」的話，[3] 以自我解嘲吧。

　　基於以上的自我了解，所以無論如何我自己都非常清醒的理解，我不過是在提供「一種」給大家做參考甚至批判的研究方式而已。我從來就不敢有購買「熊心豹膽」來吃以「壯膽」的想法，因為那可是違反中華民國八十三年十月二十九日總統華總（一）義字第六五二五號令修正發布的《野生動物保育法》第二十四條和第三十五條兩處的

1　余國藩先生：〈作者序〉，李奭學編譯：《《紅樓夢》、《西遊記》與其他：余國藩論學文選》（北京：三聯書店，2006），頁3。

2　[德]恩斯特·布洛赫著，夢海譯：《希望的原理（第一卷）》（上海：上海譯文出版社，2012），頁255。

3　[美]諾齊克著，何懷宏等譯：《無政府、國家與烏托邦·前言》（北京：中國社會科學出版社，1991），頁4-5。

第一項規定呢！當然也沒有「向天公借膽」的意願，所以也就沒有要供給大家某種「唯一」研究方式的既天真又自大的想法了。更由於我一向同意英國思想家卡爾·巴柏（Karl Raimund Popper，1902-1994）所謂「承認我可能錯，你可能對，透過努力，我們可更進一步接近真理」的觀點，[4]因此非常歡迎覺得「不順眼」的君子們，隨隨便便的來「踢館」啦，讓我這些私人的不成熟意見，可以因為諸位大雅君子的熱心參與，於是對那些有心於中文相關學術研究的「未來學術的主人翁們」，有點實質性的協助功能，這也是我當初「拿石頭砸自己的腳指頭」（當然好痛啦）答應寫作此書最重要的理由：互相「漏氣」求進步也。以上這些基本想法先於此聲明，爾後就不再贅述囉。

二　教學基本態度的說明

如前文所說，我的教學行為屬於「基於師生互涉立場」的教學類型，由於我的個性雖然沒有強烈破壞現狀的革命情緒，但還是比較不樂意接受既有規範的束縛，故而表現的性格就比較趨近於順其自然與自由自在的立場，所以什麼現象都可以成為研究的問題，什麼存在的問題也都可以不成問題；什麼答案都可以接受，接受的答案也都可以另有答案。同時我也一向承認英國的阿克頓爵士（John Emerich Edward Dalberg Acton Baron Acton，1834-1902）所謂「權力導致腐敗，絕對權力導致絕對腐敗。偉大人物也幾乎總是一些壞人，甚至當他們施加普通影響而不是行使權威時也是如此；而當你以自己的行為增強上述趨勢或由權威導致的腐敗真的出現時，情形更是如此」的觀

4　[英]卡爾·巴柏著，莊文瑞、李英明編譯：《開放社會及其敵人》（臺北：桂冠圖書公司，1989），下冊，頁986。

察，[5]當然也就不敢因為具有教師的身分而自以為是；因此教學一向遵守著《論語‧述而》中孔子所謂「自行束脩以上」的學習自由選擇的教育基本原則。就是說我不會因為自己想幫助大家，然後就認定大家非得接受我幫助的好意不可，我認為我的好意想幫助大家是一回事，大家是否願意接受我的好意幫助又是一回事，並不能因為我好意想幫大家，就可以強迫大家非要接受不可。就我的教育原則而言，無論我的好意對大家有多大的益處，只要大家覺得不願意接受，就都擁有絕對選擇拒絕接受的權力（power），故而此一課程某些教學的預設立場，例如教學內容與教學要求，就必須獲得大家的同意與接受，纔能夠確實執行。理由是學習的主體是大家，如果大家沒有學習的意願，必然無法達到預期的學習效果，因此教學的要求需要嚴格到何種程度這件事，我認為有必要先徵求大家的意見，所以會發給大家一份「研究生自我學術定位調查表」，請大家仔細考慮清楚之後填寫，以便做為本學年教學之際師生共同遵守的基本原則。這也就是我在高師大國文所期間，結合吳松林老師的教育心理學方法、中文系老師教導的治學方法，以及自己「天馬行空」異想，創造形成的「吳楊式教學法」意義下的「治學方法」的基本理念。

（一）「吳楊式教學法」的說明

　　根據前述「吳楊式教學法」意義下的基本理念，可知此種教學法的前提原則，就是絕對尊重學習者「可能存在」的權利，而且也絕對「信賴」學習者主動學習的態度與能力，因此絕不會強逼大家作任何

5　[英]阿克頓爵士著，侯健、范亞峰譯：《自由與權力‧箴言錄‧權力》（北京：商務印書館，2001），頁342。

規定的功課，因為大家都是已經成年的研究生，我相信大家都能夠自我要求培養，進而變成為一位真正「把權利與義務觀念納入考慮」，具有「獨立自主」研究精神或態度的學習者，絕不是一位整天被教師的「規定」壓得喘不過氣來，因而被逼得變成為刻意假裝或逃避「學習責任」的人。我這種幾乎「放縱」的教學觀點，當然希望大家可以體會到其中隱含的教育或學習的精神意義，因為教育最基本的原則，就是「自由」而不是「規定」，就儒家基本的教育理念而言，除前引《論語‧述而》所謂「自行束修以上，吾未嘗無誨焉」的話之外，在〈顏淵篇〉也有「忠告而善道之，不可則止，毋自辱焉」的警告；〈陽貨篇〉更有宰我問三年喪是否可改為一年？『子曰：「食夫稻，衣夫錦，於女安乎？」曰：「安。」「女安則為之！夫君子之居喪，食旨不甘，聞樂不樂，居處不安，故不為也。今女安，則為之」』的論調，此均表達對學習者「選擇」的尊重；《禮記‧雜記》更明確的說出「禮；聞來學，不聞往教」的終極性判斷：「自由選擇」的意願。無論是「忠告」或「往教」，都是一種外力「壓迫」的形式；「安，則為之」纔是一種必須尊重的「自由選擇」，孔子譴責宰我的「不孝」思考，並不僅僅是針對宰我而發，孔子應當是了解到這種外力「壓迫」的形式，對宰我這種無心「盡孝」者而言意義並不大，孔子因此纔在宰我離開後方發言譴責，我猜想孔子的用意是希望藉此事件，可以對其他還在場的同學，引發一種「殺雞儆猴」的警戒目的。我認為研究所同學學習最重要的基本態度，不離開一個「自」字，亦即在毫無任何外在的壓力下，自由自在的選擇說「我願意」。這纔是保證整個學習或教育能夠獲得最佳效果的先決條件，同學如果沒有一種打從心底深處發出的學習「意願」的呼喚，則很可能會永遠墜入於「苦境」之中，很難真正進入學習的「道境」，自然也就永遠無法獲得「愉悅」的正常情緒。基於前述的基本認知，所以纔有「吳楊式教

學法」這種幾乎「放縱」教學觀點的反省設計。

　　「吳楊式教學法」遵循的教學基本原則，主要是一種重視學習者
心理與教師實際經驗相結合的教育原則，此法既不以教師為唯一教學
主體，也非以同學為教學唯一主體，而是以教師和同學「互為主體」
的一種「雙向交錯融合」的教學法。在此一教學原則下特別注重教師
「身教」的公信力與同學「能力學習」的有效性。就教師「身教」而
言，即上課之際常說的「要叫別人去死之前，自己要先死給別人看」
的道理，就是教師執行過的纔能要求學習者進行實作；就同學「能力
學習」而言，就是教師需以自己的「身教」為基礎外，還必須依據學
習者的個別狀況評量要求，不可以用教師自己的標準做為要求的基本
原則，簡單的說；就是一種反對「教師賭咒讓學生去死」的原則。並
特別重視開發學習者研究的視野與自信心，在自信心的建立上，尤其
講求「比馬龍效果」（Rosenthal's effect：羅森塔爾效應、皮格馬利翁
效應）的正面發用；在視野開闊方面，則要求站在專業學科研究主體
的立基點上，吸納所有相關學科知識的努力，即「閱讀」（最廣義的
意義）其他非自己學術專業「文本」（TEXT）之際，首先思考的是
此一文本對自己的學術專業，具有怎樣的意義與價值？不是去問該文
本在其所寄身的專業學術內的意義與價值；還特別重視訓練同學「從
刻板印象下的無價值中，發現事物真正價值」的能力，這也就是常會
在課堂上特別強調「平庸通俗的事物具有超強影響力的現實價值」之
緣故。這種教學法的實質內容與教育的精神，大概可以借用著名的法
國哲學家與教育家盧梭（Jean-Jacques Rousseau，1712-1778）那篇未
完成的《懺悔錄·前言》中，表達自己立意書寫《懺悔錄》之際，那
種「把自己放在自身認識的基點上，而且他把自己的生平奉獻出來作

為他們可能的對照點」的觀點加以說明，[6]就是以教師個人的經驗與經歷，做為教學之際與同學相區別的「對照組」，因而設計建構的教學法，開始上課之際所以發給大家那篇教師的〈自介〉，以及要求大家書寫並改寫和評量自己的〈自介〉，其用意即在此。

整體而言，「吳楊式教學法」教學之際的操作，大致可以歸納為以下幾項基本認知原則：一、教育要能發生作用，必須師生雙方均具有「互信互愛」的基本認知。「信」的積極面是「信任」；消極面是「不懷疑」。「愛」的積極面是「關懷」；消極面是「不傷害」。「懷疑」與「傷害」自然也把心理層面包括在內。儘量避免「懷疑」與「傷害」他人，應該是個一般性的基本要求，不過我長期觀察的結果，發現一個非常值得深思的現象，就是一般人似乎最容易「懷疑」與「傷害」的人，反而是自己最親近的人。越是親密的人之間，越是經常或最容易受到「無心之過」的波及，因而「受傷」甚為嚴重，並且無法有效「申冤」，經常成為一群可憐的「無辜者」。二、教育主要的功能，在開發具有學習意願同學的潛能，發展其獨立思考、自主研究的能力；不在製造坐等教師提供「唯一」答案的「應聲蟲」；更不是培養教師私人思想勢力的場所。因此認定同學是個「學習者」，「學習者」指的是正處在學習過程中的個體，是一個還未達到某種研究標準要求，有待被「引導」開發自我潛能的個體。在此前提認知下，學習者因此自然就擁有一些應當被重視的「特殊權益」，包括在研究上有「犯錯」而被包容、被諒解的「特權」；在學習過程中，有表現「程度不夠好」、「成果不理想」、「文句無法達意」等等，而被包容、被諒解的「特權」。同學作業寫不夠好，報告無法達到水

6　[法]茨維坦‧托多洛夫著，王東亮、王晨陽譯：《批評的批評：教育小說》（北京：三聯書店，1988），頁91。

準，應當是「學生」正常的表現之一，教師要注意的是同學無法達到要求水準的原因，亦即盡可能了解同學的問題所在，設法加以引導協助使其獲得有效的改善。「表現異常」的同學，大致可以分成：文不達意、慢工出細活、抗拒學習、性向不適、懶散無所謂、目中無人等六種類型，教師必須根據不同的類型狀況，給予不同的引導，不能用單一的判準，對付所有不同表現的同學。同學無論表現「正常」或是「異常」，教師都有義務激發其學習的意願，使其可以發揮學術潛力，開發出一些前人沒有注意或注意不足的事物，進而發展出比較個人性或超越性的「獨特」東西。因為研究所教育的目的或最主要的功能，就在於「開發」或「喚醒」具有學習意願同學的潛能，使其在現有的學習基礎上，可以更進一步的發展出新的、有意義的與有價值的東西（「價值」的內涵當然可以再討論）。當然也應該「盡可能」地引導沒有學習意願的同學，使其產生學習的意願，不過這並不是教師必須負擔的責任，教師只要適度提醒即可，因為學習的主導權在研究生，教師沒有資格、也沒有能力、更沒有權力逼迫研究生產出學習的意願，研究生的學習意願必須自己負責。三、「教學相長」最真實的意義有二：一則在於教師歡迎同學的「學術性」挑戰，提出教師沒想到、沒注意到，甚至完全和教師相反，具合法性與有效性的學術意見，以補充教師在教學或學術上的疏忽或遺漏，因而達到深化相關研究內涵的學習目的。再則在於同學對教師教學提供的內容有討論的興趣，因而可以激發教師更多的教學回饋，達到深度教學的效果。四、教育需尊重同學「知」的權利（right），故教師需秉持「多元」或「多樣」的教學理念，對於課程涉及的相關研究，不僅教導教師認同的研究；同時也需告知教師不認同甚至堅決反對的研究。這是指教師在進行評論之際，對於涉及課程的研究成果，必須正反並呈，不可以、更不應該僅教導教師認同的結論。由於教師有絕對的義務尊重同

學「知」的權利，因而必須把教師不認同或極力反對的相關研究結論
告知同學，並且不能也不應該在毫無論證分析的前提下，進行刻意的
隨意性惡意批評。五、教師在學術自主的前提下，有權力批評不認同
或反對的研究或答案。但在教育的大原則下，也必須詳細說明讓同學
知道自己反對的理由與證據，並且有絕對的義務告知同學，這僅是教
師私人的觀點，並不是「最終」或「唯一」的答案，同時還必須有尊
重同學持不同或不接受的保留態度，絕對不能因為同學不認同自己的
言論，或者反過來認同反對的對象之觀點，遂在成績評量上出現不公
平待遇的現象。如果出現此種違反教育原則的現象，同學有資格與權
利提出質疑，要求教師確實答覆。提倡這些原則的目的，就是期望同
學可以培養一種一九六五年因電子動力學方面成就而獲得諾貝爾物理
獎的美國物理學家費曼（Richard P. Feynman，1918-1988）所說的那
種「保有懷疑的空間」的思考。亦即費曼指出的「科學家對任何事物
都不是百分之百確定的，所有我們發表的聲明，都不是針對問題作出
斬釘截鐵的答案，而是一些近似的實驗結果，具有或多或少的不確定
性。」就是說：「在我們討論任何問題時，當然不得有任何成見或偏
好，也就是必須預留下不確定性的空間，之後隨著證據的逐步累積，
該問題涉及的觀念是對是錯的可能性也就發生消長。但是無論在什麼
情況下，永遠不會成為一面倒，完全抹煞對方，變成全對或是全錯的
結果。而且，我們發現這樣的態度是我們會進步的最重要因素。我們
必須有懷疑的空間，否則就不會進步，不會學習。之所以沒有學習，
是因為沒有問題，而唯有心懷疑慮，纔會產生問題」的觀點。[7]我以
為教師固然可能較同學具有較高的能力吸收最新的專業知識，提出具

7　[美]Jeffrey Robbins編，吳程遠等譯：《費曼的主張》（臺北：天下遠見出版公
　　司，2001），頁147-150。

有創意與價值的研究計畫,因而可以教導同學研究的基本理念,引導
和發掘同學的學術潛能,指導同學進行正確而有效的研究。但教師並
不是全知全能、毫無瑕疵的活神仙,教師不但有學術專業的限制,同
時也有人類共有的心理與態度上的種種限制,因此教師不僅教學有失
敗的可能,更可能會犯錯,同學「太相信」教師和「不相信」教師都
有問題,若能在相信的前提下有一種「保有懷疑的空間」的思考,應
該是比較恰當的學習與研究方式,這同時也是「治學方法」課程目標
的基本要求之一。若是可以同意民國初年提倡「優生學」的潘光旦
(1899-1967)所說「教育只有兩大目的,一是叫人認識自己,尤其
是認識自己在能力上的限制;二是叫人破除成見,少受些成見的蒙
蔽」的觀點,[8] 則應該可以接受前述的教學基本理念。

(二)研究本質認知的說明

　　一般人具有目的性的寫作之際,必然有一個自覺或不自覺的預設
讀者群存在心中,寫給學者專家和寫給普通群眾,或者寫給大學生和
寫給小學生,必然會因為預設閱讀對象的不同,因而有不太相同的寫
作方式,這種不同除內容的深淺之外,遣詞用字上也會有許多差別。
每個教學課程的設計,無論是自覺或是不自覺,同樣也會如同書寫論
著時受到預設讀者的潛在制約一樣,必然也有預設的特定教學對象,
雖然一般教師不一定有此自覺,但設計課程的教導內容與學習要求及
追求目標時,實際上還是會根據這個預設的教學對象而思考,如果不
是這樣則也就很難達到課程設計的預定目標。就本課程自覺的基本設

8　潘光旦:〈教育與成見破除〉,《讟庵隨筆》(天津:百花文藝出版社,
　　2002),頁300-301。

計思考而言，主要適用的對象，大致限制在中文相關系所範圍內，那些本身有意願加入研究行列的學習者。進行研究的方法和學科屬性當然具有密切關係，因為並非所有研究的方法都可以互通適用，例如電學的研究方法，恐怕很難用在人文學的研究內，因此認清教導對象研究範圍的學科屬性，自然就有其必要了。就我的了解，中文系所應該可以歸屬於人文學的一部分，所以中文系所的研究內涵，也就屬於人文學研究的範圍。以下陳述分析我對人文學研究的相關了解與觀點。

　　我以為人文學研究的內涵，若從現代學術研究的角度做大致上的粗略歸類，則首先人文學的研究當該是一種「後設的研究」（mata-study），即以研究既存的事物或文獻為對象，從既有的事物或文獻中表現出「獨創性」的研究。同時人文學的研究也是一種「了解的研究」（understand-study），即研究事物或文獻形成、傳播、發展、轉變的原因，在了解的過程中表現出「批判性」的研究。但如果純粹就我專業研究的傳統中國「經學」的學術角度而言，則研究的結果無論表現為「獨創性」或「批判性」，均不能當作是研究的最終極目的。因為傳統中國以「經學」為主流的學術追求，並不以純粹知識性的理解為終點，而是要求將知識恰適表現在日常生活中的確實實踐，就是追求所謂「通經致用」的結果與效應。因此在傳統中國學術的基本要求下，所有在時間序列中屬於較前段而遺留下來的事物，若無法在現存的世界中產生積極有效的作用，則此類事物也不過是一種因為時間的流逝因而具有「古董性」的「老東西」而已，並不理所當然的對現代人具有意義或價值，俗語所謂「食古不化」指的就是此種記住許多古董而無法活用的狀況。以傳統中國學術的角度來看，人文學研究的基本要求，因此就必須是透過「獨創性」或「批判性」的表現，以求其在現實社會中可以產生有效的「實踐性」表現，這纔是符合傳統中國學術意義下的人文學研究的真正目的。這個傳統中國學術意

義下的人文學目的，可以借用提倡文化批判，並在教育學習過程中倡導「體驗、理解、愛」理論的德國文化教育學者斯普郎格（Eduard Spranger，1880-1963）的觀點進一步的說明。斯普郎格認為教育學習是一個經由文化的積澱（即傳統）、傳遞與再創造的循環過程，在這個過程中，客觀存在的文化，僅具有潛在的價值（即被選擇的資格），必須經由具備意識與體驗能力的學習者的理解與評價後，予以選擇接受，纔具有實踐的價值。學習者經由選擇而接受，於是對自身發揮應有的陶冶作用，並因而內化成為學習者自我生命的一部分。這一被選擇內化的文化內涵，重新在學習者身上顯現的，並不是簡單的模擬重複，而是再透過學習者自我的創造與發展，因而創新了文化的內涵。所以學習不是制約而是解放，重在喚醒學習者內部本有的創造力量；學習的最終目的也不是在傳授舊有的東西，而是透過學習的活動，因而把人潛在的創造力引導出來。[9]這一個透過：選擇→體驗→接受→內化→重現→實用的程序，以獲得實際文化創新的過程，正可藉以說明中國傳統實踐性要求與學習的本質。傳統實踐性的目的，當然主要是追求「經世濟民」的最高理想，但若放在現代功能或經濟效益的角度來看，其實也可以和現代以「經濟理性」為大前提而形成的「知識經濟」（knowledge economy）的系統相連繫，亦即傳統實踐性的內涵，也可以表現為追求對知識充分而有效的利用，以發揮其創造個人需要最佳功能的意義，因此有效學習與運用知識以便充分發揮最佳經濟效益，自然也就可以成為研究的一項重要工作，同時也就成為「治學方法」課程應注意的問題。

　　本課程由於認知到「知識經濟」內在的實踐價值，以及「知識經濟」意義下的「知識」，有其特殊的實踐性意義，因此在教學的過程

9　鄒進：《現代德國文化教育學》（太原：山西教育出版社，1992），頁55-79。

中，將會特別注意到「資料」（data）、「資訊」（information）與「知識」（knowledge）等三種相關聯而不同內涵意義的透徹理解。就一般性的了解，「資料」指的是單純的事實或現象等孤立而零碎的信息或符號；就是指現實世界既存的所有未經分析歸納整理的單純紛擾的事物。「資訊」指的是可以被敘述說明或解讀、或因解說而了解的「資料」，亦即指經由他人的傳述、文字紀錄、獨立觀察獲得的間接訊息或符號。「知識」則指經由直接使用「資訊」的整理與消化的功夫，因而累積起來的技術或認知的訊息；亦即泛指一個人將所知道的一切事實、一般真理和原理原則，不論由書中獲知、由教師傳授、或由經驗與觀察中得來的「資訊」，經由實際操作的整理與消化功夫，即經由統整的程序，因而累積得來的訊息。「知識」可以再細分為兩種：一是已經過整理編輯而可以直接傳播給第三者的「明示知識」（explicit knowledge），例如論文中表現出來的研究成果；一種是無法直接傳遞給第三者，僅能意會而難以言傳的「隱晦知識」（implicit or tacit knowledge），如論文寫作之際，如何獲得此一研究靈感與研究成果的知識。所有能夠教導的東西，基本上都僅是一種「明示知識」，任何教師均不能教導知識實際運作的那種「隱晦知識」，俗語所謂「師傅領進門，修行在個人」即在表達此一涵意，教師所能教導的也僅是「明示知識」的方法或技巧而已，至於如何有效的運用這些知識的「隱晦知識」，則還需由學習者自己在實際的操作中領悟，因而建構出自己的「研究方法」。當然如果沒有「明示知識」的基礎，事實上也無法獲取「隱晦知識」，因此「明示知識」的形式和技巧固然能夠有效授受，但實際操作運用的「隱晦知識」則無法完全傳授，需由學習者透過「明示知識」的引導而自己創生，無論對任何人來說，方法的實際運作，永遠都是獨特而難以完全言傳

的「密招」。[10]本課程的教學因此主要是以教導研究方法的「明示知識」為基礎，以建立學習者自己研究的「隱晦知識」為最終目的。進行教學時的實際操作方式是：一、以研究理念為主；以研究技術為輔：教導同學分判「明示知識」與「隱晦知識」的不同。二、善用「後進的優勢」的正面引導作用：教導同學注重「迎頭趕上」與「追及理論」（the catching-up hypothesis）優點的保持，並盡可能防止因為誤解「迎頭趕上」之本義而造成的「依賴理論」下「承襲不思」流弊的產生。「迎頭趕上」主要是借用孫文（1866-1925）在一九二四年三月二日〈民族主義〉第六講中所謂「我們學外國，是要『迎頭趕上』去，不要『向後跟著』他，……現在我們知道了跟上世界的潮流，去學外國之所長，必可以學得比較外國還要好，所謂『後來者居上』。從前雖然是退後了幾百年，但是現在只要幾年便可以趕上，日本便是一個好榜樣。……日本近來專學歐美的文化，不過幾十年便成世界中列強之一。我看中國人的聰明才力不亞於日本，我們此後去學歐美，比較日本還要容易」的觀點而來，[11]從孫文的發言可知「迎頭趕上」的重點，乃在於設定一個相近或相同的大目標，分析檢討前人腳步的優缺點，取優去劣而加以參酌後，創發性地走出自己的一條新路，朝著預定的目標前進，因而可以達到「齊頭並進」，進而追求「後來者居上」的「超前」理想目標，並不是「向後跟著」的完全跟隨前人已有的腳步亦步亦趨的前進。就「治學方法」而言，就是要因著前人已有的成果而更進一步的發揮或深化，並不是一味的「學

---

10 以上所言，參考李誠主編：《知識經濟的迷思與省思》（臺北：天下遠見出版公司，2001）一書之內容而成，更細緻的分析請參考該書。

11 孫中山：《三民主義·民族主義》，中國國民黨中央委員會黨史委員會編訂：《國父全集》（臺北：中國國民黨中央委員會黨史委員會，1973），第1冊，頁63。

舌」或「依賴」式的闡發而已。「追及理論」本是經濟學的理論，現在借用到「治學方法」的課程中，則指的是學術研究上的相同研究範圍內，後來的研究者會有比前人佔有更大優勢的「後進的利益」，亦即前人的研究文獻、研究方法、研究成果等都可以成為後來者的「明示知識」，後來者因此可以比較容易的在很短時間內，花費比較少的代價而學習取得這些前人知識心血的結晶，[12]因此就可以在這個原有的基礎上進一步的深化，但「追及理論」同樣也容易出現「依賴」的流弊。本課程所以堅持「不提供講義」和「不提供確定答案」；並且要求作筆記，並按照自己的知識發揮改寫，以及不允許借學長姊筆記的教學法，主要就是要盡力防止「依賴」的產生。三、科技統整的全體概念：教學之際則會教導同學，將「經典」置於現在生存世界與日常生活情境中，尋求其意義的整體關聯性，因此本課程將會經常出現與現實生活實際相關的例證。同時在此「統整全體」的概念下，還會特別注意「語言學的轉向」與「後現代思考的挑戰」的功能與作用，所以教導之際涉及的概念或理論，將不以中文系的傳統知識為限，現代學術涉及的學門或理論，如：詮釋學、傳播學、社會學、政治學、法律學、人類學、教育學、心理學、語用學、閱讀學、宗教學、歷史學、文化學等等某些基本的粗略常識，都將納入教導內容考慮之中。

　　本課程為了教學的方便，因而將人文學研究涉及的範圍，依據其性質而統括為下述幾種的研究類型：一、回溯的研究（歷史的研究）：這是一種針對已發生的事實或成品等實際存在事物的歸納性研究。就是針對已經出現或完成的與人事物等相關實務的研究，不是憑空想像的自我生發式或創生式等原本不存在事物的研究。例如：經學

---

12 「追及理論」係參考孫震校長：《邁向已開發國家》（臺北：三民書局，1990），頁158、頁204、頁211等處所言。

或文學研究的內涵，主要是研究古往今來既存的經學或文學論著，而不是自己創造出新的經學或文學著作。二、價值的研究（影響的研究）：這是一種以歸納的方式，敘明研究對象的內容、釐清其是非、評量其影響等貢獻大小的研究。就是針對既存事物實際內涵的對錯、產生作用的大小與正負面的影響等相關問題的研究。例如研究某家或某派思想的內容為何？後人的評價如何？後人評價的是非如何？內容的特色為何？影響如何？因特點而論其學術價值如何？因影響而論其學術史的價值如何？三、貫時的研究（歷時的研究）：這是一種從古至今、由內至外等歷史縱貫式的歸納研究，亦即考察不同時代既存事物的來源、演變、發展等相關問題的研究。例如經學史或文學史創生的研究，研究某一段時間整個經學或文學活動的實情，包括有那些具有特色的重要作者，這些作者作品的來源、演變、發展；以及作品所以出現的個人、社會、時代等的背景；影響這些作者的學風與學術傳承的背景等等。這種歷時性研究的眼光，就是一種「歷史的眼光」，具有此種歷史意識的研究者，不但研究視野比較廣闊，而且也比較能夠觀察到學術的有機整體與前後次序的發展演變過程，更有可能做出比較完整的學術論述，有別於那種僅針對單一作者或論著的孤立性研究。四、比較的研究（共時的研究）：這是一種歸納同一時間的不同空間、同類作品的背景、發展、特色、相關性及影響、貢獻、價值等的區域研究。例如同一時代的北京、山東等北方；江蘇、浙江等江南地區；福建、廣東等南方靠海地區；四川地區等等的經學或文學思想特色的差別性與共同性的研究。或者中國與日本、歐美、蘇聯、東南亞地區、伊斯蘭教區域等等相近的論著，各自的內容特色、產生特色的原因或背景、差別的意義與價值；以及是否具有共同性等等問題的研究。以上這些不同性質研究類型的分類，主要是為了教學的方便性而設，因此將會教導與提醒同學研究之際，必須要隨時保持一種

「統整性」的觀點，了解上述不同研究類型的分別，只是方便教學的一種偏頗分類方式而已。了解研究類型的分類原本就是因為方便性而做的人為分類，則也就可以了解現代學術研究上或知識類型上的學科分類，同樣也只是人類根據自己的認知與需要，纔將世界上的事物區分為人文學科、社會科學、自然科學等不同的學術研究領域而已，並不具有理所當然的必然性，如果跳脫分類的人為制約，從一個比較實際的整體角度來看，則就可以發現這些學科處理探討的內容，其實都是「人類」面對的現象或面臨的問題。可知所有細部而零碎的學科或研究類型的分類，都只是為教導相關知識之際的吸收、傳播、討論等方便而設，但是此種學科或研究類型的人為分類，固然可以對學習者具有正面的效益，但卻也同時帶來「破碎化」的嚴重後果，使得學習者整體通觀的能力逐漸消失，多元化、多學科、多角度的研究視野因而很難建立。教學之際因此會教導或提醒同學比較適當的面對學科分類，了解學科分類帶來的限制或束縛，因而可以比較有效的排除這種無形的制約，而從一個世界的整體來看，就是引導同學在研究過程或論文寫作的實際操作之時，儘可能排除這類因為知識或研究類型分類上的方便之巧而帶來的「破碎化」的影響，因而能夠以一種統整性的概念為基礎，建立一個儘可能包含比較多面向的整全研究的視野，這樣纔不至於被人為的學科或研究類型的分類限制，纔不會掉入文字符號或他人設下的陷阱之中。以上分類破碎化與全體統整性的分野及關係，就是本課程教學過程中絕不能缺乏，必須特別注意且非常重要的「先驗認知」。

　　本課程的學習操作，除教師前述的教學自我認知之外，同時為了達到學習的目的，將會特別要求同學在基本閱讀、習作完成和學習態度上的全力配合，就是要求同學認真的面對課程設計的種種習作，在一種「目的地總在前面一步」的「永遠處於過程」的大前提下，盡心

盡力的完成此一階段性的任務。同時還會要求同學確實注意大學部的
「聽課」習慣與態度，與研究所的「研究」要求之間的重要差別，理
解「研究」的重點不僅在學習教師個人表現的學術專業的「論述」而
已，更重要的是同學如何在教師的帶領引導下，可以進入教師提供
的學術專業領域之中，針對某些學術議題進行意見交流，因而在師生
之間形成一種學術意義上不斷「溝通辯論」的氣氛。[13]本課程以為教
師固然是達到此一教學氣氛的主導者，但若同學無真忱求知之心而樂
意具體確實的相互配合，則即使有些效果也必然相當有限，因此同學
在上課之前，必須事先具備有討論的學術內容之相關基本知識；再者
上課過程中提及的相關理念或書籍，同學如果還沒有接觸過或覺得有
不足或不了解之處，則必須先自行閱讀補足，不能坐等教師提供「唯
一」的答案。坐等教師答案的學習方式，就類似民意代表在會議場合
要求官員答覆問題時的質詢，因此我稱此種學習的模式為「質詢式」
學習法，這種逃避自己主動學習責任的質詢式學習，效果當然不佳。
比較正常的方式則是同學自己先做準備，然後在課堂上把問題提出來
共同討論，徵詢教師或大家的意見，我稱此種主動學習模式為「請教
式」學習法。就本課程而言，當然希望大家可以培養「請教式」學習
法。換言之；本課程的學習要求與目的，必須教師與學生雙方願意互
相配合，纔有可能達成，任何站在單邊思考的獨立行動，都不符合本
課程的基本認知。

---

13 「研究生」與「大學生」的不同，王汎森：〈如果讓我重做一次研究生〉，
　　《花蓮教育大學國民教育研究所電子報》第8期（2005年12月25日）有相當
　　詳細的說明，值得參考。二〇一四年三月十日搜尋：http://homepage.ntu.edu.
　　tw/~ylwang2008/a-wangvonsen.pdf。

（三）教學操作立場的說明

　　基於尊重同學自由學習與自主選擇的前提，因此本課程的教學過程中，將絕對秉持「不提供講義」且儘量「不提供確定答案」的立場。堅持此種教學立場的理由，就在於觀察到當前臺灣的教育方式與結果，就如同後文〈教學與研究的環境分析〉一節中所提及，主要表現為一種「累積傳統知識成果」意義下「模擬傳承」的學習方式，此種適合築基的學習方式，必然產生研究思考受到束縛的結果，在這種思考受到束縛之下成長的同學，不僅比較容易輕信沒有經過確實驗證的「權威答案」，於是形成一種以既有答案為滿足的「集體盲目現象」；同時也因為坐等答案而缺乏自我反省批判的能力，於是形成一種固守在自己認知世界為滿足的「自我盲目現象」，「集體盲目」加上「自我盲目」的研究心態，當然不適用且妨礙研究所重視培養同學「自我思考」、「發現問題」和「自我解決問題」等創新或創造能力的養成，如果教學過程中再有「提供唯一答案和講義」的行為，則必然會再陷大家於更不適當的學習思考之中，因為「確定性」會成為一種不自覺的「權威」，然後因為「自我盲目」的關係，原本僅是比較可信的「權威」答案，就會逐漸轉變成為具有「權威性」的「唯一」答案，當「權威性」確立以後，則馬上就會和「依賴性」成為「雙胞胎」，當然也就不可能出現主動面對問題、解決問題的基本要求。這種在「模擬傳承」學習方式下成長的同學，當面對所謂學術權威時，就容易出現一種缺乏「質疑」的不當學習態度，就是馬上陷入所謂「權威主義」的泥淖中而不自知，自然也就不可能出現認真而不怕艱難的進行創新或創造的自我要求了。

　　但這樣說並不表示我反對權威的存在，或者我不承認權威的價值，事實上我從來不反對學術權威，但也從來不認為權威是「唯一」

正確，我對權威的基本認知或態度是：學術固然需要天才，但不能只有天才；學術更需要專心致志的投入，但不能只有專心致志投入；學術需要大師，但不能只有一位大師。天才不一定能成為大師，專心致志投入也不一定能成為大師，但能成為大師者，絕對是天才再加上專心致志的投入。沒有大師，表示那個時代缺乏深度；只有一位大師，甚至沒有大師，表示那個時代缺乏創新的活力。大師之所以能成為大師，正因為他能夠專心致志的投入，既能了解前人的優缺點，又不會被以前的大師所侷限；既能吸收前人的優點，又能有自己的創發。所以有能力把握取捨的適當尺度，表達自己獨特的見解。研究所的同學只要不妄自菲薄，只要願意深入了解自己的能力，能夠真正發揮自己的長才、發揮自己潛在沒有被充分認知與運用的能力，均有很大的可能成為某一個專門研究領域的專家，甚至成為大師。教師最重要的責任，即在如何盡力協助同學，完成這個「可能存在」的潛在目標。在此一前提下，我希望同學無論是上課或閱讀之際，一定要將「答案絕對不會只有一個」的「多元」或「多樣」的基本認知謹記在心，讓它隨時發生作用，必須了解無論是書本或是教師所能提供的答案，都不免會受到各自的立場與視野的限制，因此不必也不能全盤照收。當然也必須深切了解自己的觀點，同樣也有立場和視野的限制，因此別人當然也可以不必照單全收。至於如何判斷自己或諸家說法，在研究價值上的優劣等級？或者如何篩選出比較具有學術水準的研究成果等的問題？實際上並不存在一套有系統而具有絕對答案的標準，比較保險的方式，是以該學門專業研究的「學術權威」為基準，而不是以權威的觀點為「真理」，臺灣許多年輕學者的學位論文中，不僅有不少超越前輩學者的創見，更有不少前輩學者未曾注意到的研究方法與研究議題。我的結論是：學術不能不相信既有的權威，但也不能只相信既有的權威；權威是學術研究必然存在的典範，同時也是等待被否決

的既存或過時之物。基於此點考慮，所以不會提供「唯一答案」和具有引發唯一答案危險的「講義」。另外必須提醒大家，這是本課程教學與研究的重要原則，根據一般人的心理原則，人類對自己重視的東西，一定會經常的提及，因而在授課過程當中，這些重要的原則或觀點，必然會經常用來對大家「耳提面命」的「諄諄教誨」或「碎碎唸」，所以大家不必覺得奇怪。

　　我的教學在課業上一向有比較嚴格要求的傾向，較嚴格要求的原因，主要是認為教師教學一事，至少應該可以具有三重意義：一是一種服務社會的教育熱忱；其次是一種對教師角色承諾的實踐；三是一種協助後學者的自我承擔。在此前提下教師因而不能隨意放水，必須對大家的學習有比較高的要求。敢於嚴格要求的背後，隱藏著對大家具有堅強學習能力的肯定。另外則是因為同意孔子所謂「不憤不啟，不悱不發；舉一隅不以三隅反，則不復也」（《論語・述而》）的觀點，以及美國倫理學者賓克萊（Luther John Binkley）在其《理想的衝突：西方社會中變化著的價值觀念》引錄美國基督教境況倫理學的著名代表人物約瑟夫・弗雷徹（Joseph Fletcher，1905-）《境況倫理學：新道德》的說法，[14]因而歸納出所謂「愛的反面不是恨，而是漠不關心。因為即使是恨，也還是把別人當作一個『你』來看待，而漠不關心則是把別人當作一個東西看待」道理，[15]所以纔會比較嚴格的要求大家。當然基於自由主動原則，這種要求也不是鐵板一塊，因為就學習選擇權而言，本課程絕對尊重同學「自由學習」的選擇權，亦即尊重大家「不來上課」的選擇，我的名言是：「翹課是一種學習

14　[美]約瑟夫・弗雷徹著，程立顯譯：《境遇倫理學：新道德論》（北京：中國社會出版社，1989）。

15　[美]賓克萊著，馬元德等譯：《理想的衝突：西方社會中變化著的價值觀念》（北京：商務印書館，1983），頁326。

的選擇，而不是一種罪過或罪惡」。學習的內涵應該被定義為可以自由揮灑的「申論題」，不是僅有一個「固定答案範圍」的「選擇題」，更絕對不能是只有「單行道」式答案的「是非題」。同時本課程雖主要是針對抱持「以學術研究為目的」的學習者而設計，但也不能完全不顧抱持「不以學術研究為目的」的學習者而稍作策略性或功能性的改變，因此本課程的某些設計，可能會和現實的家庭、工作等具有較強的關聯性，這種關聯性表面看來似乎與學術研究無關，但實際上則是某些學術概念的實踐運用，就是學術概念經過一番周折轉化後的表現。所以出現這類的教學內容，主要是轉化學術思考成為與日常生活發生關聯的實踐，並不是一件容易做到的事，故無法保證人人都有能力，自然地將學到的學術內容做最好的實踐轉化，所以纔提供某些必要的轉化結果，以引導大家可以學得此種轉化的能力。學習過程中出現「五分鐘熱度」或出現《左傳·莊公十年》曹劌所謂「一鼓作氣，再而衰，三而竭」的現象，其實是人類相當平常的表現，並不值得特別譴責或在意，但還是要提醒大家，既然已經自願考入研究所，則盡量要求自己不要把這個難得的「學習活動」，變得像朝九晚五的「上班」行為，如果這樣的話，則很快就會出現充滿脫離學習情境的期待，於是「職場」中那種充滿無奈情緒的「職業倦怠症」，就會在不知不覺中出現，學習於是不再是令人愉悅的過程，反而成為自己逃脫不了的夢魘，變成自己難以擺脫的痛苦深淵。由於了解到大家學習的處境與平常的心態，故而在尊重大家自由選擇權力的基本原則下，本課程乃設計出兩種不同的參與學習與成績計算的方式，提供大家依據自己的自由意志自由選擇：一是百分全程參與制；一是八五部分參與制。選擇「百分全程參與制」者，需參與課程中所有設計的學習規定，成績計算以一百分為滿分；選擇「八五部分參與制」者，則僅需參與課程中教師認為「必要的」學習規定即可，期末繳交的學習

成果也可以減少；但就如同餐廳的菜單一樣，不同的餐點內容必然有不同的價碼，因此不同的學習意願當然就有不同的成績計算方式，「八五參與制」的成績計算，因而以八十五分為滿分，大家可以斟酌自己的情況，做最佳和最有利的選擇，基於「選擇就要負責」的基本道理，因此選擇之後不得更改。所謂「選擇就要負責」的觀點，就是說必須有一種「想得到什麼就必需失去什麼」的正確概念，世界上的事務絕對不會完全順著我們的意願進行，古人所以纔會有「人生不如意十常八九」的無聊感慨，何以會是無聊的感慨呢？實際上說這些話時就已經隱含有一個「人生必需事事如意」的預設，這不是很無聊嗎？因為對我來說「人生不如意十常八九」，本是一種普遍存在的人生「常態」。外國學者也有和我同樣的「常態」意見，如波蘭裔的猶太英國學者鮑曼（Zygmunt Bauman，1935-）就說他從弗洛伊德的《文明及其缺憾》一書中，「讀到」弗洛伊德要告訴讀者最重要的觀點是：當「你得到某些東西的同時，通常也會喪失另外一些東西。」美國的喬治・齊美爾（Georg Simmel，1858-1918）也說價值的獲得都必須面對「你要想得到任何價值的快樂，就必須承受損失其他價值的痛苦」的事實，[16]最明顯的就是我們為了「秩序」和「安全」必需犧牲「自由」，例如同意政府單位在街道裝設錄影監視器，不就是我們用失去個人部分自由與隱私的代價，以換取安全感的一種行為嗎？其他如：父母朋友的「關心」不也必然帶來「朋友數」的「碎碎唸」的「干涉」嗎？甜蜜的「愛情」不也經常帶來「憂心忡忡」與「亂吃飛醋」的干擾嗎？廣設大學和研究所，不也帶來「學費高漲」與「文憑價值」象徵下降的後遺症嗎？所以我們必須承認世上根本不存在一

---

16 [英]鮑曼著，郇建立、李靜韜譯：《後現代性及其缺憾》（北京：學林出版社，2002）。

種完全可以達到「兩全」或「齊美」的行為方式，任何的行為收穫，
都必然會伴隨著損失而來，因此想獲得比較輕鬆學習的收穫，當然就
必須接受分數上打折的損失。這個觀點還可以順便引伸說一下，例如
民國六十年以後出生的人，因為生存成長的時空是臺灣各方面表現最
好的時代，大致上沒有遇到什麼比較大的災難，在此種教育與社會環
境下成長的人，比較容易形成一種「僅要自己要的東西，不要他不要
的東西」的那種期望從收穫中排除所有損失的希望，這當然註定會是
一種無法實現的夢想，同時也成為這類人一輩子不快樂的淵源。如果
大家可以先承認此種生存世界難以逃避的無奈，則可以在面對此一世
界之際，擁有莊子那種「知其不可奈何而安之若命」（《莊子·人間
世》）的人生睿智，我們當然也知道「知不可奈何而安之若命，唯有
德者能之」（《莊子·德充符》），[17] 但我還是希望大家可以因此而
建立起一種經常自我保持內心愉悅的習慣，將平常的緊張辛苦轉化成
另一種享受而獲得比較愉悅的生命。我常喜歡說只有打從心中承認自
己是幸福快樂的人，纔有可能擁有真正的幸福快樂；幸福快樂的人不
僅永遠覺得別人都對他很好，同時還能「發現」別人，尤其是具有親
密關係者實質上的「好」，因而面對事情也永遠先從正面進行思考，
更可以從負面的遭遇中「發現」正面的意義與價值。我希望大家能學
習這種面對無奈而可以讓自己愉悅的心態，這也就是我提供給大家的
〈自介〉前面所以要寫「真誠的面對過去肯定現在以創造未來；睿智
的從負面遭遇中提煉出正面意義；熱情的常存愉悅心態如實地呈現自
己」等三句原則性的話的意義所在。這雖然和治學沒有直接的關聯，
但卻也不是毫無關聯，大家可以自己認真的思索一下。

---

17 《莊子》係常見的傳統典籍，故僅在正文註出篇章名以明出處，本文係根據陳郁
夫：《故宮[寒泉]古典文獻全文檢索資料庫》：http://libnt.npm.gov.tw/s25/index.
htm搜尋而得，不再繁註出版資料以省篇幅，以下皆如此。

　　研究生若能先有一個大致的畢業年限，在未來學習的過程中，就可以比較有計畫的進行論文寫作，比較不會像沒頭蒼蠅般的亂竄。雖然站在純學術及為大家將來發展考慮的立場，我並不鼓勵大家短期間之內畢業，尤其是達不到一定的水準也要勉強畢業，因為這種降低水準而自貶身價的行徑，不僅會讓自己以後出現改名的壓力，同時必然也影響到本所其他畢業生在學術市場上的評價和地位。但是基於大家和教師的實際狀況，我也並不鼓勵大家五六年還不畢業，尤其是這幾年來發現研究所的同學似乎有兩極化的現象，就是或者潦草畢業，或者一直不畢業，並且還搞失蹤記，讓許多指導教授嚇得不敢再收研究生，這兩種狀況都不好。如果有人想在兩、三年之內畢業，我的建議是最好在一年級上學期結束前，確定研究的題目，找到願意指導自己的教授，同時開始蒐集相關的資料，這樣會有比較充裕的時間思考與寫作，尤其論文指導教授越快找定越好。我現在設計的教學內容，基本上是希望可以協助多數人，在一定學術水準的要求下，至遲三年之內可以畢業。在此一基本要求下，大家將會發現這整個學年，幾乎百分之八十以上的時間，都必須花在「治學方法」的課程上，如此要求的理由，就在於希望可以讓大家在上完本年課程之後，能夠很快的進入寫論文的情境中，因而可以在保有某種學術水準的前提下，很快的寫完論文而畢業。我一向以為研究生相對於大學生，多了一份「自我」，多了一份「主動」，同時具有一種大學部可能比較缺乏的毅力與爭氣的自我期許，但在現實上不可能完全擺脫許多較之大學生更為麻煩的干擾，因此在時間上比較緊迫，能夠「趕快完畢」當然最好。但身為教師當然也有要求大家具備追求「做到最好」的心理傾向，我的教學課程就是在「趕快完畢」和「做到最好」之間取得平衡的前提下，斟酌設計的結果，這當然會使得大家比較辛苦一點，因此希望大家在進入正式上課之前，首先要有一個「咬牙切齒」並且視「吃苦如

進補」的心理準備。某位臺灣的政治人物曾經有個「有夢最美，希望相隨」的選舉口號，我覺得大家若是能體會此話的真正內涵，則應該就比較能夠適應未來這一年的「魔鬼訓練」。

　　再者還有必要說明一下要求大家成立「讀書會」的理由，主要是希望大家可以形成一種互相討論的習慣。研究所的學習過程中，需要形成一種互相討論以刺激知識反省與變化的良好習慣，討論學習的對象可以是同班或學長姊，也可以是其他不同科系的研究生，當然最方便的還是同班。此種同學之間的學術討論交流行為，對增長本身的研究學識程度與眼界會有很大的幫助。「讀書會」的成員不宜太多，因為人多嘴雜，大致一組以五人以下為原則，每組選出一位志願承擔的「召集人」，負責相關的事情，否則效果恐怕不佳。另外還有一些研究影響學習功效的行為，希望大家可以不要違犯：一、新生向學長姊借筆記，以了解教師上課的內容，這本來是無可厚非，不過在這一門課上，我寧可要求大家保持必要的陌生感與好奇心，保證上課的收穫會比較大。因為熟悉度會與學習投入的認真程度及再進一步思考的自我要求成反比，因此我相當反對借筆記的行為。二、同學之間互借「授課內容筆記」傳抄，或者互相傳閱「讀書心得報告」，本是學習過程中相當正常的事，同時在學習上也有其正面的功能。但是利用現在的電腦技術進行複製，甚至連看都不看一遍，導致連錯別字都相同，這在學習上可就是一種惡劣的「抄襲作弊行為」，希望大家不要出現此種下流卑鄙無恥的「非人」行為。三、現在網路資訊非常豐富，大家當然可以引述使用，但知道原出處的則還是以找到原文為是，不知原出處或網路首發稿，則一定要註明作者、看到的時間與網址，否則就是抄襲行為。不過我不建議隨意抄錄沒有作者具名的文章，因為那可能是抄自其他地方的二手、三手，甚至是N+1手的資料。許多古籍都有網路版，雖然方便查閱，但錯別字或缺漏字也不

少，寫作引述之際，一定要回查紙本原著，以免發生錯誤。網路固然豐富方便，但就因為太過豐富方便，帶來學習者和使用者自陷於「無知」的危機之中。有關網路資訊方便造成的問題，會在後文〈閱讀相關問題的討論〉一節中，進行較為詳細的討論，這裡只是稍微提醒一下而已。

三　教學實施與方式的說明

此一課程自我定位在輔導協助自願進入學術研究領域的研究生，可以比較有效地獲取學術研究與論文寫作之際，必備的學術資訊、學科知識與書寫論文的技術，因此著重的是「學術視野的開拓」與「研究思想的創新」、「合格的寫作形式」等三個大方向的訓練，因此以下所有的教學活動，都必然要在如何達到這三個基本訓練的前提要求下進行思考。故而本課程希望透過師生之間的互動討論，以追求前述「學術視野的開拓」、「研究思想的創新」、「合宜的寫作形式」等三大方向為學習主軸；探討「為何研究」、「研究什麼」、「如何研究」等三項主題，使大家可以比較深入地了解研究的意義、方法、目的與價值；進而訓練大家培養如何有效地「發揮自我潛能」、「選定研究方向」、「確定研究主題」、「進行實質研究」等四項學術能力，最終可以成為具有思考與創發能力的獨立研究者。

以下即依序說明：課程學習的目標、課程講授的內涵、課業寫作的意義、課程預設的教學目標、研究宗旨的追求、成績評量的思考、成績評量的標準及閱讀的相關資訊等八個範圍的內容與思考。

（一）課程學習目標的說明

　　根據前文所言，則本課程教學最主要的目標，就是希望大家可以在研究對象文本（TEXT）的語境內，透過師生的互動討論，探討為何研究、研究什麼、如何研究等三項主題，因而能夠更深入了解研究的意義、方法、目的與價值；並進而訓練其如何有效地發揮自我潛能、選定研究方向、確定研究主題、進行實質研究等的學術能力，成為一位可以獨立研究的學者。因此有必要了解這「三項主題」的內容：一、為何研究的內容：主要涉及的是學習動機的問題：或者為了現實的經濟利益，例如加薪、升等而作研究；或者作為一種休閒的活動，退休後的一種寄託；或者作為比較高深研究的一個學習過程，準備繼續升學。任何一種的學習動機，對學習者產生的作用而言，任何人都必須予以尊重，除非可以確定其動機係立意傷害自己或他人，否則任何人不得假借群眾之名義，對他人學習動機作個人式的道德或價值等正面或負面的無聊判斷。二、研究什麼的內容：除個人的自我設計外，還涉及到系所要求為何的問題？亦即考上的系所可以容許的研究議題範圍。總體而言，至少必須考慮以下的問題：（一）個人的興趣與能力如何的問題：有興趣研究和有能力研究是兩回事，有興趣不見得有能力，兩者必須要能互相配合，纔能達到研究的最高層級。（二）資料的配合情況如何的問題：如果有興趣也有能力研究，文獻資料是否能配合也是很重要的，研究必需的文獻資料如果無法獲得或很難獲得，必然增加研究的困難度，因此大家要特別注意。（三）指導教授的問題：系所指導教授的專長如何？如何找到適合的指導教授？是否容許找校外的指導教授。然後問自己是要在教授設定的研究方向與範圍內進行研究，以作為指導教授的「第三隻手」而學習學術研究的方法為考慮？還是希望學習建立自主學術研究的考慮下，依照

自己的研究設計，尋找指導教授對自己的研究進行必要的協助？三、如何研究的內容：主要涉及的是研究的意義、方法、目的、價值等相關的問題。是否具有學術價值，一般需要透過公開的發表，經過同行的檢證、認同而後被承認，纔能算是成功的論文，纔可以說有沒有價值。但也不能完全都「死」在此一固定範圍內，因為這必須考慮到法國社會學家布迪厄（Pierre Bourdieu，1930-2002）提到的「慣習」與「文化再製」等，同一思考範圍不斷複製而難以突破，甚至因此而不當排斥新見解的問題。[18]四、三者間關聯性的問題：（一）「研究目的」與「為何研究」相關：因為均涉及研究最終想獲得什麼樣結果的問題。（二）「研究價值」與「研究什麼」相關：因為涉及研究對象的設定問題，研究對象必然是研究者主觀認定有價值的東西。（三）「研究方法」也與「研究什麼」相關：如何研究的問題，涉及研究對象的確定、蒐集資料的方法、判別資料的方法、有效運用資料的方法、研究主題的確定、指導教授的選擇、論文寫作的方法、發表論文或口試的方法等等範圍的內容。

（二）課程講授內涵的說明

本課程的總體性內容，大致可以包括以下幾項：一、課程進度與內容說明：這是本課程的「緒論」，主要在陳述教師的學術觀點、教育立場、教學方式、教學內容、習作規定、執行程序、成績評量等等的基本訊息。目的是讓大家可以有效地了解教師的思想觀點與限制，

18　參考[法]布爾迪約、帕斯隆著，邢克超譯：《再生產：一種教育系統理論的要點》（北京：商務印書館，2002）；[法]波丟著，王作虹譯：《人：學術者》（貴陽：貴州人民出版社，2006）；高宣揚：《布迪厄的社會理論》（上海：同濟大學出版社，2004）等諸書所言。

以及爾後課程如何實際進行，因而可以比較深入地了解教師詮解評論
文本（TEXT）之際的盲點所在、比較有效地進行時間的規畫，並因
而逐漸學習到〈師生自介意義的分析〉一節中所謂對「鬧鐘承諾」
的確實履行，成功地建構個人獨特執行讀書的方式與研究的計畫。
二、思想觀念的溯源追尋：重點在引導大家確認個人現在既存思想與
觀點內容的來源出處。目的是讓大家對某些「理所當然」的「意識型
態」，進行深入的檢證以確認其是非的程序，以便可以真正了解自己
現有的思想觀點，到底如何形成？是否有需要調整？三、教育影響作
用的探索：深入思考教科書觀點無形的經典性意義的制約作用，然後
探討在學習的意義下，學生、教師、學校等各自的角色責任。目的是
讓大家了解菁英觀點的限制性，以及通俗大眾觀點潛在的宏大影響作
用。因此將會對教師的教學態度、同學的學習態度、大眾傳播媒體的
功能等等，進行必要的說明分疏。四、世界學術潮流的理解：提供現
代學術走向的宏觀性說明，以及相關研究理論的粗淺介紹。目的是讓
大家對近現代學術重要訊息，可以有初步的了解，以便可以與其他學
科的學者或研究成果進行對話，因而可以有機會從中獲取對自己主體
研究具有正面意義的學術訊息，提高達到學術整合與學術創新理想境
界的可能性。五、學科地位的客觀檢證：認真檢討研究學科的內容與
範圍，例如中國傳統學術或文化在現代學術意義下，當該擁有的學術
特色與學術價值，以及可能存在的問題與限制。目的是讓大家增強對
研究方向與範圍研究成果的了解，以便可以比較有效地建構研究的議
題，甚至提出新的詮解以突破既存的限制與弊病。六、論文寫作的引
導實踐：探討說明論文研究計畫、學位論文與一般性學術論文相關的
議題的形成、寫作的形式、體例的要求、常見的問題、論文的發表、
論文的評論、注意的事項等等實際的問題。目的是讓大家可以擁有寫
作的技術之外，還可以具有開發議題的能力。七、課程教學程序的安

排：在前述基本要求的考慮下，本課程進行的程序是：上學期主要探討的內容是：「研究理念的說明」、「研究方法的指導」，包括有關研究的定義、範圍、功能、價值、前理解、資料、態度、問題化、主題、論文評價、文獻探討等問題或內容的討論。下學期教學的重點，主要是透過大家碩士論文研究計畫的上檯報告、評論與提問，進行論文實際寫作的指導，涉及的內容包括有：指導教授的選擇與重要性、研究計畫的擬訂到確定的過程、資料的取得與整理和有效運用、論文的書寫與校訂到口試的過程與方法、寫作論文的篇章安排與體例格式的要求等等的討論。其中有關如何正確寫出一篇合格的「碩士論文研究計畫」，更是本課程下學期一項最重要的工作，相關教學內容主要是針對「碩士論文研究計畫」寫作前的前置作業的嚴格訓練，因為在正式寫作研究計畫之前，如果能夠用心的深入思考，將自己要研究的方向、主題、內容、價值等等問題釐清，則就有可能寫得比較詳細、豐富，無論標題的訂定、題旨的發揮、章節的安排、資料的選取、研究的價值等，均可以對爾後正式碩士論文的寫作，形成直接而有效的幫助；同時對一般性報告與論文的寫作，也有直接的效果，因此絕不能輕忽。

　　以上幾個單元的教學程序，並沒有必然的前後次序關係，內容也不是鐵板一塊的全不能更動，因此在相信同學的學習熱忱與能力的前提下，從同學的角度而設計出下列幾項教學實際的操作原則：一、自由性原則：即非系統性的教學法，依大家實際需要而改變學習內容的次序，不預先做系統化次序的絕對性規定。二、主動性原則：即嘗試錯誤學習法，課業習作不預設統一規定和統一答案；大家進行實際操作後，再進行檢討，以求得更符合自主意識下的答案。三、針對性原則：即面對問題的解答方式，因大家提出的疑惑或質疑，當下進行及時性的分析作答，不預先設定不得更改的討論主題。四、適時性原

則：即生活細節反思引導法，分析日常生活中遇到的事情與表現，以及社會當下發生的事件，分析檢討其與學術研究和教學的關係。五、體驗性原則：即自剖式的舉證方式，上課說明論證之際，盡量以教師親身的經歷為主。即以教師在作為學習者之際的研究過程中，曾經面臨的問題，作為教學之際討論的基點問題與例證。六、實用性原則：即結合實際教學的詮釋法，盡量把問題帶入實際的教學活動中，以提供大家在工作上或日常生活中使用，作為詮釋之際優先考慮的前提。但實際操作時，則可以在不違背前述三大基本原則的前提下，按照大家的需求或現實的狀況進行調整，甚至可以因應大家的需要，將六個單元的內容打散而重新組合。但無論次序與內容如何改變，唯一要追問的都是：是否可以比較有效地讓大家習得必要的學科基本內容。換言之，此一課程的學習主體是大家，教師既沒有「中人變事主」（臺語）的替代大家主體的預設立場；更沒有將大家當成幫教師寫作論文的「傀儡學生計畫」，因而在本課程中教師將僅會扮演協助輔導的角色而已，亦即大家可以擁有選擇接不接受教師引導的絕對性自由，當然相對地教師也擁有評判同學是否符合此一課程最基本要求的絕對性權力。

（三）課業寫作意義的說明

本課程為落實理想的課程設計效果，當然無法排除實際操作的課業練習，本課程因而也設計有許多相關的練習，教育過程中無論是正式的學校教育或非正式的補習教育等等學習，教師規定某些課業或問題，要求同學完成或回答，當然是一種教育過程中最常態性的學習活動，但就本課程的內容設計而言，這種活動既可以是一種「作業」，也可以是一種「習作」，這種區分並不是一種毫無意義的分類，實際

上牽涉到同學的認知心理，甚至因而影響到同學的學習效果，因此有必要從本課程設計的立場，對「習作」與「作業」進行比較實際的辨析。就比較純粹的「理想性」意義而言，「習作」與「作業」在學習意義上具有不同的功能與價值，如果教師在進行解決問題或完成課業的學習活動之前，可以預先對同學把課業或問題當成「作業」與「習作」的心理認知，以及可能產生的正負面情緒，和可能實質地影響學習效果等的實情，對同學進行必要且比較清楚的分析說明，相信對同學的學習活動必然會產生更有效與更佳的效果。但如此分類說明的目的，並不是要完全否認「作業」在學習功能上的價值，因為「習作」也是一種「作業」，這裡純粹是從學習獲得較佳效果的預設前提出發，比較「習作」與「作業」的心理認定，在整個學習活動的過程中，可能產生的不同效果。「研究方法」課程所以必須針對此一問題進行分類探討，主要是由於「習作」與「作業」兩者在外在型態上的一致性，使得大家經常將教師設計定位為「習作」的課業或問題等等的學習活動，刻板地誤認為教師規定的「作業」，因而直接影響到大家進行學習活動之際，實際可能獲得的學習效果。

不過就我所知，教育界長期以來似乎無人將「習作」與「作業」，在學習意義上不同功能與價值的問題，進行比較實質有效地分析說明，以便讓教師與學習者有比較明確的認知概念，因而可以讓「作業」對學習產生較為強勢的正面功能。以對學習本身的認知觀點而言，「作業」和「習作」都是教師為增進學習效能而設計的課業，「習作」的內容當然也是「作業」，「研究方法」課程討論此一問題，特別要強調的是教師如何引導研究生可以在「學習心理」上，建立起一種「自我認知」意義的區別性分析，意即教師應當教育研究生如何「看待」學習過程中，絕對無法逃避的課業等「功課」的壓力，以及如何在心理上轉化「反面」的學習壓力而成為「正面」的學習助

力，可以讓同學在課業性的「功課」活動中，獲得最有效學習效果的問題。「作業」與「習作」的區分何在？依我的觀點而論，「作業」的特色是其內容要求與完成時間，均有非常明確的範圍與斷限，即同學必須在規定的時間之內，完成教師設計限定的課業的內容或問題，不必多也不能少，完成解決教師預設的課業內容之後，就學生而言則該學習活動即告結束，因此是一種「有結束而無後續」的「封閉性」的現在已經「完成式」的學習活動。「習作」本質上也是一種「作業」，因而也有設定的內容範圍與繳交的時間，但與「作業」意義不同者，在於學習者視「習作」為學習的一個過程而不是結束，亦即認定每一次的「功課」，都是一種「階段性」的訓練過程，規定的內容範圍僅是一種「暫時性」的存在，每一次「習作」都是做為進入「下一階段」學習歷程的準備性意義而存在，因此「習作」是一種永遠處於「有後續而無結束」的「開放性」的現在正在「進行式」學習活動，「習作」總是永遠處在「過程」之中。就習作要求的目標與引發的作用而言，「作業」因為是一種「完成式」，故而必須講求最終答案的「唯一性」與「確定性」，隱含有不容許出現絲毫訛誤的「完美性」要求，同學因而必須確定答案的唯一正確性，缺乏其他可能性的追求探討，就一般的學生而言，最方便確定「正確答案」的方式，當然就是「照抄書本之論」或「照搬教師之言」，這對於那類開始學習而必須建立規範的小學生或初學者而言，這類「學舌」似的「模擬」，當然是一種必要且具有學習價值的教育活動。至於「習作」既然是一種永遠處在「過程」的現在正在「進行式」，當然就不可能要求給定一個「唯一」的最終答案，因為「進行式」本就隱含還有其他答案存在的「可能性」，所以較能容許出現訛誤的「不完美性」，這種容許出現「訛誤」的預設前提，可以讓同學在進行學習活動的過程中，比較放心大膽的表達自己「不成熟」的「淺見」或「臆見」，雖

然很有可能出現「胡說八道」之論，但也比較有可能發展出主動思
考、主動尋求答案等具有「自主」意義的「創見」，這對於那些有意
或應當脫離初學者「模擬」階段的同學而言，應當具有相當重大的學
習意義。

可惜臺灣長期以來的教育，比較注重的其實是「作業」的訓練，
很少教師或學生真正進行「習作」的思考，因而導致多數同學「努力
記住很多別人說過的話」，卻很少同學能夠進行「爭取或尋求說出自
己想說的話」的努力，這在學習的創發性要求上，其實是一個頗值得
檢討的問題。如果把「作業」與「習作」放到寫作論文的思考上，
則依照「作業」認知方式思考的研究生，固然可能對前賢研究成果
比較熟悉，但也容易造成缺乏自己創見的閉鎖；如果是按照「習作」
的認知方式進行研究，固然比較容易不受前賢觀點或意見的束縛，因
而比較有可能出現新的發現，但也可能造成缺乏歷史性認知的無據空
言的現象。就寫作論文而言，無論偏向任何一方，就學習而言其實
均有其收穫與價值，但比較理想的狀況，則應該能夠融合兩者的優
點，既對歷史傳統的研究成果熟悉，又有研究者自己獨特的創意，就
是最好能夠處於「作業與習作的思考之間」，既不是兩者的綜合，
也不偏向任何一方，用儒家的話語來表示，就是要融合而成無法分
辨的「致中和」的「和諧」狀態；[19]用莊子的話來說，就是要「遊刃
有餘」的「處於材與不材之間」；[20]用佛家的話來說，就是所謂「不
離不即」或「不即不離」的境界；[21]用音樂術語表達，就是如同欣賞

19　《禮記·中庸》：「喜怒哀樂之未發，謂之中；發而皆中節，謂之和；中也者，
　　天下之大本也；和也者，天下之達道也。致中和，天地位焉，萬物育焉。」

20　《莊子·養生主》：「彼節者有閒，而刀刃者無厚；以無厚入有閒，恢恢乎其於
　　遊刃必有餘地矣。」《莊子·山木》：「處乎材與不材之間。材與不材之間，似
　　之而非也，故未免乎累。」

21　「不離不即」，[南朝·梁]武帝：〈立神明成佛義記〉，沈績《注》語，見[唐]

「交響樂」一般，在耳朵呈現出來的是合眾樂器之音為一音的「和諧之音」。

（四）課程預設教學目標的說明

　　此課程預設的教學主要重點有兩項：一是「無中生有」的「創新」或「創造」，就是從「不可能中見到可能」的能力培養；一是「有中生無」的「發現」，就是從「既定的可能中見到不同的可能」的能力培養。「發現」是針對既存知識的重新解讀，或價值作用的重新建構，就是一般所謂「順著說」或「接著說」的研究設想。至於「創新」或「創造」則是在既有的知識系統之外，建構出不同於既有知識的新觀點、新知識系統，注重的是「自己說」的知識。以上兩者就一般學習的角度而言，當然都各自擁有相當重要的學術意義與價值，但就本課程的理想教學目的而言，則特別有意加強「無中生有」的「創新」或「創造」方向的訓練設計，因為所有習得的既存於現有世界的知識，既是我們不能不知道的基本知識，但同時也是等待我們推翻與拋棄的過時的知識，我們以往透過教科書與教師及書籍、對談、傳媒等等獲得的既存知識，僅僅具有「工具性」的意義與價值，就是永遠屬於「一種說法」而不是「唯一說法」，故而並不具有唯一而永不能改變的「終極性」的意義與價值。因此前述「接著說」或

釋僧祐：《弘明集》，《文淵閣四庫全書電子版3.0版》（香港：迪志文化出版公司，2007），卷九，頁3。以下用此本者皆稱「《四庫》本」，不再註出版本資料，以省篇幅。[宋]釋正覺：《宏智禪師廣錄》卷一〈泗州大聖普照禪寺〉：「道，無是無非，不即不離。」收入《大正新脩大藏經》第四十八卷〈諸宗部〉（臺北：新文豐出版公司，1983），頁2-3。此搜尋《漢籍電子文獻瀚典全文檢索系統》（臺北：中央研究院，1984-）而得，以下簡稱「《漢籍庫》本」，為省篇幅，不再重複說明。

「順著說」的研究思考，在此一課程理想的以創新或創造為尚的前提意義下，當然就不如「自己說」的研究思考來得有意義與價值。因為無論是「接著說」或「順著說」，前提都是先設想自己是為了發揮或發現前人既有的觀點而存在，亦即在不知不覺中就先把自己「自我矮化」為前人思想知識的工具，研究者的「主體」因而遂隱沒而消失；「自己說」則先設想自己具有「獨立」而可能發揮的潛力，因此重點就落實在如何「開發」自己與眾不同的「創新」或「創造」觀點，絕不是先把自己設想成前人的「工具」而已，這個觀點其實就是《孟子·盡心下》所謂「人病舍其田而芸人之田，所求於人者重，而所以自任者輕」的觀點的發揮，這種學習上的「心理建設」，對研究者研究之際的態度與發展具有相當重要的地位，可惜多數人均不加注意。

　　但本課程並非在絕對不能共存的「二元對立」的前提下討論問題，故而並沒有說不可以進行「接著說」或「順著說」的研究思考，同時也沒有判定「接著說」或「順著說」不具有學術的意義或價值的意思。本課程主要是從一種相互和諧共存的「二元對比」的意義下發言，因此只是說從學習創新或創造的角度上而言，與「自己說」相比較之下，則僅發揮前人之論的研究設想，當然不如嘗試開發自己的潛能，具有較大的創新或創造意義，因此這兩者並沒有衝突，更何況某些「創新」或「創造」還必須立基於「接著說」或「順著說」的基礎上纔有可能出現，並沒有要大家拋棄基礎的訓練。大家必須經常記得本課程所有的研究建議，除思想靈活訓練的「胡思亂想」之外，所有實際的研究，都必須立基於嚴格的基礎訓練，沒有嚴格的基礎訓練就不可能出現有學術意義與價值的發揮運用及創造發明，這也是本課程很重要的原則。

（五）研究宗旨追求的說明

研究目標達成的目的，當然是希望可以協助研究者獲得最佳的研究成果，這也就是研究內容的問題。根據前述研究目標的設定，則研究內容當然是以創造性為主，創造的範圍與研究目標相同，包括「無中生有」與「有中生有」。「無中生有」指的是作品的創作，例如文學作品或物品的發明等等；「有中生有」指的是一種發現，在原有的存在事物中，找出他人所沒有注意到的事物，將之歸納分析，說明其特點、內容、作用、價值及影響等等。就我專業的經學史而言，就是歸屬於「有中生有」的一種研究，亦即在已有的成品中，看出其特點、內容、價值、作用及影響的研究。內容特點研究注重的是相同點與相異點的差別，除了能指出不同作者的作品間相同點外，更必須能有效的說明其相異點之特色、價值及作用、影響等。就是要能研究其傳承和發展間的關係，不僅僅只是做一些歸納整理的工作，如果只是做一些歸納整理的工作，則不能稱之為研究，僅能稱為編輯整理，編輯整理當然不是完全沒有價值，尤其對初學者的幫助甚大，對引導初學者進入研究的領域，作用也相當值得重視，不過這種基礎的研究，應該只是初步的功夫，如果只是停留在這一步，無法再進一步的提出說明，終究只是統計功夫的表現而已，實不足以稱之為研究。一個合格的研究者，不但不能滿足於這種初步的工作，並且要避免停留在這個初階的基礎研究上，如此纔有進步的可能，否則以此為研究之終極，不思長進，則終身亦不過是一個二流的研究者而已。

成就、價值和影響當然是從比較中得來，不可能無中生有，所以多讀書、多比較是必然的要求。如果自己不夠用功，只想撿現成的東西，以前人之結論為真理，不知檢證、不知前人之結論如何得來、不知前人之所以有此結論之故，只是照抄，將其結論複誦一遍而已，那

麼又何必再多寫一篇，豈非多此一舉，因此研究者必須具有歷史感，要能分清楚現代和過去間的不同環境之變化，不要把現代人的想法強加在古人的身上，甚至自己先有一個固定的想法後，纔去找一些有利於自己觀點的資料來證明，至於其他相關卻不利於自己的資料，則故意視而不見，這不能稱為研究，僅能叫做填補資料。客觀的研究應該先歸納出其共同點，然後纔能做出結論，絕對不能「未證先明」，拿前人的資料填補自己未經證明的觀點。如果是這樣，那就不是「有中生有」的研究，而是「無中生有」的創造了，這種創造出來的結論，無法作為比較之用，因此所謂成就、價值、影響等，根本無從談起，所以也就沒有所謂結論的正確性是否可信的問題了。

　　研究的對象是人，所謂人指的到底是具體的「個人」或是抽象的「人類」，還應該加以區別：具體的個人指活生生有血有肉真實存在的人，就是實際存活在社會中的人。抽象的人類指僅出現在口頭上或文字上的人，例如「犧牲小我，完成大我」中的「大我」，就是一個抽象的人，實際上不存在，只是一個抽象概念，沒有人可以明確的告知所謂「大我」是什麼？又是如何獲得？其實「大我」應該是所謂「小我」的結合，如果沒有「小我」的存在，根本就沒有「大我」，由此可知「犧牲小我，完成大我」的口號是相當有問題的說法，根據小我／大我兩者的對應關係，「小我」犧牲了；「大我」也就不存在了，最正確的觀念應當是「照顧小我，成全大我」，兩者應該是並列而平等；甚至必須要有前後次序關係，「大我」應該是「小我」的累積；不應該是單獨存在的另類，這是必須要事先辨明的概念。[22]傳統學者最大的問題，就是無法分清「具體」和「抽象」的差別，因此經

22　這個「照顧小我，成全大我」的概念，係民國六十九年在臺灣大學夜間部中文系上「論孟導讀」課時，陳修武老師提出的概念，學生不能掠奪老師的創意，因此特別說明。

常在不經意中犧牲了具體存在而活生生的個人；用來迎合或「削足適履」的填補那根本不存在的抽象的人類，清朝的戴震（1723-1777）所以會有「以理殺人」之嘆，[23]應該是已經看出這個嚴重的問題，可惜後學者沒有適度的再加發揮，以致戴震的思想沒有在歷史上產生該有的作用，惜哉！

　　研究的價值有兩種：一種是詮釋上的價值；一種是流傳上的價值。詮釋的價值指在意義的解說上，有創發、有新見解，能見人所未見、能發人所未發，在研究的領域內有新的突破：或者提出一種新的解釋；或者引出一種新的研究方向；亦即用一種新方法、新視角來觀照舊材料，因而得到新答案，在學術的研究上具有開創的意義，這就是所謂「詮釋上的價值」。流傳上的價值指在傳播的方面，具有比較廣泛普及的被接受性，就是說其閱讀群眾較多，影響力較大，在量的比重上最重，至於質如何？則不列入考慮，因此在流傳上具有價值，並不代表其在學術上也具有相等的價值，不過在流傳上具有價值，相對的在影響上比較大，這是不容置疑的事實。再則所謂具有學術價值，實際上是後學者事後的比較而得，當代人不一定同意後代人的觀點，就研究的分位來說，流傳的研究有時恐怕比詮釋的研究要更有意義！因為流傳的研究纔是真實歷史的呈現；詮釋的研究則不免要增入現代人的價值觀了，從這個觀點來說；如果要做純歷史的研究，則流傳的研究纔是比較好的研究方法，詮釋的研究反而顯得比較不客觀、比較容易流於「以今律古」、比較有可能「以主觀替代客觀」而不自知。這當然也是從「二元對比」而非「二元對立」的角度發言，因此並沒有完全否認詮釋研究的價值，只不過是從研究的方法和作用上來

---

23 [清]戴震：《戴東原集》卷九〈與某書〉，頁103。此係搜尋《中國基本古籍庫》（北京：愛如生數字化技術研究中心，2003）而得，本書引述的古籍來自此網路資料庫者，簡稱「《古籍庫》」本，以下皆同，為節省篇幅，故不再重複說明。

說，兩者有如此的差別而已。

（六）成績評量思考的說明

　　本課程習作的成績評量，主要從「感情」和「學術」兩個角度考慮。就「感情角度」言，身為教育者首先必須相信學習者都會有：真心充分的投入、希望把習作寫得完美、希望儘量符合教師要求等強烈的意願。客觀的來說，一般研究生或者有家庭支持，但也不一定都有家庭支持，可能需要自己打工付生活費與學費。進修部的同學則更是兼職的研究生，平時都有自己的教學工作，不少人更有家庭的負擔，尤其是已經有子女的同學，負擔可能更重。許多同學都在當教師，現在講求「多元化」的教學，教師必需不斷的重新學習某些新的課程內容或技巧，這也是相當重的負擔。在職業尊嚴上，現代家長對教師的尊重已非常淡薄，對教師的要求卻越來越多，不僅把所有教導兒女的責任都推給教師，甚至還有人惡劣到把教師當成照顧兒童的「家庭幫傭」，這種對教師專業的輕視態度，當然會讓以教育為終身職業而認真教學的教師感到寒心。在同事人際關係上，由於教師的來源不一，學生日漸減少造成的失業壓力，同事之間的關係逐漸從和諧而轉成競爭，競爭導致追求生存的壓力大增，學校同事之間形成互助正面次級團體的可能性越來越低，心靈的孤單狀況越來越嚴重。換言之；大家處於現在這種職業尊嚴受創，有人「叫改」就會「教改」的教學上「多元而不一」的時期，每年的許多教學活動，很可能就和剛剛開始進入學校教學的階段相差有上千里遠，因此很可能就會出現某些不得不面對的無形心理壓力。至於部分還要兼學校行政者，身心的勞累負擔那就更不必說了。在這種三重、四重甚至多重交逼的不利環境狀況下，還願意「自討苦吃」的接受考驗，此種堅強、毅力與熱誠、認真

投入的學習態度,實在令人佩服,因而任何一位具有「人性」的教師,理所當然的會將大家的處境與學習的熱誠度列入成績評量的考慮之中。再就實際學習的方面來說,大家面臨的一個更可怕的問題是:研究所的某些課程與要求,對多數人而言,應該都是一種全新的經驗,如果沒有先建立一些必要的心理準備,則面對未來兩年以上的考驗,真的會手足無措,壓力大得不得了,這是大家必須了解的實際。

我一向不受「勤能補拙」等一類「讓人思想懶惰」的成語影響,因此在評量的考慮中,學習狀況的良窳,牽涉到某些先天因素無法強求;認真的學習態度,則與天賦因素無關,完全操之在自己,在研究態度的表現上,因此會對大家做「一視同仁」的要求,這個要求應該不算過分。我對學習評量抱持的觀點是:習作內容表現的優劣,必然牽涉到「先天稟賦」與不同的「起點行為」,此類表現固然可以作為重要的評量根據,但絕不可以是唯一的依據;如果在形式體例與錯別字的表現上,能夠認真充分的投入,因而達到全無訛誤的狀況,做為一位具有「人性」而主張「人道」與「公道」的教師,理所當然的也要將其列入評量之中,並且其重要性絕不可低於內容表現。所以如此強調「形式體例與錯別字」要求絕對無誤的理由,主要是觀察到臺灣的學生在現代「以記憶為知識」的錯誤教育認知、傳統教養講求「含蓄隱諱」的社會價值觀、中國社會傳統鄙視「顯露」而推崇「委婉」表現前提等「三重制約」之下,使得多數學生甚至一大堆人文學的教師,在無意識中受到這「三重現實制約」無形影響力的滲透,於是被塑造而形成一種隱藏性的、不自覺的「得過且過」的心態,並在此不自覺心態的影響下,導致進行研究之際,幾乎完全不知追求「絕對精確」的學術基本要求,這種進行研究而不知要求絕對精確的潛藏心態,我認為是臺灣學術發展上最具毀滅性的可怕「殺手」。面對此種對學術研究產生實質殺傷力的錯誤態度,身為教師者若不知則可以不

管，如果知道而不進行必要而有效地教育引導，以便讓同學有改變的可能性，則是教師最嚴重的失職行為，這就是對習作的評量，特別重視在「形式體例與錯別字」是否可以達到完全無誤表現的主要原因。我必須特別嚴重的警告那類不知追求「精確」的人，若是依然抱持「大而化之」的學習態度，因而在「形式體例與錯別字」上表現的太過馬虎，必然會影響到成績的高下，如果太過嚴重則有可能要「重修」。我從小雖然也很喜歡「善人」和「好人」，但我自己則喜歡當「壞人」和「惡人」，因此絕對不會在意因為「當掉」同學而被怨恨，因為同學的「怨氣」，不僅可以增強我的「邪氣」，讓我的「邪功」的功力更上一層樓，同時也會因此而常常「記得」我，因為人總是比較容易記得「怨恨」的人，比較不容易記得常常對我們關心的人，而我一向喜歡別人常常記得我，因此該當掉同學之時絕不手軟，哭哭啼啼對我更沒有作用。當然我也絕對不希望有人開此「先例」，免費供給我這些不勞而獲的「怨氣」增強我的功力，更不希望因為大家之怨之恨而長存人間，所以請大家務必要記住此一警告的嚴重性。

再者身為學習者對成績的態度，大約就如同一般人對金錢的渴求一樣，當然是越高越好，但就「學術角度」而言，依我個人所習得的和秉持的學術良知與學術標準而言，能夠進入九十分這一關卡的論文或報告，必須在學術研究的價值上，真的具有超出前人，且有相當程度的學術創見，纔有可能獲得這樣的分數，因此這個課程不可能從九十分打起，這一點必須先向大家說明。不過我也在思考分數的意義，比如說有些教師打分數，可能真的從九十一分起跳，修習該課程的少數人，只要達到一個最低的標準，就有可能獲得九十多分；修習「研究方法」課程，則可能需要花更多的時間與努力，卻只能得個八十多分，甚至更少，大家若因此而有不平之鳴，其實也是「無可厚非」之事（意思就是可以稍微「非」一下，但不可以太過分啦），因

而也就不得不儘量的想辦法，盡可能用符合大家需求的標準評量而給分。這倒也不是瞧不起大家，只是儘量做到符合現實的考慮而已，到底顯現在成績單上的都僅是一些數目字，這世界上的「俗人」太多，願意真正了解真相的「正人」太少，當看到數目字的表象之後，絕不會想到不同的數目字背後，其實隱含了不同的判斷標準和意義。為了盡量減少大家的困擾，以及維護認真投入學習的學生權益，做些必要性的調整，應該也是一種可以被容許的學術權宜措施吧！

（七）成績評量標準的說明

絕對多數的同學與家長都重視成績的高低，同時所謂成績高低主要還是以量化的分數為根據，因為成績不僅代表自己學習成果在教師心目中的評價，同時在許多「俗人」的眼底，還附帶有其他諸多顯性或隱性的「社會性」功能與價值，一位真正具有學習之心的同學，無論成績好或不好，當然都希望可以確實知道自己獲得此一評價分數的根據或理由，以為自己繼續保持或改進的依據；尤其是獲得較低分數的人，更希望了解自己以為回答得很棒的答案，何以會得到如此低的分數？教師是根據什麼標準給這樣的分數等等，這是從學生與家長立場思考時必然會出現的問題。若是從教師與教學的立場思考，尤其就本課程以「師生互涉立場」基本原則的教學角度觀察，則同學的成績表現，更是非常重要的教學評量，就是一種教師對自己教學活動成果的自我評量，同學的學習效果不佳，責任並不是全在同學，同學即使程度夠用心學，若教師完全沒有考慮到同學的「起點行為」，以及如何「引導」等教學技巧的問題，只是根據自己毫無章法的「愛怎麼樣就這麼樣」的隨隨便便「亂叫」，則中等以下同學的學習效果不佳，當然也就不足為奇了。因此同學的學習成效欠佳，不僅是同學的問

題，同時也是教師的問題，師生之間就如同綁在一起的兩隻蚱蜢：
「跑不了你也跑不了我」，可知學習成果的好壞是師生共同的業績。
從比較客觀的教學角度加以觀察，可以發現臺灣確實存在有某些缺乏
反省或不想負責任、或不關心學習效果的教師，這類教師就如同某些
不負責任的父母，或者不關心孩子，卻把自己孩子胡作非為的原因，
歸罪給「壞朋友」或「社會、學校、教師」等，以逃避自己該負的責
任一樣；於是同學獲得良好學習效果的都是自己教學有成的表現，
學習效果不佳的則完全歸罪給同學的不夠用功。其實在學術研究上
「勤」是否能有效補「拙」，那可是要看「補」的方向和方法是否正
確？教師的責任正是要協助那些「拙」的學習者，如何找到正確的方
向與方法，因而能夠有效的「補拙」，好讓這些原來「拙」的同學可
以「巧」，好讓原來「不拙」的同學可以「巧而更巧」。[24]教師若是
缺乏此種基本的教學認知，只知道用一種「站高山看馬兒相踢」（臺
語）的態度教導學生，然後又把學習不佳的責任完全歸過於同學，這
當然不是個值得尊敬的「公正」觀點，因此本課程絕對會盡量避免出
現此種狀況。然則如何避免此種狀況的發生呢？我覺得除了教師了解
自己在教學過程中，必要或擁有的權利與義務，以及願意承擔義務的
自我要求之外，另外還有兩個重要的事情一定要做：首先是一開始就
要讓同學確實知道需要繳交那些習作，以及成績評量的內容與標準的
大致範圍，說「大致範圍」的理由，就是教師承認批改給分之際，還
會考慮標點符號使用是否正確、引文與解說是否恰當、文筆是否典雅
簡鍊、字體是否漂亮、版面是否乾淨美觀……等等表現的問題，甚至
還會受到教師當天的情緒，或者前一份習作和第一份習作表現良窳的

24　「勤能補拙」的問題，可參考楊晉龍：〈勤能補拙？：學習迷思的反省〉，《百
　　世教育雜誌》第178期（2006年7月），頁4-6所言。

影響，因此不可能百分之百的絕對按照訂定的內容評分。其次是站在學術立場上針對習作出現的問題，毫不含糊且絕不客氣的批評，同時並提供改進的方向或方法，以便讓同學能夠因此而不再犯相同的錯誤。這其實是《左傳·宣公二年》所謂「過而能改，善莫大焉」或一般所謂「知過能改」意義的發揮，因為要人家「改過」，當然要先讓人家「知過」，若連「過」都不知，則叫人家如何「改」？教師如果沒有提供給同學「知過」的機會，卻一味的要求同學「改過」，則教師自己也就違犯了《論語·堯曰》所謂「不教而殺謂之虐；不戒視成謂之暴」的「酷虐」之罪過了。前述這樣的要求，當然就意味著教師不能看過打完分數後，就把同學繳交的習作免費送給「資源回收商」，而是必須把繳交的習作批改後發還同學，這當然是一種「叫學生去死，自己也要死給學生看」的「拿石頭砸自己腳趾頭」的「自尋苦頭吃」的作法，但我以為只有這樣纔能真正達到教導與學習的實質功能與意義，同時也纔能夠讓同學心服。

當然我的這個評量成績方式的要求，還涉及到一個很實際的學校行政的問題，如果負責學校行政的勢力太大，根本視教學為附屬，則我設想的成績評量方式，教師可能會因為情勢所逼而無法有效執行。根據我私下的觀察，臺灣確實有某些大學的學校行政高高在上，行政領導者都以一種當軍隊「指揮官」的態度看問題，因此有許多視教學如行政之奴僕的狀況出現，故而所有涉及教學行政的事務，都以符合行政的方便為考慮。例如規定在學期結束之後，一個禮拜之內要繳交學生成績，若是沒有繳交就要打報告，甚至還列入「續不續聘」或將來「是否能升等」的要件。這種要求對那些以選擇題或是非題，或數學證明題等為主的考試，當然沒有問題，但用來要求以繳交報告或論文為主的人文與社會科學類的研究所，就未免過於本末倒置了。我一直覺得早期開始立下此種任何學科的研究所和大學部的教師，都必

須在學期結束後一、兩週內繳交成績規定的這類人，大約可以歸入孔子所謂「其無後乎」的「始作俑者」（《孟子·梁惠王上》）一類的「混蛋」之行列；然後又有一類根本搞不清楚狀況的人跟著附和，這類附和的人大約也可以歸入那類從小就「吃屎喝尿」長大而不知民間疾苦為何物的「非人」。說的如此難聽的緣故，就在於學校是因教育學生而存在，學校的行政當然以協助更好的教學為「主要」甚至是「唯一」的目的，當學校行政和更好的教學發生衝突時，自然要以教學為優先考慮，不是顛倒過來要求教學配合行政。研究所的研究生平時認真修習各種課程，根本無法撥出太多的時間在論文寫作上進行更深入的思考，因此學期結束之後，正是研究生可以用比較多的時間思考問題的時候，如果因為要符應學校行政方便的要求，卻實質上剝奪了研究生深入思考問題的可能，這不是太荒謬了嗎？那些從小「吃飯喝湯」長大的「正常人」，應該可以同意我這個讓研究生在學期結束後，有比較充裕的時間認真深入地修改自己的習作，然後纔繳交成績的基本構思；至於那類「吃屎喝尿」成長的「非人」，我就不知道他們會怎麼想了，因為我是「吃飯」長大的人。教師若不幸身處在那類充滿「吃屎喝尿」長大的「非人」負責行政的學校，即使有心讓同學多一點時間認真完成習作，但因為情勢所逼也就不得不低頭，只好委屈同學的學習和教學的要求，規定同學早早繳交習作，即使有錯誤也因為時間的壓力，不敢退回要求同學重寫，這絕對不是有效正常的好學習方式，但卻也無法強求，亦即教師雖有心執行較佳的教學措施，但並不是所有的教師都可以如願，當大家聽我前述批評之際，同時也要能夠了解某些教師的困難之處，這樣比較不會因為「偏聽」，遂導致出現「以理殺人」的狀況。

　　基於前述的思考，故而本課程先稍為瑣碎的將評量成績的內容要求與分數分配細列於下。本課程全學年必須繳交的習作包括：「筆記

與心得」、「課堂論文」、「自介」、「上學期期末自評與閱讀心得」;「碩士論文研究計畫」、「碩士論文研究計畫答辯稿」、「下學期期末自評與閱讀心得」等項,就成績的評量言:

一、「筆記與心得」成績計算方式,大致分成五等評分:(一)整理詳盡且有反思及心得者;(二)整理粗糙而有反思及心得者;(三)整理詳盡卻無反思及心得者;(四)整理粗略亦無反思及心得者;(五)繳交完全未加整理的粗稿者。

二、「課堂論文」成績計算方式,依據以下十項表現評分:(一)問題意識明確;(二)論證過程合理;(三)結論說明清楚;(四)引文合理必要;(五)引文詮解合宜;(六)章節安排連貫;(七)參考書目周全;(八)版本資料齊備;(九)腳註體例正確;(十)遣詞用字明晰。

三、「自介」成績計算方式,依據下述條件評分:(一)具有自我肯定意識;(二)了解自己的優缺點;(三)能夠發現自我潛能;(四)明確提出學習計畫;(五)具有未來遠景規畫。

四、針對全部課程的「上學期期末自評與閱讀心得」成績計算方式,根據下列表現評分:(一)能以公平的態度善待一切;(二)能夠檢討課程與書籍問題;(三)能夠說明課程與閱讀收穫;(四)能有課外學習和閱讀收穫;(五)能夠有特殊的關懷與見解;(六)能夠紀錄平時靈感的內容。

五、「碩士論文研究計畫」成績計算方式,依據以下十五項條件評分:(一)研究動機明確合理;(二)文獻探討深入詳盡;(三)研究目的具有價值;(四)研究貢獻擬測合理;(五)研究方法新穎有效;(六)研究程序具體可行;(七)研究標題主旨明確;(八)能彰顯研究主體性;(九)章節安排前後連貫;(十)參考書目周詳清晰;(十一)版本體例符合規定;(十二)遣詞用字清楚合適。

　　六、「碩士論文研究計畫答辯稿」成績計算方式，以下列九點的要求評分：（一）能歸納問題合理分類；（二）能針對問題內容回答；（三）能詳盡回答質疑的問題；（四）能有效維護主體觀點；（五）能就提問再發揮內容；（六）能自我檢討修正問題；（七）能統整大家提問內容；（八）能統合自己提問內容；（九）能分析全部提問內容。

　　七、「下學期期末自評與閱讀心得」成績計算方式，依據以下九項內容評分：（一）能以公道心善待自己；（二）能檢討課程學習問題；（三）能有效說明課程收穫；（四）能反思全部研究計畫；（五）能針對閱讀提出反思；（六）能提出課外學習收穫；（七）能檢討承諾執行狀況；（八）能明確紀錄平時靈感；（九）能提出課程改善內容。

　　八、「例外規定」：上學期（一）繳交非本所及任課教師規定書籍的閱讀報告及研討會心得者，依文章內容的學術價值與字數的多寡，酌加總分一到五分，然除有特殊因素之外，以不超過九十五分為上限。（二）繳交的任一項習作中的錯別字，只要總數達到十個（含）以上，則該項習作成績最高僅能獲得八十五分。（三）絕對禁止將其他課程的習作，同時做為本課程的習作繳交，反之亦然，亦即禁止一稿兩用，否則將以零分計算。下學期（一）對大家研究計畫能夠提出具有學術價值之意見者，依其發表的內容與字數多寡，酌加總分一到五分，然除有特殊學術貢獻之外，以不超過九十五分為上限。（二）繳交的任一項習作中的錯別字，只要總數達到六個（含）以上，則該項習作成績最高僅能獲得八十五分。（三）絕對禁止將其他課程的習作，同時做為本課程的習作繳交，反之亦然，亦即禁止一稿兩用，否則將以零分計算。

　　就習作各項的內容基本要求而言，有下述幾點提供同學參考：

一、「自介」的內容：（一）必需有過往學習過程的歸納；
（二）必需思考舉出某些經歷事件對本身學習成長的影響；（三）必
需分析本身在學習上的優勢與可能的潛力；（四）必需說出大學生與
研究生學習態度的差異；（五）必需說明入學後預期的學習成果；
（六）必需說出預設本課程應教的內容；（七）必需訂定安排自我學
習的時間；（八）必需簡述自己未來的理想願景。

二、「上課筆記與心得」的內容：（一）必需紀錄教師講授的重
點，重視的是經過整理濃縮的概括性「重點」，而非一堆糊塗帳的
「無釐頭式」亂七八糟的「雜錄」；（二）必需陳述學習者對講授內
容的意見；（三）必需有個人平時閱讀心得的紀錄；（四）必需呈現
個人平時的學術靈感；（五）必需紀錄平日思考的問題及答案。

三、「課堂論文」的內容：（一）題目與內容自訂，訂定後禁止
更動；（二）雖不禁止「舊題新作」，但更鼓勵開發新的研究議題；
（三）論文格式，必須符合學術論文的基本要求。

四、「期末自評」的內容：（一）以正面角度論述自我學習的收
穫及自己是否受到影響而改變；（二）說明在本所各種課程中的學習
收穫及是否產生實質的功能；（三）針對本課程提出有效的批評與實
質的建議；（四）敘述深入的閱讀心得報告而非書籍內容的簡介；
（五）深刻反思學習對生活常規與既有思考可能存在的正面影響功能。

五、「碩士論文研究計畫」的內容：（一）這是訓練寫作正式
「論文研究計畫」的習作，並不是要確定正式研究的方向與議題，正
式的研究議題必須與指導教授商量後纔能確定；但最好能夠和爾後正
式的研究議題相關，如此可以有一舉三得之妙，既可以當做習作繳
交，也可以節省許多蒐尋資料的時間，同時出現訛謬的機率更可以大
幅度的降低；（二）確定研究的方向與訂定研究的議題之際，必需注
意題目隱含的學術價值與發展性的高低，若能與現在的職業配合則更

佳，蓋可以有一舉兩得之收穫；（三）研究計畫題目訂定後禁止更動，因此大家必須抱持非常謹慎之心為之；（四）研究計畫書的內容，至少必需包括：研究題目、研究動機、研究目的、研究方法、論文大綱、參考書目等六大項。缺少其中任何一項都將被歸入「不合格」之類，可能會被要求重寫，直到合乎一般規定為止；（五）研究計畫書內絕對禁止出現「腳註」。「正文」內儘可能不要直接引用原文，引文的方式應該在了解該文句的意義後，以自己常用的行文方式表達。唯無論是引錄原文或總括大義的引述，均需在文句之後加括弧註明引文之來源，即註明來自何人何書，由於「參考書目」必須詳細交代版本資料，故在此處不必註出版本資料。「正文」中出現的人物，古人必須加註生卒年或大致的生存年代，當代人必須儘可能的註出生年。「正文」敘述說明性的文字，除要求簡潔合宜之外，更要注意表達之際的清晰性、邏輯性與連貫性，不要前言不對後語，或者前面說的話到後面就不見，例如「研究目的」中聲明要研究的內容，但在「研究大綱」中卻看不到之類的問題；（六）「參考書目」必須按照規定體例書寫，出版地、出版社等項目需完整呈現，不得使用簡稱，如：「聯經出版事業公司」，不得簡稱為「聯經」，甚至亂搞而稱「聯經出版社」。「參考書目」的排列至今還沒有形成「唯一共識」，或依姓名筆劃多寡、或依引述出現次序、或依出版時間先後等等，本課程則選擇「依出版時間先後」排列的方式，請勿使用其他格式，出版時間必須以初版時間為斷，例如朱光潛（1897-1986）的《談美》有好幾十種不同時間與不同出版社的相同版本，但最早版本是上海開明書店年的版本，因此無論使用的版本是那一個出版社何時出版，都必須將此書排在初版年（1932）的位置，標準的書寫體例為：1. 朱光潛（1897-1986）：《談美：給青年的第十三封信》（上海：開明書店，1932年）；2. 朱光潛（1897-1986）：《談美：給青

年的第十三封信》（桂林：廣西師範大學出版社，2006年；原1932年
初版），絕對不可以放在二〇〇六年的位置。若有修訂版或增訂版，
則因為或者錯誤較少，或者增加內容，或者觀點已有不同，故須選用
該後出的修訂版本，且排在後出版之年。如余英時先生的《方以智晚
節考》有兩個版本，標準書寫體例是：1. 余英時（1930-）：《方以
智晚節考》（香港：新亞研究所，1952年）；2. 余英時（1930-）：《方
以智晚節考》（臺北：允晨文化實業公司，1986年增訂擴大版）。
此一增訂版後來又有北京三聯出版社二〇〇四年相同內容的版本，
還是要排在一九八六年的位置，書寫體例作：1. 余英時（1930-）：
《方以智晚節考》（北京：三聯出版社，2004年增訂版；原1986年初
版）。至於中文譯本則以翻譯時間為準。所以要求依出版時間先後排
列的目的，主要是希望能讓大家培養基本的「歷史意識」，確實注意
到「目錄學的學術史意義」；（七）每位同學均需認真閱讀其他人的
「碩士論文研究計畫書」，且必須至少提出兩個學術問題，並嘗試自
我回答，以備在發表討論之際，可以應教師提問的要求而發言；發現
錯別字應該告知作者，但找出錯別字不能算是學術性的問題；（八）
「研究計畫書」經過「主席」、「評論人」、「參與者」、「教師」
等討論後，發表者再進行最嚴謹的修補，做為本課程的習作繳交；
（九）「碩士論文研究計畫書」修改後繳交之前，請注意檢查內容的
表現是否符合要求？另外還必須特別注意「形式體例」表現的正確
性，以及追求無「錯別字」的基本要求。以上有任何一項未達到應有
的水準，將可能會不斷地被教師退回重新修改，直到完全符合規定要
求為止；（十）「研究計畫書」在發表討論之後，發表者必須針對教
師與大家的提問進行正式的答辯，並且寫成「答辯稿」，在發表後的
規定時間內傳送給教師及所有參與討論的同學，好讓大家可以針對
「答辯稿」的回答提出「反駁」以供作者參考。

　　以上有關成績評量的內容標準和要求公正立場的基本要求，同時
也可以移用到一般論文寫作及學術會議或論文審查之中。就學術評論
而言，就是評論者必須自覺地建立評判的標準，最好還要能夠讓被評
論者知道自己評論標準的內容，這樣比較能夠真正達到「對話溝通」
的學術目的，這些問題會在後來的課程中比較仔細的討論，這裡只是
稍微先「節目預告」一下而已。

（八）閱讀相關資訊的說明

　　大家既然投身於中文的研究領域，顯然對傳統中華文化有某種
程度的認同，如果想要真正深入了解研究或傳播傳統中華文化，那
麼我會建議將《十三經》原文及朱熹（1130-1200）《四書》的註解
（研究元代以後學術者絕對必要），還有清代紀昀（1724-1805）等
編的《四庫全書總目》「讀過」一遍，如果可能也建議「翻看」阮元
（1764-1849）等編的《經籍籑詁》，如此則將會有不同的收穫與表
現。尤其是有意研究中國傳統文化相關議題和投考博士班者，我會建
議一定要好好把《四庫全書總目》讀過一遍，這對學術史相關學科內
容的了解大有助益。

　　中國近現代影響學術研究社群及建立某些學術典範的學者，研究
生不能不知道，大家應根據自己的研究方向，找尋相關學者的論著
閱讀。再如目錄學、斠讐學、文化常識、小學知識等基礎學識不足
者，應自行閱讀補充，這方面的知識我建議大家可以先閱讀高振鐸
（1923-2004）等編寫的《古籍知識手冊》，[25]但要注意其中屬於「馬
克思思想」的詞彙，若不了解則可以暫時不要管，千萬不要亂用。還

25　高振鐸主編：《古籍知識手冊》（臺北：萬卷樓圖書公司，1997）。

有本課程在講授的過程中也會推薦某些閱讀書目，這些閱讀書目大致包括「技術性論著」和「思考性論著」兩類。「技術性論著」主要是提供書寫論文之際，形式體例的參考，閱讀的重點在形式體例的了解與學習上。至於「思考性論著」的書籍，閱讀的重點主要在相關學術領域觀點與方法的了解與學習上，由於大家研究領域不盡相同，以及本課程多重角度與多元視野學習的要求，建議同學就自己的專業及興趣，選定某些論著與作者，然後以作者為主線，盡量搜尋相關專業書籍閱讀，重要書籍作者的其他論著，實際上也具有參考的價值。

我的外文能力不行，因此僅能提供中文論著，若外文能力較佳者，就應該注意外文相關的研究資料與成果，尤其在書寫碩士論文計畫書之際，千萬記得要參考國外的研究成果，即使無法找到也要「知道」，並寫入計畫「文獻回顧」的說明內，絕對不要有得過且過打馬虎眼的壞習性。另外必須慎重聲明：講課時提供給大家的閱讀書目，主要是要讓大家進行研究之際，具有比較多元的視野，以及更充分的學術資源可供選擇利用，並沒有強制大家非要全部閱讀完畢不可。亦即提供參考書目是為了長久的研究考慮而存在，絕對不是要逼迫大家發瘋的可怕催命符。

第二講
師生「自介」及問卷意義的分析

　　本課程開山的第一篇「習作」，需要同學寫一篇「自介」；「自介」寫好之後還需要同學填「自我學術定位選擇調查表」和「學習模式自我選擇調查表」等兩份「問卷」，「自介」與「問卷」等習作，雖然有提供教師設計實際教學內容的功能，但就課程設計的最終目的而論，則都是希望可以協助同學比較深入的了解自己，然後知道自己的學術研究能力，以及可能或願意投入多少的研究心力，因而可以建立適度發揮自己能力的最佳研究模式。以下即分別說明「自介」、操作次序先後的排列、自我評分及其相關內容的問題，還有「問卷」在教育學習與學術研究上的意義與功能。但由於某些內容涉及「江湖一點訣，講破不值三分錢」（閩南語）的教學效果問題，因此請容許我在這個單元的講述，稍作某些必要的刪削保留，以免減低在課堂上實際教學時的效應。

一　「自介」的意義與功能分析

　　「自介」即「自述」，兩者在內容上並無差別，本課程則一律稱「自介」。同學書寫的「自介」內容，就是以同學到目前為止，過往生命與學習記錄為主的自我介紹；有點類似現在一般通俗稱之為「自傳」的東西，不過本課程的重點比較偏重在與教育及研究相關的自我省思之內。「自介」當然也可以稱「自傳」，但我一向不喜歡用「傳」，因為「傳」是記載某人一生事蹟的紀錄，我本身是個不太遵

守教規的「鴉督教」徒，固然尊重「鬼魂」的存在，但我還沒有通靈
到可以教導鬼魂的能力，同學也都是還沒有「蓋棺」入土或火化的活
人，當然還無法「立傳」寫一生的事蹟，所以只能寫自我解剖過往事
蹟的介紹。同時根據比較嚴謹的中國傳統學術認知，只有史官纔有
資格為他人「寫傳」，明清之際的大學者顧炎武（1613-1682）就有
「不當作史之職，無為人立傳者。……自宋以後，乃有為人立傳者，
侵史官之職矣」的感慨；[1]清朝著名學者汪中（1744-1794）的兒子汪
喜孫（1786-1847）也有「自以未為史官，不得作傳」的陳述。[2]大家
既非負有評價歷史責任或資格的史官，當然也只能敘述自己記得比較
清楚的重要事蹟。「自介」書寫的基本要求與目的，就是以第一講特
別強調的八點內容或四點評量為標準，目的即是希望同學可以深入而
確實了解自己在學習上擁有的優缺點後，再進一步發現或挖掘出自己
學習上的潛能，因而對一己的學習能力，可以有更深一層的認識；在
確實了解自己的學習能力之後，自我肯定的意識纔可以有效建立。在
了解自己因而肯定自己的前提下，於是根據自己的優缺點，擬訂可以
發揮優點而實際執行的學習計畫，以及自己未來遠景的規畫。學術研
究就深層意義來說，其實就是一種「生命」的展演，尤其是研究以
實踐為基本前提的經學研究者更是如此，因此要求同學書寫「自介」
的另一層意義，就是希望同學在學術研究上能有前述既了解自己的學
術能力，也深知自己學術研究限制的自我認知；同時在「自我肯定」
與「自我理解」的認知前提下，能夠確實記住，除了必需「尊重他

---

1 [清]顧炎武著，徐文珊點校：《原抄本日知錄·古人不為人立傳》（臺北：臺灣明
　倫書局，1978），卷二十一，頁561。
2 [清]汪喜孫著，楊晉龍、蕭開元點校：《汪孟慈集·大清中議大夫通政使司通政副
　使顧公行狀》，楊晉龍主編：《汪喜孫著作集》（臺北：中央研究院中國文哲研
　究所，2003），上冊，卷四，頁110。

人」與「對得起他人」外，更要學習如何做到「尊重自己」與「對得起自己」，這是一個相當原則性的「自我規定」。因為一個人要充分做到「尊重他人」與「對得起他人」固然很難，但要確實做到「尊重自己」與「對得起自己」，又何嘗那麼容易呢！這個「尊重自己」與「對得起自己」的觀點，或者可以做為大家教學或自我要求時的參考之用。

　　根據前述的陳述，本課程所以要求同學書寫自我介紹的「自介」，純粹是一種學術研究訓練下的設計，就是希望同學針對過往的生命與學習的過程進行深入且有效的反思，儘可能找出自己有那些現成而被忽略的學術資源，可供現在的研究與學習利用；存在有什麼樣的學術限制，應該加以補充或注意檢討改進，甚至想辦法予以迴避。因此課程設計要求同學書寫「自介」，絕無刺探大家隱私之意，我個人更沒有什麼意願想知道任何人的隱私，因為就我「天生雞婆難自制」的個性而言，知道他人不為人知的訊息，至少會產生兩種壓力：一是擔憂不小心洩漏的壓力；一是對自己有能力解決的問題，不免會有協助設想的壓力。基於前述兩個壓力存在的事實，我一向瞧不起「狗仔記者」，因此絕不想成為「狗仔」的同謀，所以並不樂意知道他人的隱私，尤其是自己學生的私密事情，因為這不僅違反一般性的社會基本規範，同時更有違犯中華民國一○一年十月一日開始施行的《個人資料保護法》的嫌疑。但若學生基於信賴的前提，願意把自己的隱私告訴教師，甚至請求教師協助，就身為教師者的責任而言，這時候則就沒有任何逃避的理由或餘地了，如果教師真的有心協助學生，這時候就應該抱持一種協助學生「解決」問題的態度面對學生。就我的觀點而言，面對學生主動告知隱私之際，我寧可希望教師顧左右而言他的逃避，或者想盡辦法婉轉的拒絕學生協助的請求，但絕對反對教師抱持一種「道德檢察官」的異常態度面對學生，就是在

還沒有協助學生之前，就先「評價」學生行為的對錯，最後甚至本末
倒置的忘記自己協助學生的本意，反而專注在教訓學生隱私那類屬於
教師不認同的行為上。若是這樣的話，就會嚴重戕傷學生對教師原有
的信賴感，導致學生對教師的不信任，使得教育信賴的基本原則完全
破產。這個提醒對現在或未來當教師的同學們，當該有一點點的參考
價值。這樣的說明，應該可以免除同學們質疑此項書寫「自介」的要
求，可能會與保障個人隱私權相牴觸的疑慮。

　　「自介」書寫的規定，自是立基於本課程「師生互涉立場」下進
行的一種教學活動，由於這個課程要進行的第一件事情，就是師生之
間相互的深度認識與理解，這種認識與理解當然是立居於協助學生建
立有效學術研究方法的前提上；同時本課程對學生課業的要求，秉持
的是一種「叫學生去死之前，教師要先死給學生看」的基本原則，因
此執行此一教學構想的方式，就是師生互相交換自我介紹。實際操作
的程序是：教師要求同學先閱讀「教學簡訊」提供的訊息，再根據自
己的認知自由自在的書寫一篇「自介」，教師在接到同學的「自介」
後，即將教師的「自介」發給同學，同時要求同學以教師的「自介」
為範本，改寫同學所寫的「自介」，改寫之後傳送一份給教師存檔，
在期末繳交之前，可以不斷地進行改寫。教師的期末評量除內容表現
的深度與廣度外，並根據第一版、改寫版、終極版等三個不同版本的
差異給分。同學書寫「自介」的設計，根據我的設想大約可以有下述
五點學習上的意義或學術研究上的功能。

（一）研究生角色的澄清

　　同學應該都了解研究所和大學部的要求不同，研究所培養的是具
有自主研究能力的學者，同學特別要注意的是「自主」，人若無法了

解自己，則根本沒有「自主」的可能性。同學都是剛剛進入研究所的學生，進入研究所應該如何自處？自是每一位研究生無法逃避而必須面對的問題，「自介」的寫作，就是要督促同學自我思考進入研究所，當要如何自處的問題？這些問題具體來說，大致包括三項大問題：一是在學校行政上應該注意那些問題？一是自己在學術研究上具有那些「優勢」與「不足」的問題？三是研究何種學術專業最符合自己棲身的研究所及自己能力與需要的問題。這三大類問題可以再細分為：

　　首先思考取得學位的過程中，學校有那些要求的條件與規定。學校的要求就是學術行政上的規定，這方面至少應該考慮：一、修習多少學分的規定。二、尋找指導教授的規定。三、是否需要學科考試或其他資格鑑定的規定。四、其他規定：如是否需要點書、發表文章、聽演講、寫報告等等。這些基本規定一定要確確實實的弄清楚，同時接受之後就不應該再有怨懟之念，因為不服氣的怨懟，只會增加自己的心理負擔或壓力，對任何事情都沒有正面的益處。

　　其次是就學術研究上具有那些「優勢」與「不足」的自我衡量，主要指在學術研究上有那些需要注意或考慮的問題，這部分至少應該包括研究者必須注意的內在條件，以及學習環境可以配合的外在條件：一、內在相關的研究條件：研究者的興趣、能力、心理等等。二、外在環境的配合條件：（一）課程內容：學校開那些課，是否適合自己需要？（二）研究資料：圖書文獻設備與電子資料是否足夠？（三）學術氣氛：班級上課的情況：熱烈、冷淡；學校教師的學術表現是否符合自己的需求？（四）政治氣氛：這會影響學術研究方向，教師或學校是主張「臺灣主體性」的立場？還是「中國中心化」的立場？或是主張「西洋中心化」（東方主義）的立場？（五）同儕互動：同學之間是否可以討論？是否有機會能和其他不同研究所同學討論？（六）時間多寡：每週有多少時間可以用在讀書上？準備多久時

間畢業？（七）指導教授：自己屬意的研究主題有無合適的指導教授？（八）未來發展：畢業即了事，還是準備繼續進入博士班就讀？在進行前述思考之際，同時還要思考倘若以上的相關條件無法完全適合，則要如何纔能確實的補救？

其三則除以上的形式思考外，還需要思考自己就讀的研究所和自己注重的學術研究，在現代學術上的定位如何？以及具有什麼樣的學術特色？就是自我衡量可以進行那一類型或何種程度的研究？最重要的是如何結合自己在學術上既有的優點，進一步思考在未來學位論文的設計與寫作上，可以有效地表現或發揮這個系所和自己的學術特色？因此同學必須在確實認知自我學術能力的前提下，認真的思考下列的問題：一、系所是否有其學術研究上既存的專業特色？這個特色是否符合自己的研究需要？二、系所的專業特色與其他相關系所的異同性如何？自己是否可以從其差異性中獲得更佳的學術研究資源或思考？三、系所的學術表現與自己想要進行研究的學術專業，在現代學術界或臺灣學術界的地位如何？四、自己想要研究的專業與其他相近類型研究的差別何在？亦即自己研究專業在理想上的學術特色云何？五、自己若研究此一專業，則相對於其他相同領域的研究者能夠表現的學術特色是什麼？六、那一種類型的研究議題，最能表現此系所或自己的學術特色？七、表現這個系所或自己研究專業學術特色的研究，需要那些基礎的學術知識？八、若進行自己想要研究的具有某種特色的學術專業，則自己現在已經擁有多少可以運用的學術知識？九、如果可以運用的學術知識還有缺乏或不足，則要如何有效的補救？或者合理的迴避？十、如何纔能夠擬出一份具有學術特色且可以有效執行的論文研究計畫？這些都是研究生思考論文議題之前，需要特別注意的地方。

確實思考與了解以上這些相關的配合條件，是研究生必須認真面

對的首要事情，了解得越清楚，則研究生涯就可能比較能夠得心應手，也比較不會造成不必要的慌亂。

（二）合理的時間安排

「自介」中有一項說明自我學習時間安排的要求，之所以特別強調要求「時間安排」，至少具有以下幾層的義理分析意義：

第一層的義理分析是「做時間的主人而非奴隸」：現代多數人從小到大都不自覺地受他人所規定設計「時間」的無形制約，例如幾點起床、幾點上課、幾點上車等等。這些幾乎都是他人早就規畫好的安排，遵守這種他人的安排久了以後，就會在不知不覺中完全忘記時間是人類所創造，是為方便人類行為而規畫，時間是用來配合人類，它是服務人類的奴僕，因此某些牽涉公共事項的時間，固然無法不受制約，但時間既然是人類發明創造出來的東西，理當接受人類的控制，怎可以反過來控制發明者呢？「時間安排」就是為了要反制人類創造的東西，反過來對人類控制的不當狀況，從被動的狀態轉為主動狀態，自由且有效地對時間進行控制、支配和利用，以發揮人類主動的力量。這就是要提醒大家，不要把自己擁有做時間主人的「權力」忘掉，因而可以重新確立時間主人應有的「權益」。

第二層的義理分析是「鬧鐘與人的契約關係」：將鬧鐘轉到幾點發聲，基本上是人在意志自由狀態下，與鬧鐘訂立的一種有效契約，亦即人對鬧鐘許下一個承諾：「你要接受我的指令，按照我的意思運作發聲；當你響起的時候，我就會依照原先的約定起床」，如果鬧鐘遵守它的承諾，在規定的時間響起，自己卻不起床而繼續睡覺，就嚴格的意義上而言，那就是對鬧鐘的失信，不遵守自己的承諾，當然就是失信者了。所以要求「做時間的主人」的另一層意義，就是不

要對自己訂定的時間失信，對時間失信實際上是一件相當嚴重的毀約行為，這就是現代人變成時間奴僕的主因。一個人是否會嚴格遵守信諾，在這種小地方也許更能精確的觀察到。

第三層義理分析的意義，則與「從學習的角度考慮研究所與大學的不同」相關，就是在問同學「你準備好當一位合格的研究生了嗎」？或者「你準備好如何過你的研究所生活了嗎」？或者「你知道研究所應該如何纔可以過得很好嗎」？就如同前面第一層意義提到的一樣，從小到大、從幼稚園到高中，所有的課程內容與作息時間，都早已規定妥當，不僅如此，還統一而毫無轉圜餘地。大學雖然在作息時間與課程內容上稍有改變，但對於人類這種容易「約定成俗」、「習慣變自然」，具有高度慣性作用的動物而言，大學四年的生活除非特別注意，否則恐怕也很難改變高中以前養成的那種「被安排」的習慣，可以馬上適應研究所在學習上「獨立自主」與「主動出擊」的要求。根據我的觀察，對於研究所這種獨立主動的要求，在同學心理的適應上可能會是一項相當大的挑戰，所以必須重新加以規畫，如果一開始在心理上沒有意識到此種改變，還是依循以往那種「習慣於」接受安排的心態，當面臨需要自尋研究議題之際，那種不知所措的恐慌心理難免就要出現了，這是一種相當不利於學習的錯誤開端，對爾後學習生涯的負面影響相當大。為了防止前述不良影響現象的出現，就是要求同學「時間規畫」的第三層意義。

第四層義理分析的意義，是由第三層意義引發而附帶討論的「承諾的道德與法律約定的問題」。信守承諾從古至今都是相當重要的個人或政治團體的基本守則，例如《論語》的〈衛靈公篇〉和〈子路篇〉就有相關的記載：

　　子張問行。子曰：「言忠信，行篤敬，雖蠻貊之邦行矣；言

不忠信，行不篤敬，雖州里行乎哉？立，則見其參於前也；在輿，則見其倚於衡也。夫然後行！」（〈衛靈公篇〉）

子貢問曰：「何如斯可謂之士矣？」子曰：「行己有恥，使於四方，不辱君命，可謂士矣。」曰：「敢問其次。」曰：「宗族稱孝焉，鄉黨稱弟焉。」曰：「敢問其次。」曰：「言必信，行必果，硜硜然小人哉！抑亦可以為次矣。」曰：「今之從政者何如？」子曰：「噫！斗筲之人，何足算也！」（〈子路篇〉）

這都在強調言行如一的「信」，亦即強調遵守承諾的重要性。不履行承諾就「道德上」而言，是一種「刻意欺騙」善意無辜第三者的「惡行」，這在傳統中國可能只是「道德瑕疵」，在現代社會中就法律的層次來看，那就是一種刻意的「違約行為」。在一個市場經濟運作的法治社會中，「違約行為」表示「信用」有問題，當一個人被判定「信用有問題」時，就有可能要面臨「信用崩潰」或「信用破產」的「信用」遭受質疑的危機，這也就是表示以後要向「銀行」借貸時，或者要和他人簽訂「契約」時，都會遭受一定程度的懷疑，甚至因而無法獲得「貸款」或「契約」。

這樣說除了希望同學可以確實遵守承諾外，同時也提醒同學不要隨便承諾，尤其涉及法律責任的契約，一定要仔細觀看並確實了解簽訂的「契約」內容，有那些必須承擔的義務，然後衡量雙方的交情與自己的能力再簽字。例如當銀行借貸的「連帶保證人」，有些在條款上有「放棄先訴抗辯權」的規定，根據現行法律的規定，只要簽了字就是承諾要擔負那位借貸者在該銀行「所有債務」歸還的責任。就是說借貸者在該銀行「所有借貸」若有賴賬不還的情形，則銀行就有權利向保證人求償，保證人必須無條件幫實際欠債者還清「所有債

款」，並非只負責擔保的那一筆債務而已，同時「簽字」之後除非取得銀行同意，否則永遠無法解除這個「連帶保證人」的責任。因而同學千萬不要糊裡糊塗的「亂簽一通」，否則到時候接到「存證信函」或被控告「違約」，甚至在莫名其妙的狀況下被查封拍賣不動產，那就後悔莫及了！[3]即使是口頭的約定，除非能有效證明是在非自由意願下被迫答應，否則一定要取得對方的同意，纔可以不履行契約。不然到時候有可能就會有麻煩，像這類「不履行契約」行為的告訴時間，一般是三年，就是在「違約」行為開始三年內的任何時間，當事人隨時都可以向法院提出「履約」或「賠償」的訴訟。當然對「鬧鐘」毀約，只是個人道德的問題，沒有法律上的問題，因為「鬧鐘」既不是「自然人」，也不是「法人」，不可能成為具有法律人格的訴訟主體，因而也就無法提出「告訴」或「自訴」，但若是其他「自然人」或「法人」，恐怕就不會如此便宜了。

（三）思想觀點的溝通

「自介」的設計主要在促成師生思想上的有效溝通，設計「自介」的理由，或者可以借用大陸學者張一兵（張異賓，1956-）在〈叢書總序〉表達的意見獲得部分的說明。張一兵說：

> 所謂「文本」並非僅指特定論著中文字的總和，它同時背負了一個極其複雜的歷史語境。任何文本的生成，都必然與作

3　實際的案例是一位東吳大學已畢業的學生要向銀行貸款，因為上過林慶彰老師的課，因此請求林老師當其貸款「放棄先訴抗辯權」的「連帶保證人」，簽字之後該學生再也沒有出現過。有一天林老師回家，發現房門有法院的封條，原來該學生因為生意失敗「跑路」，銀行向法院申請扣押「連帶保證人」的財產，林老師在士林葫蘆島的房屋，就這樣莫名其妙的被拍賣抵債了。

者歷史性的文化背景和寫作背景密切相關，並且由於在創作
文本的過程中，作者本身的認知系統隨著思考的動態語境
而改變，這必然決定了一個作者的文本本身不是一個靜止同
一的對象，不是一成不變地從第一本書的第一句話，同質性
地說到最後一篇論文的最後一句話。因而關於文本的每一句
話，都具有同樣的言說背景和言說意義的假設，從根本上來
說，是一種非法的同質性邏輯。而且自文本誕生之日起，
其作者就已經「消隱」了（福科在同一意義上說「作者死
了」），我們所能遭遇與對話的永遠是歷史性的文本而非寫
作者本人（這一點在已故的文本作者身上表現尤為突出）。
由此可見，文本所蘊涵的思想不是在其字裏行間的顯性邏輯
中，呈線性地自行佈展開來的，它需要閱讀主體通過自身的
解讀來歷史性地獲得。於是讀者的「支援背景」即在很大程
度上影響了解讀過程。伽達默爾所說的文本詮釋中不同視閾
歷史性融合，和作為解釋結果的「歷史闡釋效果」，說明的
都是這個意思。[4]

借用這個說法來看教師與學生的行為表現，則基本上都可以當作一個
大寫的文本看待，因而透過師生雙方的「自介」，教師能藉以了解同
學們的「起點行為」；同學可以藉由教師的「自介」，了解教師在
教學上「思想觀點」與批改習作或作業上「評價標準」的淵源。因
為不同的生命歷程會產生不同的評價標準，其中最明顯的例證，就是
對同樣的詞彙出現不同的解讀，像臺灣許多政治人物，不是一直在爭
吵是否有什麼「一個中國的共識」嗎？其實對不同立場與思考者而

4　張一兵：《問題式、症候閱讀與意識型態：關于阿爾都塞的一種文本學解讀》
　　（北京：中央編譯出版社，2003），頁4。

言，「一個中國」就可以有幾種不同的解讀內涵，例如認同共產黨和民進黨或臺灣獨立取向者的「一個中國」，指的就是「中華人民共和國」；認同國民黨或統一取向者則指的是「中華民國」；不具政黨取向而認同統一取向者則指超越現存兩岸之外的「未來中國」；拋開政治干擾的文化傳統取向者則指「文化中國」；政治利益至上者則刻意「含糊其詞」。另外則是不同政黨取向的人，對於同樣的政治人物，以及政治事件，都會有不同的評價，由此可知確實了解以確定雙方思想觀點的重要性。有關發言者與受言者間理解上可能產生差異，以及何以能夠溝通等比較詳細的論證分析，有興趣的同學可以查閱一下「語用學」方面的專業討論，其中或可提供部分相關的知識或答案。

由於生命與生活背景而影響到教學觀點與評價的狀況，可以拿我自己為例，例如我對陶淵明（365-427）的評價、對杜甫（712-770）的評價、對投降者的評價，就和其他學者不太一樣。首先因為在現實中我有一位自認懷「才」不遇的酒鬼父親，以及親眼目睹一堆同樣狀況的傢伙，因而我認為要比其他在現實中沒有酒鬼父親，以及沒有見過那類酒鬼表現的人，更能了解一位自認懷「才」不遇的酒鬼父親對待妻兒們的陰暗面。所以當我讀到陶淵明〈責子詩〉，詩中怪罪他五個孩子「總不好紙筆」，因而令他失望，最後還出現所謂「天運苟如此，且進杯中物」的語句時，[5]我第一個想到的是這首詩，根本就是陶淵明在為自己的酗酒找理由。我的觀點是：這一位不顧家人是否有飯吃，寧願把田地用來種植釀酒材料的酒鬼父親，平日到底盡到多少做父親應盡的責任？這樣的父親有什麼資格出言責備孩子？甚至用自己責備孩子的理由為自己酗酒的行為開脫，是不是太過不負責任與太

5　[晉]陶潛著，楊勇校箋：《陶淵明集校箋・責子詩》（香港：吳興記書局，1971），卷三，頁178。

不要臉了一點呢？因為我親身經歷也親眼看到許多酗酒的父親，平時
不管孩子的任何需要，只會要求孩子做童工幫他們賺錢，好讓他們有
更多的錢去喝酒，如果讀書成績不好，就會責怪孩子貪玩不知用功，
於是就會有一頓「竹筍炒肉絲」的大餐伺候孩子們，甚至以此為理由
而剝奪孩子上學的權益，好讓自己可以不必負教育的責任，並且反過
來理所當然的剝削孩子的勞力，成為幫他們大吃大喝的酗酒甚至養女
人的賺錢工具，從來不會想到當童工的孩子有多少時間準備功課？這
就是酒鬼父親們共同的行為表現，陶淵明當然也不會例外。只是因為
古人不知重視孩子們應有的權益，以及受到陶淵明高妙文學成就的影
響而把他美化了。但我並沒有說古人完全不把孩子當一回事，例如金
朝的李俊民（1176-1260）就有詩云：「自慚無德為兒父，今朝把酒
為兒壽；為兒今賦洗兒詩，願兒他日於兒厚。我猶不恤況我後，委蛻
自天汝非有；速宜修德大吾門，無復童心年十九。」[6]雖然還脫離不
了希望兒子「光宗耀祖」的期待，但至少他是一個能夠反省自身責任
的父親，我當然比較欣賞這一類的父親，絕不會欣賞陶淵明式的父
親，這樣的觀點當然影響到我對陶淵明的觀察角度，評價當然就會和
其他沒有切身之痛的「旁觀者」不一樣。就學術研究而言，我當然要
尊重那些沒有我這種慘痛經驗的幸運傢伙不同意我觀點的意見，但對
我而言，這些「旁觀者」不同意的意見，其實和野狗的吠叫或放屁並
沒有太大的差別。因此當我進行實際的評價時，我會比較理性的從不
同角度思考陶淵明實質的成就，絕不會把陶淵明的文學成就與做為一
個「人」的各種角色表現等同看待。傳統那種對「喜愛」者「一好百
好」；對「厭惡」者「一壞百壞」的評價，永遠是一種缺乏有效意義
的虛假評價，永遠是一種缺乏自我的跟屁蟲反應。就學術研究而言，

6　[金]李俊民：《莊靖集》卷一〈男揚洗兒〉（《四庫》本），頁26。

值得欣賞與欽佩的當然是那類在評價之際有自己的「判準」，比較不會全盤承襲「套用」前人過度想像而美化的評價，更不會全盤承襲「套用」前人過度要求而污蔑的評價等一類的學者，這當然也是自己在評價歷史人物與事件時的自我要求。

對杜甫我也有某些不一樣的評價，首先是歷來不斷強調杜甫是位「愛國詩人」，我一直不了解這種強調具有何種的意義？因為除非歷來中國傳統文人中很少或沒有「愛國」的詩人，那麼「愛國詩人」的強調纔具有意義，否則特別強調杜甫是「愛國詩人」又有甚麼意義呢？還有所謂「愛國」的「國」指的是什麼？什麼時候開始杜甫被加上「愛國」的封號？加此一封號的意義與目的何在？好像從來沒有人把這個「口頭禪」相關的問題，當一回事的加以研究，卻只會不斷的「跟屁」延伸，這不是很好笑嗎？另外當我讀到許多人讚美杜甫的〈茅屋為秋風所破歌〉所謂「安得廣廈千萬間，大庇天下寒士俱歡顏，風雨不動安如山。嗚呼！何時眼前突兀見此屋，吾廬獨破受凍死亦足」的詩句，[7]說這是什麼表現詩人的仁愛心腸、高尚人格時，就讓我想到《莊子‧外物篇》那段「莊周家貧，故往貸粟於監河侯」的故事，因為這不過是幾句不負責任空口說白話的文學語言而已，說此種「偉大」的話，其實和說「我為什麼沒有高樓大廈住，住這種破房子，不但可惡的野風欺負我，還要遭受這些小鬼的搗蛋」等一類抱怨的話一樣，不過是用一種誇飾優美的文學語言表達而已。杜甫是不是一位對所有貧窮的世人充滿感情和仁愛精神的人，豈是由詩中的幾句不負責任的空話即可下定論，這類評價未免太過於廉價了吧？我認為杜甫在詩中表現的感情，實際上僅是一種文學的修辭，並不完

7　[唐]杜甫著，[清]仇兆鰲註：《杜詩詳註》卷十〈茅屋為秋風所破歌〉（《四庫》本），頁27。

全是杜甫真正的情感表現，表現的當該是杜甫「理想中」或「希望是」的自己，因此後人根據杜甫於文學中構造的虛假世界，斷定杜甫是一位對人類具有什麼偉大情懷的人，實際上是因為杜甫高超的文學技巧而形成的假象，因為文學虛構的成功而讓讀者「認假成真」的表現，此正可以用來證明杜甫作品的文學成就與美學價值，但卻不能因此認定杜甫在文學中的表現必與現實中杜甫的實際表現等同。遺憾的是這種透過文學作品，想像杜甫具有如何偉大情操的虛假論斷，經過不斷延伸因而出現的過度讚美之辭，充滿了以往各式各樣文學相關的論著之中，文學史上因而也老是出現杜甫是多麼儒家、多麼熱愛人群等等一類的美言。比較實際的來看，這些根據文學作品論斷文學家思想的做法，獲得的答案最多也只能是該作者理想中的「自我想像」，不可能是該作者在現實社會中的「實際表現」，作者在現實中實際表現的行為和作品內的表現，並不必然等同。這個作者與敘述者不完全等同的說法，當然不是我的發明，至少錢鍾書先生（1910-1998）就曾經說過，但我已經忘記是在《管錐編》或《談藝錄》見到，有興趣的同學可以查查看。此種文學和人生不等同的表現，正可以用來證明作者的文學成就，證明作者文學技巧的高超，現代評論者根本不必先有一種傳統中國那類「文如其人」纔有價值的虛假設想，因為傳統中國社會總是將人格與文學創作等同，因此除了像杜甫這類的虛假過度美稱之外，不免也會出現類似發生於宋神宗元豐二年（1079），蘇軾（1036-1101）因上表謝恩被羅織而成「烏臺詩案」一類的冤枉。[8]遺憾的是長期以來不少現代研究者，只會當跟屁蟲般的隨順既有而不盡然可靠的觀點，不斷的延伸發揮，事實上除了再次證明前人所說的並

8　「烏臺詩案」的相關問題，可參考江惜美：《烏臺詩案研究》（臺北：東吳大學中國文學研究所碩士論文，1987）。

不全然可靠的「屁話」之外，何嘗在思想行為的研究上，有任何一丁點兒的突破，這樣的跟屁研究、這樣的因循苟且，不是太可悲了嗎？不過這裡還要特別聲明一個很重要的基本觀點：「評論一件事和贊成或反對那件事是兩碼子事」。所以我並沒有完全反對杜甫可能真的具有所謂儒家博愛的精神，這裡只是強調根據詩文判斷或決定作者的思想人格並不全然可靠，目的就是要提醒同學研究使用資料之際，必須更加嚴謹，同時要注意資料最佳適合的運用範圍而已。

現代多數人對投降者的評價，依然存在有「一概而論」的觀點，但如果拋棄「賣與帝王家」的士大夫情結，僅從一位每日必須為自己生活打拼的小老百姓觀點來看，就會了解到我們長期接觸而被灌輸的觀點，實際上僅是一種「官家認同」的觀點，絕不會是一種真正的全民觀點。就一位像我這樣從不到六歲就必須靠做工纔有飯吃的普通老百姓而言，我會覺得像「政黨輪替」般的「一家一姓」的興亡，根本不是我們這類人最在意的事情；我們最在意的反而是誰能夠為我們帶來「安全」與「溫飽」，「可以安全無虞的吃到飯」纔是我們最關心與注重的事情，至於那個人是否「盡忠報國」，誰來當「皇帝」或「總統」，對我們這類型的「小老百姓」而言，根本是狗屁不通的「鳥問題」。當然現代經由「努力製造新聞，增加閱聽率」的大眾傳媒，以及「錢財賺得很多，飯吃得很飽」的政客和喜歡參與街頭運動展現自己的「街頭英雄」等等，這些「偉大人物」共同努力運作的結果，好像百姓的「安全」和「溫飽」並不重要，反而誰當總統或自己偉大的理念比這個更重要。事實上我的觀點，不過也就是《孟子》的〈盡心上〉和〈梁惠王上〉兩篇中，一再強調的所謂「老者衣帛食肉，黎民不飢不寒」的儒家對統治者最基本的要求而已，若是連人民這個最基本要求都無法滿足，則要這個政權幹什麼？養一堆米蟲幹什麼？誰要殺就去殺，與我們這些小老百姓何干？我經常在想

古代和我一樣情況的老百姓，會不會出現一種「我們為什麼要犧牲奉獻自己的身家財產，造就或保護一些根本不在乎我們是否存在的人福利」的疑惑？從今天一個「人」的生命等價的角度來看，如果有人因為投降而保護了多數人應有的權益，免除了許多人被殺戮的後果，我們為什麼還要譴責他？一個人因為自己覺得要「精忠報國」，因此堅持作戰到底，即使犧牲所有百姓的生命也在所不惜，最後他的確達到目的了，但也因他的理念而陪葬了許多的無辜者，這種「害人精」真的值得特別推崇嗎？儒家所強調的終極關懷，難道是一種絕對藐視全民的權益，而不管統治者表現如何，不管對人民造成多大傷害，都只是要造就或保護某「一家一姓」永遠統治的權益嗎？如果儒家真是這樣不管人民的福利，只在保護某個家族永遠的利益，則還值得後人提倡發揚嗎？我的疑惑是原始儒家的終極關懷，到底是「一家一姓」的福利？還是「全民」的福利？站在儒家終極關懷的立場，一個因為關心及保護全民福利需要而投降的「狗熊」，到底是應該受到後人的譴責？或是應該受到後人的讚賞表揚呢？一個因為堅持自己理念，使得許多人因他而無辜慘死的「英雄」，是應該受到表揚？還是應該受到譴責呢？這兩類表現者該讚賞或該受到譴責的內容是什麼？這是不是一個很值得大家重新思考的問題呢？但這裡還是要再特別強調一點，就是這個涉及「投降」價值的評價，是站在儒家終極關懷和現代尊重人權等「人道」角度的發言，這並不表示我在呼籲所有人在面對敵對者之際，除投降外沒有第二條路可走，這裡要強調的同樣是在提醒同學研究之際，對於某些既有的評價要有重新思考其所以如此評價的理由，而不是毫無節制的信從。事實上從「職業倫理」的角度來看，堅守自己職務的責任而犧牲自己的性命，或者「捨身取義」用自己的生命保護不具血緣關係者的生命財產，即使失敗了同樣值得且當該受到讚揚，但若因此而連累一大堆無辜百姓跟著受難，則又是另外一回事

了。這也是要提醒同學歷史事件評價的複雜性，面對歷史事件的評價千萬不要人云亦云，一定要保有前文所說的那種「保有懷疑的空間」的思考。

這一節的說明，主要是觀察到人類常常因為缺乏了解，於是產生一些不必要的心理或誤解的問題，師生之間如果不先去了解對方預設的「期望值」為何？完全從自己主觀想像理所當然的「要求」對方，雙方很可能一開始就會覺得對方的表現大不如自己的「預期」，因此遂感到失望而形成「先入為主」的負面印象，由於缺乏雙向「溝通認知」而產生「以偏蓋全」的誤解，對雙方的當事人當然不利。更令人擔心的則是身為教師者，可能由於缺乏對學生的理解，因而錯把鼓勵性質的「期待」，異化成為強制性質的「要求」。這也就是會認為師生必須在上課之先，進行必要而真誠的溝通了解，以期減少產生誤會的可能。

（四）對得起自己的思考

前文特別從積極的意義上提到希望同學要學習「尊重自己」與「對得起自己」的基本原則，從另一個角度來看，這也就是在消極的意義上提醒同學，不要過度的欺負自己，必須學習正面自我評量的意義與價值。現代資本主義社會與農業社會不同，時間就是金錢，缺乏農業社會的人際關係網絡，每個人每天面對的多數是毫無關係且冷漠的陌生人，千萬不可以抱持那種等待別人發掘自己優點或特色的夢想，現代社會中能獲得此種好機會的機率太小了，活在現代的社會中，如果想減少一點導致自我沉淪的「懷才不遇」遺憾，想減少因為覺得「懷才不遇」而影響情緒的難過心理，就再也不能抱著像莊周《莊子‧馬蹄》中所謂「馬之知而態至盜者，伯樂之罪也」的觀點，

自己一定要想辦法當自己的「伯樂」，必需能正確而適度的了解並表現自己的優點與特長，因此需要建立一套對自己公平的評量標準，否則一旦「懷才不遇」的抱憾感常留我心，則除了自傷與傷害親近之人外，毫無意義。其實何承天（370-447）早就有「但恨伯樂稀」的感慨；[9]一生坎坷期待他人提拔的韓愈（768-824）更有「千里馬常有；而伯樂不常有」之嘆，[10]與其等待可遇而不可求的他人發掘，等待別人給予施捨「關懷的眼光」，何不適度合宜表現自己的特色與長才，讓別人難以甚至無法忘懷呢？

長久以來我們接受的教育，幾乎只會要求如何公平對待他人，卻從來沒有人告訴我們，更需要學習如何公平對待自己？以及如何建立一套評估自己的標準？更沒有人告訴我們如果不能公平的對待自己，其實也很難真正公平地對待他人。我們有「過去」的成果和「未來」的理想，「現在」就擺盪在「過去」與「未來」之間，就「現在」而言，「過去」是我們的參考，「未來」是我們的追求與期待，那麼如何評量「現在」的我呢？這就學習的角度而言，應該是個相當重要的問題。

我的建議是：當我們進行自我評量之際，首先要考慮的是：用什麼標準來評量現代的自己纔算公平？這個公平對待自己的標準要如何建立？要用那些指標作為評量的基準？除了上課出席與缺席的情況如何？是否完成教師指定的作業？這些常識性的判準之外，是否還有其他更具學習意義的評量指標呢？例如學習的獲得與運用的情況如何？是否因為反對或贊成教師的意見，因而改變了某些刻板的思考或行為方式？這是否也可以做為評量的判準呢？又是否會用未來的理想狀況

9　[南朝·宋]何承天：〈君馬篇〉，[明]張溥：《漢魏六朝一百三家集》卷六十三〈何承天集〉（《四庫》本），頁45。

10　[唐]韓愈：《東雅堂昌黎集註》卷十一〈雜說〉（《四庫》本），頁21。

或不存在的他人影像苛責現代的自己呢？例如以現在教導自己的教師表現標準要求自己即是一例；將教師長期閱讀的書單，當作在一年之內要讀畢的書單則是另一例。這都是值得仔細思考的問題。

確立「懂得讚美別人」，同時也「懂得讚美自己」的前提，就是必須先建立一個「一致性」的評價標準，例如小孩做得很好應該受到讚賞，則朋友或親人做得好也應該受到讚賞，自己的長官或長輩做得好也應該受到讚賞，自己做得好同樣應該受到讚賞，讚賞的標準必須具備一致性和全面性，不能因為身分階級而有所差別。因為身分階級而改變讚賞的標準，乃是現代華人社會最大的問題。

（五）建立正確的處事態度

「自介」的改寫當然也在考驗同學在閱讀過「課程簡訊」之後，是否已經逐漸進入正常的學習情況，亦即是否已經能夠將功課從當作有限度學習意義的「作業」位置，逐漸轉移到將功課當成具有無限學習意義的「習作」看待？以及是否有從「有做就好」提升到追求「盡力做好」，甚至追求「做到最好」或「保證做好」的自我要求等學習態度上表現如何的問題。因此這雖是一份小小的功課，但也可以從中了解到同學做事的態度，更希望藉由這樣的訓練讓同學可以培養處理事情的正確態度。就是一則同學可以仔細分析教師先前提供的資料，是否具有什麼特色，然後根據此一特色而進行推想，以了解教師大概會用那種標準評量同學的寫作。再則同學也可以完全不管教師的要求是什麼，抱持一種無論大小事情，只要是非作不可的事，一定要把自己最好的一面表現出來：務必做到「盡力把事情做好」，而不僅僅是「事情有做就好」的態度。

最終則是希望可以提醒同學，努力養成處事之際，具有「要嗎就

不要去做，要做就做到最好」的態度。亦即這雖然只是一項簡單的功課，但同學是否把它當一回事看待，就會出現不同的結果。同學如果真的草草應付，更可能會引發教師對大家學習用心的懷疑，這就有可能傷害到師生之間的互信感。這同時也是教師要求的第一份功課，功課的表現必然影響教師對同學的「第一印象」，同學如果注意到「第一印象」的重要性，就知道不能隨便應付，因為「第一印象」就像「銘記作用」（imprinting）一樣，確實很容易變成「刻板印象」，「刻板印象」一旦形成，就很難更改。這個「先入為主」的「慣性」很難改變的觀點，可以參考美國艾瑞利（Dan Ariely，1967-）的《Predictably irrational : the hidden forces that shape our decisions》一書提供的有趣答案。[11]這個「先入為主」的觀點，如以論文寫作而言，「目次」、「前言」或「緒論」，即具有此種「第一印象」的功能，所以寫作這些章節內容時千萬不能大意，透過「自介」此一寫作的提醒，應該可以加深同學對形成此種「初始印象」正負面觀感的重視。

二　操作程序的意義與功能分析

「自介」習作實際操作的程序是：一、學生自由書寫「自介」；二、教師提供「自介」；三、學生根據教師「自介」改寫個人的「自介」；四、學生傳送改寫過的「自介」。首先教師提供「自介」的意義，乃在於以教師個人的經驗與經歷，做為與同學相區別的「對照組」，以便讓同學可以學習如何面對和有效運用自己「時間歷程」

11　[美]丹·艾瑞利著，周宜芳等譯：《誰說人是理性的：聰明消費者與行銷高手必讀的行為經濟學》（臺北：天下遠見出版公司，2008）。我覺得這個書名譯得不恰當，如果譯作「《可預測的非理性：那個讓我們形成判斷的隱形力量》」可能更貼近作者的本意。

中經歷的事件的方法或態度，因而可以從中獲得對自己有意義或有益處的內容。這個方式也就是前文盧梭（Jean-Jacques Rousseau，1712-1778）立意寫作《懺悔錄》之際，那種以自己生命歷程提供給他人做參考，因而激發讀者內在生命與學習潛能教育方式基本精神的發揮而已。

再者要求同學改寫「自介」的目的，主要在於經由同學閱讀教師的「自介」之後，引發同學誠實面對自己的思考，因而可以比較確實的和自己內在坦誠的「見面聊天」，故而「自介」書寫的重點，不在於同學寫出多少內容，而在於同學「回想省思」了多少？同學改寫「自介」時，比較正確的程序是：一、閱讀自己的「自介」；二、閱讀教師的「自介」；三、思考兩個不同版本在寫作的基本精神與內容上相同與相異之處；四、以教師的「自介」為基準評量自己的「自介」，確定兩者實質上的異同；五、根據教師「自介」的基本精神改寫自己的「自介」；六、檢查並確定沒有文句與錯別字的問題後，將「自介」傳送給教師。至於書寫的內容與文字多少，並不是那麼重要，因為寫出多少涉及同學如何看待自己的問題，同時也涉及同學對教師信賴的問題，就是說同學可能想到很多，但或者基於對教師的信任度不足、或者一時難以有效清楚的整理、或者基於其他種種不同的原因，並沒有在繳交的「自介」中全部呈現，這當然沒有什麼不可以。至於省思多少則是完全可以沒有任何外在干擾的問題，可以依據自己的意願自由進行，他人全無著力之處，這也就是曾子所謂「吾日三省吾身：為人謀而不忠乎？與朋友交而不信乎？傳不習乎？」（《論語‧學而》）這一「省思」觀點的再進一步發揮而已。

「省思」的內容，還涉及到個人的「時間歷程」與「心靈歷程」而產生的「時間經歷」與「心靈經歷」等經驗認知的問題。人類處於物理時間中的「時間歷程」，必然都會受到同樣狀況的限制，就是每個人每天都只有二十四小時，每個人生存活動的時間也有長有短。不

過每個人的經歷必然不會完全相同，面對相同事情的心理感受也會有不同的差異，這些也就是「心靈歷程」的內容，就「心靈歷程」的內容而言，每個人都是獨立存在而不會受到任何限制。但是我觀察同學歷年來書寫「自介」的內容表現，發現絕對多數的同學僅會從大家都必然相同的「時間歷程」而形成的「時間經歷」方向上思考，幾乎沒有見到同學從自己獨立於他人的「心靈歷程」或「心靈經歷」的方向思考，因此同學都僅會從教師的年齡比較大，經歷比較多的層面思考與比較，完全沒有想到從自己與教師不同的「心靈歷程」與「心靈經歷」的方向上思考。例如同學多數是在職或未來的中小學教師，怎麼可能沒有自己的「教育觀點」呢？同學也都是正在學習中的研究生，怎麼可能沒有自己研究方向或議題的期望與思考呢？同學最年輕的也都有二十三歲以上的年齡了，現在正在發生作用或功能的觀點與作為，怎麼可能完全與過去的「時間經歷」與「心靈經歷」毫無關係呢？經由上述的說明，同學應該可以了解書寫「自介」，必須要把「心靈經歷」和受到「時間經歷」影響的思想概念加入，現在多數僅有「時間歷程」的「自介」，自然也就不能算是合格有效的書寫了。

三　自我評量的意義與功能分析

要求同學對自己書寫的「自介」進行評量，這是本課程教學過程中設計的必要訓練，目的是要同學反思檢討訂定有效而合理、公正評量標準的過程與必要性。我們都很善於為別人尤其是學生評量，同時還會以為自己的評量公正公平，似乎評量給評語很容易，但經由此次評量自己的過程，相信同學可以了解評量固然容易，但要真正做到客觀的評量，若沒有事先設定標準的話，連相對性的公正客觀都做不到，更遑論真正的客觀公平了。本課程此一設計並不是一般評量性的

意義而已，所以纔會要求同學說明評量的標準與評價的理由。在此課程設計與要求的前提下，最重要的是自己給定的評價，是否可以和自己說明的理由相配合？教師從這些評價理由的陳述中，多少也可以見到同學對自己真正的學術要求。同學比較理想的自我評量「自介」的方式，當然最好能夠綜合包括同學的原始版本、修改版本，以及自評的理由與標準等三項指標的表現，因為這是第一份習作，雖然明知一講開多少會失去原來設計的某些教學意義，但對同學稍微講明應該還會存有某些正面學習的價值與意義。

「自我評量」當然是一種評論，只不過評論的對象是自己而非第三者而已。就一般評論的進行，最先涉及的自是評論者的評論態度，我大致將人類針對已經發生事件的評論立場區分為：「受害者」、「第三者」、「準加害者」與「加害者」等四種。一、「受害者」的評論立場，當然是因為自認身受其害，因此較容易出現只有我纔能知道的獨斷性語言，同時因為對自己遭遇不平之故，對那類自認為導致自己受害的「加害者」的不當行為，很可能就會進行某些有點過分的語言攻擊。二、「加害者」的評論立場，因為要為自己的行為取得正當性與認同，比較容易出現自我修飾的文學性語言和自我防衛需要的反駁性語言。三、「準加害者」的評論立場，則是不自覺的站在強者或加害者的立場發言，比較容易出現懷疑無辜「受害者」的質疑性語言與對「受害者」的陳述提出不同意見的反駁性語言，例如某些指責被強暴者「衣服過於暴露」，就是一種站在「準加害者」立場的發言。四、「第三者」的評論立場，當然是一種比較理性分析種種前因後果，釐清各自責任，相對於前三者的「情感」牽扯，應該是屬於一種「非情感性」立場下的發言，比較會出現客觀陳述事實而比較少評價內涵的報導，當然也會出現一些安撫「受害者」情緒，以撫平其心理波動的關懷性語言，以及譴責「加害者」不當行為的攻擊性語言，

但由於是從一個較為「客觀共識」的評價立場發言，所以譴責的強烈程度當然要比「受害者」弱很多。以前述一般性的評論立場為基準，將其運用到學術評論的表現上，則可以將其評論立場區分為「獨斷者」、「指導者」、「報導者」、「應卯者」、「攻擊者」等五類：一、自居於學術真理位置的「獨斷者」，因為覺得自己是權威學者，一般比較容易出現過度批評的攻擊或藐視他人實際成就的歧視。二、自居於人師位置諄諄善誘的「指導者」，因為希望幫助之心甚濃，一般比較容易出現針對疏漏如何加強的提醒或希望表現更好的關懷，甚至是過度稱讚對象優良表現的讚美。三、自居於超越人情客觀學術位置的「報導者」，除必然出現的實際是是非非的報導外，正常情況下比較容易出現對某些過程或成果缺乏信任的質疑和對某些需要改進修正的提醒。四、缺乏自我要求而自居於「人情」要求的「應卯者」，比較會出現無關痛養的應付或過多而不切實際的讚美。五、自居於挑毛病以促進學術進步「攻擊者」，因為認為暴露對象的錯誤，乃其必要的職責，因而比較容易出現針對對象表現不信任與懷疑的反駁與質疑。就我長期的觀察，大多數同學對自己的評論，比較容易出現類似「攻擊者」的現象，就是將重點放在挑自己的毛病上，很少認真的針對自己的好處發言，我則是希望透過此次的練習，可以提醒或訓練同學在學術評論的立場上，逐漸走向「報導者」的立場，就是評價之時盡量自覺的脫離「好惡」的情緒，因而可以逐漸進入「是非」的評論。此種「報導者」的持平態度，是進行評論之前必須具備的先決條件，此一條件具備後纔有可能進入真正公道地評論程序中。

　　關於「公道」對待自己或他人評論的基本要求，可以舉基督教《聖經》中《馬太福音》的一段話說明，《馬太福音》說：

　　　他（天父）叫日頭照好人，也照歹人；降雨給義人，也給不

義的人。你若單愛那愛你們的人，有什麼賞賜呢？就是稅吏
不也是這樣行麼？你們若單請你弟兄的安，比人有甚麼長處
呢？就是外邦人不也是這樣行麼。所以你們要「完全」，像
你們的天父「完全」一樣。[12]

這段話或許可以給同學建立一種對自己與評論對象「完全」一致的
「公平評價標準」時一點正面的提示。上述《聖經》提示的「公平」
原則，就是說無論是針對自己的「自我評價」，或針對他人的「自由
評價」，都涉及到一個最基本如何「公平」對待評論對象的問題，就
本課程而言，「公道」與「公平」的意義一致，但與「公正」有別，
在法律上講求的是「公正」，在倫理上則講求更進一步的「公道」或
「公平」。古希臘的亞里斯多德（384-322B.C.）曾說道：

公平和公正是個什麼關係？……公平是種優於公正的公正，
雖然它優於公正，但並不是另一個不同的種，公平和公正實
際上是一回事情，雖然公平更為有力些，但兩者多是好事
情。問題的困難在於公平固然就是公正，但並不是法律上的
公正，而是對法律的糾正。其原因在於：全部法律都是普遍
的，然而在某種場合下，只說一些普遍的道理，不能稱為正
確。就是在那些必須講普遍的道理的地方，也不見得正確。
因為法律是針對大多數的，有時也難免弄錯。然而法律仍然
是正確的，因為過錯並不在法律之中，也不在立法者中，而
在事物的本性之中，行為的質料就是錯誤的直接根源，就是
對法律所規定的原則出現了例外。既然立法者說了一些籠統

---

12 聖經公會編譯：《和合本聖經・新約全書・馬太福音・論愛仇敵》（香港：聖經
公會，1975），第5章，頁6。

的話，有所忽略和出現失誤，那麼這些缺點的矯正就是正確。如若立法者在場，他自己會樣做；如若他知道了，自己就會把所缺少的規定放在法律中了。所以公平就是公正，它之優於公正，並不是優於一般的公正，而是優於由於其普遍而帶了缺點的公正。糾正法律普遍性所帶來的缺點，正是公正的本性。這是因為法律不能適應於一切事物，對於有些事情是不能繩之以法的，所以應該規定某些特殊條文。[13]

此段外文洪漢鼎（1938-）則譯作：

公道雖然是公正，但並不是法律上所謂的公正，而是對法律公正的糾正。其原因在於：全部法律都是普遍的，但在某些特殊場合裡，只說一些普遍的道理不能夠稱為正確。就是那些必須講普遍道理的地方，這也不見得是正確的，因為法律針對大多數，雖然對過錯也不是無知的。……如果法律是一種普遍的規定，並且在這裡有可能出現一些普遍規定所不能掌握的情況，那麼在立法者有所忽略並由於簡單化而出現失誤的地方，對立法者的過錯進行糾正就是正確的。如果立法者本人在場，那他自己會考慮這種情況，如果他已知道了這種情況，他自己就會把所缺少的規定放入法律之中，因此公道就是公正，而且優於某種形式上的公正——這種公正當然不可以理解為絕對公正，而是由於其普遍性而帶有缺點的公正。因為法律不能適應於一切事物，對於有些事情是不能繩之以法的，所以應當規定某些特殊條文。[14]

---

13 [古希臘]亞里斯多德著，苗力田譯：《尼各馬科倫理學》（北京：中國社會科學出版社，1990），頁110-111。

14 洪漢鼎先生：《詮釋學史》（臺北：桂冠圖書公司，2003年修定版），頁308-309。

就兩人的翻譯，我比較欣賞洪先生的譯文。就我治學的角度言，自然願意學術評論的立場盡量趨近倫理上要求的「公道」或「公平」，而不僅僅只是符合法律上要求的「公正」而已，「公正」只是個最低的標準，「公道」或「公平」纔是比較合乎理想的評論態度。

「公道」或「公平」的評論態度，要求評論者對評論對象的評價，必需立基於尊重作者的研究角度與意圖的前提下，對其作品進行評價，評價該作品實際獲得的成果、該成果的學術價值；糾正或補充論證過程中疏忽或不夠明確之處，以及作者沒有注意到的相關研究成果等等。評論者絕對不可以脫離作者原設定的架構，另外再建立一個新架構做為評論的基準，因為這樣則不是在評論，而是在指導研究生寫論文了。例如作者討論的是從臺大旁的新生南路到景福門沿路的景觀，評論者就不能說走羅斯福路比較近或景觀比較好看，或者要求作者陳述新生南路與信義路景觀發展的歷史。評論者如果這樣做，就犯了以「歷史性」研究要求「當下性」研究的謬誤了。或者說以「史學」的內容要求「文學」的創作了。評論是針對已經完成的現有文章進行評價，不能把自己當成指導教授，要求作者順著自己的觀點寫作，這個分際當該清楚。同學在進行「自我評價」或「自由評價」時應該牢牢記住此一基本原則。

最後就整體的習作設計而言：首先要求同學先看教師發給的課業習作規定，就是要同學仔細分析教師的個性與學術要求；其次要求自我評價是要同學確定自己要達到的學術理想要求；其三要求自由寫作「自介」是要同學挖掘自我的優點與不足，以及養成主動設計表達問題內容的能力；其四要求閱讀教師的自介，是一種在主體意義下相同文獻的比較；其五要求改寫或修改習作「初稿」的內容是呈顯比較後的收穫，填補不足與修正缺失；其六要求自我「評評」則是在了解自己的價值與貢獻，以確定自己的學術定位。上述幾個次序，並不是毫

無意義的安排，事實上即是整個教學設計的重要內容。同學如果因為我剛剛的分析，馬上興起：「老師又沒有先告訴我」或「老師又沒有要求」的念頭，那可能就必須特別注意自己所受臺灣教育制度形成的無形束縛，注意這一類普遍存在的「菜市場」觀點，對自己思想研究的重大影響了。臺灣教育制度對同學在研究思考上造成的重大束縛效應，就是下一講要討論的主要問題。

　　經由上述的說明，同學應該可以了解師生書寫交換「自介」，在教育學習與學術研究上隱含的意義與功能了，但是在知識上的「了解」、「知道」，只不過是學習要求上最低的層次，類似於寫在字辭典的解釋而已，就是僅達到我所謂「字典學意義」的層次而已，因為還沒有達到「詮釋學意義」的層次，更離「實踐學意義」的層次頗遠，因此可以完全和自己的研究或生命無關，前述的解釋說明必須要能確實達到具備執行要求的「實踐學意義」的層次，纔對同學們具有實質的意義，這也就是俗語所謂「師傅領進門，修行在個人」真正的意涵。

四　「問卷」的意義與功能分析

　　「自我學術定位選擇調查表」，就是立基在「學生本位」而非「教師本位」的基本原則下，同學針對自己未來的學術期望，在幾種不同要求的選項中，選擇一種自己願意接受的學習要求；教師在了解同學的自我選擇之後，於是可以在教學過程中，根據同學的意願選擇以何種教材教導同學、以何種教學態度要求同學。此一問卷的設計目的，就是促使同學認真思考自己研究生涯的終極關懷云何？目的是在激發同學確立自我的終極學術追求的意願。

　　問卷設計的另一個功能，就是提醒或訓練同學在面對學術或一般

問題時，如何建立解決問題的有效程序，例如同學面對此一具有許多選項的問卷之際，首先要思考的是此問卷的根本用意云何？亦即要先確定自己面對的是一個什麼樣的問題？這個問題需要解決的內容是什麼？對此問題自己最終極的關懷是什麼？是否需要確立一些基本原則？解決此一問題的充分與必要的條件有那些？自己擁有的與缺乏的條件有那些？最後再根據這些擁有的條件選擇一個最合適的選項。根據前述原則，解決本課程此一問卷問題的作業程序，可以有以下五個先後的程序：一、訂定標準：首先針對教師的五等分類，根據自己的解讀訂立一個標準。例如：（一）「不必要求，保證畢業」，除消極上以拿到學位為終極關懷外，是否還具有積極上的意義？（二）「普通要求，一般水準」，除消極上侷限在單一學科研究範圍的問題外，在積極上是否可以看出正面的意義？（三）「嚴格要求，高級水準」，除積極上有立基於與整個學術界相關研究者進行比較的學術一體化學習態度外，是否會帶來消極上的負面意義？（四）「最高要求，一流水準」，除積極上有與整個世界級的學術大師們進行比較的學術國際化學習態度外，在消極上是否可能存在負面的意義？（五）「隨遇而安，無所謂啦」，從積極上看似乎無論何種要求，都可以隨心所欲的達到最高境界的標準；但是否也隱藏有一種只想混日子就好的消極意義在內呢？二、選擇的項目：根據自訂的標準，勾選一個適合自己能力與意願的項目。三、理由與條件：說明自己選擇該項的理由，以及達到此一選項的條件。四、條件的分析：說明相關條件的實際內容，大致可區分為「內在因素」與「外在因素」。「內在因素」指的是在〈自介〉中呈現的學術興趣、學術優勢與學術潛能及其限制等等；「外在因素」則可以包括學校提供的學術資源，以及自己的職業、家庭、健康等等狀況。這也就是前述〈研究生角色的澄清〉討論的內容。五、確定的說明：根據前述客觀條件與自己擁有的條件進行

分析，說明自己勾選該項的合法性與合理性的理由。

　　「學習模式自我選擇調查表」，將學習模式分成「百分制」與「八五制」兩類，要做這樣的區分，主要是幾年來陸陸續續發現某些同學出現因為無法負荷學習要求，但又不願意讓教師失望，因此只好在學期末利用「複製」技巧，將同學的筆記當作自己筆記繳交的狀況。就現實的學習規定而言，這當然是個嚴重的抄襲欺騙行為，但是身為教師面對這樣的行為，首先要做的不是譴責或處罰學生，反而應該檢討自己建構的這種學習制度，是否沒有充分考慮到學生可能面臨的「執行上確有困難」、「事實上並不知道」或「能力上無法做到」的困境，若沒有充分考慮這三個基本的困難因素，然後以教師階級擁有的權力，強迫學生執行，因而導致學生不得不違規，那麼教師不免就有誘導引發學生犯罪或欺騙等不誠實行為的責任。我的意思是說當教師發現學生在學習上出現違規行為之際，教師就要反省並修正不合宜的學習制度，儘可能提供因應學生需要的選擇，因為過度強迫那類學習能力或學習時間無法應付的學生，導致學生不得不出現欺騙不誠實的行為，這是身為教師者應該自我檢討與自我修正的責任。至於學生在教師提供選擇之後，不按照自己的狀況，誠實選擇自己需要的學習模式，卻選擇自己做不到的模式，因而出現欺騙的抄襲與不誠實的行為，這時候的責任就不在教師，而是在那些刻意自我欺騙的研究生身上了。這個想法可以提供同學們在教學之際給學生出家庭作業時做參考，如果同學發現自己的教學模式執行幾年下來，並非學生所能負擔，實際上都是家長代作，則就應該建立起一種自我反省批判的精神，以及逐漸改進以求實際效果的自我要求，不能繼續自我欺騙，假裝不知道。就是希望同學在譴責處罰學生之前，必須充分考慮學生是否有「能力上無法做到」、「事實上並不知道」及「執行上確有困難」的原因。再者「學習模式」的選擇，涉及同學個人的隱私權，即

使同學自己同意，教師也不應該越權公開，要公開必須由該位同學自己公開，這是做人的分寸，也是做人最基本原則的問題，因此毫無妥協的餘地，我希望同學在面對你們的小朋友時，可以時時記著這一個「尊重他人或自己」的毫無妥協餘地的基本原則。希望透過此一問卷的粗略分析，可以提醒同學這些維持基本「公道」問題的重要性，以及提醒同學教學及與人交往之際，能夠常常記著或思考如何針對這類基本「公道」，因而能做出適當的反應。

同學填寫「問卷」的行為，實際上也可以轉化為閱讀文本問題的思考。能否有效轉化則在於填寫之際，同學是否有意識的進行反思，了解自己的填寫，絕對不會是毫無選擇思考性的自然反應式的無意義行為，而是必然有一個自覺或不自覺的考慮與選擇過程的有意義行為。這種思考選擇的反思活動，如果加以一般化的話，就是一種面對文本之際，考慮如何閱讀與理解的問題。有意識填寫問卷的過程，大致可以有如下的程序：一、首先了解要求填寫問卷者與問卷的目的：為何要進行問卷調查？設計問卷者希望獲得什麼答案？問卷表現的要求是什麼？這也就是追問文本的寫作意圖及文本自身的意圖。二、其次進行問卷內容的解讀：每個設計的問題表達的內容意義是什麼？此即追問文本到底在說什麼？亦即追問文本表現的實際內容。三、再則確定選擇某個項目的角度：應當居於何種考慮，如學術的、學習的、或獲得學位的角度，以選答其中的某一項，最能表達自己的意思，同時對自己最為有利？這就是追問閱讀文本之際，應當從何種角度進行閱讀，纔是最恰當的閱讀方式。四、最後則確定選填結果的可能效應：選填某一項期望獲得什麼樣的效果，以及此一效果可能帶來那些正面與負面的反應？此即追問進行閱讀的目的，讀者意圖在閱讀中得到什麼？此一期望的結果，可能帶來的效果與長期的效應云何？這種面對文本進行閱讀、理解、選擇的過程，也就是前文所言的建立一種

自我解決研究問題程序過程的再進一步的發揮。

　　同學填寫問卷的表現，同時還涉及到一種所謂「隱藏身分」而出現的「違規」或「犯罪」的問題。每年回收的「無記名」問卷，都會發現有無視於問卷要求，刻意違規的問卷。事實上只要以無記名的方式表達意見，就會有人趁著「身分隱藏」的機會，刻意違反某些對自己並沒有損失的規矩或要求。設計一個可以隱藏身分的課程調查表，就學習上而言，主要是從權力運作的角度思考，不希望受調查者因為其他外在因素的干擾，因而影響到本身的自由意願，這不僅是提供接受調查者自由選擇的權力，同時也是對接受調查者的絕對尊重，目的是希望可以讓接受調查的對象，在沒有「秋後算帳」的心理壓力下，放心大膽的根據個人「自由意志」暢所欲言的表達意見，以便做為教師課程設計的參考，如果同學僅勾選而不說明理由，這份問卷就變成無效的問卷，因為教師無法了解勾選者的「判斷標準」云何？對課程設計的思考因此也就沒有什麼實質的助益，這也就是我要特別強調「了解標準」重要性的理由。同學面對一份和自己學習關係非常重大的問卷，以及面對教師絕對尊重同學自由表達意願的行為之下，居然可以用如此不莊重的態度為之，真讓我有點意外，建議同學再仔細認真思考其中的利弊得失，某些話只能點到為止，同學都是成年人其他就由同學自由聯想吧！

　　利用「隱藏身分」的機會，刻意執行違規的行為，就「隱藏身分」可能引發的問題中，其實是相當微小的違規問題，但是此種細微的違規問題，卻也很容易與一群人同仇敵愾，對付某些人或某件事的「成群本能」（herd instinct）而形成的「群眾暴力」或「集體違規」的問題相掛鉤，因為從「群眾」的角度言，並不存在單獨的「個人」，施展暴力或違規的因此是「群眾」而非某位單獨的「個人」，那些在實際上施展「暴力」或「違規」的個人，絕大多數或者覺得在

「群眾」中不可能被發現，於是就放心大膽的施暴；或者覺得「又不是我一個人」做的從眾心理，自然就不會有任何「罪惡感」產生，因此纔會放心大膽的違規或施展暴力。比較輕微的如填問卷而輕視要求的「違規」。稍為嚴重的如發現他人都在違規，自己也跟著違規，例如「飆車」、「未成年騎機車」等等，這類違規者常用的辯解言詞是：「又不是我一個人」或者「人家還不都是這樣」。比較嚴重的則是國家或政府的暴力或違規，因為國家或政府實際上都是「抽象存在」的群體，國家或政府暴力最明顯的展現，就是戰爭之際幾乎全無制衡力量存在的無辜屠殺，像德國納粹黨屠殺猶太人、日本軍人在大陸與東南亞的姦淫屠殺、臺灣「二二八事件」時臺灣人打殺無辜的大陸人、大陸軍隊「二二八事件」後打殺無辜的臺灣群眾、美軍在越南因為懷疑而屠滅越南村莊、以色列軍隊屠殺阿拉伯人、阿拉伯反抗者屠殺美國和以色列群眾、美國政府侵略拘禁屠殺反抗的阿拉伯人、美國軍人在伊拉克姦淫屠殺的殘暴行為等等，都與此種「身分隱藏」有關係。這些都是因為「身分隱藏」的狀況下可能出現的負面行為，這就是人類最可怕的劣根性，而且是不自覺的存在，因此纔特別可怕。此種劣根性的存在必須有人提醒，因此稍作分析給同學們做參考，同時也要提醒同學在教學之際，應特別注意處理這類相關的事件。

五　附論：「準加害者」意義的分析

前文曾在「自我評分的意義與功能分析」一節中，出現一個「準加害者」的專有名詞，這個「準加害者」是我自己發明定義的名詞，因此有必要加以說明。一般而言，當某個人因為以前受到傷害，且當其受傷害之際，既沒有能力自衛，更沒有善意第三者協助，然後經過一段時間之後，「被害者」具有反擊的能力，開始針對當年的「加害

者」進行正當的反擊，這時候就會有一些「好人」出現，這些「好人」當「被害者」受到傷害時是不存在的無關的「第三者」，但這時候就會變成代表人世間捍衛和平義理的「正義使者」，於是拿出一些似是而非的理由，例如「你現在已經很好了，何必再計較」等等一類，表面上「光明正大」而實質上是站在同情與保護「加害者」立場的理由，要求「被害者」放棄應有的反擊權益，這種「好人」如果目的達到，那他的「好人」地位當然更加鞏固，如果失敗當然也無損於他做為「好人」的地位，這類「好人」因此是永遠只有得到好處而獲利，且絕對不會有任何輕微損失的「必然獲利」的投資者，毋怪這社會中有非常多的人喜歡當這類「穩賺不賠」的「好人」。至於那位具有合法正當權益反擊的「被害者」，這時候在這類「好人」的對比映照之下，反而變成是「怙惡不改」的「大壞人」或「加害者」，「被害者」在這類「好人」的「善意」之下，他應有的權益就理所當然被犧牲，至於那些「加害者」應受的懲罰，當然也會在這類「好人」的「善意」之下，所有「罪惡」也莫名其妙的消解於無形，同學們想一想社會的一般情況是不是這樣？我們是否有時候也成為「加害者」的「幫兇」一類的「準加害者」呢？我稱這類「好人」叫做「準加害者」，就是因為他們主要是「以『被害者』痛苦的代價增強自己的社會地位或獲取不應得的利益」，「加害者」或許還可以原諒，但這類「準加害者」我覺得最不可原諒，因為他和「雲洲大儒俠」布袋戲中的「藏境人」一樣，「以別人的痛苦」做為自己「快樂」的泉源。我在「自介」中其實也隱藏性的表達出這類的觀點，不知同學是否曾「讀到」我此一「不在場訊息」？例如我在小學時代對糾察隊員的反擊，所以會受到不公正的對待，是不是因為社會上有太多這類沒有是非對錯觀念的「鄉愿混帳型」的「好人」的關係呢？

　　這個「準加害者」的提醒與討論的目的，就是希望同學能經常注

意到「聽話」之際，建立自我「概念」清晰的要求，千萬不要事事以馬虎的態度對之，更不可以別人怎麼說自己就怎麼信，甚至還進行別人原先期待的行為反應，完全缺乏實質判斷的能力。這種缺乏獨立自主而「跟隨對方起舞」的反應，不但表示自己的「情緒」不夠穩定，同時也在無意中幫對方進行實質的「宣傳」，因而助長對方發言的「影響力」，我把這種愚蠢的反應稱做「跟屁反擊的自我傷害」，這其實也是一種對自我的「準傷害行為」。例如每到選舉之際某些政治人物對競爭對手選舉語言的「跟屁式」反應，就是一種被媒體帝國操控而幫敵手「助選」的愚蠢反應方式，因為「跟屁式」反應的特色，就是一定要跟著對方的論點起舞，因此必然會落入只有「從後追趕」的分，根本無法開創自己所要的新論題，只能永遠處於言論的「弱勢」地位。再如有人偷偷告訴你某人背後說你壞話，你不直接去查證而相信後，不斷的對他人訴說某人說你什麼樣的壞話，事實上就是一種暗中幫某人進行「宣傳」而傷害自己的「準傷害者」的行為，不過多數人還是喜歡以這種自傷的表達方式宣洩自己的不滿，幾乎不會想要確實的查證清楚。針對「準加害者」反思批判觀點，是在民國五〇年代閱讀柳殘陽（高見幾，1941-）的武俠小說《金雕龍紋》（主角叫楚雲）而獲得的概念，學術研究不可以掠人之美，因此應該說明此一觀點的淵源。

以上表達的「準加害者」觀點不一定絕對正確，但請同學稍微思考一下我的分析與憤怒的理由與原因，是否有值得同學再進行仔細思考的地方。做「好人」就一定正確嗎？其實我的觀點是：只有「被害者」纔擁有原諒「加害者」的權力，其他人完全沒有資格發言。這個「準加害者」的觀點，不過是《論語·陽貨》與《孟子·盡心下》所謂「非之無舉也，刺之無刺也；同乎流俗，合乎汙世；居之似忠信，行之似廉絜；眾皆悅之；自以為是，而不可與入堯舜之道」的「鄉

愿」之說的發揮而已，不知道同學們有沒有注意到呢？

第三講
教學與研究的環境分析

一　前言

　　上課之際曾經特別強調過生長環境影響學者的價值觀，因而形成不同的判斷標準，對同一事件也就會有不同的評價。在同一個思考前提下，擴大來說，生存在不同時代與社會的人，對相同的事件，當然也會出現不同的反應，因為大家都只能以自己「已知的知識」做為思考的「前導」，然後纔能對「未知的知識」進行合理的「推測」。所謂「已知」指的就是一般社會思考的「共識性」觀點或意見，大約類似美國科學史哲學家湯瑪斯・庫恩（Thomas S. Kuhn，1922-1996）指稱的「典範」（Paradigm）；[1]至於所謂「合理」則是指符合一般思考要求與邏輯推論程序，但無法證明所得結果等於「事實」，有關「邏輯推理結果」和「歷史事件事實」的區別，同學進行研究之際，必需在兩個方向上特別小心，一是進行研究論證時，要注意是否有把邏輯的「可能」當成事實「必然」的謬誤；一是引述取證之際，要特別注意引述對象的結論，是否也有把邏輯的「可能」當成事實「必然」的謬誤現象。這裡還要特別叮嚀同學在取用五四時代那些主流學者，尤

---

[1] [美]湯瑪斯・庫恩著，金吾倫、胡新和譯：《科學革命的結構》（北京：北京大學出版社，2003），頁10：「（典範）具有兩個基本特徵：它們的成就空前地吸引一批堅定的擁護者，使他們脫離科學活動的其他競爭模式。同時這些成就又足以無限制地為重新組成的一批實踐者留下有待解決的種種問題。」「共識性」的意見只要具備滿足前一個條件即可。

其是「古史辨」學者涉及古代歷史相關問題的論證時，一定要特別小心，因為在那個充滿革命激情的時代氛圍下，許多當時的主流學者都自認為自己很有「理性」，同時還天生擔負有「啟蒙」那些「愚蠢」民眾的年代，由於過度自信的關係，不免就出現有許多以邏輯推理所得的「可能」，甚至只是自己一時「胡思亂想」的謬見，或者是過度「追新反舊」心理作祟下的「為反對而反對」的私見，當作實際歷史事實的問題，故而同學在參考這些資料時要特別注意。我的意思並不是說五四新派學者的意見不可用，而是要提醒同學在取用他們的答案做為證據時，一定要分清「事實」和「推論」在證據功能上的不同，如果先建立一個「推論」，卻沒有經過任何有效的論證，就直接把「推論」當成不言自明的結論性答案，然後再根據這個不存在的答案進行論述，則這樣的結論當然無效，當然不要取用。不要以為有名的學者就不會出現問題，有時候有名的學者更容易出現問題，因為有名學者更容易由於「名」的光環而出現自以為是的問題，即使像胡適（1891-1962）、顧頡剛（1893-1980）、聞一多（1899-1946）……等等，也不免在民初五四那種反舊追新的啟蒙革命激情之下，出現某些過度想像推論而自以為是的謬誤，同學只要注意閱讀一下《古史辨》，大約就可以了解這些存在的現象，可見時代氛圍對學者確實會造成影響。這也就是治學方法課程必須討論生存環境的重要理由，因為環境包括「學術典範」，它們對個人的思想與判斷必然會造成某種程度的影響。

　　強調生存環境必然會對學者造成影響是個必須注意的前提，但這個強調環境對個人必然造成影響的意義，並沒有要否認個人有選擇接不接受的自主性，也沒有要將個人當成是個完全受環境左右因而失去自主性的「白癡」，這裡只是要說明個人無法完全避免環境的影響，至於個人自主性的部分，當然也就省略不談了，實際上每個人的思想

判斷都是在「思考」、「環境」和「選擇」等的互相作用下形成。由此可知進行研究之際，了解研究對象與研究者本身所處的現實與學術環境相當重要，能夠深入了解研究對象與研究者本身生存時代的學術重要觀點，纔有可能知道研究對象與研究者本身不同的評價標準或世界觀，則在進行評價之際，就比較不會發生自以為是的「以今律古」或「以洋律中」等等「強暴古人」的訛謬，這也就是會一再強調「了解」的理由。所謂「了解」的意義，在對象上必須包括「研究對象」與「研究者」；在內容上則包括「研究對象」與「研究者」兩者所處的環境和選擇的因素。研究者必需對這兩者的「了解」都達到一定的水準，研究的成果纔有可能朝向較為正確平實的方向前進。這也就是特別強調在研究之先，一定要進行「研究對象」與「研究者」生存時代環境了解功夫的理由，就這個課程而言，「研究者」的了解可以透過同學撰寫的〈自介〉、筆記及外在相關資料的分析而獲得，「研究對象」的了解則只能根據外在相關資料進行分析了。

　　在這還必須提醒同學注意一件事，我們的學術基本認知不可能憑空而得，我們最初接受到的學術資訊不是來自教師就是來自一般教科書，同學因此要特別注意「教科書」在一般思想建構上，對多數人自然具有一種不自覺的經典意義和價值的「先見」，對於教科書提供的內容和判斷，必須要有一種「只是某個或某類特定意識型態或好惡的偏見」而已的基本認知，因此必然只是眾多答案中的一個，絕不能理所當然的當成「唯一」答案，同學在思考問題時若能先有此種反省自覺，則就比較不會受到教科書觀點的無形制約。還要提醒同學現在看到的教科書或所謂「某學史」之類的書籍，基本上都是意識型態上比較傾向於胡適等一類五四新派人物所寫，書中重視的人物都是屬於符合他們意識型態需要尊崇或批判的學術人物，無論選取的對象或學術評價，都必然有侷限性，同學在尋找研究對象及進行學術評價時，這

些現成的資料固然可以當作參考的基礎，但不宜因此而認定除此之外別無其他。例如大家對五四以後學術的了解，好像整個中國學術界都同意胡適等新派人物的主張，這就是一個大有問題的錯誤認知，事實上當時可真是百家爭鳴，胡適等新派在傳播上固然出盡鋒頭，但在學術上並沒有完全取得獨佔性的唯一地位，至少南京方面的學者就和新派人物的觀點不同。但因為現在看到的教科書都是如此強調，大家也就不知不覺的如此認定，至於事實是否如此也就從來沒有要去求證，於是歷史認知和歷史事實的距離就越來越遠，如果同學缺乏必要的自覺，順著教科書觀點的偏頗認知進行判斷，結果如何也就可想而知了，這自然也是研究者受到學術環境影響的一種表現，因此有必要在此提醒同學。

五四以後南京地區學者和胡適等新派學者的學術觀點並不一致的事實，正可以提醒同學研究時，要注意地域性學術認同上的差別，細部的分析需要專門的研究，但同學應該可以同意不同地域的學者，確實有其不同之處，即使同一個師門或學派也不會完全一致，從漢代有齊、魯學的分別；明代黃宗羲（1610-1695）的《宋元學案》和《明儒學案》，對程朱學與陽明學的分派敘述狀況，即可了解地域學術的存在，還有生活在不同地域學者受環境影響的事實。更早的如韓非（280B.C.-233B.C.）即有所謂「子張之儒，子思之儒，顏氏之儒，孟氏之儒，漆雕氏之儒，仲良氏之儒，孫氏之儒，樂正氏之儒」和「相里氏之墨，相夫氏之墨，鄧陵氏之墨」等「儒分為八，墨離為三」的觀察，[2]這顯然是因為師從關係而造成的不同。就現代而言，即使在臺灣這塊小小的土地上，早期的臺灣大學和臺灣師範大學的學風就不同，尤其在聲韻學和文字學上的差別，當是大家耳熟能詳的事實，比

2　[周]韓非著，[元]何犿註：《韓非子》卷十九〈顯學〉（《四庫》本），頁13。

較有趣的是許多人認為臺大承襲的是胡適等新派的學風，師大則是承襲南京地區章太炎（1869-1936）和黃侃（1886-1935）等的學風，因為臺大傅斯年先生（1896-1950）是胡適的學生、王叔岷老師（1914-2008）則是傅斯年的學生；何定生先生（1911-1970）是顧頡剛的學生；臺靜農老師（1902-1990）是魯迅（1881-1936）的學生等等；師大的林尹先生（1909-1983）、政大的高明老師（1909-1992）和文化大學的潘重規先生（1908-2003）等都是黃侃的學生，不過這只是大略地說啦，並沒有那麼絕對。這也都可以歸入環境影響之列，同時也是同學在進行學術研究時不能忽略了解的問題。

　　在進行臺灣學者學術生存環境的分析說明之前，有必要從更大的範圍觀察受到中國傳統文化影響的華人群體，可能隱藏存在的集體心理傾向。根據我粗淺的觀察，華人群體的集體心理傾向，若略其細而言其粗，則大約可以分成「漢唐盛世」與「宋明衰世」兩種類型，即使沒有經過詳細的論證，僅就一般性的基本認知而言，同學大概可以承認中國在宋代以後的世局，確實與漢代及唐代盛世時大不相同。漢唐盛世是一個有能力抵抗外族侵略，並積極向外發展的時代，能夠有效地將戰爭阻絕在國境之外，因此是一種擴張式的防禦思考型態，現在美國式的防禦方式，即是漢唐防禦方式的一種現代式表現，這種防禦方式展現出來的是一種能力與自信的生存方式或生命態度，生長在這種世局環境下形成的「民族自信心」，即使隱藏而不明說也可以理解，在這種「民族自信心」下同時還會理所當然的存在有「民族自傲感」，大家如果稍微注意一下美國人在臺灣的某些細微表現，或者就可以稍微了解漢唐盛世中國人的生命態度。漢唐盛世建構的民族自信心與自傲感，絕非生長在宋代以後，主要以自保為主，甚至連自保能力都大有問題的衰落時代的人所能比擬與了解。宋代的「外族議和」與明代的「修建長城」，就是此種民族自信心與自傲感消失的明顯證

據，呈現的乃是一種「消極自保」的防禦心理，表現的是一種退縮式的自保思考型態，因為打不過人家所以強調武力不重要，強調「成聖成賢」的道德修養比武力重要，然後用一種瞧不起武力的「阿Q」心態自我安慰，似乎真的在精神上就比漢唐盛世更偉大了。這種心態和弱勢當然無法和漢唐盛世相比擬，但卻可以和漢唐盛世那種具有強大實力的「積極主動」出擊的防禦心理，形成一個相當有意義的對比。我建議有興趣研究宋明理學或漢宋學內涵比較的人，可以注意一下這個有意思的對比，則或者對宋明理學從漢代經學外放「經世」理想的追求，轉變成追求收斂「內聖」理想的緣由會有不同的理解；或者對清代盛世出現重視「漢唐學」的風潮，以及清末民初逐漸重視「宋明學」的狀況，可能也會有不同的認識。我個人認為二戰之後，大陸共產黨政府對前蘇聯的依附、臺灣國民黨政府對美國的依附、某些臺灣民眾對日本帝國主義的依附等等，即是宋明衰世那種「消極自保」退縮防禦心理的一種「現代版」呈現。若把此種不同類型的集體心理傾向放到臺灣的生存環境進行觀察，則臺灣大致僅能歸入「宋明衰世」類型，理由是生長在臺灣的華人，既有被滿清祖國拋棄的無依失怙感，又有遭受日本殖民統治的心理摧殘；還有國民黨高壓統治的精神壓逼，在這樣的歷史情境下形成的群眾集體心靈，必然是類似於中國宋代以後的心靈。同學們若能有此種先驗的認知，當進行學術研究與判斷時，纔有可能比較如實的進行評價，不至於用「漢唐盛世」的標準，要求「宋明衰世」的社會，更不至於用美國人或日本人的心態要求臺灣人，用臺灣人的心態要求大陸人等等不當的表現，評價也纔不至於出現太大的訛誤。

就治學方法課程設定的基本環境認知，當然包括對臺灣及世界學術環境的認知，其中有關形成臺灣群眾集體研究態度的教育狀況，以及形成的原因、結果、影響等等的實際表現，自然也是必須了解的內

容，以下即討論這些相關的問題。

二　師範制式教育的省思

　　國民黨政府接收臺灣以後，延續日本時代的師範教育體系，以師範教育做為國家養成公民的基礎教育，這種類型的師範教育除提供國民基本常識與開發人民腦力外，建構國家認同的意識型態，亦是其中非常重要的目的，因而走向「一統」的要求，乃成為必然且普遍的基本立場，師範教育提供的內容，大致是：統一的教材、統一的教法、統一的解讀、統一的意識型態等等，在此種教育長期的浸潤之下，於是在不知不覺間就形成一種「一統思想」的學術氣氛，由於多數人對此種狀況缺乏深入的了解與反省，即使解嚴已經好多年了，但此種在學術上或意識型態上「一統思想」的氣氛，似乎並沒有因為時間的流逝而跟著解消。考察此種「一統思想」的氣氛對學習者在思考行為上的影響，大致會產生如下列的連續性而相關聯的負面作用：

　　一、容易形成單一直線式的思考模式。

　　二、容易接受「二元對立」的笛卡兒氏思考。

　　三、比較缺乏尊重不同觀點的多元思考模式。

　　四、最多也只願意接受「改進式」的措施。

　　五、難以接受、甚至排斥具有「革命性」的思考。

　　六、憂心改變現狀，很難接受「典範」轉移的事實。

　　七、扼殺或壓抑自我潛能發揮的可能性。

　　八、比較難以形成自我創新的常態要求。

臺灣負擔全國基礎教育重任的教師，既然都是在此種氣氛下學習成長，亦即在此種教育的「語境」下成長，則其教導出來的學生，在其至少六年或十二年的薰陶之下，如果缺乏自覺或他人提醒，則前述的

負面作用，就很可能變成學生不自覺的「潛意識」，那麼即使獲得博士學位而在大學、研究所任教，要求其自己與教導學生之際，完全不受此種負面作用的影響，恐怕相當困難。

師範教育情境下養成的學者，我將其稱之為「奠基型」或「培養型」的學者，根據我粗淺的觀察，宋代以後傳統儒家訓練出來的學者，因為具有一種「道統」的一致性要求，實際呈顯的思考樣式，因而也非常類似「奠基型」的學者，所以除師範院系外，一般接受儒家「道統」思想的研究者，大致上也和師範院系一樣，比較接近「奠基型」，但可能比師範院系稍微開放一點。「奠基型」學者教師最典型的教法，就是要求學生在學習過程中，盡可能在典籍的學習上用功，雖然不禁止學生提出意見，但也不鼓勵學生表達意見，更不希望學生對前賢或師長提出任何批評意見。隱含的教育理由是：學生是還在學習中的個體，對學術的了解還有很多需要加強之處，在學術認知還未成熟或達到一定水準之前，如何有資格對學術發言？更沒有資格對有成就的權威學者或師長說三道四，因為這樣會養成輕浮、躁動而不知潛修的不良習慣，這種習氣一旦養成，對學術的研究絕對有不利的影響，所以必須嚴格禁止。在此種教學設想下，於是就有強迫學生點讀《十三經註疏》等一類古書的要求，於是就有「整理蒐集型」的「學術文章」出現。在這種教導方式下成長的學生，如果確實尊崇教師的教導，固然在基礎典籍的閱讀與了解上，比一般學者具有更為深厚的修為，但相對的也會產生一些意想不到的問題：例如比較樂意承襲而缺乏創意，比較喜歡抄錄而無法有效整理，甚至無法進行現代式的研究，比較不容易寫出符合現代學術要求的研究計畫，也比較不容易尊重不同學術視野下的觀點等等。

雖然臺灣學生的基礎教育都來自師範教育，但由於臺灣的資訊流通還算發達，即使國民黨戒嚴時代，由於依附美國的關係，因此容許

某些美國式的思想進入臺灣，甚至某些學者還以模仿美國的教育制度為高尚，這些洋教育思想對部分臺灣學者與學生也造成不小的影響，因而就有另外一種比較傾向於現代西洋教育原則要求下成長的學者，我稱之為「開發型」或「引導型」的學者，此類學者比較不受既有觀點的束縛，比較尊重不同的意見，即使不成熟的意見也會受到應有的尊重。這類型教師的典型教法，就是在學生的學習過程中，不但不禁止學生發言，還鼓勵學生儘可能根據自己的了解，發表自己不成熟的「獨特」想法或意見。隱含的教育理由是：學生是一位猶未成熟的學習個體，因此還未被既有的「框架」定型，具有許多可以發展或開發的潛力，當然應該儘可能讓其發揮，以便能夠建立自己獨立思考與創新的能力，這對學術發展自然就具有正面的意義。在這樣的思路下，於是認定學生自己會去充實基本能力，不會強迫學生點讀任何書籍，訓練出來的學生也比較不容易出現「整理蒐集型」的學術文章，比較容易出現符合現代學術規範的「研究分析型」的「學術論文」。這種方式下完成課業的學生，固然比較具有創意，比較能發揮自己的潛力，比較能寫出符合現代要求的研究計畫或學術論文，也比較不會被既有權威束縛而變成「權威主義者」。但由於基本典籍的閱讀基礎可能不夠深厚，因而也很容易陷入自以為是的「胡說八道」或「坐井觀天」的誤謬中。

　　這兩種不同類型的分判，當然是為了討論方便，因而創造出來的韋伯（Max Weber，1864-1920）意義下的「理想型」（ideal-type）說法，所謂「理想型」可以藉用林毓生（1934-）的說法加以說明，林先生說：

　　　　「ideal-type」指的是：形成對於歷史探索性的理解所建構的本身具有前後一致（不自相矛盾）的圖像。……正是由於這

種思想圖像具有概念上的純粹性。因此，它不可能在真實中的任何地方發現它所要指稱的東西，所以它是一個「烏托邦」。建構「理想型」的目的，主要是要提供一項讓我們認識歷史真實的工具，讓我們得以在個別的事例中確定：真實與該理想圖像相距多遠（或多近）。[3]

因為並不是真正存在的歷史事實，故而這兩種學習思考的教學類型，並不存在純粹型，教導出來的大多數研究者，因此多少會有一些偏向，例如偏向「奠基型」教法下出來的學生，比較容易變成「記得很多東西」，卻不願在公開場合表達意見的「不說自己話」的「應聲蟲」。趨向於「開發型」教法下出來的的學生，則比較容易成為「想到很多東西」，喜歡表達過多個人意見的「只說自己話」的「聒噪蟲」。兩種類型必然都有所偏，結合兩者當然是最好的選擇。

同學都經過接受師範教育的教師的陶冶，甚至是師範院校本科系畢業生，現在可以確實反省檢討一下，當在接受教育之時，是否因為處在某種特定學術語境中，因而不敢發聲，於是逐漸失去自己的聲音、自己的思考。這種沒有聲音的「靜默」情形，現在是否依然存在呢？在具有統一教法和意識型態的教學內容與方式下成長的學生，雖然可以造就出比較守規矩的學生，但同時也讓多數學生缺乏特性，「從眾傾向」甚高，甚至不願意或無法表現自己的獨特性，在開會的場合，很怕表達跟別人不同的意見，害怕自己被當成異類，因而寧可在私下抱怨。同學可以問問自己是否有此傾向呢？

---

3 王元化、林毓生先生：〈王元化、林毓生對話錄〉，《跨文化對話》第24輯（2009年2月），頁82。

三　基礎教育影響研究的省思

　　臺灣的基礎義務教育固然發達，但基礎教育的成員幾乎都是來自師範教育的培養，即使不是純粹的師範人，也必須修習教育學分，不免也要受到某些「汙染」。還有基礎教育最重要的目的，並不是要造就「點子新」的創發性人物，主要還是以模仿學習鞏固基本常識，強調「愛家愛國」等意識型態，培養成為合格的公民為主，至少在高中以前的學習，這是一項重要且無法省略的基本要求。就知識研究學習的角度言，基礎教育的功能就好像學習書法的「描紅」階段，學習書法當然不可能一下子就強調「自我創新」以「成家」，但問題是長期接受此種不鼓勵「自我創新」的「描紅式」教育，久而久之，可能由於人類天生久習成慣性的影響，或者也受到師範教育壓抑發揮自我潛能的影響，學習所得結果不但不能達到經由模擬而自成一格的目的，反而讓許多人沉溺在模擬而無法自拔的困境中，模擬的後果不僅無法融匯而超越原有，反而變成只會抄襲原有的墮落，此種教育形成的「銘記作用」（Imprinting），如果沒有自覺性的反省，就會影響到學術研究要求自我「自主」與「創新」思考的建立，於是難免就會有適應不良的情況發生，因而也就難以實際發揮自己學術的能力。觀察臺灣以師範教育為主，因而形成影響研究思考與態度的狀況，大致可以歸納為下列數點：

　　一、臺灣的學校教育方式，在高中之前比較重視「累積傳統知識成果」的「模擬傳承」的學習方式，因此以「記憶背誦」經由老一輩設計教導的現成知識為主。在這樣的教育原則下，教師雖然不會刻意禁止學生的創發性意見，但原則上並不特別鼓勵培養甚至建構「創發性的思維」。由於長期處在此種「傳承模擬」的「告知式」、「統一式」的學習環境中，再加上大多數的教師與家長誤用「愛心」，經常

害怕學生承受不了太大學習壓力，因而常常過度熱心的提供某些既存的「固定答案」，久而久之學生也就以此為滿足。於是導致大多數學生，缺乏一種自我尋求答案的認知，更嚴重缺乏「多元視野」下那種多樣性、可能性與發展性的認知觀點，因此自我要求「創新」學習的精神與態度，除了少數比較特出的學生外，大多數學生幾乎都無法有效建立，但學生與家長甚至教師在這方面的自覺反省，卻一直缺乏了解，故也相當疏忽。

　　二、臺灣的大學教育，固然也有部分教師特別鼓勵學生拋棄以往的學習模式，重新建立「自主學習」的精神與態度，但由於前述基礎教育殘留的學習「慣習」（habit）之潛在影響，因此並非所有的教師與學生，皆能接受與注意自主學習精神與態度的培養。許多教師還是習慣於供給學生「固定的答案」，學生也樂於複誦教師上課的東西，然後不思不考也可以得到成績單上的高分，並且以此為滿足。即使在大學教育的層次，自主學習創發的效果，似乎也並沒有特別的顯著，這也是臺灣長期以來學術界存在而無法解決的問題。許多大學教師抱怨學生不夠用功，認為學生不知道認真讀書，程度因此越來越差，這當然不是無稽之談。但教師所以會多讀幾本書，所以要多讀幾本書，所以能多讀懂幾本書，不過是因為入行時間長，還有職業需要而已，並不足以用來傲視學生。如果教師缺乏引導學生培養建立自主學習的能力，同時自己也只會提供某種單一的固定答案，甚至只是照本宣科的承襲某位或某些學者的權威答案，教學只是在有意無意間把學生變成自己學術觀的「應聲蟲」而已，那麼有何資格抱怨呢？學生不了解還情有可原，若教師自己也毫無警覺，則是否也應該好好的檢討改善呢？

　　三、臺灣教育界長期以來，存在有上述「講和抄」式的教學問題，這種相當標準化的師生權力控制關係，最基本的運作方式就是教

師提供考試作答時的「唯一答案」，然後學生考試時再將教師提供的答案填回去，教師據此而認定學生已經獲得學習的效果，學生於是就可以獲得高分，但是否真正獲得應有的學習效果（purpose），教師其實從不過問，更遑論注意是否有長期效應（extended effect）的問題了。這種經由「模擬」而製造「應聲蟲」的教學方式，如果用在高中以下等初學者身上，當然沒有問題而且相當合宜，但若用在注重「研究發展」的大學與研究所的教育，則必然是問題多多，因為大學與研究所最重視且最重要的責任，就是要培養學生「自我思考」和「自我解決問題」的能力，那類僅適合初學者的模擬教學方式，絕對會阻礙教學目標的達成。但由於高中之前十二年學校制式教育累積的慣習，確實很難一下子就改變，同時這樣的學習方式對學生而言也比較熟悉方便，因此此種就大學生與研究生而言大有問題的教學模式，就很自然的存在許多大學和研究所的教學活動中了，這當該也是值得大學教師和學生好好思考的問題。

　　四、臺灣的學生大致有六到十二年的時間，全部在此種「模擬」教學的教育環境中成長，自然免不了會受到此種初級教學方式的影響，因此教師只要提供答案，即使答案本身問題多多，多數學生還是會理所當然的陷入這就是「標準答案」的迷思（Myth）中，如果只是一般基礎教育的初學者，這樣的結果問題並不大。但臺灣卻有不少大學生與研究生，一直無法擺脫前十二年殘留積習的制約，很容易理所當然地將教師提供的「一個答案」當作「唯一答案」。當這類學生陷入此種「唯一答案」的迷思後，由於已經確定只有這個標準答案，自然也就不知、不願、不會再繼續思考其他「可能的答案」，這樣所獲得的學習結果，對注重自主創發的大學生與研究生而言，不但沒有獲得學習上與知識上的幫助，反而還有陷害學生成為教師「思考奴隸」之嫌。如果教師樂意沉迷於此種虛榮的享受，當然也就不願意改變教

學的方式了。由於我相當清楚同學們此種「籲求」唯一標準答案的激切存心，上課之際因此不僅儘量不提供固定答案，甚至有時候還刻意提供不正確或不實際的答案。我當然知道這樣做的結果，必然會引發某些習慣於模擬教學的同學內在深沉的怨恨，不過基於教育的良知，我倒是非常樂於接受這樣的怨恨，因為就學習的角度言，怨恨之念越濃則記憶越深，記憶深則學習的影響力，自然也就有可能增大了。因此我非常希望不習慣我此種教法的同學，可以毫無顧忌地經常重重的、深深的恨我怨我，因為怨恨越深則學習效果可能越大也！

五、臺灣許多學生希望趕快獲得唯一「標準答案」的習慣性預設，在實際的教學引導中，出現了許多值得注意的負面作用，就我的觀察至少在三個層面上影響到臺灣學生的研究思考。（一）首先影響的是使得多數學生在學習過程中，完全忽略「過程」具有的價值與重要性。由於缺乏對「過程」的重視，於是對一些「理所當然」的錯誤答案缺乏反省的認知，導致某些既有的錯誤答案，被不斷的複製傳播，形成一種虛假的權威論述；對於某些存在問題的權威論述，缺乏再進一步糾正補充的思考，於是形成「權威主義」，導致某些學術研究的議題停滯不前。（二）其次臺灣學生在這種只要「標準答案」的影響下，寫作論文或討論問題時就會出現一種有趣的表現方式，就是特別喜歡說「結論性」的語句，似乎預設「聽者」必然知道「講者」要傳達的意義，因而非常不樂意進行「分析式」的解說，甚至有視這類分析解說者為「愚笨」的預設傾向，這不僅是生長在臺灣地區者的問題，似乎整個中國傳統即如此。中國人為什麼可以在《易傳》一再強調「言不盡意」（《周易正義·繫辭上》）的辭不達意前提下，能夠如此有自信的肯定「聽者」必然知道「我說」的意思？從不懷疑「聽者」有不了解或誤讀的可能性存在？這是否與中國人過度相信所謂「（宇宙）便是吾心，吾心即是宇宙。千萬世之前有聖人出焉，同

此心同此理也；千萬世之後有聖人出焉，同此心同此理也；東南西北海有聖人出焉，同此心同此理也」，[4]這一「心同理同」的思想「一統觀」有關？這應該也是一個值得仔細思考的學術問題。（三）最後一個影響的層面則更大，幾乎整個社會都受到此種負面功能的影響，就是對於某些值得注意的現象，缺乏尋求事實真相的考慮，即使有疑問也會以既有的答案為滿足，導致對於深度研究或了解的要求，無法有效開展進行，更缺乏刻意建立從平常問題尋求答案的自我要求，甚至對那類追問尋常問題的提問，不僅不知加以鼓勵，反而加以嘲笑或制止，缺乏對那些追求知識真相者的尊重，對於那類其實具有許多學習意義的尋常問題，例如：甚麼是「富貴壽考」？「應該」是甚麼意思？[5]或者像為什麼「紙」會飛起來？為什麼飛起來後又會掉下來？這其實牽涉到許多物理現象與物理學原理，但多數人若遇到此類提問，恐怕要覺得這不過是個不值得提問的「笨」問題而已，根本就不屑思考作答，但真的如此嗎？我當然不是要同學真的回答這個提問，同時我也相信能夠提供此一問題正確完整答案的同學絕對不會太多，我這裡只是想再次提醒同學，常見的現象或常識性的共識，並不全然都沒有問題，更不是全部都不具有重新研究了解的價值，我的碩士論文《錢謙益史學研究》，[6]就重新對「投降」的普遍共識進行探討，分析「投降」在不忠譴責外的其他意義，有興趣的同學可以參考看看，當然若要更深入了解的話，最好再參酌我後來在〈自介〉與上課中的說明，這樣或許也就可以了解常識性的共見，其實還是有重新思考探討

4　[宋]陸九淵：《象山集》卷二十二〈雜說〉（《四庫》本），頁10。

5　「考」指的是《尚書·洪範》「五福」中的「考終命」。「應該」指的是「理想上必然如此，事實上並不如此」的意思。

6　楊晉龍：《錢謙益史學研究》（高雄：國立高雄師範學院國文研究所碩士論文，1989）。

的價值。

六、臺灣學生在自身條件上既缺乏自我創新的要求,然後又處在教育情境與學術研究長期存在類似狀況的束縛中,導致學生很難建立一種針對既存現象,主動提出有效質疑與解決問題的態度,就是說臺灣的學生基本上缺乏思考學習上應有的「問題意識」。例如許多學生在書寫或討論之際,經常使用某些具有特殊涵義的詞彙或概念,如「思維」、「風格」、「向度」或「分類」等等,卻很少追究該詞彙或概念的意義,以及自己使用該詞彙或概念之際的意義從何而來?也很少認真的請教發表者該詞彙或概念的意義,於是大家就在這種模模糊糊,各自「自以為是」的可能毫不相干的各自建構的「語境」中,進行一種「互不搭調」的奇怪溝通,這當該也是個值得好好檢討的問題。另外既然進入「某學研究所」,則是否應該先去追問「某學」的意義?「某學」的傳統價值?「某學」的現代價值?「某學」的「意義」與「價值」如何形成?不同時代某學研究的實況與特色等等一類的基本問題,並且盡可能提出一些自己的意見。修習某一課程之際,是否曾經思考過如何纔能獲得該課程最佳學習的效果?如何纔能建立對該課程獨立的想法、獨立的思考、發掘問題的能力?閱讀相關資料之際,是否曾經反省自己閱讀的預設是:屬於「實質問題式」的閱讀方式,就是希望從閱讀中獲得正確答案?還是屬於「命題作文式」的閱讀方式,就是希望從閱讀中選取符合自己預設目標的答案?或者是屬於「政治宣傳式」的閱讀方式,就是希望透過閱讀而為自己早已認定的答案尋找成立的理由?以上這些研究相關的問題意識,似乎很少成為研究生自覺層面上注意的問題,這些基本的問題意識,既然無法成為常態性的要求,當然就大大影響到研究視野與思考的開發了。

透過以上的簡單分析說明,同學們應該可以了解自己在模擬為尚、要求固定答案的制約下學習的實況,以及因而缺乏針對現象提問

的「問題意識」,這就是同學在進行研究之先與進行研究之際,必須
認真思考且必須解決的首要問題。同學們應當都讀過唐朝韓愈(768-
824)的〈師說〉,韓愈在文中特別強調「傳道、授業、解惑」是教
師的職責,[7]如果不管所謂「道」的內涵,則韓愈這個教學觀確實很
合乎教育的基本原則,但我認為在現代反思檢討「依循舊規思考」而
注重「思考革命創新」的學術研究要求下,這個教學觀應該還要加上
「造疑給惑」一項,亦即應該改為「師者所以傳道、授業、解惑、造
疑也」,這樣應該更合乎現代教育目標的要求。提出「造疑給惑」的
目的,就是希望可以讓同學有機會針對實際問題,認真思考而提出因
應的方案,訓練培養同學養成思考的習慣,如此纔有可能放棄或消除
坐等教師或他人給予「唯一標準答案」的迷思,因而可以發揮自己的
潛力,尋找自己的答案,充實自己的研究能力。學期一開始就要求同
學書寫介紹與反思自己生命歷程的「自介」,就是要讓同學有機會可
以好好檢討反省一下,自己是否有上述所言的限制?如果有的話則受
害程度如何?要如何纔能消除此種限制?如果同學面對一個問題時,
首先想到的是「我想要如何回答」,那就恭喜你;如果同學首先想到
的是「書本或權威學者怎麼說」,那我就要奉勸同學好好注意建立自
己的學術主體性了。

　　諾貝爾物理學獎一九六五年的得主,美國物理學家費曼(Richard
P. Feynman,1918-1988)提到有關教育普及的問題時說:

　　　　過去有一段日子裡,人們非常熱中於研究解決問題的種種方
　　　法。其中有人提出要讓教育普及,因為如此一來,人人都變
　　　得博學多聞、多才多藝,變成跟伏爾泰相彷彿的思想啟蒙大

7　[唐]韓愈:《東雅堂昌黎集註》卷十二〈師說〉(《四庫》本),頁2。

　　師，然後一切問題都會迎刃而解。教育普及基本上當然很
　　可能是件好事，不過問題是你可以把人教好，卻也能把人教
　　壞，可以教授真理，也可以拿真理當幌子，掛羊頭賣狗肉，
　　教些似是而非的垃圾理念。[8]

仔細思考費曼的意思，可以了解教師必須要仔細思考自己教導的內
容；學習者則要評判自己學習接受的東西，到底是「真理」還是「偽
真理」？這不僅指出過分相信教育萬能產生的實際問題，同時也在提
醒學習者，必須注意教師教導的到底是「真理」？還是似是而非的
「偽真理」。中央研究院前院長李遠哲先生（1936-）曾經提到一件
親身經歷的事，他說有一位科學家，將自己研究的新發現投稿給當時
最頂尖的學術期刊，結果被當時最具權威性刊物的編輯與審查學者拒
絕，研究成果不但不被接受還受到不少當時該學科頂尖學者的揶揄與
訕笑，但三十年後終於證明其研究實際上是真正科學上「新發現」的
故事。[9]這些審查學者當然都是當時最具學術權威的頂尖學者們，但他
們同樣也受到自己研究視野與一般人心理的限制，無法敞開心胸，因
而犯下了自以為是的無知錯誤。可知無論一般人或是頂尖的科學家，
同樣都會受到當時環境條件的影響或限制，因而很難真正超脫此種既
存視野的限制。前文提過的美國科學哲學家托馬斯・庫恩所謂「典範
轉移」或「範式轉移」（paradigm shift）的觀點，正可以用來說明存
在此種現象的可能性與必然性。[10]這就告訴我們即使是某一時段最權

8　[美]Jeffrey Robbins編，吳程遠等譯：〈夢想依然如故〉，《費曼的主張》（臺
　　北：天下遠見出版公司，2001），頁150。

9　這是李前院長二〇〇三年七月二日早上在中央研究院資訊所一樓演講廳「2003年
　　中研院年輕學者研究著作獎」的頒獎典禮上所言。

10　[美]托馬斯・庫恩著，金吾倫、胡新和譯：《科學革命的結構》（北京：北京大學
　　出版社，2003）。

威、最具典範性的觀點，依然存在「被修正」或「被推翻」的可能，因此所有的既存答案都是過程中的答案，並不是終點的最後答案，無論是教師或學生，在學術研究上都必須要有此種基本認知，否則「成見」與「陳見」的舊規藩籬就無法或難以破除，因而也就很難認真考慮重新檢驗反省既存的觀點了，既然無法擺脫陳見的制約，自然也就難以形成一種承認或接受比較正確發現或創見，或不一樣答案的可能性了。

　　臺灣因為基礎教育過度發達，以及師範教育形成的束縛，因而影響形成了上述種種的不良後果，這種教育學習上的問題，事實上在很早以前就已經出現了，例如前文曾經提過的潘光旦（1899-1967）就曾經在一九三二年藉用美國哥倫比亞大學教務長Herbert Edwin Hawkes（1872-1943）教授「教育與成見的戰爭是失敗了；中學與大學的畢業生，不但沒有撥除他們幼年的成見的蒙蔽，反而利用教育來作他們成見的護符，從此他們對於事理的觀察評判，比鄉曲還要來得固執武斷」的話，用以批評當時中國的教育界。潘氏批評當時中國許多從事教育者，由於惑於「平等的舊說」和「教育的效能」等兩類偏見，因而以為人的能力相同，即使稍有差別，也可以透過教育補正，但其結果則是教導出「一大批毫無判斷能力的青年，在校時既但知『道聽塗說』，出學校後尤不免『隨波逐流』。」[11]可見二十世紀三〇年代的中國，就已經存在有此種基礎教育影響下，導致學生缺乏尋求答案的自主意識，同時可由前述費曼博士的感慨，了解即使所謂先進的美國教育界，這個問題也一直到二十世紀末都還沒有完全解決。強調這一點的目的當然不在告訴同學「天下烏鴉一般黑」，因此可以

---

11 潘光旦：《鐵庵隨筆・教育與成見破除》（天津：百花文藝出版社，2002），頁301。

心安理得的繼續活在缺乏問題意識的泥濘，而是要讓同學了解臺灣基礎教育即使存在有此類的問題，但既不可怕也不可恥，比較可怕的反而是「不知道」或「不承認」存在此類問題；比較可恥的則是「知道」或「承認」之後，依循不改的得過且過。[12]尤其是身為教師者若是缺乏面對此種教育缺陷存在的認知，恐怕也很難帶領學生擺脫此種教育缺陷的制約，在研究上當然更不可能擺脫這些制約，因而也就無法比較自由的思考問題。既然無法跳脫既存觀點的制約，就很難有什麼突破性的發現，這是同學在進行研究之際，不得不注意的重要問題。

四　師範教育正面功能舉隅

　　我在前面的講述中，不斷檢討師範教育如何在負面意義上，影響限制學生的思考創發，導致在學習過程中產生某些弊病的事實，似乎我對師範教育懷有成見，因此過度誇大師範教育的壞處，刻意將師範教育說得一無是處，甚至有把臺灣學術研究的所有負面問題，都歸罪給師範教育的嫌疑。如果同學真的是這樣想，那可真是如同俗語說的「觀音媽偷吃貢雞」一樣冤枉的指控。因為我前面說的那些師範教育出現的問題，不過是根據自己觀察所得而據實告知同學的「陳述性語言」，雖然聽起來頗具有批判的味道，但實際上和帶有評價意圖的「批判性語言」還是不同，如果同學還記得「評論一件事和贊成或反對該事件是兩碼子事」的提醒，當該就不至於出現此種誤會。這或者也可以藉用一下在美國任教的中研院院士王德威（1954-），觀察以

12　《左傳》卷二十一〈宣公二年〉晉國士季有所謂「人誰無過，過而能改，善莫大焉」之言，應該可以參考。

現代西方文學理論研究中國文學現況後的申明，表達我觀察陳述師範
教育的目的。王德威說：

> 我必須再次強調，這樣的觀察不是對理論的否定，而恰恰出
> 於對理論的熱烈期望；不僅是對學界同僚的觀察，也是反求
> 諸己的省思。畢竟，理論和批評的第一課就是打破我執，活
> 絡對話，開拓辯論空間，而且與時俱進。[13]

因為我是高雄師範大學國文研究所的畢業生，當然也是師範學校的一
員，因此前述的觀察說明，實際上是一種「反求諸己的省思」，同時
我也不認為我的觀察就是真理，同學自然可以質疑反對，因而可以激
起活絡的對話辯論，讓答案可以逐漸朝向比較正確可信的方向前進。

　　了解上述觀點後，以下就可以進行師範教育正面意義的分析，分
析的層次當然不會僅有一個，我主要是從常識層面進行分析，理由是
常識層面影響最大，這裡我想到的是美國人本心理學家弗洛姆（Erich
Fromm，1900-1980）所謂「心理分析學界的另一項危機是，喪失了佛
洛伊德思想中的另一種根本特質──向常識及輿論挑戰的勇氣」的意
見；[14]另外還想到吳念真（1952-）曾經提到的「我最要好的朋友都因
為政治的色彩而遠去，這是我人生最感慨的事」的喟嘆，[15]因而我主
要以「排斥具有革命性思考」的問題當作引線，分析此一在學術上的
缺點，卻也可能在政治混亂中，成為帶來社會安定的力量；同時我也
以為能對常識意見有所反省，則對其他意見也會有所反應，因而希望

13　王德威：〈海外中國現代文學研究譯叢總序〉，[美]王斑著，孟祥春譯：《歷史的
　　崇高形象：二十世紀中國的美學與政治》（上海：三聯書店，2008），頁4。

14　[美]弗洛姆著，陳琍華譯：《理性的掙扎》（臺北：志文出版社，1975），頁12。

15　吳念真先生：〈如果孩子沒有笑容〉，吳錦勳採訪撰述：《臺灣，請聽我說──
　　壓抑的、裂變的、再生的六十年》（臺北：天下遠見文化公司，2009），頁235。

藉由政治常識性觀點的分析說明，提供同學更進一步的了解與參考。
以下即針對師範教育形成的「僅願意接受改進式的措施」而「無法接
受革命性觀點」等可能存在的缺點，進行正面的分析解讀：

　　一、首先在學術研究上，缺乏「革命要求」的性格，可能是一種
嚴重的缺點，但在各種行為上實際的操作，尤其是有關「政治參與」
的層面上，此種「漸進改革式」的性格，反而可能是一種具有保護
性作用的優點。理由如下：一般而言革命性的觀點，都具有超越尋
常且過度浪漫與理想的性質，純就學術發展的本身而言，革命性觀點
具有非常大的超越既存限制的可能性，因而有可能造成學術研究的突
破，這是正面的效果。但革命性觀點如果用在「行為操作」或「政治
運作」上，由於本身帶有過度浪漫的自信與超高理想的訴求，因而經
常呈現一種不懼一切犧牲的毀滅性衝動，形成一種必需「清除」所有
妨礙達成革命理想目的「一切障礙物」的行動，亦即可以為了可能擁
有卻還沒有見到，甚至可能永遠見不到的吃得飽且好吃的大餅，把拿
在手上可以吃，但可能不好吃卻可以不讓自己餓死的「壞餅」丟棄。
因為就革命者而言，為了吃那個還沒出現的「好餅」，即使馬上餓死
也在所不惜，這就是所謂「革命破壞的目的，是為了建設更美好的世
界」、「犧牲小我，完成大我」等宏大話語的實質意義。但對一般普
通人民而言，則可能不需要這麼高的理想，他們可能更重視拿在手上
可以馬上吃的「壞餅」，因此就不見得會有多大熱誠跟隨革命者的腳
步，甚至還會以冷漠的態度對待革命者，這些不知跟隨革命腳步的一
般人民，在充滿熱血的革命者眼中，可能就會成為通向革命理想過程
中，大大小小的擋路「石頭」。就具有革命理想的政治家而言，為了
達成將來的理想而犧牲現在，不僅具有正當性而且還有其必要性，因
此當他們進行一系列拋自己和他人的頭顱及灑自己與他人的熱血之
際，不僅不會有罪惡感，反而還有「正義」的偉大「道德感」，在臺

灣和大陸教科書中的革命黨徒，不就都是如此嗎？大陸會出現偉大的「文化大革命」，不也就是此種不注重現代而僅期待未來思考模式的發揮嗎？當革命者掃除那些阻礙他們走向未來的「石頭」之際，何嘗有一絲絲罪惡感？即使事過境遷的現在，革命者及那些已被洗腦的準革命者，何嘗有過反省與檢討？何嘗覺得自己在濫殺無辜，何嘗會覺得自己有罪惡呢？這種典型的以理想殺人或觀念殺人的狀況，實際上比「禮教殺人」還要狠毒幾百倍，因為「禮教」還有準則可循，「觀念」則純粹殺人於無形。師範教育傳達的「保守」與「漸進改革」的性格，在學術研究上可能真的是個「鎖死」創發性思考的鐵板一塊，但在這類社會行為的實踐上，卻也可能因為「保守」與「漸進改革」的性格，讓社會不至於走得太過火而趨於崩潰，因而成為有效阻止社會走向極端，必且具有「安全閥」作用的有效思想。然則身受師範教育體系洗禮的研究者，如何在「鎖死」與「安全閥」之間取得適當的平衡呢？我上課經常說一個研究者：「思考需放蕩，行為要保守」，就是提供同學獲得平衡的思考，這其實也就是思想與行為之間分際的思考。我的想法是：思想要變成行為之際，必須充分考慮執行程序是否合乎「消極自由」：拒絕的權力與「正義三原則」（公平、公正、需要）等的基本人權要求，不可以用「跳動式」思考看問題，以免自己造成罪惡的事實，卻還自以為是很道德的「救世主」呢！

　　二、缺乏革命要求的學術缺點，還可以藉以反思某些一般「刻板印象」中，似乎毫無問題的「共識」。例如那位名稱為「文」，但卻極力主張用「武」進行暴力革命的孫中山先生（1866-1925），在他領導的十一次革命中，對那些冥頑不靈不支持革命的群眾及不知道投降的滿清官員與士兵，進行必要的「清除」行為，在一般的思考中是不是一直覺得毫無特別的感覺，似乎這些實際的屠殺行為，只要換個名詞就可以成為正當的行為，於是那些為未來可能出現的美好世界

而殺人放火的革命者，不知不覺間就被幻想建構成具有偉大「道德情操」的人，對他們的殺人放火不僅賦予正當性與合法性，同時還賦予崇高的「道德性」，這是不是很有趣嗎！不知有誰曾經思考過這樣的教育內涵，思考過這種只強調「好壞」名詞意義的教育，符合基本「人權」或「人道」的人文教育內涵嗎？長期以來為什麼一直容許學生被教育成不自覺認同革命黨屠殺行為是一種道德行為的「準加害者」呢？我們是不是因此被教育而承認這些革命者不是在「殺人」，只是在「清除」阻礙到達理想世界的「障礙物」而已呢？這些被屠殺者在我們心目中是否因此根本不具有「人」的地位，只不過是一些阻擋革命黨心目中所謂國家、民族及後代子孫未來可能得到的幸福安康理想世界的障礙「物」而已呢？既然去除的對象不是「人」而只是障礙「物」，那豈非是理所當然的「道德行為」；既然主張革命的這些「人」，連自己的生命都可以犧牲了，於是這種去除阻礙「物」的小小犧牲，當然是一種必要且很值得的行為啦！但我們是否可以稍微停頓一下這種「偉大」的思想，想想他們是不是也在盡自己之責，同時更是「人」及「他人」的兒女、父母、兄弟姊妹呢？還有是否也可以反觀一下，像列寧（Vladimir Il'ich Lenin，1870-1924）、史達林（Joseph Stalin，1879-1953），以及孫中山、蔣介石（1887-1975）和毛澤東（1893-1976）等偉大革命者，不都曾向當時的俄國與中國人民表達與許下諸多未來式的理想生活美景的偉大「諾言」嗎？他們那些未來的諾言實現了嗎？但在這個往理想邁進的過程中，多少被革命者主觀判定為阻擋革命理想的非人障礙「物」，但實質上卻是有血有肉的人被清除了呢？那一大堆被清除的障礙「物」，本來不也都是革命者曾經承諾要解救，且要給予天堂般幸福生活的「人」嗎？這些實質上的「人」，不僅沒有機會到天堂，反而被那些承諾要帶領他們到天堂的人，當作障礙「物」而推入死亡的「地獄」。這些革命者眼中

的革命障礙「物」，並不僅僅是反對或反抗的力量，更多是那些沒有聽命或沒有跟隨而僅想保持消極自由而「說不」的無辜第三者。即使是相信革命理想神話而跟隨革命腳步的「善良」人民，所得結果又如何呢？革命政治家獲得實際政治權力後，兌現了多少諾言呢？那些相信而充滿期待的俄國百姓與中國人民，真的比以往那個罪惡時代，遠離罪惡而過得更為幸福美滿嗎？這種以未來可能的天堂建構的虛假美景為前提，然後實質摧毀現在實際生存的生活，難道不是一種罪大惡極的荒謬惡行嗎？「保守」真的比「革命」不具價值嗎？師範教育缺乏革命訴求的保守性，就在這個意義上具有其正面的價值。

　　三、無法接受革命性觀點的立場，還可以針對某些既存的社會現象進行思考。社會上經常出現一類動不動就用「全稱命題」式的「斷言」，宣稱自己代表整體或全部立場的人物，這類人其實就是隱藏在一般平常社會中的隱性革命者。例如臺灣那些在言談中經常出現所謂「全民」、「全體人民」；所謂「唯一正確的道路」；所謂「讓臺灣人失望」、「使得全體臺灣人感到傷心」、「這是所有臺灣人的願望」。還有大陸經常出現所謂「這是所有中國人不能容忍的事情」、「這是全體中國人的願望」等等之類，說這些「代表全體」大話的那類政治性的「動物」，就是典型的不自覺或自覺的隱性革命者，這類革命者經常把自己等同於「上帝」的角色，因而不自覺的就會出現一種帶有「信我者得永生，不信我者下地獄」的自信霸氣，[16]他們經常把基於自己的個人偏好因而虛構形成的個人理想，理所當然的做為「全族群」、「全社會」、「全國」或「全人類」必須執行的終極目

---

16 基督教的《聖經》並沒有這句話。《約翰福音》第三章第十六節有一段話說：「神愛世人，甚至將他的獨生子賜給他們，叫一切信他的，不致滅亡，反得永生。」聖經公會編譯：《和合本聖經・新約全書・約翰福音・神愛世人》（香港：聖經公會，1975），頁128。並沒有見到所謂「不信我者下地獄」的話語。

標，如果讓這類人掌握權力，則「清除革命障礙」的工作，很可能就會像希特勒（Adolf Hitler，1889-1945）、毛澤東或蔣介石般的出現，這類自封為救世的革命者，事實上很容易就變成恐怖罪惡的「毀滅者」。這類會把個人偏好的想像性理想誇大而幻想成所有人的理想者，同時也就是那種只知自己擁有「積極自由」，卻不知道尊重別人也可以擁有「消極自由」的典型代表，社會上如果多數人均抱持有此種缺乏尊重、和解、溝通或寬容的不自覺心態，則社會很難不出現衝突、失序的弊病。最有趣的是鼓動這類革命思想者，年齡越大則衝勁越大，這些早該消失卻幸而殘留下來的「人瑞」，經常不知道憑什麼而非常有自信地宣稱自己可以代表他完全陌生的新一代年輕人的思想？這些「人瑞」所以會表現得如此神勇，是否與中國傳統所謂「天下有達尊三：爵一、齒一、德一」（《孟子·公孫丑下》）的「尊老」不當思想相關呢？這應該也是研究傳統中國文化者值得思考的問題。

　　四、師範教育不鼓勵革命的思考，可以提供再思考一個有趣的問題。就是當有人引進「暴力」做為處理政治問題的優先手段，並且因此而獲得成功之後，馬上宣稱所有試圖用暴力手段解決政治問題的思考或手段都是「錯誤」或「非法」的行為，請問那些同樣具有救國熱忱而意見不同者的感覺將會如何？是不是會覺得這種宣稱是一種保護既得利益的政治暴力呢？當孫中山先生因為引進暴力革命推翻滿清皇朝而取得政治利益之後，是否也同時喚醒中國某些具有政治慾望的民眾，承認暴力革命奪權的「正當性」思考，所謂「槍桿子出政權」就是「以暴力革命奪權」的另一種說法。我們從小被教育說孫中山先生「救國目的」的承諾所以無法兌現，都是因為中國的保守勢力太強的緣故，姑不論此種說法隱含的「不在場訊息」傳達的要求所有人都變成聽話的「奴隸」，以及孫中山先生如同「上帝」般睿智的認同，

即使僅從實際的社會面向來觀察，使用暴力而獲得政權的人，告訴所有的人說他的觀點是最好的觀點，可以取代所有人的觀點，因而大家不必再鬧了，大家只要乖乖的聽我的話行事，我未來一定可以讓大家過最好的日子，所以你們現在即使稍微犧牲一點也是值得。用這種理由來要求失去既有政治利益與其他對政治利益有興趣的人，不可以再使用暴力獲取政治利益或奪取政權，這不是一個天大的笑話嗎？民國以後種種的政治暴力行為，真的和孫中山、黃興（1874-1916）等等這些提倡並執行暴力革命奪權的人無關嗎？恐怕不必然吧！孫中山先生的救國熱忱當然絕不容懷疑，但是為了未來的可能美好，選擇引進摧毀現實既存秩序的暴力革命手段，完全是正面的嗎？孫中山先生是否曾經思考過他所極力主張的「和平」、「自由」、「平等」、「博愛」、「民權」，甚至《中華民國憲法》內所謂「民有、民治、民享之民主共和國」等等具有普世性價值的觀點，是不是就在他所引進的暴力手段之下，逐漸地被催毀殆盡，世界的走向並沒有如他所預期的向「和平」、「自由」、「平等」、「博愛」、「民權」的階段前進，反而走向他認為已經結束而自己曾經走過的不斷地進行暴力革命的實況，孫中山先生這種以暴力尋求「和平」方式的失敗，恐怕值得人文研究者好好思考，以前接受的不斷讚揚革命的觀點，是否真的那麼正確？對於諸如康有為（1858-1927）、梁啟超（1873-1929）等「保皇黨」的譴責，是否有必要脫離革命黨的觀點，從一個比較超越的角度重新思考呢？這裡同時還可以提供一個反省，就是如果我們真的依照「和平」、「自由」、「平等」、「博愛」、「民權」的角度思考，就應該承認世界未來無法依照規律或個人偏好的意願而改變；承認每一個人與每一個民族需要的理想生活，都是各具特色，並沒有一套適合全體人類需要的理想生活，那麼我們是否也可以重新思考中文系幾乎耳熟能詳且再三宣揚的中國文化具有的優越性，亦即具有促

進世界大同、解決人類的困境等等可能性的宏大論述的正當性與必要性呢？所謂中華文化式的世界大同，是不是有可能變得和「小布希」（George Walker Bush，1946-）主政下的美國政府一樣，到處要求別人承認只有美國的標準，纔是唯一真理，如果不接受就用經濟與武力進行實質干預的「帝國主義」思考模式？所謂中華文化式解決人類的困境的方法，是否會變得自以為是的要求別人接受我們的觀點，因而製造出更多的人類困境，就如同俄國的革命與中國的文化大革命一樣呢？

五、最後從師範教育漸進式的思考回到「經學」的研究，經學的本質就是經由「通經致用」達到「經世」的終極目的。「致用」的內容與對象，當然都是現實的問題，經學最優先的目的，就是解決「當前的困境」，絕不是畫一個未來式的「大餅」；傳統經學家多數認為只有在當前的困境解決後，纔有可能達到解決「天下困境」的理想地步。解決當前困境的方法還沒有落實與見到成效之前，就急著要發展出一套解決「全人類困境」的方法，就經學而言，就是一種不當的躐等行為，因為解決全人類困境必須排在解決當前的困境之後，如果反過來則是一種執行次序錯亂的行為，解決當前的困境因此具有不容置疑的優先地位。經學所指的躐等行為，就是用一種未來的可能性解決現當代實質性問題的欺騙行為，現代中國傳統文化的研究者，所以會有這種躐等行為的狀況出現，主要是中國傳統經學思考模式，讓位給西洋哲學思考模式，以及讓位給受社會達爾文主義式的進化論與進步論思考制約的西方史學思考模式的後果。因為無論是西洋哲學或進步觀史學的終極關懷，都具有一種目的論的要求，於是將本來僅具有可能實現，並且還是具有相當大不確定性的未來，認為是可以確定內容的「天堂」，因而以此天堂作為要求現實必須實現的唯一標準，將所有的精力都集中在如何完成此未來式的唯一標準的執行上，至於如何

解決現存必須面對的實際問題，當然就絕對不會成為這類學科或學者思考的主要焦點了。這類深受社會達爾文主義式的進化論與進步論思考制約的學者們，思考的觀點大致都呈現有一種確認當未來可能性變成確定性以後，則所有目前面臨的問題，就可以理所當然的解決，因此還會認為把心思花在解決目前細節瑣碎的問題上，不僅不重要且有弄錯方向的謬誤，甚至還會認為那些僅知道注重解決當前困境的學問太俗氣、太形而下，根本不具有什麼學術價值，於是以解決當前問題為主要重點的傳統經學，在這類學者的眼中，當然就只能屬於不具學術價值的俗學了！這類學者們多數認為只有那些可以提出建構未來可能世界的哲學或進步觀史學，纔具有形而上的學術價值，新文化運動以來的某些史學家、馬克思主義者，現代新儒家中的某些人，其實都具有這樣看待傳統經學的傾向，因此經學在他們眼中就等同於考據學或經學史。這種只重視未來可能性的學問當然重要，但是其完全藐視既存現實的超越性或革命性的性格，實際上也正是造成世界上許多悲劇的主要因素，二十世紀馬克思主義運用在政治上造成的慘劇，當該可以做為借鑒。由此可見傳統經學保守性一面的正面意義。

　　經由上述的說明、分析與發揮，同學對於師範教育與傳統教育的正負面影響，以及師範教育形成的比較保守的漸進改革式學科性格，在實際行為表現上的優點；以及學術研究要求上的進步革命理想式性格，在實際行為上可能造成的嚴重毀滅性，應該能夠比較清楚的區隔，這應該也就可以了解我並沒有要「一竿子」打倒師範教育的意思了。

五　臺灣中文系所隱藏性環境的省思

　　學習的環境影響學習者的思考判斷與評價，當然包括明顯和不明顯兩部分，就中文系學習環境而言，其中有一項影響學生思考作用力

相當大，但大家可能沒有特別注意到的隱藏性觀念，那就是延續傳統
中國「尊師重道」的師生倫理關係，由於曲解原來適用的範圍，因而
可能產生的問題。尊師重道的師生關係，本來是倫理意義下相當值得
讚美的良善關係，但後來卻變質而成為學術發展意義下的阻礙，主要
的問題就出在不當的從教師角度出發的所謂「一日為師，終身為父」
的思想觀點，這個在思想上有形無形的制約力量，若就倫理的角度來
看，則無論是對傳統中國的學者或現代學者確實都是一個有價值的優
點，但若是不當地用在學術研究上，尤其用在現代的學術研究上，則
必然會變成一種阻礙學術發展的缺點，至少使得某些現代中文系出身
的學者，不太敢甚至完全不敢懷疑老師的觀點，更極端的還會刻意遮
掩老師的缺點。師生倫理關係的建立及其價值的轉換，自與學習的制
度與社會的發展密切相關，當學習制度與社會型態改變之後，某些在
「慣習」下長期存在的習慣性認知，自當要有相應反省思考的必要，
以下即討論現代學校制度下的師生關係，以及傳統「尊師」觀點意義
下的師生關係及其引發的某些效應。

　　首先說明今日學校制度下的師生關係，已經不復存在傳統社會那
種主動選擇和親如父子般的私人情感關係，即使有少部分依然存在有
這種關係，至多也只能成為令人讚美羨慕的特殊案例或美談而已，不
可能成為社會或教育的主流意見。因為今日學校制度下的師生關係，
完全是依據法律契約規章而產生，傳統那種師生親如父子的師生關
係，並不在此種「特別權力關係」（Das besondere Gewaltverhaltnis）
或「特別服從關係」（Das sondere Subjektionsverhaltnis）的考慮範圍
之內。[17]現代根據法律規章而擔任教師者，雖然也有輔導等方面的任

---

17 師生特別權力關係的法律理論與見解，可以參考邢泰釗編著：《教師法律手冊》
　　（臺北：教育部，2004）；邢泰釗：〈特別權力關係之理論（三）：學校與學生

務，但最主要的職責僅在於根據審定的教科書或自己選定的知識內容，引導當前任教班級的學生，在德、智、體、群、美等各方面，以及專業學術研究方面有所長進而已，這種師生關係並不存在傳統中國那種「傳道」意義下的關係，這類師生關係純粹只是一種契約意義下的關係，在契約的規定下引導責任當然有其「時間性」的限制，教師只要針對「當前」正在任教的學生負責即可，當雙方脫離課程時間的限制後，除非師生雙方基於自由選擇的認知，皆有意願繼續此一引導與被引導的師生關係，否則此種師生關係就隨著契約時間的結束而自然終止，無論是教師或學生任何一方都無權單方面要求繼續此一師生的關係，否則輕則讓人厭煩，重則可能有法律上的問題。所謂有意願繼續「實質性」師生關係的大約可以歸納為有兩類：一、正式的關係，即是「指導教授」的選擇指定；二、非正式的關係，即學生樂意接受教師的教導，主動與教師接觸，自願繼續保持師生關係，同時教師也願意接受。換言之，在今天的學校制度之下，學生和教師都有充分的自由可以選擇在課程結束後是否繼續師生關係，沒有人可以強迫他人繼續維持師生關係，因此絕不可能存在傳統所謂「一日為師，終身為父」的師生關係。但臺灣中文系所的某些師生，似乎還是無法對此有清楚的認知，不免因此而受到某些負面的影響，以下即討論傳統「尊師」意義下的師生關係，以及可能隱藏影響學術研究問題。

　　傳統帝制時代中國的統治者，固然有希望全國民眾「識字」的期待，漢代因此遂有「學僮十七已上，始試。諷籀書九千字，乃得為史」、「最者，以為尚書史」的利益引誘；[18]同時官方還盡可能廣設

關係之理論〉，「臺灣法律網」：http://www.lawtw.com/index.php。二〇一四年三月十日搜尋。
18　[漢]許慎撰，[宋]徐鉉增釋：《說文解字》卷十五上〈說文解字敘〉（《四庫》本），頁3。

鄉學，民間更有熱心者設置義學、私塾或書院等等基礎或深化教育的學習機構，但基本上並沒有「全民教育」的理念，整個社會也還沒有「全民教育」的認知，當然更不可能有現代式「強迫教育」的想法。在歐美等西洋現代教育觀傳入之前，中國社會抱持的是一種「菁英教育」的觀點，不過這是學生主動要求學習式的「菁英教育」的主張，同時還是一種不夠徹底的「菁英教育」主張，亦即整個社會從上到下完全沒有將「菁英」當作「公共財」的想法，因此也就沒有想到用社會或官方力量讓此一「公共財」發揮應有功能的認知，否則也就不至於出現類似王安石（1021-1086）〈傷仲永〉這類哀嘆憐惜的文章了。[19] 即以孔子為例，孔子固然有「有教無類」（《論語·衛靈公》）的教育理念，但同時也有「自行束脩以上」（《論語·述而》）的要求，這個要求甚至成為一種全民遵守的「禮」法：「禮，聞來學，不聞往教」（《禮記·曲禮上》），亦即先有一種學生必須主動要求學習的前提。同時學生若是屬於那類「不憤不啟，不悱不發；舉一隅不以三隅反」，反應不夠靈敏，態度不夠積極的冥頑之徒，則孔子同樣也有「則不復也」（《論語·述而》）的堅持；對於守道不夠堅定者，則也有「女安則為之」（《論語·陽貨》）的放棄，可見不可能是全民式的或強迫式的教育觀。這種教育制度下的師生關係，無論學生是真主動或是被長輩強迫的假主動，至少兩者的關係都是建立在主動選擇的前提下，就是學生可以選擇而自願投靠到某位教師門下；教師可以拒絕或願意接受學生為門下，在這種學生選擇教師而主動投靠，教師選擇而願意接受的狀況下，師生之間關係的密切自不待言，教師的地位也因此可以和「天地君親」並列為五。大約成書於西元八世紀的唐代蒙書《太公家教》中，就有所謂「一日為

---

19 [宋]王安石：《臨川文集》卷七十一〈傷仲永〉（《四庫》本），頁10-11。

師，終身為父」的文句；唐代的洞山和尚（808-869）更有「一日為師，終世為天；一日為主，終身為父」的絕對性觀點；[20]明代鄭之珍（1518-1595）則有「一日為師，終身為母」的說法，[21]這種將教師地位等同於親父、親母，甚至等同於天的觀點，大致是清代以前傳統中國社會長期存在的主流觀點。

　　然若仔細考察此一觀點內在蘊含的意義，則應該指的當是一旦曾經有過師生關係，那麼此一關係將無時空限制的永遠繼續存在，雙方皆無法擺脫其必然關係的制約，同時教師的地位學生永遠無法超越。由此可見傳統中國對師道的重視，但此種重視本來是倫理學的意義，並非知識或學問上的意義，這可從孔子所謂「當仁，不讓於師」（《論語・衛靈公》）及韓愈「弟子不必不如師，師不必賢于弟子」之言了解，[22]但到後來卻變成學生只能墨守或掩飾老師的觀點或缺點，絕不能反對、反抗或不同於老師的觀點，這在傳統中國那個自足安定的社會中，基本上並不會是太大的問題，但在面對教育制度已經改變，必須和全世界學術競爭的今天，則這種因倫理關係而引發的思想束縛，當然也就不得不出現問題了！遺憾的是現在臺灣中文系所的環境中，此種不當的隱藏性束縛，還是在有意無意中影響著許多師生的思考判斷與評價，這個影響表現出來最明顯的狀況，就是前文提到的坐等教師提供唯一正確答案，並因而形成「權威主義」的態度。

　　中文系所的某些師生在此種誤將倫理關係，等同於學術研究的錯誤引導下，除了出現「權威主義」等等一類的問題外，還在教學過程

20　[南唐]釋靜、釋筠編，吳福祥、顧之川點校：《祖堂集・洞山和尚》（長沙：岳麓書社，1996），卷六，頁144。

21　[明]鄭之珍：《目連救母勸善戲文》卷下〈曹公見女〉（《古籍庫》本），頁160。

22　[宋]魏仲舉編：《五百家注昌黎文集》卷十二〈師說〉（《四庫》本），頁3。

中塑造出一種特殊的師生關係，若用比較激烈詞彙表達，那應該就是一種非常典型的「鄉愿」類型關係，尤其以師範院系的系統為甚。為什麼要這樣講呢？同學如果願意認真的觀察，當該也會和我一樣發現中文系所的師生之間，大約從一開始就形成有一種雙方「互不得罪」的無言默契，尤其是在研究所以上的階段更是明顯。就是學生絕對「不敢得罪」教師，無論教師教導的東西是否有問題，或者一律照單全收，或者完全不加理會，無論是那一種狀況，實際上都是刻意把自己封閉成「有耳無嘴」。大家可以發現臺灣中文系所絕對多數的學生，不敢在課堂上提出質疑，更不必說批判或對自己觀點「據理力爭」啦！亦即臺灣中文系所的學生幾乎完全缺乏前文提及的美國費曼博士有關教育「可以把人教好，卻也能把人教壞，可以教授真理，也可以拿真理當幌子，掛羊頭賣狗肉，教些似是而非的垃圾理念」的自我檢證反省的基本認知，在此種狀況下當然就很難期待學術進一步發展或更為深入的討論了！中文系所的教師同樣也儘可能「不得罪」甚至「不敢得罪」學生，尤其是在許多大學實施學生評鑑教師的制度之後更是如此，許多學生於是可以不遵守必要的學術規範與學習要求，教師則睜一隻眼閉一隻眼的「得過且過」，最終結果就是製造出一堆根本不具「碩士」或「博士」水準的碩、博士，大剌剌的充斥在坊間，這種魚目混珠的碩博士，對那些真正具有水準與資格者，造成了無可彌補的無形傷害。這些人不但降低了碩、博士該有的「品牌價值」，同時也混淆研究所教學的要求與規範，這是不是一件令人覺得非常痛心疾首的事呢？這類師生是不是非常可惡呢？這就是我所以要分析臺灣師範教育負面影響的重要理由。我既然如此痛心的譴責這種現象，當然就表示本課程的教學與思考不會走上同樣的老路，就是說本課程的教師絕對不怕「得罪」學生，更歡迎學生在學術上儘量想盡辦法「得罪」教師。這就是我所以不怕得罪整個中文學界，敢冒大不

諱毫不客氣地分析中文系所種種可能存在而影響學術發展問題的目的所在。

中文系此種誤將倫理關係等同學術研究的錯誤，當然也與前述中文系所和師範院系的學者，形成比較缺乏可以接受與考慮那類具有「開拓研究領域」與「爭議性」議題的問題相關。在誤用倫理關係的思考下，中文系所在培養學生的內在訴求上因此也受到某些影響，亦即中文系所的教學訴求，因此比較偏向於具體呈現潛藏的「師道」傳統價值觀，而不是開發不一樣甚至相反的創新內容。所謂「師道」傳統價值觀指的是以「傳播」既存觀念為主的教學活動，「突破」既存觀點並不是「師道」傳統價值觀的主要教導內容，由於幾乎整個中文系所在學術要求上，偏向於此種「師道」傳統價值觀的建立與維持的氣氛中，因而也就比較難以接受具有「突破性」的「革命」意識的議題出現。

傳統「師道」浸潤下的正常教師，因為在不自覺中已經建立起一種以「傳播既有之常道」為宗旨的「傳道」自我要求，因而對那類自己覺得具有「傳道」可能性相當大的學生或個人，經常會寄予非常大的希望，有時候教師對這類學生的關懷與協助，甚至超越對自己子女的程度，這種對學生的照顧還可能是一輩子的照顧。教師因為經常自居於「傳道」的位置，因此也會要求自己成為學生的「典範」，不容許自己有半絲違反「典範」要求的「越軌」行為，因而會有一種「動則得咎」的戒慎恐懼之心，同時也看不慣他人違反「規矩」的行為，包括在研究的領域、方法、議題、論述等等。換言之；傳統正常師道影響下的教師，經常會從「犧牲教師自我，成全未來傳道寄託的學生群體」的不自覺立場思考問題，因此一般而言比較「謹慎固守」，持守「沉默是金」的「旁觀者」態度，不大喜歡「多言多事」的「強出頭」，這種要求當然也會落實在對學生的要求上，因而雖然也對學生

出現高過自己的成就，不僅不會有嫉妒之心，甚至還有「與有榮焉」
的高興；雖也能在某種程度上寬容「叛逆」的學生，但基本上還是比
較喜歡「聽話」的學生。這種態度固然可以形成一種「和而樂」的優
良風氣，在以往比較遵循接受「群體和諧」而「壓抑自我」的社會傳
統狀況下，這種態度的確是一項美德。不過進入以遵循保護「自我利
益」至上，視「群體利益」為另一種「暴力形式」，因而唾棄或壓抑
「群體」的「現代社會」，傳統師道的這種態度表現，反而容易被那
一類符合「現代性社會」要求的人「藐視」、「欺侮」，甚至「瞧不
起」，這也就是為什麼歷次「教改」的行動中，真正在其位的教師意
見，反而很少被真正重視的原因。

　　中文相關系所存在的此類過度「審慎」與講求「和諧」的不自覺
心態，相對地也就比較容易出現一種因擔心害怕而不敢跨越出去的懦
弱心態，就是積極性比較弱，面對現代要求「個人基本人權」的消費
性社會，此種懦弱心態形成的「消極退縮」的人格，無論在研究或處
事上絕對是負面表現，現代社會需要的是盡力表現「自我」積極性學
者或參與者，法國哲學家傅柯（Michel Foucault，1926-1984）說：

> 　　我們也許不能恢復我們一開始出於方法學的熱誠就中止的
> 「一統」模式。我們也許會被迫去打散某些「全集」，忽
> 視影響和傳統，放棄本源的問題，聽任一度聲威不可一世的
> 「作者」聲銷跡匿；而因此一向被認為是思想史的正統的東
> 西也將自我們眼前消逝。簡而言之，這裡有一個危險是：我
> 們不再供給已存事物一基礎，不再對已存的綱領大加描摹，
> 不再對最後的肯定重申保證，不再對經歷無數試煉後的成
> 果，信心十足的宣佈，今後一切都否泰吉來。我們被迫去超
> 越我們已熟悉的疆域，遠離我們習以為常的肯定事物，而進

　　入一從未被規劃的處女地，迎向一不可見的後果。[23]

我要建議同學在當今的社會，應當毫不遲疑的接受傅柯這種具有挑戰性的觀點，此外還要提供以下幾點思考給同學們參考，以便有可能突破前述所言的限制：

　　一、知道自己想要甚麼，盡力達成目標，表現出應有的積極。

　　二、不看輕自己，隨時展現自己的優點，表現出應有的自尊。

　　三、看重他人的優點，適時正面的讚美，表現出應有的風範。

　　四、承認自己有無知與缺點，坦然面對，表現出應有的謙虛。

這四點當然只是一些卑之無甚高論的觀點，但如果能夠用來時時提醒自己，或者會有一些不一樣的收穫也不一定。

　　前文曾經特別提到中文系所的保守性格，雖然保守不一定都是負面的價值，但誠如女作家李昂（1952-）在一九八二年接受訪問時所說：「保守……它使我丟掉一些比較尖銳的批判能力，與一些反映現實的能力。」[24]這話頗值得我們深思，就是說中文系所的訓練，是否讓我們逐漸遁入理想的過去，因而忘記了生存的現代與當代的現實社會，於是所謂致用進而經世的理想，是否因此而變成為一種純粹知識概念的遊戲，甚至連自己都不相信，於是從來也就沒有想到要確實執行，自己都不想執行卻又要用來教導甚至要教化別人，這就是最典型的「假道學」。在二〇〇四年五月一日「國立臺灣科學教育館」曾舉辦過一場透過電話連線發表意見的「華語文文化的科學教育論壇」的會議，當時參與討論的學者中，有一位畢業於臺灣清華大學，然後到

23　[法]傅柯著，王德威譯：《知識的考掘》（臺北：麥田出版公司，1993），頁117-118。

24　黃武忠：〈社會轉型中的女性：李昂印象〉，《臺灣作家印象記》（臺北：眾文圖書公司，1984），頁196。

美國留學並留在當地任教的中央研究院蒲慕明院士（Mu-ming Pooh，
1947-），就坦率地指出：

> 「質疑」就是科學發展能夠突破的根本，但傳統儒家思想主
> 張「服從權威」與「墨守成規」，老師不鼓勵學生質疑與提
> 問，扼殺了創新的空間，成為近代中國科技突破的一大阻
> 礙；加上考試偏重紙筆測驗與記憶，不是考學生動腦思考的
> 能力，這樣的教育方式並不適合培養科學家。[25]

蒲慕明先生的說法不一定完全正確，但卻告訴我們在臺灣受過基礎教
育的現代科學家，如何看待傳統中國的學術與教育，這雖然沒有直接
挑明針對中文系所發言，但對於這樣評價傳統學術與教育的意見，卻
也相當值得中文系所的師生們認真反省思考，以免真的落入蒲先生的
批評之內。

　　學術研究無法脫離學習環境的影響，除了外在的大環境之外，更
有學術內在的小環境，學術內在的小環境中，更有各專業學門的特殊
環境，學術內在小環境，尤其各專業學門特殊環境的影響能量，就研
究學習的角度來說，一般都要大於外在的大環境，如果研究生在學習
過程，可以確實了解掌握外在和學術大小特殊環境既存的自覺不自
覺、明顯或不明顯的權威觀念和共識，以及這些權威的觀念和共識的
價值及其可能存在的制約，則自然也就較有機會利用或擺脫這些既存
的權威或共識等的觀念與成果，因而開拓墾植出個人不一樣的研究創
意，這也就是本講的期許和用意所在。

25　見http://www.cdn.com.tw/live/2004/05/02/text/930502e4.htm。陳曼玲：〈跨海連
　　線學者把脈臺灣科學教育〉（2004年5月2日）。又可參考蒲慕明：〈建立中國
　　的科研機構——文化的反思〉（2004年7月21日）：http://www.natureasia.com/ch/
　　webfocus/chinavoice。二〇一四年三月十日搜尋。

六　臺灣隱藏性社會環境的省思

　　這一講與下一講主要在討論整體社會環境和學術研究的關係，學術研究存在於社會，自然無法完全與社會脫離關係，學術與社會的「關係」，實際上早就融成一體，且在不自覺的狀況下自自然然的運作，現在為了討論方便不得不強加分析，在分析而非融合統整的前提下，則就現實的層面而言，主要大致表現為兩個相關而方向相反的範圍，或者是學術影響社會，或者是社會影響學術。同時影響社會的學術，不僅指當前新建構或外來的學術，同時也指歷史殘留的學術，這類影響社會的歷史殘留，就是那些以「傳統」之名存在的思想觀念或儀式等等，這裡指的「傳統」，指的就是《禮記‧曲禮下》所謂「入竟而問禁，入國而問俗，入門而問諱」中的「俗」，就是經由中國本有學術影響而形成的「常所行與所惡」的「積習」，這是否和現代人認知的traditions的「傳統」意義相同，我外文能力較差因此沒有把握。就臺灣現代的學術而言，學術與環境關係中的「學術」和「環境」兩者，原本就包括臺灣本地與世界學術兩個範圍，就「環境」而言，其中屬於臺灣本地環境的部分，經由上述的討論，應該已經可以告個段落，不過前文討論的「師範教育」、「基礎教育」、「中文學界」等，基本上都是屬於教育或學術等較特殊的層面，相對於一般社會層面還是有其隔閡，因此有必要稍為探討一下社會普通層面的環境。所謂社會一般層面的環境，指的就是那類生活於其中者不自覺接受其影響的某種價值觀，前文論及中文系特殊型態的師生關係，即可歸入此類不自覺受影響的價值觀之列。以下就提出「尊老」及其相涉的問題稍作分析，提供大家做參考。由於筆者已經超越披戴著「花姿招展的甲殼」到處走動的「花甲之年」，以此年齡層討論「尊老」產生的問題，純屬一種自我的「反思」，應該還不至於讓讀者誤解是

「年輕人」的「反老」心態作祟吧！

　　臺灣的居民雖然多數來自大陸，但由於許多因緣際會使得臺灣的社會環境，相對於大陸而產生許多特殊之處，大陸學者楊義（1946-）在一九九五年十二月應中央研究院中國文哲研究所之邀來臺灣，當他接受李瑞騰教授（1952-）訪問時，就曾經從文學史的角度提到：

> 臺灣文學在整個中國文學中是比較獨特的存在。因為它具有雙重性。第一，它與中國文化母體有割不斷的關係，雖然也吸收了很多外來東西，……第二，由於臺灣本身的島型地理環境，長期以來受荷蘭、日本佔據時所帶來的災難，恐怕比起內地受外族的侵略更多；同時，由於受外族統治，接受外來文化的影響也比內地深遠；更加上臺灣社會所帶有的移民色彩，帶有闖蕩事業的企圖心。因此，臺灣的文化便帶有聚合性，聚合了臺灣本土性，以及來自全國各地的文化加入一同創造完成的。這樣的文化結構，比起一輩子在內地的人更敏感、更有積極的進取心。[26]

這雖然是針對文學的背景發言，但事實上也就是臺灣社會不同於大陸的實況，不過還有一些是在楊教授沒有說到的狀況。首先是臺灣因為早在一八九五年就成為日本的殖民地，臺灣社會的現代化及其與世界學術的接觸，應該是和日本同步而不與中國大陸相同；其次臺灣本地的知識分子脫離文化祖國之後，在日本異文化的統治下生活，以往某些可能獲得的「特權」無法保留，於是不免就不自覺的出現一種對祖

26　鄒桂苑：〈文學要向全人類的思潮與智慧開放——李瑞騰專訪楊義（下）〉，《文訊》第114期（1995年4月），頁84-89。

國文化過度美化與依賴的情緒，此種文化正確的堅持甚至比活在大陸的知識分子更強烈；其三國民黨政府敗逃到臺灣之後，在思想上特別強調國民黨在傳統中國文化的正統性，雖然這個「正統」的內容，不過只是國民黨一廂情願的自以為是而已，但經由政治與教育雙重作用的結果，也有和日本時代遺留下來的那股堅持「文化正確」的思想接榫之處，雖然在國民黨的「白色恐怖」政策下屠殺了不少這類「熱愛祖國」的知識分子，但此種認同傳統中國文化的思想，確實也存留在臺灣社會的各個層面，臺灣的社會因此除了外來文化、移民性格與積極的進取心外，同樣也保留有許許多多傳統中國文化的內涵，故而臺灣社會受到的學術整體影響狀況，大致就是：既有外來也有本地，既有現代也有過去，既有新習也有舊俗。表現為一種不中不西又中又西、不今不古又今又古的狀態。

　　筆者的研究專業是經學，經學是整個傳統中國文化的核心典籍，以下即從經學的角度，進行比較簡略的觀察討論。由於經學是傳統中國生活理想上必須「實踐」的準則，因此便成為要求在人身上具體表現的生活規範，無論這個實踐的理想是否確實達到，但其影響於社會的範圍，不僅廣泛且非常深遠，應該是個普通常識。無論現代人如何看待經學，說它是「百足之蟲，死而不殭」也好，說它是「千年陰魂不散」也好，或者說它有如麥克阿瑟（Douglas MacArthur，1880-1964）在一九五一年四月十九日演講時提到的「老兵不死，只是凋零」（Old soldiers never die, they just fade away）般也好，即使到號稱已經進入西方民主制度一個世紀後的今天，經學中的思想觀點依然還在有形的行為和無形的思考上，繼續影響著千千萬萬生活在傳統中國文化環境中成長的人。如果能夠不自我設限而用更開闊的眼界觀察，就會發現經學思想或規矩，對於臺灣社會一直有著實質的影響，這種影響固然不是全面性的存在，但也絕對不會只是少數特例的存在。以

最常見的結婚過程為例，今人的結婚實質上是因為「你情我願」，只是一種「合二人之好」的法律契約行為，早就脫離《禮記・昏義》所謂「合二姓之好，上以事宗廟，而下以繼後世」，那種完全沒有「個人」情感，僅是為宗族「傳衍後代」的動物繁殖性目的而存在的婚姻，但是依然可以發現在現代結婚過程中的許多儀式，雖有變化卻還是無法完全脫離「納采、問名、納吉、納徵、請期」等禮儀要求。這是比較容易說明了解的部分現象，此外還有一些比較未受到注意，但實際上還是傳統經學殘餘影響的現象，例如某些在空間位置或時間序列上帶有先後次序的敘述，實際上並不是那麼的理所當然，而是具有傳統影響痕跡在內的一種「俗」。像一般人姓在前名在後的姓名次序；年、月、日順序的時間次序；士、農、工、商的職業次序；國、省、縣、鄉、村的行政區次序等等，這些次序先後的排列與西洋的表示法有別，同時大致也有次序在前者地位或價值較高，次序在後者地位或價值較低的共同現象，這都是經學內涵影響社會因而形成傳統的結果。楊義在二〇〇四年接受邵寧寧訪問時，論到中西文學「同題異聲」的對話原理時說道：

> 敘事學你講時間，我也講時間，但是你的時間是日月年，我的時間是年月日，這個東西看起來是排序不一樣，實際上，排序不一樣就是意義不一樣。因為它的第一關注點不一樣。你首先關注的是具體的東西，我首先關注的是宏觀的東西。順序不一樣，思維的方向和方式也不一樣。我是以大統小，以大觀小的，你是以小觀大，積小為大的。[27]

---

27 邵寧寧：〈「重繪中國文學地圖」學術訪談錄〉，楊義：《通向大文學觀》（合肥：安徽教育出版社，2006），頁58。

楊義教授雖然是討論中西文學在「敘事原則和敘事方式的不同」，但應該可以證明前述經學傳統影響痕跡的主張，並不只是我個人的空想而已。

　　了解臺灣社會是一種融合傳統與現代的不中不西又中又西的基本內涵狀況後，接下來就可以討論臺灣社會存在的「尊老」問題，在討論之前可以先思考一個有趣的問題，就是參與臺灣選舉的政治人物，固然有越來越年輕化的傾向，但是前總統李登輝先生（1923-）卻也以九十多歲的高齡，依然擁有相當多的「粉絲」，並具有相當大的影響力。像我父母一輩出生在日本時代的人，他們沒受過什麼正式的教育，但卻經常說李登輝先生當總統是「坐位」，就是「當皇帝」的意思。類似這些老一輩的思想，恐怕很難說與經學思想中的「尊老」、「敬賢」觀點，以及宋代理學家建構的「忠君至上」的「皇帝」思想完全無關吧。《孟子·公孫丑下》有「天下有達尊三：爵一，齒一，德一」之文，這也就是經學意義下的所謂「老」，內涵包括有「階級高」、「年齡大」和「品德好」的涵義。但是經由後世某些年紀大而掌權者的「刻意誤解經學義理」之後，於是「年齡大」的「老」，竟然也就理所當然的擁有「階級高」的地位和「品德好」的修養了。那位帶著「上帝選民」的驕傲感，在清末民初到中國大陸傳教五十年的美國公理會教士明恩溥（Arthur Henderson Smith，1845-1932）仔細觀察中國社會的狀況後，就發現一個奇特的現象：

　　　　在一個顯赫的大家庭裡，盡管有很多知書達禮的人，甚至有
　　　　些還是當地有頭臉的人物，或科舉出身的，但「族長」卻很
　　　　有可能是個頭腦糊塗，大字不識一個，一輩子連離家10里遠

的地方都沒去過的老頭。[28]

這種僅因「老」而獲得「掌權」的現象，在現代的臺灣社會是否完全消失了呢？實際上因「老」而獲得「掌權」並不一定都是壞事，因為提供經驗給未來者參考，除了可以防止再受同樣的損失外，更可以成為開創新局的基礎，這個好處既然可以理所當然的接受，就沒有討論的必要。但就如同前文所說「因老而尊」不會全是壞事，但也不可能全是好處，可能存在的壞處就是下文討論的重點。

「因老而尊」導致的問題，孔子老早就有年老者「戒之在得」（《論語‧季氏》）的警告，根據孔安國（156？-74？B.C.）的《傳》「得」即「貪得」，邢昺（932-1010）《疏》解釋說「血氣既衰」的人「多好聚斂」；[29]漢代劉安（179B.C.-122B.C.）也有「凡人之性，……老則好利」之論。[30]從孔子和後世解說顯示的意義，可知孔子認為年紀大的人，很容易出現毫無節制的「貪得」之心，這種「貪得」之心，大致表現為「經濟的不當掌控」與「權力的不當使用」兩類。

就「經濟的不當掌控」而論，傳統中國身為父母者，最喜歡利用自認為的小孩沒有能力處理好經濟的理由，要求小孩遵從接受父母在經濟上的管理主控權，實際上父母的考慮卻不必然高明，一般傳統的中國父母很少有幫孩子建立個人「獨立」經濟管理的概念，絕大多數表現的是「你的就是我的，我的還是我的」那種「霸道主控」，完全

---

28 [美]明恩溥著，舒揚等譯：《文明與陋習——典型的中國人》（太原：書海出版社，2004），頁167-168。

29 [魏]何晏集解，[宋]邢昺疏：《論語注疏》卷十六〈季氏〉（《四庫》本），頁11。

30 [漢]高誘注：《淮南子》卷十四〈詮言訓〉（《四庫》本），頁10。

缺乏尊重小孩及協助小孩建立「經濟管理」概念的思考，現在當然比以前好很多啦，但是不是完全沒有遺留一些殘存的影響呢？大家可以自己觀察一下，父母主導掌控經濟分配的現象，是否還依然隱藏在臺灣的社會之中呢？此種父母掌控經濟分配權的家庭經濟權力關係的運作模式，最容易出現的弊病，就是身為兒子者的勞力所得，不必然能完全擁有自由運用的資格，反而是某些不必參與勞動的其他家庭成員，只要博得父母的喜歡，就可以自由的享用家庭成員的勞力所得，如果結婚甚至連太太的收入，都必須交由男方父母處理，太太若敢發不平之言，則必然是家庭風波一場。然而當此種剝削行為導致勤勞者發生經濟上的問題時，多數老人都會選擇性的失憶，忘記自己曾經干涉、剝削的事實，絕不承認自己做過影響子女不利的事，若無法撇清則只會用「我還不都是為你好」一類的話逃避責任。中國傳統父母這種涉入而不負責任的態度，在現代社會當然很容易引發親情的衝突，同時也是一種不尊重結婚女性應有權益的不當作為。如果大家同意父母不當涉入兒子經濟分配的狀況並沒有完全消失，則就可證明臺灣社會有「尊老」及其弊病存在的事實。

就「權力的不當使用」而論，最明顯的就是有所謂「嘴上無毛做事不牢」或「小孩子有耳沒嘴」的說法，亦即老者經常缺乏尊重位置與年齡較低者表達意見的意願。因而形成一種位置高與年長者提出任何要求之際，比較缺乏為位置與年齡較低者設想考慮的不自覺狀態。就是說社會與倫理階級較高者，僅會想到位階較低者「應該」如何配合自己，從不會設想位階低者是否有困難，當然更不可能設想自己也「應該」配合「下屬」與「晚輩」的問題。如果位階低者稍有遲疑，則「不聽話」的「忤逆不孝」與「桀傲不遜」等負面評價就會加在身上，至於位階高者是否「過度貪得」的不當使用「權力」，則很少人會加以理會，使得多數位階較低者，長期處於敢怒不敢言的「無

奈」心理委屈之中。舉個我親身經歷的實例,民國六十四到七十四年（1975-1985）間我在臺北榮民總醫院當護理佐理員,就曾看過某些生病的老人,不管其子女是否有困難,堅持不要聘雇護理人員照顧,非要那些上班族的家人親自照顧不可的事例。又如某些父母當自己有需要時,動不動就要子女馬上金錢支援,從沒考慮自己是否給子女多少照顧,以及子女是否有能力負擔的問題。現在大家應該知道我為什麼反對「天下無不是的父母」那句話的理由了。「天下無不是的父母」這句話,如果放在《論語·顏淵》所說「父父、子子」的「各盡其責」的正當情況下,應該不會有什麼問題,但由於位置高與年長者主導而刻意歪曲誤用經學義理的狀況下,反而隱藏有無數「不是的父母」的過錯與罪惡。

若是把這種「權力的不當使用」移用到教育學習的範圍,則某些表面上看來似乎完全是居於「合理」和「關愛」下的學習要求,例如「恨鐵不成鋼」之類。但「恨鐵不成鋼」實際上並沒有固定的學習「標準」,因此就其實際運作而論,反而變成實質上是不知尊重且藐視學習者基本人權的一種「權力的不當使用」。問題就在於「標準」不固定,年長者或位高者因此不斷調整,學習者無論表現得多好,表現得多進步,年長者或位高者都只會以一種「雞蛋中挑骨頭」的態度進行批判,甚至藐視正面美好的成就,刻意找某些小缺點無窮誇大,進行「缺乏理性意義」的批評或謾罵,例如某些家長或教師即使學童考試獲得九十分的高分,還會責罵為什麼不考一百分。這種以年長或位高的身分而用「十全十美」的「求全」標準衡鑑學生或晚輩的狀況,就是一種在實質上「假借關心之名」,執行「專制壓迫」之實的「權力不當使用」的表現。再者某些教師因為自己的需要,在未經學生同意甚至未告知學生的情況下主動「調課」,就嚴格的意義來說,同樣也是一種「不當使用權力」的實質表現。大家想想看這些是否長

期存在臺灣社會呢？

　　儒家經學「爵、齒、德」等「三尊」義理遭受歪曲誤解而濫用，大約從漢代開始即有此種傾向，例如《禮緯含文嘉》就有所謂「君為臣綱，父為子綱，夫為妻綱」的「三綱」，以及「諸父有善，諸舅有義，族人有敘，昆弟有親，師長有尊，朋友有舊」的「六紀」之言；[31]《白虎通》也有「君為臣綱，父為子綱，夫為妻綱，大者為綱，小者為紀，所以張理上下，整齊人道」之論，[32]就是說君、父、夫為臣、子、妻之「綱」，即是說君、父、夫三者必然是臣、子、妻等學習的典範或接受統治領導的對象，但既然這是一種「綱紀」，自還在孔子所謂「君君、臣臣、父父、子子」相對規範下的意義，並不是無條件的接受，因此還不至於使得「尊老」完全往尊位者單一方向傾斜，使得原本相對規範從正面向負面嚴重傾斜的確實時間，因為從來沒有人認真的探討過，故而無法確實知道，就現在所能掌握到的文獻資料而言，至少在南宋以後就變得非常嚴重了，現代中國社會殘存的那類「尊老」而產生的負面弊病，或者多數是南宋以後學術影響社會的結果，朱熹（1130-1200）在一一八八年上皇帝的奏摺中所言，就非常明白的表示說：「凡有獄訟，必先論其尊卑、上下、長幼、親疏之分，而後聽其曲直之辭。凡以下犯上、以卑凌尊者，雖直不右，其不直者，罪加凡人之坐。」[33]或者有人會幫朱熹開脫，說這不過是類似《論語・子路》「父為子隱，子為父隱，直在其中」的一種解讀而已，但這根本是兩回事，因為《論語》主要是針對外人與親情，並沒有這種以絕對性的「尊老卑幼」為主，因而「雖直不右」的缺乏

31　見[漢]鄭玄注，[唐]孔穎達等疏：《禮記注疏》卷三十九〈樂記〉「子夏對曰」下《疏》引（《四庫》本），頁3。

32　[漢]班固：《白虎通義》卷下〈三綱六紀〉（《四庫》本），頁29。

33　[宋]朱熹：《晦菴集》卷十四〈戊申延和奏劄一〉（《四庫》本），頁2-3。

一般必要性「是非判斷」之心的觀點，孟子特別強調的所謂人人天生擁有的「是非之心」（《孟子‧公孫丑上》、〈告子上〉），在朱熹此種「尊老」至上的解讀下，完全失去意義與價值，難怪清代的戴震（1724-1777）會有「尊者以理責卑，長者以理責幼，貴者以理責賤，雖失謂之順；卑者、幼者、賤者以理爭之，雖得謂之逆。於是下之人，不能以天下之同情、天下所同欲達之於上，上以理責其下，而在下之罪，人人不勝指數，人死於法猶有憐之者，死於理其誰憐之」的指責，以及發出「以理殺人」的悲痛話語。[34]朱熹這類缺乏「是非判斷」而只有上下階級考慮的「敬老尊賢」解讀，使得傳統中國社會居高位者與年長者，可以理所當然的站在自我利益立場「不當使用權力」，並且幾乎完全失去應有的自覺與反省。前述論及中文系所那類負面性的環境和「權威主義」，事實上和這種「尊老至上」的觀點也脫離不了關係，這也就是需要再討論臺灣社會隱藏性環境的理由。

經由上述的分析，應該可以稍微了解傳統經學和臺灣當代社會，並不是風馬牛不相及的兩端，不僅傳統經學某些觀點與儀式繼續在臺灣社會存活，傳統經學某些不良的影響也同樣繼續活躍，此文的簡單說明當然無法窮盡所有的問題，這裡不過是提醒大家研究之際，不可忽視這類存在的事實而已，更重要的是認清這些存在限制之後的超越，這也就是花費時間探討此問題的目的。再者此文分析儒家「爵、齒、德」等「三尊」義理遭受歪曲解釋而造成不良後果，並不是說儒家這個觀點有問題，因為現代論及政治與社會的領導或支配的正當性權力來源時，有所謂「行政權威」、「專業權威」、「知識權威」、

---

34 [清]戴震：《孟子字義疏證》卷上〈問宋以來之言理〉（《古籍庫》本），頁7；《戴東原集》卷九〈與某書〉（《古籍庫》本），頁103。

「道德權威」、「倫理權威」等等，[35]大致不出儒家「爵、齒、德」的內涵範圍，但由於正面部分的發揮，言者以多，且並非本課程的內容，因此不討論，在此說明一下，以免造成誤解。

---

35 「權威」分類可參考方永泉：〈權威與教育〉（Authority and Education），國家教育研究院：《雙語詞彙、學術名詞暨辭書資訊網》：http://terms.naer.edu.tw/detail/1315632/。二〇一四年三月十日搜尋。

第四講
世界視野下的研究環境概說

一　前言

　　第三講討論的主題，重點在分析臺灣的教育制度、社會慣習與中文系所等等，長期以來形成的那些潛藏性的環境與氣氛，對研究者在研究態度、研究方法和研究內容上，可能產生的正負面影響。不過現在的研究者既然是身處在一個傳媒與網路發達的時代，透過傳媒和網路方便性、即時性與無阻隔性的溝通管道，全世界學術研究的訊息，幾乎已經可以連成一個「地球村」了。在此種沒有太大空間阻隔的情況下，影響研究者的當然不會僅僅只有在地的那些明顯或隱晦的因素，那些存留在遠方或虛構世界中的許多事物，透過網路視訊或種種文字傳播，實際上對臺灣本地研究者的影響也相當重要，身為現代學術研究者，自不能坐井觀天，因而有必要了解和進行有效的溝通，甚至吸收不同的文化、不同的思想、不同的意見等等，開闊自己的學術視野、借鏡相關的研究方法與成果，以便充實自己的學問內涵。這一講就是基於前述的思考而來，主要針對國際上的學術，對臺灣學術研究者可能產生的影響或功能而發言，不過重點旨在概念觀點的說明，並沒有要進行實質的舉證分析。

　　觀察臺灣中文學界，研究時確實注意到「世界」或「國際」者並不多，即使有也大多侷限在很小的範圍。例如即使知道賈西亞・馬奎

斯（Gabriel García Márquez，1927-）來自拉丁美洲的哥倫比亞；[1]知
道研究「價值學」的方迪啟（Risieri Frondizi，1910-1985）來自阿根
廷，[2]但在研究之際似乎也很自然的把南美洲、非洲、澳洲和紐西蘭
等排除在外。即使《漢學研究通訊》不斷有介紹國外研究成果的文
章出現，但是對於韓國、越南、新加坡、馬來亞、印尼、菲律賓、泰
國、印度、以色列與阿拉伯世界等等的研究；或者對於俄羅斯、東歐等
地區的研究，除了像秘遼拉（Леонард Сергеевич Переломов，1928-）、
李福清（Boris Lyvovich Riftin，1932-2012）等少數人之外，臺灣中
文學界也不太在意，甚至對歐洲學者涉及中文學術相關研究的成果，
似乎也並沒有給予必要的關心，注意的大約都集中在美國學者或日
本學者。這裡當然不是要所有研究者精通世界各地語言，只是在強
調即使是中文古典學術相關領域的研究者，也應該注意一下世界各
地學者的研究狀況，至於研究現當代文學類的研究者，在此「地球
一村」的學術環境下，對國外的相關研究成果，當然要有某些必要的
注意，這自也是研究者必要的基本素養。如果學術上「地球一村」的
可能性確實存在，則對國際上其他相關學術研究，除掉可以有「他山
之石」的借鑑意義外，從學術交流的角度言更有其必要性，就是基於
學術「溝通過程」的「平等性原則」，就有必要從類似傳統所謂「同
情的了解」的角度，進行一種經濟學上所謂「賽局理論式」立場的思
考，就是一種儘量去「想像」對立一方的立場，然後進行「反向」、
「反對」或「反抗」思考的模式，培養研究者此種思考模式，當然就
有必要先了解國際上其他相關研究的狀況，因為研究者必須擁有此基

1　賈西亞・馬奎斯一九八二年榮獲諾貝爾「文學獎」，最具代表性的作品是以魔幻
　　現實主義手法寫作的《百年孤寂》一書。

2　[阿根廷]方迪啟、[阿根廷]李普著，黃藿譯：《價值是什麼：價值學導論》（臺
　　北：聯經出版事業公司，1986）。

本的知識，纔有可能和國際間相關學者進行對話與相互切磋，使得雙方因而可以彼此獲益。另外如果可以同意德國社會學家曼海姆（Karl Mannheim，1893-1947）那種「知識社會學」式的研究思考觀點，就是「從各個不同的思想所從出的具體歷史社會背景中來了解思想」的「人自由的創造社會種種規約，但同時又被自己創造的規約所制約」的「外在研究進路」（External Approach）；以及一種「從各個思想家自己來了解他的態度以把握其思想本質」的脫離社會制約的「概念人」的「內在研究進路」（Internal Approach）等兩種研究的思考，就更能了解研究者何以要對國際相關學術研究狀況認知的必要性理由了。[3]因為研究者除了內在概念外，當然也有向外學習的內涵，民國初年研究傳統中國學術的學者，均在不同程度上受到國外學術影響，這應該是個不爭的事實。就現在建構和制約臺灣學術思想的那些來源而論，當然無法完全擺脫某些外來學術的影響，所以也就有必要了解國外相關研究的狀況了。

　　根據前述的認知，以下即提供部分相關的資訊給大家參考。首先討論一般稱研究中國學術謂之「漢學」的這個詞彙，在不同時空下的意義；其次粗略介紹「後現代」的興起及其內涵；接著簡單說明「知識經濟」及其在治學方法上可能的運用；然後從世界環境的角度，提供治學之際可以思考的研究方向；最後則提供國外部分的研究訊息。由於此文參考的資料都是透過中文翻譯而獲得，如果同學外文能力可以的話，我會建議直接閱讀外文的相關論著，如果能夠有效吸收並適當運用，則也就有可能擺脫中文學界存在的學術眼界狹隘的問題，進而真正的具有一種「納世界為一體」的學術認知，這對研究者本身及

3　參考「中國儒學網」：http://www.confuchina.com/10%20lishi/zhongzheshiquanshi.htm或「國學網」：http://www.guoxue.com/wk/000467.htm。程志華：〈中國哲學史研究的詮釋理路〉二〇〇八年十月二十四日發佈。二〇一四年三月十日搜尋。

臺灣學術界必然會有實質的助益，這就有待具有企圖心的同學們發揮補足了。

二　漢學、中國學、中國研究

「漢學」這個原本具有濃厚中國本土味道的詞彙，就生活於中國傳統文化語境的本土學者而言，首先想到的當是十八世紀乾隆年間編輯完成的《四庫全書總目》以來，再經梁啟超（1873-1929）《中國近三百年學術史》一類書籍的傳播，那個主要是研究漢代經學相關內容，而與「宋學」相對的一門學問。不過這個定義並不適用於日本時代的臺灣地區，因為臺灣的本地人事實上是以「漢學」代表中國傳統學問。我的二舅黃玉柱先生（1926-1961）在民國四十五年間，教導我用臺語讀《三字經》、《千金譜》時就是這樣說，後來我在閱讀黃金川（1907-1990）的《正續合編金川詩草》時，發現新竹人魏清德（1886-1964）〈金川詩草序〉有「挽救將墜之漢學，俾不至數典忘祖」之說；臺南人黃欣（1885-1947）〈序〉有「歐風東漸，漢學凋零」之言；臺南鹽水人蔡哲人（？-1942）〈序〉亦有「漢學衰微，歐風正熾」之論，這三篇都寫於己巳年（1929），可見二舅之說不是一人之言。順便抄錄黃女士兩首讀起來特別有感慨的詩和大家一起欣賞。〈感作〉：「人生世上似行舟，萬丈驚濤萬斛愁；安得浪平風靜裡，一江煙景任優游。」〈雜詠〉：「由來聚散是前因，得失雞蟲莫認真；除卻依依慈母外，世間都是沒心人。」「得失雞蟲」係借用杜甫（712-770）〈縛雞行〉「雞蟲得失無了時」之語。[4]

4　以上諸引文見黃金川：《正續合編金川詩草》（臺北：中央研究院中國文哲研究所，1992），頁12、頁16、頁17、頁102-103、頁104、頁117等處。〈縛雞行〉見[清]仇兆鰲：《杜詩詳註》卷十八〈縛雞行〉（《四庫》本），頁20-21。

　　中文系所之外的現代學者，提到「漢學」這個詞彙時，大約都會想到「Sinology」這個外文詞彙。這主要是二十世紀末期以來，學術界基於「跨國界」並注重「跨學科」的整合研究意義及大陸學者基於「學術主體性」的「自我」要求之下，「漢學」於是成為西洋人研究中國相關學問的一種學術分科的稱謂。這個國際性「漢學」學科的淵源，最早是由基督宗教「傳教士」的「理想式」描繪開始，然後逐漸成為西洋學術研究中隸屬於「東方學」的一部分，再演變成所謂「漢學」的學術專科研究。研究地區始於歐洲大陸的英、法等國，二戰後逐漸轉移到美國。重心轉移到美國後的「漢學」研究，研究方法也由早期結合歷史情境的「外在研究進路」，演變到二十世紀八〇年代後，傾向於注重思想內涵與概念的「內在研究進路」的發展狀況。[5]這個西洋傳統「漢學」學科在現代西洋學術要求下，已經無法完全相對於「中國學」（Chinese Studies）與「中國研究」（China Studies）而成為一門獨立存在的學科了。某些大陸學者因此就認為用「中國學」即足以取代「漢學」。然而即使如此，就世界學術發展史的角度而言，「漢學」在過去一段很長的時間中，確實具有獨立研究的主體性質或學術人格。就一般學術的理解而言，世界性傳統「漢學」研究領域的獨特性，主要表現在研究範圍以針對傳統「華文」（包括做為「區域觀點」與「政治觀點」的中國境內「漢文」與「非漢文」）世界相關的人文學科、歷史語言學、古典宗教或哲學等方面的研究為其主流，追求的學術成就重在純學術意義下的專精表現，並不太重視「實用」的問題。至於大陸學者所謂「中國學」，強調的既是一種

5　有關西洋傳統「漢學」研究的變化，較詳細的討論，請參考黃俊傑先生：〈戰後美國漢學界的儒家思想研究（1950-80）：研究方法及其問題〉，黃俊傑先生編：《東亞儒學研究的回顧與展望》（臺北：國立臺灣大學出版中心，2005），頁393-426所言。

「地域性」的研究，同時也是一種「國家性」的研究，指的是專屬於
政治上「中國的」研究，把傳統「漢學」之外的「現代的」學術文化
納入研究範圍，「中國學」的研究範圍因此是傳統「漢學」的擴大，
大陸學者即在此種意義下認為「漢學」應該被「中國學」吸納而消
失。至於「中國研究」則是隸屬於現在世界學術意義下「區域研究」
中的一種學術研究領域的用法，研究內容主要是以現代所有與中國相
關的議題，無論政治、經濟、法律、文化……等等為研究範圍，對於
傳統中國的相關議題，大致缺乏研究的興趣。世界性的傳統「漢學」
雖然有一個「漢」字，但外國傳統漢學家研究的範圍或對象，同時涉
及中印或中日及少數民族相關的議題，並沒有純粹限制在「漢文」世
界中，如果要比較精確的使用則似乎用「華學」更確當，因為傳統漢
學家的研究實際上還包括出現在中國地區的滿文、藏文與蒙文、回
文……等等「非漢文」，還包括藏傳佛學等非漢族地區或民族的議
題，用「漢學」一詞比較難以清晰表達研究的實際內容，但只要約定
俗成似也就可以了。

　　「漢學」一詞對亞洲的日本、韓國、越南、琉球等國的學者而
言，則又有另一層意義，除具有區別於「地區」與「祖國」的「區域
研究」和「國別研究」的學術研究意義之外，同時更可以包含指涉那
類用漢字書寫、源於漢文化但已經在當地生根發展的學問，在此意
義下用「漢學」其實是最恰當的用法，亦即就亞洲那些曾經接受漢文
化影響的韓國、越南、日本與琉球等國家地區而言，「漢學」既是指
當地學者對中國相關學問的研究，同時也指涉當地學者對已經「在地
化」的漢文化或具有漢文化精神傾向的學問研究。[6]「漢學」一詞的

6　此段所言主要參考楊儒賓學長：〈導言〉的討論，見楊儒賓、張寶三編：《日本
　　漢學研究續探：思想文化篇》（臺北：國立臺灣大學出版中心，2005），頁 i。

內涵，就實際運用層面來看，本來就沒有排斥現代學術文化研究的意思，是否另立一個「中國學」的名目並不重要，即使用「漢學」一詞概括「中國學」與「中國研究」也沒有什麼不可以，有人樂意用「中國學」、「中國研究」也無妨，重點還是在研究成果的學術貢獻，前面的討論只是告訴大家，現在世界學術研究圈對中國相關學問的研究，有這些不同的名目稱呼而已。

　　根據前面的觀點，就一般使用「漢學」一詞而言，大約可以定義為：主要是泛指世界上任何地區，非中國籍或在中國地區以外的研究者，以傳統中國或現代文化內容為主體所有相關的人文相關學科與歷史、語言、宗教等等的學術研究而言。不過就臺灣中文學界的研究立場而論，「漢學」一詞的內容可以稍微狹窄一些，亦即主要是用來泛指世界各地學者與中國傳統經、史、子、集等四部內容相關的研究而言。在此定義下則現代西洋學術意義下的學術分科乃失去意義，亦即只要研究的議題涉及傳統中國的經、史、子、集等相關的內容，則都可以包括在內，即使是在此之外而與「中國」相關的任何研究，都可以做為中文學界學術研究的參考資料。這個意義下的「漢學」，基本上是一門在「思想綜合性」與「學科整合性」上都要求相對比較高的學門，雖然此一學門具有如此大的綜合性，但是任何學術研究者進行研究之際，首先必需重視的依然還是遵守學術研究個人的主體性與研究者生存與面對的周圍情境的「在地化」基本立場，「在地化」就是「本土化」，所以不用「本土化」，主要是「本土化」這個詞彙，這幾年來已經帶入太多情緒與政治聯想，故轉而使用「在地化」一詞。

　　學術「在地化」的立場，指的就是以關心自身及環境周圍問題的研究做為關照起點，就如杜正勝老師（1944-）所謂「以臺灣做中心，一圈圈往外認識世界，認識歷史」的「同心圓」歷史架構的立

場。[7]杜老師這個「同心圓」立場,當然不是主張僅停留在「臺灣中心」的意識型態內,這個主張要求研究者必須要放開心胸,將眼界擴大到「東亞中心」、「亞洲中心」與「世界中心」的終極目的,我則希望在這些研究過程當中,還必須先有一個「全人中心」的研究立場,如此纔不至於自我限制。在此前提下的「臺灣中心」,僅能是開始研究的起點而不是研究思考的終點,否則就只能成為「井中之蛙」了。即使以臺灣為中心立場的研究,也不一定就沒有學術見解或價值,旅美學者王靖獻(楊牧,1940-)在民國六十八年(1979)完成的那篇研究臺灣早期詩作的〈三百年家國:臺灣詩1661-1925〉一文,就是典型的以「臺灣中心」為立場的研究,此文恐怕是二十世紀研究臺灣傳統詩作最頂尖的一篇作品,[8]並不因為「臺灣中心」的立場而降低其學術價值。同樣的情況也可以在抱持「香港中心」立場的美國華裔女性學者周蕾(Rey Chow,1957-)的研究中見到。[9]如果前述的觀點不會太過荒謬,則研究者在堅持「自主性」與「在地化」研究立場的前提下,就今日正常的學術研究環境而言,大陸學者劉東(1955-)二十世紀六〇年代以後,當大陸「越來越閉鎖的同時,世界各國的中國研究卻得到了越來越富於成果的發展」,因而大陸「不僅必須放眼海外去認識世界,還必須放眼海外來重新認識中國;不僅必須向國內讀者迻譯海外的西學,還必須向他們系統地介紹海外中學」的說法,[10]當然也就不能完全適用於整個臺灣學術界,但卻可以

7　杜正勝老師:〈一個新史觀的誕生〉,《新史學之路》(臺北:三民書局,2004),頁66-78。

8　楊牧老師:〈三百年家國:臺灣詩1661-1925〉,《失去的樂土》(臺北:洪範書店,2002),頁27-64。

9　[美]周蕾:《寫在家國之外》(香港:牛津大學出版社,1995)。書內許多文章都可以明顯看到「香港中心」的立場。

10　劉東:〈序《海外中國研究叢書》〉,[美]高彥頤著,李志生譯:《閨塾師:明末

部分適用於臺灣的中文相關系所，尤其是師範體系之下，幾乎長期處於比較「自我閉鎖」的國語文相關科系的研究狀況，在今日師範院系必須與其他綜合大學進行學術競爭的狀況下，無論是師範院系或一般大學專門研究傳統學術的中文學界，恐怕也不得不承認學術環境的改變，已經無法容許任何一種學術研究，完全不理會外在學術的變化，還可以獨立的涵養生存，這也就是必須注意「漢學」研究的重要理由。

三　「啓蒙運動」到「現代」社會概說

無論就傳統中國「通經致用」的實踐要求，或就現代教育學習終極目的，以及個人學習有效與價值的最終要求，終究都必須放在學習者生存的時空中，纔能產生意義，研究者因而就有必要了解生存社會的實況。研究者絕不可能完全脫離身存的世界而發言，詮釋學者因而認定所有詮解必然帶有詮解者文化與環境的效應作用在內。故而無論研究者對「現代」（modern）、「現代性」（modernity）、「現代化」（modernization）抱持的是完全正面、完全西方或可以是非西方的情緒，生活在現代臺灣社會的人們，都必須承認當下身處其中且影響我們詮解判斷的時空，確確實實是一個首先發生且完成於「西方世界」，進而深深影響「非西方世界」具有某些特徵的歷史階段。[11]無論人們喜不喜歡自己生長與生活的這個現代世界，但這個現代世界絕對是個實實在在無法逃避的真實世界；是個必須天天接觸與面對的複雜多元的真實世界。這個世界的基本運作原則，就是以接受並肯定

清初江南的才女文化》（南京：江蘇人民出版社，2005），扉頁。

11　以上乃是參考石元康：《羅爾斯》（桂林：廣西師範大學出版社，2004）第二章所言。

「人人均有求利之心」的「自私自利」的「經濟理性」觀點為主，並且表現出一種經濟無感情的「全球化」市場經濟控制的世界。

這個被稱之為「現代社會」的世界，並非突然而起的怪物，這是經由西方社會的「啟蒙運動」開始，然後在思想、政治、經濟等各方面改變而逐漸形成。西方世界的「啟蒙運動」始於十七世紀晚期，一般以英國「光榮革命」（Glorious Revolution）和牛頓（Isaac Newton，1642-1727）發表《自然哲學的數學原理》的一六八八年為起始；具體落實的高潮期則在一七三○年到一七八○年之間，以法國伏爾泰（Voltaire，1694-1778）、孟德斯鳩（Charles de Secondat, baron de Montesquieu，1689-1755）、狄德羅（Denis Diderot，1713-1784）、盧梭（Jean-Jacques Rousseau，1712-1778）和英國休謨（David Hume，1711-1776）等具有創造力人物的出現及活動，美國一七七六年發表〈獨立宣言〉宣佈獨立的事件為代表；結束期（晚期）以法國一七八九年發表〈人權宣言〉到一八一五年拿破崙（Napoléon Bonaparte，1769-1821）「百日政權」失敗，或延長至一九一○年為止。這個「啟蒙運動」時代之後，即進入所謂「現代社會」。[12]從「前現代」觀點探討啟蒙運動的正面價值與意義；以及從「後現代」觀點強調啟蒙運動的負面影響作用，學界的討論甚多，以上說明只是一般常識的介紹而已。陳述這類常識主要是中文系所的學生，在一般課程安排上少有這些內容，平常也很少人主動注意這些訊息，提供這些籠統常識即希望能引發同學更進一步了解的雄心，因而自動尋找專門的學術論著閱讀，以下討論都是抱持著同樣的目的為之。

「現代社會」相對於「傳統社會」的最大區別，主要在針對司

12　以上參考引述[美]Peter Hanns Reill、Ellen Judy Willson著，劉北成、王皖強編譯：《啟蒙運動百科全書》（上海：上海人民出版社，2004），頁11-21及賴爾〈序言〉，頁1-3。

法、政治、經濟等三大問題為中心進行改革的實質轉變。有關現代社會和傳統社會在概念與實質內涵的比較，我已有專文可以提供參考，因此不再多說。[13]司法、政治、經濟等三大問題，固然都與人類日常生活關係密切，最終其實可以化約為主要是屬於個人權益的問題，個人權益問題可以視作是一個與人類直接利益關係最接近的經濟問題，因此三大問題中經濟問題一直都是有形或無形的主導力量。在這個以經濟問題為問題中心的思考下，則可知自啟蒙運動以來漸次形成的現代社會，實際上就是以「經濟理性」進行思考的世界，是個「假設」人類心中都有一隻追求個人利益為特性的「看不見的黑手」的「理性」時代，這隻具有「理性」求利無窮慾望的「黑手」，就是促進與推動社會經濟發展的「原動力」。這個基本假設與中國主流文化中所謂「人人有善性」的「我為人人，人人為我」的「有心為善」的基本假設大不相同。

　　西方「理性的」假設，原與中國或其他非西方世界無關，但十九世紀末以來，西方世界在此求利至上的理性主導下，透過解救基督教異端的傳教偽善外表，開始了百多年假借「上帝」之名卻行「撒旦」之實的侵略掠奪的帝國主義行為，使得許多缺乏帝國主義者般屠殺本性的善良民族，遭受空前的災難，例如臺灣和中國、韓國、越南等地，就都是遭受帝國主義迫害的被害者。這些帝國主義的被害者在其鐵蹄下，於是不得不也被逼走入和現代西方社會一樣的發展道路，經過百多年的運作，非西方世界各民族無論願不願意，再也無法自外於西方現代社會的影響。像臺灣這種缺乏資源，必須依賴貿易纔能生存發展的地區，更無法脫離西方現代社會潮流的衝擊影響，就也不得不

13　楊晉龍：〈從「現代經濟理論」論《四庫全書總目》：經濟學及其相關概念與傳統中華文化研究〉，《故宮學術季刊》第26卷第1期（2008年9月），頁133-169。

成為西方世界主控下全球化經濟體系的一分子。西方世界的大小變動，尤其臺灣最大「金主」與保護者美國，與臺灣關係密切且曖昧的日本，兩國的任何改變都會直接或間接影響到臺灣社會，亦即西方歐美世界與日本等無論在政治上、經濟上、思想上或學術上等等的變動，多多少少會直接或間接影響到臺灣的社會與學術的發展。臺灣學術研究者在此情況下，當然不能對西方世界和日本學界的學術變化，尤其二十世紀以來近代學術的變化一無所知，否則恐怕就很難與其他人文或社會學科對話。就學術研究論，缺乏與相關學科對話的後果，就是逐漸成為整個學術世界的邊緣學科，成為一個自說自話的學術群體，最後很可能變成如同患有自閉症的學術孤鳥，這當然不是大家期待的後果。本課程要求同學必須對全世界相關學術與學科的發展變化，有一些基本的認識與了解，重點就在創造形成與其他學科對話的可能性，以便可以有效擺脫學科因自閉甚至自斃的可怕後果。

二十世紀以來兩次大規模的戰爭，二戰後在政治上又產生蘇聯與美英等兩大現代帝國主義集團的冷戰；還有基督教世界對伊斯蘭世界的迫害，激起伊斯蘭世界激烈反抗活動等等的現實。臺灣長期以來接受美國官方及CNN等具有濃厚西方立場或傾向基督宗教觀點傳媒的推銷與洗腦，因此有必要辨正一個現實世界詞彙內涵的問題。這裡指的是西方世界對伊斯蘭反抗活動所謂「恐怖活動」的指控，從公平一體對待所有民族的角度來看，這種指控真是一種千真萬確的「龜笑鱉無尾」（閩南話）的可笑行徑。西方現代帝國主義公然收買間諜進行政治暗殺及派軍隊到地球的另一端，以飛機大砲飛彈進行國土侵略並扶植傀儡政權，此種公然大規模進行屠殺的強盜行為謂之「正義之軍」；無奈的暗中反抗自衛而消滅侵略者謂之「恐怖活動」。這些事實應該值得具有人性關懷的知識人加以了解，這種以西方霸權主義為立場的「訓詁學」，涉及傳播偏見的媒體權力運作的問題，可

以參考諸如荷蘭Teun A. Van Dijk（1943-）和英國Norman Fairclough
（1941-）等「話語分析」（discourse analysis）的研究成果；這同時
還涉及西方國家和媒體控制的問題，誠如法國的社會批評家François
de Closets（1933-）所言：「人們自以為是自由思考、自由判斷、自
由選擇，其實在無形中依然受到國家和傳播媒介的操縱……。」[14]無
論基督教世界或伊斯蘭世界的殺人放火行為都不可取，但求其本則寧
可同情「自衛的反抗者」而譴責「屠殺的侵略者」。這些現實世界
政治、軍事的事件，表面上看來與學術無關，但實際上卻與學術脫
離不了關係，對這些事件是非判斷的背後，潛藏有許多和學術相關
的訊息；對這些屠殺悲慘事件的反省，同樣潛藏有某些和學術相關
的訊息。例如美國政治經濟學者福山（Francis Fukuyama，1955-）在
1992年就提到歷史發展的終極就是西方社會樣態；[15]文學批評家薩伊
德（Edward W. Said，1935-2003）也提到東方接受西方以建構自己的
「西方建構東方」的觀點；[16]杭廷頓（Samuel P. Huntington，1927-）
則要以西方為至尊進行世界秩序重建等等。[17]此種「歐洲中心主義」
或「文化霸權意識」下「文化單邊主義」式的強調，對學術研究與判
斷的影響，應該要有些基本的了解，纔不至於失去知識人獨立判斷與
人道關懷的基本守則，這就是強調必須了解國外相關學術研究訊息的
另一個原因。

14　河清：《現代，太現代了！中國：比照西方現代與後現代文化藝術》（北京：中
　　國人民大學出版社，2004），頁251。又可參考河清：《全球化與國家意識的衰
　　微》（北京：中國人民大學出版社，2003）一書的相關討論。
15　[美]福山著，李永熾先生譯：《歷史之終結與最後一人》（臺北：時報文化出版公
　　司，1993）。
16　[美]薩伊德著，王志弘等譯：《東方主義》（臺北：立緒文化事業公司，1999）。
17　[美]杭廷頓著，周琪等譯：《文明的衝突與世界秩序的重建》（北京：新華出版
　　社，2010修訂版）。

　　還有兩個實質上對臺灣學術研究直接或間接造成影響的世界性事件，中文系所的同學可能更加陌生，那就是發生於二十世紀六〇年代的「學生革命運動」與二十世紀九〇年代興起的「知識經濟」（knowledge economy）。「學生革命運動」與「後現代」思潮的興起密切相關，「後現代」思潮又與「語言學轉向」脫離不了關係。學術研究既無法脫離生存世界而獨存於抽象真空世界，則對當前生存環境較為充分的理解，當該是研究者必備的基礎條件，臺灣社會既然是活動生存在這個深受「學生革命運動」、「知識經濟」和「語言學轉向」等事件或觀點直接或間接影響的世界，則自然就有必要對這些資訊與知識稍加了解。但由於專業知識的限制，我對這些問題內涵的了解較為膚淺，僅能藉助某些前賢的成果稍作粗略介紹，希望可以引發大家更進一步深入研究探討的興趣。

四　「學生革命運動」到「後現代」思潮概說

　　二十世紀西方世界興起的「學生革命運動」，一般以為淵源於「達達」的興起。「達達」（dada）是個萌芽於一九一一年，一九二五年落幕的「反戰」活動的稀鬆團體稱號。「達達」正式活動要從一九一六年一批反對歐洲戰爭屠殺的反戰人士，在蘇黎士聚會時不經意的動作開始，到一九二一年巴黎大學的學生將紙札「達達紙人」丟入賽納河「淹死」結束。「dada」之意即「什麼都沒意思」，因此反對一切既有規範。[18]美國科學哲學家保羅‧法伊爾阿本德（Paul Karl Feyerabend，1924-）曾經引述Hans Richter（1888-1976）

18 有關「達達」的起源、活動，有興趣者可參考[法]Henri Béhar、[法]Michel Carassou合著，陳聖生譯：《達達：一部反叛的歷史》（桂林：廣西師範大學出版社，2003）一書的討論。

《達達：藝術和反藝術》所謂「達達派不僅沒有綱領，而且還反對一切綱領」的話，他接著評論說「這並不排除對綱領作機巧的辯護，以表明任何辯護不管多麼『合理』，總是帶有空想的性質。」[19]則法伊爾阿本德似乎認為「達達」是有綱領的運動，這個不同的說法提供大家參考。

　　「達達」活動的內在思想與精神，一般咸認為被法國一九六八年五月對文化與社會的全球化問題發出質疑聲音，反對一切政治干預的「學生革命運動」所繼承，此次的事件對法國學術文化界影響甚深，法國文化界因而特別強調而稱做「五月事件」，甚至拿是否參與「五月事件」評價或確定學者的學術立場。據實來說像「達達」那種「反對一切規範束縛」的精神，當然不會只是某單一族群或某單一地區的特別思考，「達達」精神當該是一切具有自由思考者共有的特質，直到現在還在無形中影響著許多人。就現代學術思想的發展歷史而言，這種「反對一切規範束縛」精神表現最為活絡的時期，大約是二十世紀六〇年代起於法國，最終影響整個西方世界而波及全世界大部分地區的「學生革命運動」，西方學術界大致承認二十世紀的六〇年代，是個充滿激情與動盪的時代，當時除中國大陸的「文化大革命」外，西方世界也不約而同發生許多「革命事件」，美國在一九六四年有「言論自由運動」、一九六五年有「反越戰運動」、一九六八年有「反種族政策運動」、一九七〇年有「反越戰罷課活動」。法國在「五月事件」外，一九六六年有「反越戰運動」。西德一九六六年有「反越戰運動」、一九六七年有「學生運動」。英國一九六六年有「反越戰運動」、一九六八年有「罷課反戰運動」、一九六八

---

19 [美]保羅・法伊爾阿本德著，周昌忠譯：《反對方法》（臺北：時報文化出版公司，1996），頁19，腳註3。

至一九六九年北愛爾蘭有「公民參與民主運動」。義大利一九六八至
一九六九年年有「火熱的秋天運動」等等。這些「運動」對西方社會
原有的倫理道德、行為準則、生活態度、生活內容，甚至一般舉止行
為和基本價值觀，都帶有強烈衝擊性與批判性的態度。美國在六〇年
代更是經歷了社會的分化與整合，秩序的規範與重建。美國社會學者
丹尼爾‧貝爾（Daniel Bell，1919-2011）就認為六〇年代的標記，就
是政治和文化的激進主義：政治激進主義不僅具叛逆性，而且具革命
性，目的是試圖建立新的社會秩序以取代舊秩序；文化激進主義除
在風格和布局中的形式革命外，同樣具有強烈的叛逆性。[20]政治和文
化的激進主義，表現為：反越戰運動、黑人民權運動、青年反主流
文化運動、學生運動、女權運動、新左派運動等社會或學術的革命
運動。因而出現像包括盧卡奇（Lukacs Gyorgy，1885-1971）、葛蘭
西（Gramsci Antonio，1891-1937）、哈伯馬斯（Habermas Jürgen，
1929-）等在內的「法蘭克福學派」，主張以人道訴求為主，維護弱
者的權益、反戰，批判資本主義、市場經濟和戰爭侵略。再者如對
《聖經》中有關人與萬物關係重新解讀的「環境保護運動」；如重金
屬樂團、麥克傑克森（Michael Joseph Jackson，1958-2009）、蔡幸娟
（1966-）等「現代流行音樂」的興起；法律介入家庭私領域之內的
「家庭和社會關係的變化」；視性關係如同其他遊戲關係的「性觀念
的革命」；逐漸排拒傳統道德的「社會價值觀的改變」等等所謂後現
代思潮。這些都是在激進主義氣氛中崛起於西方社會，並對世界大部
分地區的文化與學術發展產生重大的影響。學術典範也開始轉變，出
現了許多促成現代重要學術觀點轉變的著作，如美國庫恩《科學革

---

20 [美]丹尼爾‧貝爾著，趙一凡等譯：《資本主義文化矛盾》（北京：三聯書店，
   1989），頁169。

命的結構》、羅爾斯（John Rawls，1921-2002）的《正義論》等等。二十世紀六〇年代的「學生革命運動」促成了後現代思潮的興起與形成，這對爾後的學術研究產生很大程度的影響，因此不能不有一些基本的理解。[21]

　　「後現代」思潮這個「苦思西方文化的過去、現代、未來，反省著西方現代主義價值觀和人生觀的是是非非及其帶來的功功過過」，帶著「某種痛苦的反省和覺醒」徘徊在歐洲的「幽靈」，[22]據美國社會學者喬治・瑞澤爾（George Ritzer，1940-）的觀點，最基本的特徵是持一種對現代世界的批評態度、對各種現代的宏大敘事（grand narrative：又譯作：大歷史、大敘事、輝煌敘事）和總體性的反對；一種對各種更為前現代的情緒和感覺的強調、一種比充分的推理更常常能觸動人心的風格，以及一種將關注的焦點從中心移向邊緣趨勢的態度。後現代思想家不同於以往之處，就在於不再重視菁英與重心，將注意力轉向社會的邊緣地帶，轉向那些長期「被視為理所當然的事物、被忽視了的事物、抵抗的領域、被遺忘之物、非理性的東西、無意義的東西、被壓抑之物、模稜兩可之物、經典之物、神聖之物、傳統的東西、怪誕之物、極端之物、被征服之物、被遺棄之物、無足輕重之物、邊緣之物、外圍之物、被排斥之物、脆弱之物、湮沒之物、偶然之物、被驅散之物、被取消資格之物、被延誤之物、被分離瓦解之物」等等的意義與價值之可能性。後現代學者針對的是西方世界在啟蒙思想所謂「理性」的「先驗假設」下發展出來，包括工業化、現

21　前述後現代思潮興起的說明，主要參考引述了許平、朱曉罕：《一場改變了一切的虛假革命：20世紀60年代西方學生運動》（上海：上海人民出版社，2004）；呂慶廣：《60年代美國學生運動》（南京：江蘇人民出版社，2005）兩書的討論。

22　河清：《現代，太現代了！中國：比照西方現代與後現代文化藝術・引子》，頁Ⅰ-Ⅲ。

代化、世俗化、民主化等關於西方「進步」的宏大敘事之反叛。後現代學者認為這些漂亮假設的背後，就是一種專制霸權單一角度的思考模式，嚴重忽視許多其他方面的發展過程。後現代學者認為即使就西方社會而言，這種單一角度的思考對許多方面和許多時期的內涵與發展，也很少或完全沒有說出什麼，這類理論完全藐視構成西方社會生活內那些多角度、異質性、道義上含糊不清的社會潮流與傾向。甚至完全忽略世界其他大部分地區的歷史經驗，粗暴地預先假定世界其他地區的歷史發展，「已經」或者「將要」經歷與西方社會相同的發展過程。完全無視於那些基於性別、種族、民族、階級或性取向而形成的實際差異存在的事實，除抱持一種「純歐洲中心主義」與「純男性中心主義」的觀點外，並且經常採取一種本質主義的觀點而否定另一種本質主義觀點，完全忽視現實的人都是浸潤在所處的特殊社會環境中，根本無法獲得建構巨型理論必須擁有的那種貫通性的視野，在此思考下建構的巨型理論只能是自我幻想的「神話」而已。比如像馬克思（Karl Marx，1818-1883）和孫文（1866-1925）等等及其追隨者、或胡適（1891-1962）及其崇拜者，都不例外地創造了許多描述可以將人民或學者從壓迫性社會中拯救和解放出來的歷史進步的巨型理論，但在履行其諾言方面的結果又如何呢？後現代思想家為避免再度出現這類虛幻「神話」，遂大力抨擊「現代」學者那種「缺乏實踐諾言保證」的假想。[23]考察後現代學者對現代思維的抨擊態度，似乎與清代那類講求「經世致用」實踐傳統的學者，抨擊宋明理學家為空想、為戲論的情況，頗有異曲同工之妙，這個觀察提供大家參考。

---

23 以上討論參考引述了[美]喬治・瑞澤爾著，謝立中等譯：《後現代社會理論》（北京：華夏出版社，2003）一書所言。

五　「知識經濟」概說

　　學術研究無法脫離生存世界而獨存於抽象真空世界，研究者具備對當前學術依附生存環境的必要理解，當是研究之際必備的基礎條件，臺灣既然活動生存在一個無法不受「知識經濟」觀點影響的社會，則知識經濟的概念對學術研究者自然就有值得討論的意義與價值。「知識經濟」在〈第一講〉已經有過重點式的提醒，現在則根據知識經濟概念的來源與基本內容，進行不同方向的發揮與說明。知識經濟的概念，首先由美國管理學大師彼得・杜拉克（Drucker Peter Ferdinand，1909-2005）提出，杜拉克主要發揮美國經濟學家熊彼得（Schumpeter Joseph Alois，1883-1950）所謂「動態不均衡是經濟唯一穩定的狀態」、「創造發明家的創造性毀滅是經濟的動力」、「新科技即使不是經濟變化唯一的動力，也是經濟變化的主要動力」等假設觀點，再進一步認定未來社會的變化，取決於新機構、新理論、新意識型態等作用的一種思考概念。[24]就比較實質的內涵言，知識經濟指的是相對於以體力為主，以農業生產為大宗的農業經濟型態；和以生產為主，以製造業為大宗的工業經濟型態。改變主要在於生產工具上的不同轉變，亦即從農業經濟型態的土地、自然資源、勞力與工業經濟型態的技術、資本、工業材料、廠房等工具的強調，轉變為對知識做為資本與工具的強調，並以創造及消費為導向的經濟型態，最重要的指標是服務業人口超過製造業人口。顯示的內容則是消費市場不斷擴充，在消費主義意義下進行行銷，在爭奪市場意義下進行競爭，然後在知識做為創造消費生產工具的意義下進行創新。生產工具的改

---

24 [美]杜拉克著，劉真如譯：《下一個社會》（臺北：商周出版公司，2002），頁298。

變指知識經濟的內容，主要以無形的知識商品做為創造個人財富的生
產工具，例如電腦軟體或文化創生事業之類，在此前提下特別強調專
業知識的經濟價值，生存在此社會中想保持領先而不至於被潮流淘
汰，就必須不斷進行知識的更新，必須具有將取得的資料，累積而成
為可以被自己了解與運用的資訊，透過整合和消化的功夫，使資訊能
在自己工作創新上產生作用的基本能力。用現代的術語來說，就是要
具有「資訊管理」的能力，纔有可能取得知識上的優先地位。在知識
經濟社會中是否可以很容易取得新資訊固然重要，但更重要的則是取
得資訊後，必須對新資訊具有系統管理的能力，使得這些零散破碎的
資訊轉變成可以被自己自由運用的知識，例如最近發展出來的探討如
何進行資料分析及處理，並且從資料中發現及挖掘有價值知識的資料
科學（Data Science），主要就是利用電腦儲存與搜尋功能，因而將大
量零碎的巨量資料（Big Data）有效統整，使其變成為自己工作創新
上產生實際效能的一種助力。[25]這種有效統整並利用知識的能力，就
是知識經濟最重視的結果。

　　學術研究既無法脫離現存社會，知識經濟的內涵意義，當然就可
以合理合法的運用到學術研究領域上。就學術研究的角度論，知識經
濟蘊含的有：專業的追求與管理、專業的細分與整合、專業間的競爭
與合作，以及知識之外一切平等的基本觀點，這些觀點對學術界可能
的影響與作用，至少有下述幾點思考的意義或功能：一、學科的分化
固然起落快速，但科際整合的要求也同時加深；在專業要求上學門的

25　根據Ting-Shuo Yo部落格的介紹，美國O'Reilly Media公司的副總裁Mike Loukides
　　在二〇一一年六月出版了《what is data science？》一書，分別從「資料哪裡
　　來」、「與大量的資料共舞」、「讓資料說故事」、「資料科學家」等四個主
　　題介紹「資料科學」。建議英文能力佳的同學購買該書閱讀。http://esse_tsyo.
　　blogspot.tw/2012/08/data-analytics-data-science.html。二〇一四年三月十日搜尋。

界線必須清楚，但實際操作之際則需要逐漸模糊。二、學術思想、研究議題與研究方式不斷創新變化，流行觀點不斷轉換，學術內外的競爭壓力加大。三、對整理蒐集類著作的重視程度，對文本基礎閱讀的重視，逐漸減輕；對理論的依恃，越來越深。四、教育水準提昇，學歷普遍提高，專家學者增多，必需隨時學習，充實學術能量，否則很快就會被淘汰，學術界的淘汰率跟著提高。五、學術傳承關係逐漸變質為學歷買賣關係；學校、教師、學生關係也跟著變質為廠商與顧客的關係。六、創意激發更多的創意，各門學術理論的發展轉變迅速，必須隨時留意。七、知識體系越來越龐大，學術類別不得不愈分愈細，但職場希望的卻是具有整合能力的通才，單一專門知識的需求越來越有限，學者必須學習從整體性關懷問題的角度進行研究；某些缺乏整體觀的研究者會越來越閉鎖。八、新知識增強與促進引導更新知識的能力，越認真學習者越容易學習，不認真學習者越來越難以學習。九、社會型態改變，社會問題增多、個人自由化程度加深，可以進行研究的問題與研究的角度增多，學術研究傾向多元化與多樣化的方向發展。十、兩性地位改變，學術競爭的平等性增加，男性研究者的觀點必須面對不同性別研究者的挑戰，男性學者的競爭焦慮感程度因而加深。以上這些當然沒有窮盡所有正負面影響與作用的「可能性」，重點其實是在提醒現代的學術研究者，不能不了解自己投身生存的社會現況與變化，不能不了解自己必須要面臨的或可能受到的影響等等狀況。若能確實了解這些實際狀況後，更重要的應該是深入的自我反省檢討，思考必須如何做纔有可能超越這些制約，因而可以開展出自己的學術新局。

　　知識經濟時代與學術研究的關聯性，除前文提及的外在環境影響作用外，同時還具有學術研究內涵的關聯意義。知識經濟講求知識創新與有效管理運用，在此前提下乃將一般認知的知識，區分成「資

料」（data）、「資訊」（information）與「知識」（knowledge）等三種相關聯而內涵不同的概念。資料指單純的事實或現象等孤立而零碎的信息或信號。資訊指可以被敘述說明或解讀、或因解說而了解的訊息；亦即指經由他人傳述、文字紀錄、獨立觀察等獲得的間接訊息。知識指經由直接使用資訊的整理與消化功夫，因而累積的技術或認知的訊息；亦即泛指個人將所知的一切事實、一般真理和原理原則，不論經由書中獲知、或由教師傳授、或由經驗與觀察得來的資訊，經過實際操作的整理與消化功夫，就是經過統整的程序，因而累積而可以自由運用的訊息。這類經由統整而形成的知識，就其傳播學習的可能性而論，大致可以區分成兩種類型：一是經過整理編輯而可以直接傳播給第三者，清楚而明確的「明示知識」（顯明知識：explicit knowledge），就是經由系統化與標準化過程的學習，可以取代實際經驗學習而獲得的系統知識。例如論文中表現出來的研究成果。一種是無法直接傳遞給第三者，僅能意會而難以言傳的含蓄不明或緘默難言的「隱晦知識」（緘默知識：implicit or tacit knowledge），例如論文寫作之際，如何獲得此一研究靈感與研究成果的知識。兩種知識的關係是：隱晦知識必須在明示知識獲得的既有基礎上，纔可能有效的取得。知識的特性就是「強者越強；弱者越弱」，知識越深廣越多元者，越容易學到取得新知識，這當然也就蘊含有「富者愈富，貧者愈貧」的經濟學意義下「馬太效應」（Matthew Effect）的內在訊息，因此學術研究永遠只會「錦上添花」，不可能出現「雪中送炭」。事實上知識開放的反面就是知識受限，某些「知識貧乏族」的個人或團體在此狀況下，其「基本受訊權」很可能就在不知不覺中受自我或第三者的剝奪，於是變成為知識閉鎖者，知識越高的人或團體則越容易學到新知識，也越容易創造新知識，這是大家要特別注意之處。明示知識可以經由系統化與標準化

的方式而習得，因此可以在短時間之內迅速獲得自己欲求的知識，但這同時也帶來技術與學科破碎化的嚴重問題，使得學習過程中希望培養的整體通觀能力逐漸消失。亦即造就某種專業科技的專家較為容易，造就一位能夠整體思考問題的知識人則越來越困難。例如教育學分中「教材教法」課程的學習，即是一種系統化與標準化的學習，於是就有帶來破碎化與整體通觀能力消失的問題，大家在教學過程中不能不特別加以注意。[26]「治學方法」課程的教學設計，必須配合不同起點行為同學的需要，以及上課時間必須切割的現實，就不得不進行標準化與系統化的建構，這種建構就初學者而言，雖是必要且有效的教導的方式，但學習者若在學習過程中，缺乏要求深入進行整體通觀統整能力的自我培養，則上述的弊病也必然會出現，這一點大家應該特別注意。

六　面對世界的研究思考

　　臺灣的學術研究者身處在此種「知識經濟」要求創新與統整的高度競爭市場經濟社會背景下，即使固守在傳統氛圍的中文學界，僅從自身學術發展角度論，研究的內容與表現，恐怕再也無法像過往一樣，僅僅堅守在自我建構的傳統自足堡壘中即可存活；更何況臺灣學界競爭對手的大陸，大致從二十世紀八〇年代起就有意進行學術的轉型，亦即納入海外漢學因素進入研究領域內。因此無論基於兩岸學術競爭，或學術拓展對話，即使最傳統的中文研究領域，也必須考慮是否具有說服現代學者，或與其他不同學科領域有效對話的能力。必須

26　以上涉及「知識經濟」方面的討論，參考引述了李誠主編：《知識經濟的迷思與省思》（臺北：天下遠見出版公司，2001）的內容。

這樣提醒的理由，主要是現代學術研究者不可避免要面對不同學科研究的挑戰，更需要與相同研究領域，卻擁有不同世界觀、價值觀的研究者，還有那些或深入、或奇特，甚至荒謬的研究成果，進行必要的交流或學術爭辯。必須具有了解世界學術和相關學科研究的能力，吸收不同或創新觀點的能力，具有自我創新的能力，能具備這三者纔有機會在有效溝通或爭辯中獲益，甚至吸收競爭對象在研究方法與知識表現上的優點，改進自己研究過程中的闕漏；從而能從爭辯、溝通、競爭對象的研究中，吸收能協助增強自己研究長進的內容。這些有利於自己學習成長的爭辯與溝通、競爭的對象，除大陸學者及臺灣受國外不同研究方法與意識型態訓練的學者們外，更包括外國學術界的華裔學者及不同文化背景的外國漢學家。總而言之，就今日臺灣中文學界較為理想的要求言，了解國內外不同學科的相關研究狀況，舉凡研究成果、研究方法、研究議題、意識型態、研究發明、研究貢獻等實際表現，就成為所有中文學界的研究者，必須具備的知己知彼的基本功夫。

　　以下即從世界視野角度提供某些經學研究的思考，在西方學術分科下，傳統中國經學從設定研究的背景或視野考慮時，大致可以分成下述幾個層面（非層次）進行分析與研究：一、儒學意義下的經學研究：在這個意義下，儒學的範圍大於經學，經學家因此必然是儒學家，但儒學家則不必然是經學家，儒學家固然擁有各自的經學思想，但如果沒有經學典籍方面的著作，則也不能歸入經學家，例如某些宋明理學家，可以是儒學家，他們也有自己的經學思想，但沒有經學典籍方面的專門著作，所以不能歸入經學家。這個視野之下的研究內容，大致上就是一般有關經學本身的問題，如經學的形成、傳播、發

展與表現等等，我早年完成的博士論文之外，[27]多數的論文也大致屬於此一層面的研究，一般中文系所涉及經學的研究，大致都在此一層面下運作。二、中國學術意義下的經學研究：主要探討經學與其他學術之間滲透、互動影響的問題，如經學與文學、經學與道家、道教之間的互動關係；經學與佛教、伊斯蘭教、基督教之間的滲透互動關係的研究。我研究的《文昌化書》與詩經學的研究、佛教觀點與詩經學關係研究、經學與伊斯蘭教的關係研究、《詩經》文本在錢謙益《初學集》女性傳記文中的作用等等，大致均屬此一層面的研究。這種關係有點類似法國學者發現而發揮的「互文性」（intertextuality）關係。三、中國漢文化意義下的經學研究：這部分主要探討經學在社會生活上產生的影響作用，在此一視野下則所有儒學家的經學思想，以及其經學思想與行為的關係，如人際、倫理、政治、道德、修養、思想、教育……等等，只要涉及實踐應用等問題的表現，均可納入研究的範圍，例如我的神統與聖統的研究，或者倫理學或者政治思想一類的研究，大致可歸入此一層面的研究。這種以「中國文化為中心」的觀點，可以參考美國學者柯保安（Paul A. Cohen）提出的研究方式。[28]當然還可以更進一步「以中國人為中心」進行研究，探討中國人的行為表現與經學之間的關係，進行此類型的研究，可參考美國那位驕傲傳教士明恩溥（Arthur H. Smith，1845-1932）的*Chinese Characteristics*，[29]以及後來跟屁的相同作品，如魯迅（1881-1936）的

---

27 楊晉龍：《明代詩經學研究》（臺北：國立臺灣大學中國文學研究所博士論文，1997）。

28 [美]柯保安著，李榮泰等譯：《美國的中國近代史研究：回顧與前瞻》（臺北：聯經出版事業公司，1991）。

29 此書中譯版本甚多，有：《中國人氣質》（蘭州：敦煌文藝出版社，1995）、《中國人的特性》（北京：光明日報社，1998）、《中國人的素質》（上海：學林出版社，1999；北京：中華書局，2006；西安：太白文藝出版社，2007等）、

某些小說，用以了解中國人的行為與思考中，有那些是受到經學影響而特別不同於其他文化的特色。四、東亞文化圈意義下的經學研究：主要討論的範圍是韓國、越南、日本、琉球等受到儒家思想影響周邊地區有關經學研究的狀況，包括：傳入接受的問題、發展傳播的問題、詮解內容的問題、詮解特色的問題、出版閱讀的問題等等，韓國李退溪（1501-1570）的研究大致可歸入此類。[30]五、世界學術文化意義下的經學：主要探討世界各國經學研究的狀況，這當然涉及傳播、翻譯、詮解及影響的問題。傳播和影響是既相互關聯卻又互相區別的兩個相關領域，傳播的重點在探討西洋學者對中國文化典籍的翻譯、介紹和研究，因為首先必須要通過這些學者的翻譯、介紹與研究，纔有可能出現所謂漢學；影響的前提是接受，這就更進一步探討漢學如何突破或可以突破學術邊緣的非學術主流地位，因而進入該國主流學術的論述中，亦即探討漢學在「漢學」學術圈之外的作用，這可以包括諸如漢學在該國的思想家和藝術家之間產生的作用等等。此外還可以用一種全球化視野的研究考慮，就是將經學放在整個世界人類的文化脈絡中，以了解其價值與意義，大致有點接近所謂全球倫理研究的方式，以及漢學研究的方式。[31]以全球為中心的整體性視野與立基於

《中國人的性格》（香港：三聯書店，2000；西安：陝西師範大學出版社，2010）、《文明與陋習：典型的中國人》（太原：書海出版社，2004）、《中國人德行》（北京：新世界出版社，2005）、《支那人之氣質》（北京：中華書局，2006）等不同名稱。

30 抱持以東亞立場為中心的研究方式，可以參考[日]溝口雄三先生著，林右崇譯：《中國前近代思想的演變》（新竹：國立清華大學歷史研究所思想史研究室，1992）；[日]川合康三著，蔡毅譯：《中國的自傳文學》（北京：中央編譯出版社，1998）兩書的研究方式。

31 抱持世界整體立場的研究設想，可以參考[加]安德烈‧貢德‧弗蘭克著，劉北成譯：《白銀資本：重視經濟全球化中的東方》（北京：中央編譯出版社，2000）；[美]王國斌著，李伯重、連玲玲譯：《轉變的中國：歷史變遷與歐洲經驗

公平性的研究考慮下的研究，重點不在追究研究對象如何表現隨順中國經典本有意義的解讀，以便誇耀中國文化的偉大，反而是將重點放在其表現不同於中國文化母體的異義上，亦即放在探討透過不同文化素養與環境之下跨文化間的「誤讀」表現上，因為這纔是異文化交流之際的正常表現。此種重視相異點的強調，除可以借用別人的眼光「閱看」自己的理由之外，同時也涉及一個文化交流的複雜過程，任何文化接受外來文化之際，必然是一個按照自己需要與理解選擇的過程，不可能去接受自己完全不理解與不需要的東西，有時候甚至還會按照自己的需要而主動「改造」異文化，大陸學者樂黛云（1931-）稱此為「文化過濾」現象，其結果形成「歧義在同一層面共存」的現象。[32]因此中國經典進入他國文化語境，出現中國人認為的誤解、歪曲、改造、變形等等相異的詮解，不僅是正常的反應同時也正是該國「漢學」特色的表現，這種特色還可以用來與本國研究者研究進行對照，透過這些第三者眼光的比較檢討，對經學研究者的思想開闊與議題的開發，必然具有正面的反省促進作用。以上五個層面的不同研究設想，除共同必要的經學知識、經學典籍文本的深入閱讀等基礎外，每個層面都有各自不同的基礎學術知識要求，這些當然會隨著不同研究議題的設計而有差別。特別要提醒這些不同層面的研究雖有相關性，但每一層面都具有獨立存在的研究意義與價值，並沒有先後次序或上下高低層次的差別，評價他人的論文之際，這點基本認識不能不知。

的局限》（南京：江蘇人民出版社，1998）；[美]黃宗智：《長江三角洲小農家庭與鄉村發展：1350-1988》（香港：牛津大學出版社，1994）；[美]彭慕蘭著，邱澎生等譯：《大分流：中國、歐洲與現代世界經濟的形成》（臺北：巨流圖書公司，2004）；[美]彭慕蘭著，史建云譯：《大分流：歐洲、中國及現代世界經濟的發展》（南京：江蘇人民出版社，2003）等書的研究方式。

32 樂黛云：〈文化交流的雙向反應〉，宋偉杰：《中國‧文學‧美國：美國小說戲劇中的中國形象》（廣州：花城出版社，2003），頁2-3。

有關東南亞文化圈與世界學術圈的研究狀況，必須具備幾種相當程度的外文能力，纔能進行比較深入的了解，我在這方面的能力與知識有限，因此僅能提供部分資料給同學參考，目的是希望開闊同學的學術胸襟，引發同學進一步追求真相的興趣。想要了解更多的相關訊息，可以注意諸如：臺灣的《漢學研究通訊》、《中外文學》；香港《二十一世紀》；大陸劉夢溪先生編《世界漢學》、閻純德主編《漢學研究》、任繼愈主編《國際漢學》、陳學超主編《國際漢學集刊》、朱立元與陳光磊主編《漢學論叢》、陳仁鳳和王國安主編《漢學論叢》、巴黎大學北京漢學研究所編《漢學論叢》、吳兆路等主編《中國學研究》、法國漢學叢書編輯委員會編《法國漢學》、樂黛云主編《跨文化對話》、朱政惠主編《海外中國學評論》……等等，以及用《中國研究》或《中國學研究》為名的刊物。還有以西洋哲學為研究主流而成立的「國際儒學聯合會」，[33]其中也可以獲得一些必要的學術訊息。「國際儒學聯合會」的理事群，大致包括相關學界的重要人士，將這些學者各自的學術專業與研究成果查清楚，對相關資訊的掌握，必有正面的價值。

七　語言學轉向簡說

純就一般普遍認知而論，二十世紀研究的新方向，值得注意的當然不少，在前面討論中，曾提到在研究思想上「後現代」思考態度的出現，這種態度的內涵主要表現在：對「傳統」的反省；對「權威」的反抗和對「經典」的質疑等方面。另一個值得注意的就是在研究內容上「語言學轉向」（The Lingustic Turn）的出現，這種研究轉向注

33　「國際儒學聯合會網站」：http://www.ica.org.cn。

重「語言」本身的獨立性，關注的內容大致包括語言產生的問題、語言表達的問題、語言接受的問題和語言詮釋的問題等等。「語言學轉向」本是源自哲學領域，主要由英國哲學家維根斯坦（Ludwig Wittgenstein，1889-1951）等人引發，我並非哲學研究者，故而沒有學術專業上談論的資格，本課程也沒有討論哲學問題的預設，但由於此問題關涉到二十世紀以來除哲學外，許許多多的人文學科與社會科學，諸如：文學、史學、法學、藝術學、心理學、社會學、政治學、人類學⋯⋯等等，在研究思考上多少均受到影響，因而不能不提醒大家注意這方面的訊息，目的是希望大家可以根據自己研究的需要，尋找相關的專業論著，補充學術研究的基本知識素養，同時培養與其他相關研究者對話的可能，亦即了解涉及此方面內容的研究成果，因而獲得開闊視野或借鑑的效果。

　　從中文系研究的角度來說，語言學的重點主要是承認一切理解都具有語言的特徵，人不可能離開自己熟悉的語言進行思考理解，因而特別強調記載傳達思想的語言與文字在思想表達上的獨立性質，目的則在解釋或說明語言與文字、知識與事實表現之間的關係，就是說每一種日常事實的表現，如果沒有經過語言的命名程序，就無法有效的傳述與被理解。語言本是人類創造出來表達思想的工具，文字則是人類創造出來表達語言的工具，因此語言可以把文字納入其中，當語言創造之初，人類是語言詞彙（語言和文字）的創造掌控者，但當這些語詞成為理所當然的社會存在後，人類的思考與表達則再也無法完全脫離這些既存語詞的制約，即便是面對新事物的命名，依然僅能在自己熟悉的既存語詞中尋找合適者命名，並且也僅能經由這些既存語詞的意義系統進行理解，相同社會的人思考，大致也只能在這些自己熟悉且能夠使用的語詞中活動，並且也只能利用這些語詞評價好或壞、理解快樂與痛苦、進行最佳或最差的判斷、思考負責或不負責的決

定，由此可見這些既存語詞的公共性質，同時可知人類確實透過語詞以理解自己的經驗，並且通過這種理解以解釋自己的經驗。由於語詞在現代人未出現前，早就已經且始終存在著，因而語詞已經不再是任由人類擺佈的工具，人類甚至很難完全擺脫語詞的控制，語詞實際進入了現代人所有的經驗、理解、判斷、決定與行動中，現代人事實上是通過語詞，纔發現自己身處或參與了某個特定時空，語詞因此不再從屬於人類，而是人類反過來從屬於語詞。

「語言學轉向」的思考，使得人類重新用一種不同於以往注重本質的觀點，審察歷史與社會等實際存在的狀況，重新解釋自己及自己的語言、歷史、社會、文化等等的內涵與意義，最終使得在啟蒙運動理性下建構的純粹自主的「自我」，缺乏有效的根據，這也就是在文學批評上出現「作者死亡」或「主體消失」的觀點，因而出現注重文本的「形式批評」一類文學批評理論興起的緣故。[34] 涉及這方面知識的書籍建議可以稍加閱讀。

八　「非男性」主體研究概說

就臺灣實際的中文系所環境而論，就讀的學生一向以女性居多，但傳統中國學術幾乎全數掌控在男性手上，當一種現象成為慣性以後，相對的缺乏自我批判反省的惰性也會跟著出現，長期處在男性主導的研究，不自覺的男性「唯一」觀當然對各個層面的研究不免造

34　涉及這方面知識的中文書籍，如：洪漢鼎先生：《語言學的轉向：當代分析哲學的發展》（臺北：遠流出版事業公司，1995）；李衛華：《20世紀西方文論選講：以「語言學轉向」為視域》（石家莊：河北人民出版社，2007）；韓震、董立河：《歷史學研究的語言學轉向：西方後現代歷史哲學研究》（北京：北京師範大學出版社，2008）等。

成偏向。近代以來由於性別平權公道思想的正常發展，女性解放運動在各種人文社會學科中產生相當重要的影響，這在研究方法與文本表現觀點的思考方面，對身為研究基本文本中經常出現嚴重歧視「非男性」的傳統中國學術研究者而言，應當具有相當重大的自我解放意義，中文系所的研究者對有關抱持女性與其他性別立場進行研究的資訊不能不知道，但這類「性別論述」的學問，至今依然處於風起雲湧各家爭鳴的戰國時代，派別與立場的觀點也相當複雜，是個非常專門的學術理論研究領域，雖然我所知不多因而不敢信口開河，但還是強烈建議中文系所的研究者多多注意這方面的資訊，以便可以開闊自己的思想視野，因而可以從「全人」而非「性別」的角度思考和判斷問題。基於個人學術知識範圍的限制，涉及「其他性別」的討論，無法提供資料，以下僅提供部分涉及女性閱讀角度的資料給大家參考。

　　臺灣學術界站在純粹女性立場進行研究的女性學者，我知道的僅有張小虹教授、施淑教授等比較出名的研究者而已；大陸則僅知道李小江（1951-）為主的一批女性研究者。[35]還有某些書名為「女性主義」的書，應該都可以翻翻看。當然像法國西蒙娜·德·波伏娃（Simone de Beauvoir，1908-1986）的著作，應該找機會閱讀。我發現波伏娃某些觀點，竟然有和《詩經》的解讀相近之處，波伏娃說：

　　　　首先，男女之間會永遠存在差別；……其次，是制度導致了
　　　　一成不變。……所謂婦女解放，就是讓她不再侷限於她同男
　　　　人的關係，而不是不讓她有這種關係。即使她有自己的獨立

35　臺灣女性學者的研究表現，如張小虹：《性別越界：女性主義文學理論與批評》
　　（臺北：聯合文學出版公司，1995）；張小虹：《性別／研究讀本》（臺北：麥
　　田出版公司，1998）；李玉珍、林美玫合編：《婦女與宗教：跨領域的視野》
　　（臺北：里仁書局，2003），以及王逢振《女性主義》（臺北：揚智文化公司，
　　1995）等，可以斟酌參考閱讀。

生存，她也仍然會不折不扣地為他而生存：儘管相互承認
對方是主體，但每一方對於對方仍舊是他者（the Other：無
主體性的依附者）。……要在既定世界當中建立一個自由領
域。要取得最大的勝利，男人和女人首先就必須依據並通過
他們的自然差異，去毫不含糊地肯定他們的手足關係。[36]

波伏娃將兩性關係看作「手足關係」的觀點，頗符合傳統中國的觀
點。例如：《詩經‧邶風‧谷風》「宴爾新昏，如兄如弟」，唐代
孔穎達（574-648）等《正義》曰：「安愛汝之新昏，其恩如兄弟
也。」《周禮‧地官‧大司徒》「以本俗六，安萬民……三曰聯兄
弟。」東漢鄭玄（127-200）《注》云：「兄弟，昏姻嫁娶也。」
《爾雅‧釋親》「婦之黨為婚兄弟，婿之黨為姻兄弟」，晉代郭璞
（276-324）《注》云：「古者皆謂婚姻為兄弟。」宋代邢昺（932-
1010）《疏》云：「以夫婦有兄弟之義」，可知宋代以前視夫妻如兄
弟，[37]從而可知出現在羅貫中（1330-1400）所謂「兄弟如手足，妻子
如衣服」之論，[38]恐當是宋代以後方出現的胡言。現代中文系所的研
究者，由於習聞宋代以後這類藐視鄙視女性的讕言，因此很少人注意
到「夫妻如兄弟」這個古老存在的事實，現在只好勞駕波伏娃女士出
來說教一番，希望可以稍微矯正一下這類不該存在的錯誤觀點。

開闊兩性關係眼界之書，還有某些標榜女性觀點的叢書，如《女
性人生系列叢書》（臺北：聯經出版事業公司）、《兩性研究系列》

---

36 [法]西蒙娜‧德‧波伏娃著，陶鐵柱譯：《第二性》（北京：中國書籍出版社，
2004），頁668-669。

37 錢鍾書：《管錐編‧毛詩正義‧谷風》（北京：中華書局，1994），第1冊，頁
83-84；第5冊，頁10等兩處之言可參考。

38 [明]羅貫中：《三國志通俗演義》卷三〈孫策大戰太史慈〉（《中國基本古籍庫》
本），頁104。

（臺北：時報文化出版事業公司）等叢書。大陸李小江主編有《婦女研究叢書》（鄭州：河南人民出版社）、《女性新視野叢書》（南京：江蘇人民出版社）、《性別論壇》（南京：江蘇人民出版社）、《性別與中國》（北京：三聯書店）等；另有《女性研究叢書》和《女性學教材系列》（北京：北京大學出版社）、《中國女性主義學術論叢》（北京：九州出版社）、《中國女性叢書》（北京：中國人民大學出版社）、《中國女性文化叢書》（鄭州：中州古籍出版社）、《女性學譯叢》（北京：社會科學文獻出版社）、《女性主義哲學叢書》（北京：中國社會科學出版社）等叢書。又如鄭州大學婦女研究中心編的《當代世界女潮與女學》（鄭州：河南人民出版社，1990），資料雖有點老舊，但不失為了解現代女性學的基本入門；李小江《女性性別的學術問題》（濟南：山東人民出版社，2005），也有一些值得學習的內容。大陸劉東主編的《海外中國研究叢書·女性系列》（南京：江蘇人民出版社），收錄美國的賀蕭（Gail Hershatter）、伊沛霞（Patricia Ebrey）、曼素恩（Susan Mann）、白馥蘭（Francesca Bray）、費俠莉（Charlotte Furth）、高彥頤（Dorothy Ko）、羅香凝（Lisa Rofel）、艾梅蘭（Maram Epstein）；英國的艾華（Harriet Evans）；加拿大的寶森（Laurel Bossen）、朱愛嵐（Ellen R. Judd）；澳洲的杰華（Tamara Jacka）等女性學者的論著，這些研究中國文化的西方學術界女性學者，並不全站在純女性的立場或都抱持現代式女性主義觀點看問題或研究，不過他們關注的議題與研究方法，對大家眼界的開闊與思考判斷的訓練，絕對都有正面的助益。有關女性學方面的書籍數量相當多，建議男性同學認真閱讀，以了解女性學者的研究立場與價值判斷的觀點，這對男性研究者某些不自覺而存在潛意識中的「男性意識型態」的釐清，會有相當正面的功能。

特別建議大家閱讀與尊重女性學者或抱持女性主義立場學者研究觀點的理由，因為已經有文章可以參考，[39]這裡就不再贅言了。但這裡必須聲明特別強調提倡女性主體閱讀的理由，並不是要完全抹煞男性在「閱看女性」之際解讀觀點的價值。就一般的了解當事人的過度投入，有時反而造成失去了解真相的可能性；有時候無關第三者，就是具有那種「不相干」態度的人，[40]更可能見到實質的真相，因為「身在廬山中」所以不清楚自己的方位，反而在廬山之外的「旁觀者清」。還有對歷史事件解讀之際，無論是那一種角度或立場的研究，都必須儘量回到那個歷史時代去思考，或者站在那個研究對象的立場進行思考，然後再進行實質的研究，這樣比較不會發生過度詮釋或詮釋錯誤的問題。否則不僅無法旁觀者清，反而可能會變成「喧賓奪主」，「中人變事主」（閩南語：調解人變成當事人）的以自己的觀點或立場，取代研究對象立場而大放厥詞的問題，新文化運動以來許多男性研究者有關傳統中國女性權益，以及政治參與權等方面的解讀，就大大犯了此種「中人變事主」的以主觀預設意見混充客觀陳述意見的毛病。當然不是當事人的觀點，自也有可能獲得當事人視野之外的發現，例如一位男性設想女性生產養育孩子的過程，當然會有許多猜測與不了解之處，但也可能看到一些女性自己沒有注意到的小地

---

39 楊晉龍：〈閱讀、批判與分析角度的自我省思：論多元開放的治學方法〉，《北市大語文學報》第3期（2009年12月），頁97-122。

40 所謂「不相干」的無關第三者，可參考法國學者朱利安（François Jullien）所言中國與歐洲在思想起源上絕對「不相干」或「無關係」（indifferent）的概念。參考[法]于連著，陳彥譯：〈答張隆溪〉，《二十一世紀》第55期（1999年10月），頁119-122；[法]于連著，林志明譯：〈由希臘繞道中國，往而復返：基本主張〉，林志明、魏思齊編輯：《輔仁大學第二屆漢學國際研討會「其言曲而中：漢學作為對西方的新詮釋──法國貢獻」論文集》（臺北：輔仁大學出版社，2005），頁71-87；秦海鷹：〈怎樣言說他者：談于連教授對中國古典文論概念的梳理和闡釋〉，《跨文化對話》第23輯（2008年8月），頁96-103等處所言。

方，或者發現一些女性自己覺得「沒有什麼」或「理所當然」，但實際上卻是對整個人類社會具有非常重要價值，或者非常珍貴的東西，這點頗值得注意與開發，例如男性作者所寫有關養育子女與嬰兒的歌曲等等，也值得特別注意。有關脫離時代「不知而解」的訛誤，可以舉個例證說明，平常用語中有句「一路哭不如一家」的成語，這句話源自宋代范仲淹（989-1052）對富弼（1004-1083）說的「一家哭何如一路哭」之言，[41]這句話中的「路」，指的是宋朝行政區域「十五路」的「路」，並非現在大家熟用的「道路」之「路」，雖然這個錯誤並不影響此句意義的理解，但也不能不說是個錯誤，故而先回歸到研究對象的時代，了解其所言在當代的意義，然後再發揮討論其餘的意義，當該是比較合宜的研究方式。以上的論點也只是些未經充分驗證推理而得的「可能性」觀點，提供給大家在研究思考時參考，如果覺得不妥當，就該理所當然地不接受而唾棄之。

九　國際相關研究前說

　　國際學術上注意到中國文化，就亞洲以外的世界而言，當然要從明朝以來基督宗教傳教士的介紹翻譯開始，對於傳教士們的研究當然不能不加注意。例如從世界視野的角度研究明代萬曆以後的經學詮釋及中西學術交流的問題時，恐怕就不宜完全忽略被西方漢學界與宗教界視為「旁門左道」之學的「索隱派」（figurism）學者的研究成果。[42]臺灣中文系所無論在教學或討論的對象，大致都以《四庫全書

41　[宋]朱熹編：《宋名臣言行錄前集》卷七〈范仲淹〉引《遺事》（《四庫》本），頁14-15。

42　對這方面有興趣者可以參考：劉耘華：《詮釋的圓環：明末清初傳教士對儒家經典的解釋及其本土回應》（北京：北京大學出版社，2005）、李熾昌主編：《文

總目》與梁啟超《中國近三百年學術史》或五四新文化學者等提到者
為限，很少有超出此範圍之外者，基本上中文系所涉及傳教士的研
究，至今依然處在一種「此外無他人」的狀態，多數人在研究思考
時，因而會出現忘記傳教士或其他外來文化的存在，且對當時學術發
生影響事實的「目中無外人」般的狀況，似乎也不用太過意外。能夠
注意到非本土性宗教或西洋傳教士與傳統中國儒家經典關係的研究
者，一向都是屬於少數中的少數。[43]這種現象當然只是臺灣中文系所
研究者缺乏面對世界學術的一端而已。以往那些導致臺灣中文系所研
究者缺乏面對世界學術自覺的歷史因素，以及相關的外在因素現在業
已消失，此種自我囿限的研究狀態，在當今傳媒發達學術全球化的時
代，當該不應讓其繼續存在，有必要放開眼界，面對全世界的學術
界，了解不同國家地區學者實際的研究概況：議題、方法、成果等
等。以下即就所知稍做介紹，當然只是最簡略的介紹，只是提供大家
一種導讀或簡便的參考，進而希望可以因此幫助大家對有關世界各地
涉及中文系所相關研究議題的廣泛認知，擺脫中文系所以往那種在學
術上自我限制的褊狹思想。

本實踐與身分辨識：中國基督徒知識份子的中文著述（1583-1949）》（上海：上
海古籍出版社，2005）、[美]魏若望著，吳莉葦譯：《耶穌會士傅聖澤神甫傳：
索隱派思想在中國及歐洲》（鄭州：大象出版社，2006）、沈定平：《明清之際
中西文化交流史──明代：調適與會通》（北京：商務印書館，2007年3月增訂
本）、張西平：《歐洲早期漢學史：中西文化交流與西方漢學的興起》（北京：
中華書局，2009）等書。

43 這方面的論文，如：謝爾達：《論語與古蘭經主要相關思想的研究》（臺北：國
立政治大學中國文學研究所碩士論文，1993）；楊晉龍：〈經學與基督宗教：明
清詩經學專著內的西學概念〉，國立政治大學中國文學系編：《第五屆中國經
學國際學術研討會論文集》（臺北：國立政治大學中國文學系，2009），頁399-
437；楊晉龍：〈穆斯林學者王岱輿著作引述及應用經書探論〉，《中國文哲研究
集刊》第43期（2013年9月），頁173-216。

　　首先要介紹的是歐洲學者及其相關研究。外文能力足以閱讀全世界所有相關研究學者的原文論著，那是不可能的事情，因此欲了解有關國外學者及其重要學術家派狀況，當然可以參考相關的中文譯本，除以前提到的諸如《漢學研究通訊》或《跨文化對話》一類刊物外，中譯的相關叢書及其出版的單位，還有幾個叢書可以提供大家參考：《宗教與世界叢書》（成都：四川人民出版社）、《世界哲學家叢書》（臺北：東大圖書公司）、《現代西方學術文庫》（北京：三聯書店）、《當代學術思潮譯叢》（上海：上海譯文出版社）、《外國倫理學名著譯叢》（北京：中國社會科學出版社）、《海外漢學叢書》（上海：上海古籍出版社）、《近代思想圖書館系列》（臺北：時報文化出版公司）、《文化手邊冊》（臺北：揚智文化事業公司）、《當代大師系列》（臺北：生智文化事業公司）、《桂冠當代思潮系列叢書》（臺北：桂冠圖書公司）、《法蘭西思想文化叢書》（北京：三聯書店）、《中國文化研究漢學書系》（北京：中華書局）、《漢語基督教文化研究所叢刊》（香港：道風書社）、《學術前沿》（北京：三聯書店）、《世界漢學論叢》（北京：中華書局）、《歐洲思想系列》（上海：學林出版社）、《當代學術棱鏡譯叢》（南京：南京大學出版社）、《商務印書館海外漢學書系》（北京：商務印書館）、《國際漢學研究書系》（鄭州：大象出版社）、《當代法國思想文化譯叢》（北京：商務印書館）、《遠東海外中國學研究》（上海：上海遠東出版社）、《學苑海外中國學譯叢》（北京：學苑出版社）、《漢學名著譯叢》（北京：中國廣播電視出版社）、《域外漢學名著譯叢》（上海：上海古籍出版社）、《歷代基督教經典思想文庫》（北京：中國人民大學出版社）、《海外中國研究叢書》（南京：江蘇人民出版社）、《同濟‧當代法蘭西文化叢書》（上海：同濟大學出版社）、《同濟‧德意志文化叢書》（上

海：同濟大學出版社）、《北京大學20世紀國際中國學研究文庫》
（北京：中華書局。嚴紹璗寫的〈總序〉應該閱讀）、《當代世界學
術名著‧哲學系列》（北京：中國人民大學出版社）、《世紀人文系
列叢書：世紀前沿》（上海：上海出版社）等等。這些收錄的書籍與
紹介的內容，對研究者開闊學術視野、檢討發現新研究方法與研究議
題等方面，具有許多可能性的價值，建議大家選擇研究相關或有興趣
者閱讀。

其次是亞洲同為「儒家文化圈」的日本，雖然大家比較熟悉，但
對於日本涉及中國學術方面研究的成果，能夠用心蒐集且加以吸收利
用者，依然還有加強的餘地。韓國的研究成果，由於文字的障礙，應
該是大家生疏的地區。越南的研究，由於近年來越南開始開放，逐漸
與臺灣進行學術交流，臺北中央研究院中國文哲研究所與臺南成功大
學中文系，大約是臺灣和越南學術界比較密切往來的學術單位。新加
坡、馬來亞、印度、澳洲、紐西蘭等，都有相關研究成果。印尼、菲
律賓、泰國、以色列、伊朗、阿拉伯王國、埃及、南非、拉丁美洲
等，非我所知，故無法提供訊息。

十　華裔學者知見名錄

近代以來不少從中國地區到國外留學，因而留在國外大學任教，
且學有所成的學者，這些學者有時候也會接受臺灣、香港或大陸的聘
請，短期或較長期的回到臺灣、香港或大陸任教或研究，不過基於尊
重這些學者所居地的國籍，因此均以華裔學者稱之，以下即就所知，
提供一些與中文學界相關的研究者，這些作者及其論著，有些已經有
中文版本，然多數則以當地通行文字為之，唯無論是否與自身研究領
域有直接關聯性，如果在語文上沒有問題，建議大家儘可能閱讀吸

收，主要是其中有關治學的思考模式與研究方法的應用等等，對開闊
個人的研究視野，絕對有正面的助益。

　　我較熟悉的華裔學者有澳洲柳存仁老師（道教）。北美洲地區：
一、加拿大：葉嘉瑩老師（詞學）、冉雲華（佛學）、秦家懿（宗
教）、沈清松（哲學）。二、美國：洪業（文獻）、蕭公權（政治
史）、陳榮捷先生（理學）、錢存訓（版本）、陳世驤（文學批
評）、全漢昇（明清經濟）、楊聯陞（上古史）、周策縱（文史）、
何炳棣（明清史）、黃仁宇（明清史）、劉子健（宋史）、夏志清
（古典文學）、高友工（古典文學）、余英時先生（史學）、傅偉勳
先生（哲學）、梅祖麟（語文）、王靖宇老師（古典文學）、林毓
生先生（思想史）、成中英（哲學）、劉若愚（文學批評）、張灝
（史學）、余國藩先生（文學、宗教）、劉廣定（史學）、李歐梵先
生（現代文學）、王靖獻老師（文學）、杜維明先生（新儒學）、黃
宗智（經濟史）、林順夫先生（古典文學）、孫康宜老師（古典文
學）、張誦聖（文學）、王德威（現代文學）、劉禾（現代文學）、
奚密（現代文學）、高彥頤（文化）、周蕾（文化）、李惠儀（文
學）、陳小眉（現代文學）、史書美（現代文學）等。

　　歐洲地區：一、法國有：熊秉明（藝術）、程抱一（程紀賢：文
學藝術）；譚雪梅（藝術）、陳祚龍教授（敦煌學）、陳慶浩教授
（古典文學）、程艾蘭（公羊學）。二、德國有：喬健教授（人類
學）。三、英國有：魯惟一（史學）、趙毅衡（思想）。四、俄國
有：嵇遼拉（列・謝・貝列羅莫夫：儒學）蔣經國學術基金會曾在
一九九一年與一九九三年贊助其《孔子：生平、學說、命運》一書之
出版。

　　華裔學者外，世界各地也有不少研究中國傳統或現代學術及文化
的漢學者，這些外籍學者的研究內容與成果，頗有值得借鑒之處，但

本課程並非直接針對世界漢學研究狀況的討論，因此不涉及單獨學者的介紹，僅提供各地區研究資訊，以便提醒或協助大家對國際上涉及中文相關研究狀況的初步了解，透過這些粗略資訊即可以找到與自身學術專業相關的個別學者。以下即就所知論之。

十一　歐美澳地區漢學研究資訊與目錄概說

臺灣學術界最早介紹世界其他地區漢學研究狀況者，就國家圖書館的「臺灣期刊論文索引系統」的資料顯示，梁容若在一九五二年元月發表於《大陸雜誌》的〈歐美與日本人的漢學研究〉一文最早，其後若依時間先後，則介紹的狀況如下：歐洲、日本、美國、法國、澳洲、韓國、加拿大、烏拉圭、挪威、荷蘭、英國、蘇聯、德國、東南亞、捷克、北歐、北美、歐美、越南、土耳其、瑞典、義大利、瑞士、西班牙、葡萄牙、愛沙尼亞、保加利亞、比利時、斯洛維尼亞、蒙古國等地區或國家的漢學相關研究狀況。期刊論文外，專書介紹世界不同地區或國家的漢學相關研究資訊者也有不少，以下即就所知提供目錄資訊。

首先依出版時間先後，提供不同區域漢學研究狀況的介紹書籍，包括目錄學著作，前文已提及者省略，這些書籍臺灣多有收藏，因此不詳列版本資料，以省篇幅。這類著作有：陶振譽等著《世界各國漢學研究論文集》；宋晞等著《世界各國漢學研究論文集·第二集》；市古宙三、費正清《中國研究文獻案內》；胡萬川《海外存知己：西歐漢學家專訪》；倪豪士主編《唐代文學西文論著選目》；王家鳳、李光真《當西方遇見東方：國際漢學與漢學家》；程曦《海外漢學興衰管見》；中國社會科學院文獻資訊中心、外事局合編《世界中國學家名錄》；高田時雄編著《東洋學の系譜（歐米篇）》；張堂錡《域

外知音》；許惟賢、王相寶主編《當代海外漢學研究》；吳孟雪、曾麗雅《明代歐洲漢學史》；張國剛等《明清傳教士與歐洲漢學》；劉正《海外漢學研究：漢學在20世紀東西方各國研究和發展的歷史》；計翔翔《十七世紀中期漢學著作研究》；王曉路《西方漢學界的中國文論研究》；朱仁夫、邱紹雄編《儒學走向世界文獻索引》；魏榮吉《中國學研究備要・中國と周辺関係史篇》；張西平《傳教士漢學研究》；張立文主編《儒家思想在世界的傳播與發展》；張西平編《他鄉有夫子：漢學研究導論》；張西平編《歐美漢學研究的歷史與現狀》；何培忠主編《當代國外中國學研究》；莫東寅《漢學發達史》；王榮華、黃仁偉主編《中國學研究：現狀、趨勢與意義》；漢學研究中心編《國際漢學研究數位資源選介》；劉曉《西方漢學家泰山信仰研究述論》；袁同禮編著《海外中國學研究書目系列・袁同禮著書目彙編》等書。

　　除較大範圍的介紹者外，其次還有分國介紹者，以下即依據出版時間先後，分別提供可以進一步了解各國漢學研究狀況的資料給大家參考。所以要依據時間先後排列，主要是讓大家了解各該國漢學研究的發展，以及某個時段某個地區的漢學研究，除殊異性外是否在研究的範圍、對象或議題也有共通性？以下提供的次序是先歐洲後美洲，主要是漢學源於歐洲而流傳至美國，最後更轉變為「中國學」。臺灣討論「漢學」與「中國學」關係的論文，最早的似乎是吳錫澤，[44]可惜後繼無力。

　　歐洲地區涉及漢學研究的專書：一、法國：除創刊於一九九六年由龍巴爾和李學勤主編的《法國漢學》期刊外，專書有：李璜《法國

44　吳錫澤：〈從「漢學」到「中國研究」〉，《東方雜誌》復刊第2卷第10期（1969年4月），頁45-49。

漢學論集》；錢林森編《牧女與蠶娘：法國漢學家論中國古詩》；錢
林森《中國文學在法國》；戴仁、耿昇《法國的敦煌學研究》；戴仁
主編，耿昇譯《法國當代中國學》；閻宗臨《傳教士與法國早期漢
學》；錢林森編《法國漢學家論中國文學：古典戲劇和小說》和《法
國漢學家論中國文學：古典詩詞》；戴仁編，耿昇譯《法國漢學的歷
史與現狀》；錢林森編《法國漢學家論中國文學：現當代文學》；許
光華《法國漢學史》等。二、英國：像宗教學的希克（John Hick，
1922-2012）或社會學的安東尼‧吉登斯（Anthony Giddens，1938-）
等，固然不研究漢學，但其論著對開闊眼界其實也大有幫助。至於介
紹漢學的專書則有：張弘《中國文學在英國》；熊文華《英國漢學
史》；趙欣《十八世紀英國漢學研究》；江嵐《唐詩西傳史論：以唐
詩在英美的傳播為中心》；胡優靜《英國19世紀的漢學史研究》等。
三、德國：張壽平《西德的漢學及其他》；張國剛《德國的漢學研
究》；秦家懿編譯《德國哲學家論中國》；曹衛東《中國文學在德
國》；馬漢茂、漢雅娜主編，張西平、李雪濤譯《德國漢學：歷史、
發展、人物與視角》；李雪濤《日爾曼學術譜系中的漢學：德國漢學
之研究》；印芝虹等主編《中德文化對話》等。四、蘇聯與俄羅斯：
中國社會科學院文獻情報中心編《俄蘇中國學手冊》；閻國棟《俄國
漢學史：迄於1917年》；閻國棟《俄羅斯漢學三百年》；李明濱《俄
羅斯漢學史》等。五、其他國家：張靜河《瑞典漢學史》；徐宗才
《捷克漢學家》；熊文華《荷蘭的漢學研究》；馬立安‧高利克著，
李玲等譯《捷克和斯洛伐克漢學研究》等。以上是有關歐洲地區涉及
漢學研究較專門的介紹書籍，其中自然包括與中文系所研究領域相關
的學術研究成果。

美洲地區，尤其是美國乃是當今國際上涉及中國相關學術研究最
發達的地區，不少學者的研究成果都有值得注意之處，涉及美洲地區

漢學研究狀況的專門書籍，大致都以介紹美國為主，少部分會將加拿大列入，相關的介紹書籍與目錄有：漢學研究資料及服務中心編《海外中國研究博士論文藏目‧美國部份初編》；孫越生、陳書梅主編《美國中國學手冊（增訂本）》；倪豪士編選，黃寶華等譯《美國學者論唐代文學》；安平秋、安樂哲主編《北美漢學家辭典》；陳君靜《大洋彼岸的回聲：美國中國史研究歷史考察》；趙晨詩《論美國漢學到中國學的變遷》；朱政惠編《中國學者論美國中國學》；吳原元《隔絕對峙時期的美國中國學（1949-1972）》；王曉路主編《北美漢學界的中國文學思想研究》；朱政惠編《美國學者論美國中國學》；顧鈞《衛三畏與美國早期漢學》等。臺灣介紹南美洲漢學研究狀況者，僅見蕭瑜的簡略敘述，[45]顯見臺灣對南美洲相關學術研究相當生疏。

澳洲地區涉及漢學的學術研究，當該是臺灣中文系所學者較陌生之處，介紹該地涉及漢學研究的專著有：錢超英編《澳大利亞新華人文學及文化研究資料選》；胡再德《澳大利亞中國學研究：借鑒‧引進‧本土化》；曾彥中《澳洲中國研究的多元性：以安戈及何包鋼的學思歷程為例》；陳姿潔、吳昀展《南方中國學：費約翰與當代澳洲特色的中國研究》等書。

十二 亞洲地區漢學研究資訊與目錄概說

亞洲地區最主要的漢學研究群，自是以所謂「儒學文化圈」的朝鮮（韓國）、日本、琉球和越南為盛，其中琉球已納入日本。其次則

---

45 蕭瑜：〈漢學研究在烏拉圭的活躍〉，《建設》第16卷第7期（1967年12月），頁16-18。

東南亞地區可知的有新加坡、馬來亞的狀況，如黃孟文、徐迺翔主編
《新加坡華文文學史初稿》（2002）、李慶年《馬來亞華人舊體詩
演進史（1881-1941）》（1998）、許文榮《極目南方：馬華文化與
馬華文學話語》（2001）和何國忠編《百年回眸：馬華文化與教育》
（2005）等書，可以了解新加坡與馬來亞華文文學的狀況，然對漢學
研究的了解有限。伊斯蘭教流行地區，亦僅見高麗娟一九九三年發表
在《國立教育資料館館訊》的〈土耳其的漢學研究〉一文。蒙古國的
研究狀況，僅見二〇〇九年《漢學研究通訊》那仁〈蒙古國的漢學研
究概況〉。以下即依次提供介紹朝鮮（韓國）、越南、日本等涉及漢
學的研究訊息，至於東南亞的新加坡、馬來亞，就中文系所的學者而
言，當該也是相對陌生之地，因此也提供部分漢文的文學研究相關
書籍。蕭新煌、陳明秀編的《東南亞、日本、韓國研究博碩士論文
彙編》（1999），提供不少相關學位論文的資訊；梁立基、李謀主
編的《世界四大文化與東南亞文學》（2000）和《雲南社會科學》
一九九九年第四期刊登的賀聖達〈近代東南亞的漢學研究〉，也有
部分的相關訊息；北京外國語大學亞非學院自二〇〇七年編輯出版的
《亞非研究》期刊，收錄有不少涉及亞洲與非洲漢學研究的訊息，亦
值得翻閱參考。

　　韓國學術界涉及中國學術研究的成果不少，並且有不同於其地區
性的獨特視角，但由於韓文的普及性不高，除少數研究「韓國學」
的專門學者外，一般中文系所的學者對其學術表現與成果，缺乏認
知與吸收的能力。但韓國與中國在文化上有上千年交流的歷史，不
僅曾以漢字為書寫工具，同時還引入許多中國傳統典籍做為教育的
基本教材，長期以來累積的研究成果，實在不容忽視。除大家比較
熟悉的朱子學者李退溪外，在韓國未與臺灣斷絕外交關係前，臺灣
中文系所的韓國留學生甚多，這些學成歸國的學者，當然都有各自

的研究發揮，這些研究成果自也不容視而不見，故而應該盡可能加
以了解。根據初步蒐集二十世紀以來臺灣、大陸、日本及韓國等地
出版，介紹或討論韓國文化與歷史相關研究的專書約有百部左右，以
下即選擇和中文系所研究相關性較強的介紹性資料，提供大家參考，
以便增強大家對韓國學者研究中國傳統學術成果的認知。相關書目
有：京城帝國大學法文學會編《朝鮮支那文化の研究》（1929）；藤
塚鄰《日鮮清の文化交流》（1947）；董作賓等《中韓文化論集》
（1955）；裴宗鎬《韓國儒學資料集成》（1980）；柳承國著，傅濟
功譯《韓國儒學史》（1989）；鄭判龍主編《朝鮮學：韓國學與中國
學》（1993）；沈善洪主編《韓國研究中文文獻目錄》（1994）；崔
蓮、金順子編《中國朝鮮學：韓國學研究文獻目錄（1949-1990）》
（1995）；鄭判龍、李鐘殷主編《朝鮮——韓國文化與中國文化》
（1995）；金榮奇《韓國春秋學研究》（1995政大博論）；金台俊
著，張璉瑰譯《朝鮮漢文學史》（1991）；崔根德《韓國儒學思想
研究》（1998）；尹絲淳著，陳文壽、潘暢和譯《韓國儒學研究》
（1998）；中國實學研究會編《中韓實學史研究》（1998）；成均館
大學校大東文化研究院編《韓國經學資料集成總目錄》（1998）；李
晶《韓國學概論》（2000）；李泰鎮著，六反田豊訳《朝鮮王朝社会
と儒教》（2000）；金時俊、徐敬浩編《韓國中國學研究論著目錄
（1945-1999年）：歷史、哲學、語文學》（2001）；陳寧寧、劉德
海《韓國研究導論》（2001）；劉厚琴主編《日本韓國的儒學研究》
（2003）；楊昭全《中國——朝鮮・韓國文化交流史》（2004）；劉
順利《半島唐風：朝韓作家與中國文化》（2004）；劉文清、李隆獻
編《中韓訓詁學研究論著目錄》（2005）；崔英辰著，邢麗菊譯《韓
國儒學思想研究》（2008）；魏志江《韓國學概論》（2008）；孫衛
國《明清時期中國史學對朝鮮的影響：兼論兩國學術交流與海外漢

學》（2009）；李甦平《韓國儒學史》（2009）；劉順利《朝鮮半島漢學史》（2009）；姜在彥《朝鮮儒教の二千年》（2012）等書，均提供韓國歷史上某些研究傳統中國學術的成果，其中當有許多值得參考吸收之成果。

越南很早以前就與中國交流，甚至還一度納入中國的領土，其中與越南學術關係最大者，就是越南遭受中國明朝「侵略」時，正是永樂帝頒發《四書五經大全》和《性理大全》期間，越南官方學術與科舉制度，因此就延襲明朝的這項制度，直到越南淪為法國帝國主義的殖民地後纔全數廢除。由於越南在歷史上曾經有過使用漢字的階段，因此在文化、教育與科舉上，有許多仿效中國之處，黎朝（1428-1789）更在一七三四年頒《五經大全》給各地學官，越南亦有以漢學成名者，如：黎貴惇（1726-1784）、鄭懷德（1764-1825）、白毫子（1819-1870）等學者。近年來由於如陳益源般注意到越南小說的研究者，以及越南開放後中央研究院等相關單位的交流，因而越南儒學逐漸受到中文學界的注意，實際上越南在經學與文學等方面的研究，本就有值得注意之處。越南漢學研究的狀況，一九九二年《漢學研究通訊》刊登有潘文閣講述，張秀蓉記錄的〈越南的漢學研究〉；二〇〇八和二〇〇九年《臺灣東亞文明研究學刊》刊登有阮金山的〈當代越南儒教研究之現況與問題〉與黃俊傑、阮金山的〈越南儒學資料簡介〉；網絡上也有阮懷秋、石之瑜的〈越南的中國研究——中國研究中心院的概況〉一文；陳益源二〇一〇年在《深圳大學學報（人文社會科學版）》發表〈越南漢文學中的東南亞新世界——以1830年代初期為考察對象〉之文，均提供不少相關的資訊。相關專著則有：郭廷以等《中越文化論集》（1956）；彭國棟《中越緬泰詩史》（1958）；陳永和《越南鄉土與中華文化之淵源研究》（1971）；胡玄明《漢字對越南文學之影響》（1972臺師大碩論）；陳光輝《越南

喃傳與中國小說關係之研究》（1973臺大博論）；胡玄明《中國文學
與越南李朝文學之研究》（1978政大博論）；鄭永常《漢文文學在
安南的興替》（1987）；林慶彰、劉春銀、王小盾、陳義等編《越
南漢喃文獻目錄提要》（2002）與《越南漢喃文獻目錄提要補遺》
（2004）；牛軍凱《朝貢與邦交：明末清初中越關係研究（1593-
1702）》（2003廣州中山大學博論）；譚志詞《中越語言文化關係》
（2003）；趙麗明主編《漢字傳播與中越文化交流》（2004）；劉玉
珺《越南漢喃古籍的文獻學研究》（2007）；陸凌霄《越南漢文歷史
小說研究》（2008）；牛軍凱《王室後裔與叛亂者：越南莫氏家族與
中國關係研究》（2012）等等。據陳益源〈越南漢文學中的東南亞新
世界〉的引述，尚有鄔增厚與陳以令《越南的漢學研究》（1962、
1967）兩書。有關越南、新加坡、馬來亞和韓國等涉及「華文」學術
相關研究的狀況，透過這些在臺灣可以找到的部分研究或編輯專著，
大致可以了解這些國家在漢學的學術表現與研究的狀況。

　　日本漢學方面，無論在議題開發或研究方法上都有特色，故而頗
有借鏡的價值。蔣寅（1959-）的觀察是：

> 中國學者對日本學術的一種普遍看法，認為它瑣碎、缺乏系
> 統。……但若看他們的博士論文（論文博士），則……有關
> 這一問題的每個方面都被細致地討論到了。……他們對學問
> 抱有很神聖的態度，而且很有耐心，滿足於一點點的積累和
> 進步，不像中國學者一味地寫書，看似出版物很多，卻積累
> 不下多少有價值的成果。[46]

---

46 蔣寅：〈古典文學研究三「執」‧宏觀與微觀〉，《學術的年輪》（北京：中國
　文聯出版社，2000），頁40。

蔣寅的觀察很值得研究者深思。再者日本的西化較中國早,許多西洋概念透過日本的漢文翻譯傳入中國,甚至成為現代漢文的基本詞彙。有關日本學術對華人世界的無形影響,楊儒賓(1956-)曾說:

> 海運東來以後,日本卻以其漢字為載體,大量反輸入中國新的概念。近代中國輸入日本轉手加工的新概念與新知識之規模如是之大,如是之深,它所提供的刺激事實上已深入骨髓的改造了華人的思維習慣與精神傾向。我們今日研究日本漢學,其意義已經不僅是客觀的研究異域一門自華夏移植過去的學問,⋯⋯而是不可避免的涉身於漢和及東西洋相互指涉的多重意義解讀的一種行徑。⋯⋯不了解廣義的日本漢學,在相當的程度內也就沒辦法了解自己,也無法了解近代東亞史的世界性格。[47]

透過蔣寅、楊儒賓的觀察,可以有效地解釋中日學術互融難分的實況。日本學術界自古以來,即有不少涉及中國的經學、史學、子學、文學、佛學、道教、藝術、書法等各方面研究的成果,由於臺灣和日本學界關係密切,相關研究資訊的取得相當容易,因此僅提醒大家注意吸收運用,不再提供書目與目錄,以省篇幅。

　　以上陳述的訊息,僅是部分的資料而已,大家即使無法遍觀所有書籍,但透過這些文獻資料提供的作者、標題或書籍內容的初步了解,應該可以幫助大家獲得一些必要的學術訊息,增強對相關研究議題及研究方法上,更進一步的了解,這對議題的擬訂和有效達成研究目標,以及開闊自身研究的眼界,應該具有正面的幫助,這也就是特

---

47 楊儒賓:〈導言〉,楊儒賓、張寶三編:《日本漢學研究續探:思想文化篇》(臺北:國立臺灣大學出版中心,2005),頁ii。

別要和大家討論研究背景環境的緣故。環境與研究關係的分析，就到
此結束，接下來將討論「點書」的功能與「閱讀」的相關問題。

第五講
標點與閱讀的分析討論

一 前言

　　大學以上的教育功能，除提供學生難解的學術研究問題（造疑）一項外，一般而言大致以韓愈〈師說〉言及的三方面內容為主：引導學生增強必備的專業知識（傳道）、教導學生增強專業知識的方法（授業）、教導學生使用專業知識的方法（解惑）。不過臺灣高中以下的學校，在平常實際的教學活動中，教師的教學設計，因為要配合學生基本知識不足的起點行為關係，大致上還是以「增強必備的專業知識」為主要目標，雖然在增強基本知識的教學過程中，多多少少會顧及（教師有自覺的設計）或觸及（教師不自覺的帶過）「如何增強專業知識的方法」和「如何使用專業知識的方法」等兩項的內容，不過多數教師在教學操作之際，或者有自覺卻缺乏刻意分開說明的教導，或者沒有區分三項內容的教學自覺，再加上臺灣現代教育制度下，以聽課為主的教學方式下養成的學生，基本上是被動性強於主動性，現實需要的考慮強於基礎建立的考慮，於是形成一種不良的學習態度：考試不考的內容不想學、教師不要求的不想知道、教師沒明說的不會聯想等。即使用心的教師很努力想傳達給學生眾多的內容，學生也不一定願意接受，這類教師甚至還有被學生及家長歸入「機車族」或「不良教師」行列的可能，就在此種學校教育制度和學習態度的不良「慣習」氣氛影響下，教師再如何認真也只能對較少數的學生有幫助，對多數學生則連短期有益的效果，都很難確實獲得，更遑論

較長期的學習效應了。

　　臺灣高中以下學生的自我學習要求，在前述不良的學校教育制度
與學習態度有形無形的制約下，即使進入大學或研究所，絕對多數學
生實際上會注意到的學習內容，還是重在吸收甚至只是「背誦」教
師增強專業知識方面的單一內容，教師即使有意提供給學生其他三
項內容的基本知識，恐怕多數學生都不會注意，甚至根本不知道在吸
收專業知識之外，還應該吸受教師「方法」和「問題」的學習內容或
需求。中文系所的研究生既然也都是由此種教育制度訓練培養而成，
多數學生因此也同樣存在有臺灣教育制度下「學一忘三」的孤陋學習
之弊。「治學方法」課程正是為彌補此項教育制度的缺漏而設計，故
而「治學方法」實際上是屬於一種輔助性意義之下的課程設計，就是
以輔助學生專業知識的增強與有效利用專業知識為主要內容的課程。
「治學方法」意義下這兩類「輔助性課程」的內容，首先就增強專業
知識的部分而論，就是要教導學生如何吸收有益於加深或增廣專業內
涵的其他相關知識，以及如何正確且深化專業知識學習的收穫及能
力。其次就使用專業知識的部分來說，則是要教導學生有效且恰當使
用習得的專業知識的能力，就是在適當的場合運用最恰當的專業知
識，以獲得處理人事物的最佳效果。可知「治學方法」涵蓋的這兩類
輔助性的學習內容，應該是在習得「專業知識」之後的下一步學習，
在學習次序上絕不能躐等超越「專業知識」的學習，這也就是所以要
將「治學方法」課程歸屬於「輔助性」教學課程設計的理由。

　　「治學方法」雖與「研究方法」相關，但卻與「研究方法」有
別。「研究方法」做為一門獨立的學科，自然就有固定的課程內容與
範圍，故而理所當然地成為一門獨立的學科。就「治學方法」的立場
而言，「研究方法」固然是學習者必備的知識，但「研究方法」卻也
只是「治學方法」運用的許多知識中的一種而非全部，「治學方法」

除利用到「研究方法」外，還會利用到其他諸如：傳統目錄學、傳統小學、考據學、文獻學、教育學、宗教學、社會學、政治學、法律學、心理學、傳播學、哲學、邏輯學、倫理學、神學、神話學、民族學、人類學、詮釋學、接受理論、敘事學、語言風格學、語用學、互文性關係、文化研究、女權主義、殖民主義、賽局理論、長尾理論、行銷學、自由主義、保守主義……等等的學科知識或理論知識，因此「治學方法」與「研究方法」雖關係密切卻並不等同。增強專業知識的方法當然不會僅有一種，就中文系所的專業學習而言，熟悉文獻與文本絕對是不能忽略的最基礎要求，熟悉文獻纔不至於產生誤用或錯用版本的缺失，熟悉前人研究成果的學術收穫，纔不至於擬出不知所謂何來的「做白工」的研究議題，這也就是傳統目錄學、版本學等知識運用的工夫。熟悉文本則是對文本內容與文字的深入認知，以文學創作文本而論，分析一般能在歷史上長期被公認為優好作品的因素，若從比較大的宏觀角度來看，則至少應該可以包括：內容、修辭與韻律等三方面的積極因素，因此可知文字、聲韻、訓詁等小學內容的了解，無論在認知或研究上都是最基本的要求。但任何一種創作文本內涵的深入了解，除明顯的由文字帶出的表層意義之外，實際上還存在有一類似無卻有的無形內涵在其中，這種內涵似乎和韻律有關，但此內涵卻又不等同於韻律，且在韻律之上，因此非屬聲韻學意義的「語言風格學」的深入研究，[1]對此內涵的體會或有一些幫助，但卻也無法由此而完全獲得。這種內涵比較具實的說，或者可以稱之為「語境氣氛」，或者比較含糊的說是「氣」，就是有點類似曹丕（187-226）《典論・論文》所謂「文以氣為主」的那個「氣」；就是作者創作時

---

[1]　文學方面的探討：可參考曹逢甫：《從語言學看文學：唐宋近體詩三論》（臺北：中央研究院語言學研究所，2004）；竺家寧老師：《語言風格與文學韻律》（臺北：五南圖書出版公司，2008）。

隱含或隱藏在作品中的「生命力」；就是那種依附於文字卻又在文字之外的內涵。這種文字之外而帶有一點神祕性的內涵，在意義上又有點類似所謂「不在場訊息」，但又不完全等同於「不在場訊息」。換言之，這是一種在文字之外或之上，但卻必須透過文字的引導，纔能獲得的資訊，獲得此種資訊的方法，就如同曹丕所言「雖在父兄，不能以移子弟」，[2] 唯有親自體驗後，纔有可能獲得，但即使親自體驗也並不保證，然如果沒有親自體驗的功夫，則可以保證絕對無法獲得。親自體驗的唯一方式，就是深入細緻的「閱讀」，包括「默看」和「音讀」。

　　「默看」和「音讀」加總謂之「閱讀」，這是面對文本之際一般性執行操作的實際方式。「音讀」有兩種表現方式：「大聲朗讀」和「細聲輕讀」，「默看」、「朗讀」和「輕讀」等三種閱讀方式的分類，只是純粹從有聲或無聲閱讀的角度立論，如果再加上閱讀的意圖，則大致可以分為「無聲的大略閱看」、「有聲的細緻閱讀」和「總體認知的點讀」等三類。就當前教育制度下的教學狀況而論，除非是外文的學習，其他涉及中文系所課程的中文相關課目，除非是教師主動要求，否則大致在九年級之前的教育階段會以有聲閱讀為主，但高中以上則閱讀時不再要求大聲朗讀，學生與教師主要以無聲的默看或輕聲閱讀為主，且又以默看為大宗。默看、輕讀和朗讀雖然都是熟悉文本的閱讀方法，但在學習效果上的收益卻大不相同，其中以大聲朗讀的學習效果最佳，涉及這方面的討論，可以參考我發表的兩篇

2　[魏]曹丕：〈典論論文〉，[梁]蕭統編，[唐]李善註：《文選》卷五十二〈論上〉（《四庫》本），頁9。

文章的分析說明。[3]「閱讀」中文系所規定學習的古文，其前提除識字和查字的基本功外，當然還有個必要且必備的條件，就是正確標點，即「明句讀」的能力，唐代韓愈（768-824）非常不看重句讀訓練，因此說這是「非吾所謂傳其道、解其惑」之事，[4]這在韓愈自己或當時的學習環境也許不重要，但在當今中文系所的學生而言，卻是非常重要的基本功，許多研究生因為句讀不明而胡亂標點古文或詩詞，因而影響文本意義的了解與詮解，甚至導致研究判斷上的錯誤，這可以在許多研究生的論文中找到例證，甚至有名的學者也難免有此誤，[5]由此亦可知「標點」在「閱讀」功能與熟悉文本「在場訊息」，以及進而體驗文本而獲得「不在場訊息」操作上的重要性。這也就是「治學方法」要探討「閱讀」與「標點」在治學上功能問題的原因。

　　研究學術或面對世上任何具有「目的性」或「實作性」終極要求的議題，都應該要追問達到該要求目標應該具備的「條件」與「程序」是什麼？不同條件與程序下可能會產生的效果有那些？在缺乏恰當條件與適宜程序下又將會如何？以條件而論，例如：「勤能補拙」就要問「勤」所以「能夠」確實「補拙」的條件？以及「拙」相對指涉的內容云何？是「笨」還是「巧」？[6]「情人眼裡出西施」就要問

3　楊晉龍：〈論兒童讀經的淵源及從理想層面探討兩種讀經法的功能〉，《（高師大）國文學報》第8期（2008年6月），頁71-120。楊晉龍：〈看書何如讀書精：讀經與研究探論〉，《中國經學》第11輯（2013年6月），頁201-216。

4　[唐]韓愈：《東雅堂昌黎集註》卷十二〈師說〉（《四庫》本），頁3。

5　學弟嚴志雄教授前幾年審查國科會專題研究計畫，就曾發現幾位在某國立大學任教，專門研究古典文學的申請者，好幾年的研究計畫中引述的詩文，標點錯得離譜而影響到詩文的解讀，但她們卻每年都獲得國科會的補助，並且其中還有已經升任教授者。由此可知標點的重要性，以及現代某些研究古典文學者不注重標點的問題。

6　楊晉龍：〈勤能補拙？：學習迷思的反省〉，《百世教育雜誌》第178期（2006年7月），頁4-6。

「情人」的「眼裡」所以能夠「出西施」的條件？「西施」指涉的內涵與相對的內容是什麼？[7]因此討論「閱讀」與「標點」之前，當然就有必要先追問「閱讀」涉及的相關問題：「閱讀」的目的是什麼？需要有那些條件纔能夠確實有效達到與設定的閱讀「目的」相符合的結果？進行「閱讀」的理由不同，必然影響到「閱讀」目的之設定，休閒性的「閱讀」與學術性的「閱讀」要求自然不同，即使同樣是學術性的「閱讀」，但尋找資料的「閱讀」、增加基本學術能力的「閱讀」、研究議題範圍原典的「閱讀」等等的條件與要求同樣也不相同。以學術性的「閱讀」為例，即使閱讀同一本書，但由於閱讀層次的深淺不同，產生的實際功能：短期效果與長期效應也就大不相同。休閒性的閱讀固然也很重要，但非「治學方法」課程的討論範圍，因此下文即以學術的閱讀為對象進行分析討論。

　　學術性一類的閱讀，就其基於研究需要而以獲得文本「在場」與「不在場」意義內涵的終極閱讀意圖而言，閱讀過程中大致可以區分成五個先後次序的閱讀層次或效果，以及不同閱讀能力的分級：

　　一、讀過：處於這種閱讀狀態時，雖然每一個字都認識，但或者有不知所云的感覺，這在閱讀一些思想性的作品，如《莊子》之類；或閱讀翻譯性的作品或哲學性的作品，例如我閱讀德國哲學家海德格（Martin Heidegger，1889-1976）的哲學中譯本之類，[8]這種特殊的感覺比較容易出現。或者有一些很難具體說出來的感覺，閱讀小說等文學創作或休閒作品之際，比較容易有此種情況。所有不了解作者寫作

7　楊晉龍：〈「情人眼裏出西施」的現代詮釋〉，《止善》第9期（2010年12月），頁3-22。

8　我曾經很認真想讀懂《存在與時間》，但一開始就無法理解「此在」（Dasein）是甚麼意思？因此請教了留學德國且研究哲學的江日新先生、林維杰博士和鍾振宇博士，甚至請教了留學法國的黃冠閔博士，雖然他們都熱心無私且詳盡的幫我解說，但我還是「有聽沒有懂」，最後只好放棄。

立場或文本表達立場下的一般性閱讀，均可歸入此類。此類閱讀方式固然也有某些正面效果，但就學術研究的要求而言，這是一種屬於較低層次的閱讀，研究者的閱讀不應該一直停留在此層次上。

　　二、讀岔：這是一種在不了解或不尊重作者寫作或文本表達的立場、意圖與目的等前提下的閱讀，讀者根據自己既定的「閱讀立場」與「閱讀預期」進行閱讀，此種以讀者主觀認知為主，讀者完全居於自我「主觀意志」意義下的閱讀方式，很容易產生不自覺的「誤讀」；「誤讀」固然有「詮釋學」與「學術創新」的意義與價值，但這種在「作者已死」前提下的「創新」價值的發現，並不是任何人隨意都可獲得，否則豈非全世界胡亂讀書者，皆成為創新研究者了，這部分涉及「合格讀者」的問題，留待有機會再討論。這裡討論的重點則僅是對研究對象的基本認知而言，在此前提下這類「誤讀」，只能當作一種「額外收穫」，或一種「退而求其次」的「意外」，或一種「抽象超越理論」意義下的探討，絕非研究者在正常閱讀過程中，刻意或值得提倡的閱讀方法，因為若在閱讀之前就先有一個不需要了解閱讀對象或文本要說什麼的閱讀預期，則大約也就沒有閱讀的必要了。因此從學習的角度來看，研究者針對研究對象主要文獻的閱讀，絕不可以停留在此閱讀層次上。[9]

9　黃俊傑老師從讀者做為閱讀主體的角度，提到日本學者對中國經典的閱讀詮釋，因為主體性太強的緣故，是以幾乎不在意經典文本原有的解釋脈絡，僅依據讀者自身的文化環境與國家認同的需要，做出與原典文本脈絡差異甚大的「侵入性閱讀」和「選擇性閱讀」的詮釋問題。此說與此處「讀岔」的問題有點類似，但並不相同。本處所指「讀岔」係從「尊重文本」原有脈絡的立場發言，也就是黃老師在文中主張的「呈現讀者與文本之間的『互為主體性』（inter-subjectivity）」的解讀立場發言，因此此說是「誤讀」。黃俊傑老師之論見：〈東亞思想交流史中「脈絡性轉換」的兩個方法論問題〉，臺北中央研究院中國文哲所主辦《「全球與本土之間的哲學探索──賀劉述先先生八秩壽慶」學術研討會論文集》（2014年7月28日），頁1-9。

　　三、讀入：這是先立足在希望比較深入了解作者和文本的立場、意圖、目的等前提下的閱讀，閱讀之際必須按照原作者的思路與研究進程，對該論著進行客觀的分析、判讀，以便可以確實掌握該論著的內容及其學術意義與價值，此種閱讀屬於學術研究的基本功，身為研究生應該努力培養此種比較「合法性」的閱讀方式，纔有可能對研究對象有比較徹底的了解，因而纔有可能「發現」研究對象，他人未知或未注意的學術表現或價值。

　　四、讀到：這是在確實了解作者寫作和文本各方面訊息前提下的深入閱讀，就是已經確實認知到研究對象的論著，在研究論證上的優點與闕漏、學術上的創獲與不足、學術貢獻上的功能等等的一種閱讀。「讀到」的閱讀層次，若再進行更細緻的分析，則至少還可以再細分為兩種基本的認知層次：一是「在場訊息」的認知層次，一是「不在場訊息」的認知層次。「在場訊息」的認知層次，應該比較容易了解，就是指閱讀文本時所能了知的文本提供的種種表層訊息。「不在場訊息」的認知層次，指涉的則是「作者未明說，卻可以從文本中獲得」的「潛藏意涵」。例如大家都知道蔣介石（1887-1975）生前一直強調自己是孫中山淵源於中國正統文化思想的繼承者，即所謂「堯、舜、禹、湯、文、武、周公、孔子」等一脈相承思想的繼承者，善於閱讀的人馬上就可以在蔣介石這個論述的「在場訊息」中，「讀到」蔣介石將自己放入「道統」排列的隱藏性訊息，就是說他乃是承續堯、舜、禹、湯、文、武、周公、孔子、孫中山等一脈正統文化的傳人，目的當然是要建構自己成為繼孫中山之後「中國道德文化上繼往開來」者的「不在場訊息」。蔣介石此一自認中國文化「正統」傳承者的「不在場訊息」，自己固然不好直接說出，但其孝子蔣經國（1910-1988）就毫不遮掩的代其父正式表明，說他父親：「繼承了堯、舜、禹、湯、文、武、周公、孔子以至國父這一脈相承的思

想。」[10]此即前述文本中隱含有所謂「不在場訊息」的例證。現代人
在日常生活中，經常可以透過電視或報紙等傳媒，看到許多政治人物
在公開場合的發言，以臺灣的政治人物而論，不知道大家有沒有注意
到當他們涉及海峽兩岸問題的討論時，有些政治人物會說「中國如何
如何」，有些政治人物會說「大陸如何如何」，這其實就隱含有「兩
邊一國」的「統一」立場（大陸和臺灣）和「一邊一國」的「臺獨」
（中國和臺灣國）立場等「不在場訊息」。還有在上課的時候，偶爾
我會拿自己在初中之前，對其他同學施展「暴力事件」為例說明問
題，不知道同學們有沒有人「讀到」我在敘述這些「暴力事件」過程
中的一個特點，就是從來沒有發生過「主動性」攻擊的事件，每一個
「暴力事件」的背後，都存在有一個「被動性」的反抗因素，或者說
是一種「防衛性」因素的「不在場訊息」。除此之外，由於同學或者
是現任教師或家長，或者是未來的教師或家長，因此以自己施展「暴
力事件」為例，並說明自己當時和現在的心理，以及對老師處理方式
的評論背後，同時也存在著教導同學爾後如何面對及處理「家庭」或
「校園」的「凌霸（霸凌）事件」方法的「不在場訊息」，只是不知
道同學是否曾經注意過？同學如果沒有「讀到」這類相關的「不在場
訊息」，則就應該加強閱讀能力的自我訓練，因為此種「讀到」文本
「不在場訊息」能力，絕對是研究生必須具備的一種重要基本能力。

　　五、讀出：這是在確實獲得「讀到」的收穫之後，更深一層的研
究性閱讀，亦即一種「聯想性」的旁涉閱讀，這種閱讀必須先具備了
知「在場」和「不在場」的相關訊息後，纔有可能進行的閱讀。閱讀
的方向主要是思考研究者閱讀研究對象的論著後，還可以引發那些自

10　蔣經國：《蔣主席言論集：勝利之路》（臺北：中央文物供應社，1983），頁
　　235。

己研究議題或研究焦點問題之外，具有相關性的學術思考？這些相關性的學術內容，對自己研究專業的正面助益有那些？是否還存在有某些負面的提醒儆誡功能？如果能夠具備這種「讀出」的閱讀能力，則不僅平常在面對社會種種具有爭議性的現象或事件時，會比較具有透視的能力，不容易被煽動或牽著鼻子走；同時研究時也比較不容易受限於既有思考範圍的約束，可以更開闊的看到研究對象的種種可能性，在研究過程中發現或創新學術內涵的可能性，因而也就會大大的增加。

閱讀的「過、岔、入、到、出」等五個「理想型」（ideal-type）層次的閱讀分析，[11]不僅涉及閱讀收穫的多寡，同時還與論文評論關係密切，如果缺乏有效的閱讀能力，閱讀層次無法達成第三層次「讀入」以上的要求，僅僅具備在第一或第二層次上的閱讀能力，則連評論對象或文本說些什麼都無法真正了解，既然無法讀懂論文蘊含的深層內涵意義，就僅能停留在常識性意義表層的了解內，無法達到評論者必備的基本要求，當然也就無法進行真正有效的評論了。再從論文寫作的角度來看，研究者若是連研究對象的重要基本原典都無法深入的體會與了解，除非研究者有禪宗六祖慧能（632-713）或明代心學大師王守仁（1472-1528）般「頓悟」的特殊天秉，否則其研究成果亦可想而知。一般缺乏細緻閱讀能力者，大約僅能進行文獻常識性的歸納，若連文獻細緻分析的功夫都成問題，則期待其研究出現突破性的學術創發或具學術價值的新發現，可能性自也微乎其微了。

經由前述初步的分析，可知研究者若缺乏有效的閱讀能力與正確的閱讀方法，就很難真正進入細緻評論或研究創發的深層境界，如果

---

11 「理想型」的意思，參考第三講〈教學與研究的環境分析〉二〈師範制式教育的省思〉引述的林毓生先生之論。

此說沒有太大訛誤，則可知論文評論與論文寫作的高下，不過是閱讀
層次高低的表現而已。因此無論是論文評論或論文寫作，想求得較高
較有效的學術成果，則培養有效的閱讀能力與正確的閱讀方法，當然
是必要的基本功夫了。

二　點讀「古籍」的意義

　　中文相關系所自以研究傳統中國古典文化為主流，這同時也是教
師與學生學術研究的主要專業方向。選擇中文相關系所就讀，無論抱
持何種心理，大致都無法脫離此一存在的前提，在此預設下則閱讀傳
統古籍，當是難以避免的必要行為，閱讀除前述純粹只用「眼力」的
「默讀」、或「眼力」結合「嘴力」的「音讀」外，還有一種「點
讀」的閱讀方式，就是使用恰當的現代「標點符號」，針對古籍進
行標點、分句與分段的閱讀行為，這是在「音讀」或「默讀」的基礎
上，更進一步的深入閱讀。

　　中文相關系所師生既然以研究傳統中國文化為目標，則傳統典籍
當然是研究者專業研究範圍內必須「精讀」的「原典」，由於原典沒
有現代式的標點符號，因此分句、分段及用何種標點符號，必須靠讀
者摸索確定，但市面上既然已有許多「標點本」或「點校本」，為何
不直接使用這些版本，還要自己摸索「點讀」，這豈非在浪費時間
嗎？這樣想當然有道理，但卻未能了解點讀古籍的功能，點讀古籍所
能產生的正面效益云何？以下即說明點讀的意義、目的與功能：

　　一、矯正錯誤閱讀典籍的方式：現在看到的古書編排形式，一般
都是將註解（小字）直接放在該文句（大字）之下，亦即以一種割斷
原來文本整體一貫連續性的形式呈現文本，閱讀或點讀之際，受到這
種「斷裂」形式的制約，因而很可能就會讓讀者忘記要「一口氣」從

頭到尾把文章讀過一遍，於是經常在不自覺情況下，將本來完整的一篇文章拆開，變成為一個片段與另一個片段不相銜接的「零碎閱讀」，原本「整全閱讀」帶來的美感韻律與思想觀點，就因此而完全消失不見，剩下的就只有一些片段字句的詮解。更糟糕的影響則是缺乏整體性閱讀的過程，文章原本要表達的內涵根本無法理解，甚至把詮解者表達的思想觀點當成原文本的觀點，詮解者就在讀者的疏忽下，取代原來文本的地位，讀者以為在閱讀原文本的行為，在不知不覺中就變成閱讀詮解文本的行為了。這樣的閱讀方式只能是一種為寫作論文而找尋資料的「文獻檢索」而已，不是「閱讀」。此種閱讀下所得的並非原來想要的「真品」，僅僅只是一種被加工過的「次級品」或「再製品」，甚至是「仿冒品」而已。就研究需要的閱讀或研究資料的搜尋而言，真正成功有效的閱讀就是點讀，因為點讀是一種結合動手、動腦、動眼或動嘴的「整全閱讀」，經由此種「三合一式閱讀」的實質操作過程，則對原文本的「感覺」就比較不容易出現「零碎割裂」的疏離，及用「次級品」取代「真品」的不自覺訛誤。

二、導入古典文化語境的訓練：由於現代與傳統的「斷裂」，長期身處於這種斷裂環境中的現代研究者，對傳統中國人有關的思考模式、表達方式、書寫方式等等的了解，一般而言是普遍性地缺乏，更不用說深入了。許多人自以為是的認定只要是生長在中華文化發源薰陶地區的中國人，對古人的一切作為與表現，理所當然的就具有「人同此心，心同此理」的必然性，從沒有想到經過「時間」淘洗，還有新文化運動以後在文化認同、思考方式和重大問題等方面的嚴重改變，已經使得現代中國人，尤其是生長在與中國本土已經有一百多年沒有正式來往，且長期處在東洋與西洋文化嚴重影響的臺灣人之間，實際上已經劃下了一道既深且長的鴻溝，用現代臺灣人的文化語境構築的情境思考傳統中國文化，當然就會有非常大的斷裂性存在，可以

完全消除歷史痕跡所存留斷裂的假設，事實上是不可能的妄想。完全的回到過去是不可能的任務，但經由有心的建造出一種最可能與最接近狀態的情境，以便可以對斷裂的狀態進行必要的消除，就一位中文相關系所的專業研究者而言，應該是一項可能而且是必要的工作。建構比較有效接近傳統中國文化語境的方法，比純粹閱讀更具實效的方法，就是點讀古籍的行為。這還可以提一個實際例證做參考，例如大陸學者葉渭渠曾提到獲頒「諾貝爾文學獎」的日本文學家川端康成（1899-1972），自認為影響其創作風格的書籍，以《源氏物語》為最大，川端氏得獎的理由是：「雖然受到歐洲近代現實主義文學的洗禮，但同時也立足於日本古典文學，對純粹的日本傳統體裁加以維護和繼承」，川端氏自己說：「我剛讀過的《源氏物語》，在我心中回盪，昔日古人在悲境中閱讀《源氏物語》的精神滲入我的心，我覺得自己必須和悠久的傳統一起生存下去。」實際上「川端氏從小學就開始讀《源氏物語》，當時他自然不甚了解它的真意，只是朗讀，聽文章中的優美的古雅的抒情調子，來感受古典文學的氣氛。在小學到中學時代，他背誦、熟記某些段落，甚至活用到作文裡。」直到川端康成的晚年，這本《源氏物語》依然是他不離身的寶物。[12]從川端康成的自我表白及其表現，即可知要真正進入傳統語境，就必須具備川端氏那種閱讀的經驗，那種長久而不間斷的閱讀經驗，如果缺乏此種必備的基礎訓練，絕對無法真正的進入傳統語境中，點讀正是建立類似川端氏那種融入傳統語境的一種閱讀方式，一種比純粹閱讀更具實效性的閱讀行為。

　　三、建立正確評價典籍的心理：在閱讀傳統古籍之際，尤其要特

---

12 葉渭渠：〈川端康成與《雪國》〉，曹莉主編：《永遠的烏托邦——西方文學名著導讀》（北京：清華大學出版社，2002），頁139。

別注意閱讀心理的先設認定問題，如果中文相關系所的師生面對傳統古籍之際，抱持的是現代式的一種與小說戲曲等俗文學一類休閒文類相同價值的心理，則當其進行閱讀之際，將無法真正的進入古典的文化語境之中。因為將小說戲曲等文類地位加以提昇，是在新文化運動以後，接受西洋文學概念影響下的結果，這與傳統中國文化認知不僅不相同且是不相干的認定。就今天的中華文化圈而言，小說戲曲等文類的作品，當然具有相當高的文學地位，但在研究傳統中華文化之際，則必須盡可能排除此一現代式認知的影響，因為這與傳統中國文化的語境不相符合，傳統中國的文化語境中，無論現代人喜不喜歡，「經典」的學術地位就是處於崇高而佔絕對優勢的地位，這並不涉及是非對錯的問題，這是一件歷史存在而難以否認的事實。此一正確認知的閱讀心理如果無法建立，其實也很難深入了解傳統中國人對待經典的態度，以及傳統中國社會對經典的崇拜，當然也就更難體會經典造成的有形與無形的重大影響。例如大陸著名學者褚斌杰等對傳統中國「經典」，就有所謂「我們並不認為它們原本具有什麼特別貴重和神聖的性質和意義」的說法，[13]這種觀點自是在深受西洋文化影響之下，因而形成的「去中國化」的現代西洋式觀點，不是正常中國人的基本觀點。在「閱讀心理」的部分，這裡還有一點可以附帶提出來討論，那就是傳統「蒙學」的教學過程，是先教會學生「聲讀文句」之後，纔學習「認識文字」，這樣的學習過程與現代教育先學會「認字」，再去「閱讀」的方式正好相反，這兩種不同的學習方式，牽涉到「閱讀心理」，同時也關係到「閱讀效果」。或者可以設想一下，一位學生會背誦一首詩或一段文句後，再學習認字，則當其學到會背誦但不會寫的字時，這位小朋友是否會產生一種「豁然貫通」的喜悅

---

13 褚斌杰等：《儒家經典與中國文化》（武漢：湖北教育出版社，2000），頁17。

感？是否會在認識幾個字之後，期待認識更多的文字呢？如果這個推論無誤，則這樣一種「期待心理」，對學習而言，是不是具有正面意義的「心理」作用呢？相對於傳統蒙學教育方式所能引發的心理「期待」作用，現代「先認字」再進行「閱讀」的教學方式，是否有可能在無意中戕喪了兒童學習的「期待感」與「豁然貫通」的喜悅感呢？現代教育「先認字」後再「閱讀」的方式，是否已殘忍地剝奪掉傳統「蒙學」那種先「口語聲讀」再「認字閱讀」應有的「悅讀」樂趣呢？這當該是關心教育者頗值得深思的問題。

　　四、培養閱讀經典的正常態度：這是指面對經典閱讀之際的心理態度問題，在傳統中國文化語境中，幾乎可以很肯定的確認傳統學者正常狀況下閱讀經書，必然會抱持一種「面對神聖經典」的閱讀態度，因此不太可能在臥房、酒樓、廁所、飯廳、餐館等等「非正常閱讀空間」進行實際的閱讀活動。這種傳統「面對神聖」的閱讀認知，必然不同於新文化運動以來現代中國人的閱讀方式，現代人在開始進行閱讀傳統經典之際，早就已經在不知不覺間失去傳統讀者那種「面對神聖經典」的心理認知，當然更不可能有「經史子集」的高下「既有價值判斷」之別的「先驗性」認知。現代人面對任何書籍之際，基本上比較多的是抱持一種「眾書平等」的閱讀態度，或者還有「文學至上」的「先驗性」認知，但無論面對那一類書籍，大致可以「理所當然」的肯定，現代讀者幾乎都用一種「面對工具讀物」與「面對休閒讀物」的態度閱讀。因而無論屬於那一類的書籍、無論在什麼空間，皆可以充分自由而毫無顧忌的進行閱讀活動，幾乎不會有任何心理上的「不適感」，但傳統讀者閱讀經書之際，恐怕就不太可能保有現代人擁有的「無拘束」的自由感了。主要是當傳統讀者承認經書的神聖地位後，當其抱持著一種「面對神聖經典」的「先驗認知」進行閱讀之際，心理上就已經先存在有一種「必需接受」與「莊重嚴肅」

的崇敬預想，在神聖地位預想下的閱讀目的，自然就會想從正確的閱讀過程中，獲得經書中必然隱含有的聖人想要啟示或引導讀者的真實義理。所以在正常情況之下，當然可以推測傳統中國人絕不會僅僅是為了考試需要而閱讀經典；也不會僅僅是為了消磨時間而閱讀經典；更不可能和閱讀小說或觀賞戲曲一樣，僅僅是為了獲得「情緒的愉悅」或「焦慮的紓解」而閱讀經典。或許對某些閱讀者而言，的確具有休閒愉悅的價值，但應該不至於如現代人般的以此為閱讀的最終目的。點讀就是培養正常閱讀經典態度的一種最直接的訓練。

五、培養閱讀傳統典籍的能力：不具有現代式標點分段的傳統古籍，和具有現代式標點分段的古籍，兩者之間事實上已經存在有一種無形的斷裂與分離，兩者的關係並不是相等，經過標點分段的古籍，事實上已經帶有點斷者個人的判斷，這種關係就有點類似素材與成品之間的關係，僅僅只是具有傳承關係的相似，並不能視為同一。閱讀未經分句、分段點斷的古籍，讀者必須對相關書籍的書寫形式，具有有一定的熟悉度，否則就很難進行真正有效的閱讀，熟悉傳統典籍的書寫形式，乃是中文系所研究者必備的基礎常識，因此市面上流行的標點本，就其他非中文系所學科者而言，當然很有價值，但對中文系所的專業研究者而言，如果閱讀之際依然需要依賴這類點斷的古籍，完全不具備點斷古籍的能力，則顯然是一種非常不專業的表現，訓練這類閱讀點斷傳統古籍能力，自以深入閱讀的點讀方式最為合宜。

六、熟悉典籍詮解方式的訓練：傳統古籍文本呈現的內涵，當然會帶有該時代的痕跡，想要對它們有比較深入的認知，除了時代或個人背景的深入了解之外，就必須對當代相關的文字、聲韻、訓詁等等牽涉到的內容與問題，有較為確實的了解，纔能夠更深入的進入文本之中，對內容的解讀纔有可能更為深入確實。傳統中國文化意義下的傳承方式，尤其是涉及詮解經典義理內涵的問題時，比較常見的是一

種「以詮解古籍替代自我發言」的方式，詮解者藉由典籍文句的訓詁和內容的指明，以表達自己的觀點。不同時代詮解者的表現方式，除與當時代的「小學」等特色相關外，同時也和當時代在詮解方式上的特色相關，例如「正義」、「本義」、「集解」、「集傳」、「大全」等等的詮解要求與方式自不會相同，想要了解這些影響詮解內容的不同因素，點讀相關古典書籍的深入閱讀，就是一種最直接、最有效的訓練方式。

七、觸發創新研究議題的思考：現代中文系所師生閱讀古籍之際的基本預設，當然不會是以背誦做為唯一的閱讀目的，主要當是用一種了解與比較的立場進行閱讀，在這種閱讀預設的前提下，既然有「比較」的設想，自然也就不可能僅是「信而不疑」的閱讀，由於抱持著一種「質疑商榷」的立場閱讀，因此也就比較有可能在點讀的過程中發現某些問題，這些問題透過讀者專業知識的整合分析，就很有可能形成一些具有學術價值，並且是該讀者可以進行研究的有效且有學術價值的議題。

八、培養自我批判檢證的反省：由於在典籍中很可能出現與讀者不同的觀點，透過點讀的行為，因而對讀者本身或典籍蘊含的觀點，進行反思或質疑，於是加深讀者學術專業的認知程度。理由是閱讀之際的了解與比較立場的預設，不僅可以對閱讀對象產生質疑而進行反思，在比較而質疑的過程中，同時也會對讀者原本擁有的知識形成一種內在的無形挑戰，除非閱讀之際就先抱有一種「自我神化」的心理，否則以平常讀者的立場閱讀任何典籍，當其發現某些與自己原來認知觀點不同的內容之際，無論學術地位如何，總會有一種不自覺的反思之心出現，尤其那些還在學習中的學生，在學術地位上先天就具有「潛在自我弱化」的心理，這種無形的影響下，必然會興起一種自我反省批判的不自覺心理，這對讀者專業認知的深化與擴展，自然具

有正面的長久效應。

九、文化語境區隔的基本了解：現代社會許多常用語和學術界的術語，如：思想概念、文學思想、批評理論等等，多數來自西洋的學術成果，尤其來自西洋現代文學批評理論與分析哲學相關理論等學科，因此中文系所出身的學者，如果沒有西洋文學與西洋哲學的常識，當然很難了解其他接受過西洋學術訓練學者說的話或寫的文章。因而中文系出身的研究生，若想研究五四新文化運動以後的作品，就必需加強西洋文學與西洋哲學相關知識的程度，否則在閱讀或引用西洋的學術相關術語之際，很容易造成誤解或訛誤，甚至不知所云。但同時做為接受傳統薰陶甚深的中文系研究者，必須先具有了解自己文化語境之下，所具有的相關常用語文和學術術語的學術意義，了解兩者在文字意義上「不可翻譯性」存在的事實，因而在判讀翻譯的詞彙之際，可以比較確實而深入的區隔兩種文化語境詞彙比較近真的內涵意義，不至於完全站在自己文化的立場或對方文化的立場而誤用該詞彙之意義，這樣纔能夠真正站在文化的主體立場而與深受西洋文化語境影響的其他相關學科的學者產生真正的對話，不至於變成為僅是順著西洋文化語境學者的思考而思考，順著既定的方向進行研究的「應聲蟲」而已；而且也不會因為有一種茫然而無法與人家對話，因而形成的一種「義和團式」的憤怒情緒。西洋人翻譯中國經學的「經典」，多數用「Classics」一詞，日本人將「Classics」翻譯為「古典」並傳入中文語境，[14]這個詞彙原本的涵意，僅具有文學性或文字符號性的著作形式所呈現的「傳統的」、「典雅的」、「正統的」等等隸屬於世俗性的刻板權威，並不具備傳統中國典籍必然擁有的在實

---

14 「Classics」的引進與來源，參考[美]劉禾著，宋偉杰等譯：《跨語際實踐：文學、民族文化與被譯介的現代性（中國1900-1937）》（北京：三聯書店，2002），頁408、頁328。

際生活層面上，必需遵循的規則擁有的「倫理權威」的意涵。實際上與經學「經典」意義相近的西洋詞彙，應該是具有宗教神聖內涵的「Canon」，西洋人不用「Canon」翻譯中國的「經典」，這種情況就文化「自我尊崇」的本位思考而言本無可厚非，但多數所謂中國人居然欣然接受，並還不斷地在一種不自覺的「自我東方主義化」的思路下，透過種種不同的傳播管道，對下一代進行「文化再製」的複製工作，這纔真是中國人需要自我檢討之處。

十、確立吸收異文化時的主體：生存於現代的研究者，很難擺脫「全球化」的學術要求，由於現實政治、經濟與歷史因素的影響，臺灣長期自願與被迫充當美國的「看門狗」，學風因而也受到嚴重的扭曲，學術「全球化」變成一切向美國看齊，臺灣的學術幾乎都以美國馬首是瞻，這種學術「自我東方主義化」的風氣，當然頗值得檢討改進。以外國學術而論，歐洲與拉丁美洲的學術性格與美國，本就有不少的差異；歐洲又有東歐、北歐、西歐、南歐的差異，例如英國、法國、德國、義大利、捷克、俄國等；澳洲與紐西蘭雖與歐洲接近，然也有不同。南美洲的巴西、阿根廷也與北美不一樣。以色列、阿拉伯國家、印度、南非、埃及等的學術自也不同，除亞洲的中國大陸、日本、韓國、越南等儒學文化圈外，各地區的學術成果，如果有可能也都有必要注意學習。學習吸收之際，必須把握住自己文化的「主體性」地位，以免在不知不覺間成為某一文化霸權的「買辦」或「代言人」，欲有效消除這種自我文化奴隸化的狀況，除在心理上承認文化「非唯一性」的多樣化外，長期與多方深入閱讀的點讀，就是建立文化主體性地位必要而有效的基本訓練方式。

中文系所師生「點讀」古籍，對中文相關議題範圍的深入理解，應該都有實際的正面作用。引導訓練研究者正確閱讀古籍，並從中獲得益處，就是中文系所師生點讀古籍的主要原因。

三　版面設計與閱讀效果

　　書籍是一種媒介，但書籍本身沒有內容，書籍的內容是另一種媒介，這兩種媒介在傳達訊息上都有其功能。加拿大傳播學的學者馬歇爾‧麥克魯漢（Marshall McLuhan，1911-1980）「任何媒介的『內容』都是另一種媒介。文字的內容是言語，正如文字是印刷的內容，印刷又是電報的內容一樣」之說，[15]可為此意見之證。雖然研究生注意的是書籍負載的內容，但就一般狀況而言，讀者到書店面對書籍時，最先看到的自是書籍這個媒介：封面，接著書籍負載的訊息纔會進入注意的範圍。面對書籍內容進行閱讀的時候，無論是抱持何種閱讀心態，首先映入眼簾的當然是文字排列形式的版面設計狀況，書籍的版面設計看似與美感關係密切，而與閱讀的功能或效果無關，這對一般讀者而言可能如此，但若就研究生的閱讀，尤其是中文系所研究生閱讀的傳統版本古籍而言，則應該還有可以再斟酌的餘地。書籍的設計包括封面、扉頁、內頁、版權頁等等，內頁包括目次、序跋、圖片、正文、附註、參考書目等等，版面指的是正文內容的文字排列狀況。就現代出版的書籍而言，封面設計之初，大致上就已經將如何引發消費者最大注意的可能性考慮進去，目的當然是期望獲得消費者的青睞而購買，讓該書在同類型書籍的市場銷售上脫穎而出，這種商業性行銷的考慮當然很重要，但並不是「治學方法」課程重視的問題。書籍的目次與序跋，以及每頁幾行、每行幾字、何種字體、插圖狀況、印刷狀況等等傳統版本學重視的問題；還有現代書籍注意的避頭點、字體大小、附註安排等等涉及版本的內容，本就是一門相當專業

15　[加]馬歇爾‧麥克魯漢著，何道寬譯：《理解媒介：論人的延伸》（北京：商務印　　書館，2000），頁34。

的學科，自然也非「治學方法」課程所能詳細討論，故這裡探討的乃是那類很可能在不知不覺中，影響到閱讀實質效果的正文版面設計。

　　現代學術書籍正文的版面設計，大致上都已經固定為一種比較單一的格式，就是正文與注釋分開排列的形式，最多也不過加入插圖或圖表，或者附註分成：當頁腳註、章節註或書後註等的差別而已。但無論如何正文必然是前後接續而成為一個連續性的版面，此種版面可以稱之為「直線連續式版面」。傳統古書的版面，則除了與現代書籍版面相近的「直線連續式版面」類型之外，還有一種就是同一版面「正文」與「注釋」連在一起的形式，此種形式的版面一般正文用大字，注釋用小字，正文與正文之間被注釋的小字隔開，有時候會相隔很遠，形成正文與正文之間無法直接連續的狀態，此種版面可稱之為「割斷分離式版面」。就中文系所最常見的必讀古籍中，最明顯呈現「割斷分離式版面」的當是清代阮元（1764-1849）刊刻的《重刊宋本十三經注疏附校勘記》，此種版面設計由於將正文分隔成幾十個小段落，於是原本理所當然形成的「統整全體」的閱讀，就在不知不覺中轉換成為前後斷裂無法銜接的「分割零碎」的閱讀。這類可能在無形中影響閱讀效果的版面問題，似乎至今還沒有充分的受到注意，好像也從來沒有人提醒讀者注意此問題，當然也就更不可能有人提供如何消解此種負面影響可能的閱讀方法了。

　　閱讀「割斷分離式版面」書籍時，對閱讀效果或文本認知可能產生的問題，首先便是閱讀之際都是一小段、一小段的「分割」閱讀，除非特別提醒或自我要求，否則很難獲得如同閱讀現代書籍般，能夠理所當然地形成一種連續性閱讀的效果。其次則是此種針對正文中某一小段的「分割」式閱讀理解，對文本整體意義的理解也會產生影響，主要是由於閱讀過程中缺乏連續性的閱讀視野或考慮，讀者獲得的因此都是許多片段文本的知識或意義，這些片段的文本知識或意

義，在不自覺中就成為讀者對書籍內容認識的基礎，片斷知識或意義的結合成為結論，但就現代「完形心理學」（Gestalt psychology）的研究顯示與一般的認識，各自獨立片段的加總不會成為完整的整體，必須還要加上關係，就是說除非另有配合的適當條件，否則讀者很難在此種「割斷分離式版面」書籍下，自覺地進行連續性的整全閱讀，對正文自然也就很難形成一種「整體性」的了解，於是片面的、斷裂的零碎性知識與意義，就在不自覺中取代整體連續性的意義，這樣的結果自然很有問題，這樣的影響當然是趨向負面，這樣的閱讀當然需要提醒改善。

　　《十三經注疏》等一類古書的版面，何以會如此設計？難道當時完全沒有人注意到書籍版面形式，很可能影響到閱讀的效果嗎？傳統中國的學者可能真的沒有實際注意到此問題，因為當時並不存在我現在所說的這些問題。因為傳統中國人讀書一向都以「背誦」為主要的閱讀方式，同時並非一開始就直接閱讀書籍文本，一般都是先由教師背誦而學生跟著背誦，必須背誦到某種程度之後，纔會進行實際的文本閱讀，就是說傳統中國的讀書人是在掌握正文的連續性內容之後，纔開始閱讀此種「割斷分離式版面」的文本，因此對傳統中國的讀書人而言，並不存在小段分割式閱讀的問題。這是因為他們對整篇文章的熟悉度甚高，這種高熟悉度讓他們清楚這些片段都只是連續正文中的一小段，即使不自覺也會將小段放入整篇文本內思考，亦即解釋之際就比較容易在不自覺的狀況下，理所當然的將其放入整體意義的脈絡中解讀。現代人由於缺乏熟悉文本的前期訓練過程，同時現代人「獨立」為主和傳統中國「群體」為主的不自覺意識型態也大不相同，現代人在前述兩種因素的影響下，很容易在不自覺的狀態下，將每個小段獨立出來成為單獨文本解讀，進而反過來以片段單獨文本的解讀質疑整體文本認知的正確性與有效性。這當然只是一項合理的推

論並非結論，目的是要提醒大家注意不同的版面設計，可能存在有不同影響閱讀效果的作用，因而可以想辦法避免負面效果，以便能獲得較正面的效果。

　　「割斷分離式版面」書籍閱讀可能出現的問題，還可以用來觀察現代學者詮解古籍的狀況。例如民國以來主流學者解說探討《詩經》之際，不少人喜歡將〈國風〉從《詩經》中割裂出來獨立詮解，甚至從〈國風〉中選定一篇，根據自己的當代認知解讀，然後反過來質疑那類整體解讀《詩經》者的可信度，好像〈國風〉或某篇詩作，從一開始就獨立於《詩經》之外，完全漠視《詩經》係整體文本存在的事實，同時為了支持自己的觀點，甚至因而否認孔子「刪《詩》」編輯《詩經》的可能。現代學者將〈國風〉或某篇詩作視為獨立於《詩經》之外自成一書的著作或文本，就學術多元的角度應該受到尊重，但恐怕也需要思考到〈國風〉獨立和〈國風〉是《詩經》一部分，兩者在詮解上可能存在的詮解原則上與詮解認知上差異的問題。這種以片面取代全體的詮解方式與成果，結果就和閱讀「割斷分離式版面」書籍造成的負面閱讀效果相近，這應該也是值得現代《詩經》研究者仔細探討的學術問題。

　　傳統古籍的版面設計，既然對現代讀者的閱讀效果，造成潛在的負面影響，矯正的方式除重新設計版面之外，同時還可以改變閱讀的方式而獲得有效的改善。考察「割斷分離式版面」所以會造成分割式閱讀及形成誤以片段為整體的問題，主要是民國以來的學者，根本都沒有注意到此問題的存在，現在既然已經了解問題所在，自然可以透過調整閱讀方式的方法，去除此一存在的問題，改善的閱讀方法有二：一是利用跳過注文而直接連續閱讀正文的方式而獲得改善；一是先熟背正文再閱讀正文與注文的方式而獲得改善。經由此種比較正確的閱讀方式，就可以有效地改善因為版面設計，造成的閱讀上負面效果。

四　閱讀的基本概念

　　「閱讀」是二十世紀以來，相當受到重視的問題，曾志朗（1944-）擔任教育部長時，就曾在二〇〇〇年八月推行為期三年的「全國兒童閱讀運動」，希望喚醒全民對「閱讀」的重視，雖然最後不了了之，但學校重視閱讀的情況倒是沒有改變，一直到今天（2014）依然不斷的在推展閱讀。國際上則早在一九五六年元月就成立有「國際閱讀協會」（International Reading Association：IRA），研究探討閱讀的種種議題。聯合國教科文組織（UNESCO）一九七〇年於紐約出版《培養你的閱讀習慣》，並訂定一九七二年為「國際讀書年」，以期建立世界性的「閱讀社會」；一九八二年六月在倫敦召開的「世界圖書大會」，議題即是「走向閱讀社會——八〇年代的目標」，由此可見閱讀受到全世界重視的實況。不過閱讀從來就不僅僅是純粹的「如何讀」、「為何讀」與「讀什麼」等的基本問題而已，閱讀同時還牽涉到價值觀、政治、心理、語言、詮釋、社會、家庭、傳媒、出版、行銷等等相關的複雜問題，這個課程當然無法也不必通通納入討論，以下僅能就研究相關性較強的部分討論。

　　以研究生的閱讀而言，最重要的當是如何有效吸收轉化閱讀對象的內容使其成為自己研究助力，其次則是有關那類對閱讀效果產生直接或間接影響的問題，統整這兩方面的內涵，大致可以歸納為下列幾項：一、閱讀的理由：可以是生活的需要，更可以是知識的需要。二、參與的條件：可以是自願的閱讀，或被引導的閱讀，甚至是被逼迫的閱讀。三、進行的方式：可以是以眼為主的默讀，可以是以聲為主的朗讀或輕讀，或者統整心、眼、嘴的結合性閱讀。四、內容的要求：可以是以文本為主的閱讀，可以是結合作者與文本為主的閱讀，更可以是結合作者、文本、讀者三位一體的閱讀。五、指導的責任：

指導閱讀的教師必須了解自我能力的狀況，可以明確認知自己學術專業的特色與不足。指導者同時還必須確知自我角色的範圍，不可越廚代庖的決定閱讀對象。以上五項都是指導或進行閱讀之際，必須注意的內涵。就研究生的實際需要而言，閱讀最重要的當是獲取知識與研究需要的資訊，以便在規定時間內完成合格且具有學術創見的學位論文，因此培養有效閱讀而獲得最佳閱讀效果的能力，並使閱讀轉化成為一種主動尋求知識、主動尋找文獻、主動愉悅享受的「悅讀」習慣，應是有心研究者必需學習努力的方向。以下即選擇性的討論這類與閱讀，甚至悅讀的相關問題。

閱讀的意義可大可小，狹義的閱讀可以小到看一個字，廣義的閱讀可以大到觀察整個宇宙，但就一般性的意義而言，閱讀是對某些具體的存在物（符號與聲音亦是）深入的欣賞、解釋、了解等等的認知，例如對書籍、建築物、音樂、表演、藝術品、自然景觀等的欣賞、了解與解釋，或對自己生命與思想的深入了解、認知與說明等均可屬之。閱讀的時候，當該是一種在心理上與實質上全面性、整體性的投入與參與，例如黃葵與俞君立就曾對書籍閱讀加以說明云：「閱讀是一種從書面符號中獲得意義的心理過程，它幾乎涉及到一個人的全部心理活動。閱讀心理是指閱讀過程中的感知、記憶、思維、想像、動機、興趣、意志等心理現象的總稱，是一般心理過程和個性心理特徵在閱讀中的體現。」[16]這雖是僅針對書籍文本的閱讀而發言，但應該可以適用多數的閱讀狀況。人類固然都具有閱讀的潛能，但必須有其他條件配合，纔能發揮此一既存的潛在能力，閱讀因此不是自然而然就可以發揮的天生「本能」，閱讀必須在具備某些基本條件的前提下纔有可能執行，故而美國文學研究者韓南（Patrick Hanan，

16　黃葵、俞君立編著：《閱讀學基礎》（武昌：武漢大學出版社，1996），頁92。

1927-）說：「學會閱讀要有各種條件：要有讀物、要有錢買書、要有餘暇，還有社會價值觀和社會強制的影響。」[17]讀物、金錢、時間、社會價值觀、社會風氣等這些條件，自是在具備基本識字等內在的條件後，必須配合的「外在條件」，另外親人的認同與教師的引導，也都是相當重要的「外在條件」。

形成閱讀的「內在條件」，除基本文字的認識外，至少還要有：興趣、需要（need）、欲求（want）等，興趣的問題這裡不討論，這部分可以參考閱讀興趣引發正面反應的說法；[18]同時更有必要注意美國著名教育學家克伯屈（William Heark Kilpatrick，1874-1965）對「興趣」引發的負面反思。[19]至於「需要」與「欲求」，指的是引發閱讀的動機或目的，閱讀既可以是為享樂、愉悅而讀的「美學閱讀」與「休閒閱讀」；更可以是為尋找研究資料、尋找研究訊息而讀的「傳遞閱讀」。[20]研究生的閱讀當然以「傳遞閱讀」為主，但研究文學者則不能沒有「美學閱讀」的理解。「閱讀」的內涵，依據前述的理解，當然不必侷限在「紙本」的「小文本」（text）上，建築物、雕塑品、書畫、音樂、戲劇、大自然、多媒體……等等「大文本」（TEXT）都包括在內。從閱讀功能的角度言，閱讀必須能達到確實與深入了解文本對象內容與意義，並可以有效聯想的「讀出」層次，纔可以算是獲得了「有效閱讀」的基本效果，至少也必須達到「讀

---

17 ［美］韓南著，尹慧珉譯：《中國白話小說史》（杭州：浙江古籍出版社，1989），頁10。

18 例如前述的黃葵、俞君立編著《閱讀學基礎》；或者曹祥芹、韓雪屏主編：《閱讀學原理》（鄭州：大象出版社，1992）等。

19 ［美］克伯屈著，王建新譯：《教學方法原理──教育漫談》（北京：人民出版社，1991）。

20 ［美］Pamela J. Farris著，張誼、王克譯：《美國中小學社會課教學實踐》（北京：華夏出版社，2004），頁102。

到」的層次。有效閱讀的基本條件是：語言辨識能力、相關基礎知識、認知詮解能力、直覺的敏感力和博通的聯想力等。至於閱讀的進行，則大致有下列三種：

一、有聲的細緻閱讀：這是發出聲音的閱讀方式，無論是大聲讀或小聲讀，都是一種依直線加速流動時間進行的「不可逆式」閱讀。這可以根據聲音的大小，區分為「細聲輕讀」和「大聲朗讀」兩種。「細聲輕讀」是一種「半私密性」的閱讀法，這種閱讀法既與「默看閱讀」相近，也與「大聲朗讀」相近，但因為必須出聲，故而形成一種聲、視、聽、思等共同運作的統合，同時不必考慮聽眾，因而可以更專意閱讀，效果因此與其他兩種閱讀方式並不相同。「大聲朗讀」是一種「開放性」的全公開閱讀方式，一種可以與人共享的閱讀方式，朗讀者本身成為其他聽眾眼中的文本而被閱讀。從閱讀史的角度來看，無論中國或歐洲世界，最早進行的都是公開的「大聲朗讀」，推測其原因則除了物質性材料不足，無法充分供應閱讀所需的文字本，以及將書籍視為貴重物品而不願隨意公開等的緣故外，早期歐洲世界還因宗教的理由而規定公開朗讀，早期基督宗教的教會，甚至不准教徒用默讀的方式閱讀《聖經》，因為神職人員無法知道信徒是專心閱讀，還是藉著看《聖經》而胡思亂想的褻瀆神明，教徒因此必須用大聲朗讀的方式閱讀《聖經》，好讓神職人員確定信徒的閱讀行為合於宗教規定。早期中國人可能也因為物質材料不足或笨重，過分重視書籍等的因素，閱讀行為也是以朗讀為主，尤其蒙學更絕對用朗讀的方式進行，中國的蒙學教育的朗讀，主要是以「聲調」為主，而不以「文字」為主，注意的是「聲字」意義的理解，並不像現代人特別注意「文字」意義的解說，蒙學這種學生各自大聲朗讀的學習方式，很容易被那類未曾認真思考，或未曾接受過此種教育方式者的誤解，認為是效果不佳的不良學習方式，傳統中國蒙學此種大聲各自朗讀的

閱讀方式，實際上與基督宗教規定閱讀《聖經》的方式相近似，不過一個是「同聲共讀」，一邊是「異聲自讀」而已。但十九世紀到臺灣傳播基督教會訊息的加拿大傳教士馬偕（George Leslie Mackay，1844-1901）可能因為缺乏此種理解，因而有如下的一段評論說：「漢人的學堂是一個很費勁又吵鬧的地方。每個學生都要高聲朗誦，而他們又尖又拖的聲音變成極為不堪入耳的噪音。」[21]然而只要稍微考察一下歐洲宗教閱讀發展的歷史、紀錄與討論，即可了解馬偕的這個負面評價，不免帶有一種高高在上且理所當然的歧視心態，既不客觀且自以為是，因為歐洲宗教傳統的《聖經》閱讀，本來就是要求朗讀，只是要求的是集體同聲朗讀，不像漢人學堂般的各自朗讀而已。[22]大陸學者楊義（1946-）甚至認為朗讀的閱讀方式，可能還是促成應用新視角研究詩歌的一個重要根源，楊義說：「小時候讀《千家詩》是音調把我領入門的，音調的興趣甚至高於字義的興趣，這一點可能會發展成為以後詩歌研究的新視角。」[23]楊義之論也印證了蒙學重視「聲讀」的意義及其教學價值的意見。就我個人的經驗與體會，大聲朗讀當是一種比較適合教學、欣賞或休閒時的方式，課堂上學生各自大聲朗讀的「吵鬧」，實際上不僅會因為無形競爭之心的作用，能夠訓練閱讀的能力；同時也是一種訓練如何在吵雜環境中，不受外在干擾而專心一致的修養方式。由於臺灣執掌教育大權者，一向都是以抄襲歐美教育思想與制度為「進步」的「跟屁蟲」為主，因此抱持的觀點大致與洋傳教士馬偕的看法相近，因此「聲讀」的優勢當然也

---

21 [加]馬偕著，林晚生譯，鄭仰恩校注：《福爾摩沙紀事：馬偕台灣回憶錄》（臺北：前衛出版社，2007），頁109。

22 [加]Alberto Manguel著，吳昌杰譯：《閱讀史》（北京：商務印書館，2002）有相關討論。

23 楊義：〈讀書的啟示〉，《讀書的啟示：楊義學術演講錄》（北京：三聯書店，2007），頁6-7。

就無法受到重視，實在可惜。

　　二、默看的大略閱讀：這是一種完全「私密性」的閱讀，可以按照自己的意願，進行「自由」的閱讀，可以隨意倒反、跳躍、停頓、合併等方式的閱讀，此種閱讀既可以隨意縮短閱讀的時間，如跳躍式的速讀或一目數行的合併式閱讀。亦可以隨意延遲接觸文本的時間，如確定前後文關係而往回尋找的倒反式閱讀或思考文句意義的停頓式閱讀，此種延長與文本時間接觸的閱讀，可以形成一種類似俄國文學批評家什克洛夫斯基（Виктор Борисович Шкловский，1893-1984）在〈作為技巧的藝術〉中，強調的破壞、瓦解「閱讀習慣」或「閱讀感覺慣習」等無意識的「自動化」（automation）閱讀經驗之後，於是可以看到平常以為「理所當然」且「並無特別意義」的東西之中的意義，因而獲得一種「全新的」、「意料之外的」閱讀收穫的所謂「陌生化」（defamiliarization：反常化、奇異化、間離化、反熟悉化）閱讀效果。[24]這是比較適合平常增強研究者基本常識、知識與能力的一種閱讀方式。「陌生化」概念及其內涵的問題，由於並非我的學術專業範圍，因此只能根據前賢之論進行點到為止的解說，詳密的敘說非我能力所及，有興趣的同學應該去尋找更專業的論著參考。

　　三、總體認知的閱讀：這種閱讀方式的效果和前述論及的「點讀」相當，不過「點讀」主要是針對傳統中國沒有標點的「古書」

---

24 有關「陌生化」的相關內容與說明，係參考引述《百度百科》之論而成。二○一四年三月十日搜尋：http://baike.baidu.com/view/3160738.htm及http://baike.baidu.com/view/815536.htm。但讀者需要注意的是這類網路資料庫，一般都僅會刊載「二手資料」，若是對此類議題有興趣，則應該尋求更專門的學術專業論著。由於「治學方法」主要的任務是「引導」而非提供「唯一答案」，因此在某些非筆者專業學術的議題，以及方便跟筆者一樣的初學者閱讀了解，故此書偶爾會引述這類二手資料，但讀者在書寫正式的學術論著，則要非常謹慎的避免使用二手資料，以免遭受詬責。

立論，這裡的討論則是針對寫作時就已加上標點的「現代」書籍而發言。這種閱讀方式是結合「眼力」和「心力」的思考性閱讀，閱讀之際必須先立基於一種類似德國完形心理學派所謂「格式塔」（Gestalt）的思考，或瑞士心理學家榮格（Carl G. Jung，1875-1961）所謂「集體潛意識」（collective unconscious），或法國結構學派人類學家李維斯陀（Claude Lévi-Strauss，1908-2009）所謂文化的「深層結構」（deep structure）等等，這一類「整體」（the whole）的概念內涵，然後纔進行實質的閱讀，無論默讀、朗讀、輕讀都可以，惟若用朗讀的方式則效果可能較佳。比較具體的說，就是排除那類以作者為主或以文本為主的二分單一思考前提下，統合作者寫作語境及文本形式意義前提下的閱讀；或者說是一種超越形式與立場而從「整體性」統合角度，要求統整作者、文本與讀者「三合一」的閱讀方式。實際進行這種閱讀之際，讀者必須先立基在調動個人所知與閱讀對象相關資訊的基礎上，纔能夠進行合宜有效的閱讀。這種閱讀方式最適合那類已經確定研究議題的研究生，當其面對研究議題主要典籍進行內容的了解與分析之際的閱讀。

以上三種閱讀的方式，不僅沒有互相排斥的前提，同時也沒有高下的差別，反而是可以並存並行的共榮性存在，學習者因而可以因為不同的時空與需要而選擇一種或多種方式進行，唯若就研究生的實際需要而論，則聲讀、默看與統整等三種閱讀方式，實質上是形成一種互補的效果。

閱讀行為因為是研究過程中的必要活動，因此了解構成閱讀的條件、閱讀的方式，以及如何獲得較好閱讀效果，當然值得討論，討論的目的則是期望大家因此而獲得事半功倍的閱讀效果。

五　閱讀的對象、模式與效益問題

　　閱讀是研究的基礎，閱讀的對象與方式是影響閱讀效益的關鍵，不知閱讀何書或不知如何閱讀，或缺乏如何獲得閱讀效應的認知，必然影響到研究的進行與結果。就研究者而言，閱讀的對象與目的，可以是為累積增強學術基本能量而讀，更可以是為尋找議題或研究相關資料而讀。增強學術能量的閱讀是「開卷有益」，可以隨心所欲的隨機閱讀，甚至可以不知道為什麼而讀，可以尋找最討厭的對象而讀，可以毫無目標的隨意亂翻亂讀。尋找議題或研究而讀，則就必須先確定閱讀的範圍與對象，「範圍」指研究者自認為對研究有直接或間接助力的書籍，例如研究《詩經》之際，某些討論商周時代動植物的書籍，就可以納入閱讀範圍之內。「對象」指與研究議題直接或間接相關及背景的文獻資料。「背景資料」指研究對象生存時期與地區，有關政治、社會等等的制度及其運作狀況，以及當代的主流學術風氣等等。「間接相關文獻」指既存的他人針對議題的研究成果，就是所有現存的二手資料。「直接相關文獻」指研究對象的論著。無論研究的議題是古典或現、當代的人或書，想要了解這些文獻資料收藏的地點、版本的優劣與其他未被收錄文獻的狀況，需要有目錄學、版本學與輯佚學等等的基本知識，研究者擁有這些基本知識，纔能比較有效的掌握研究需要的閱讀信息。

　　閱讀對象與閱讀模式，除研究的需要之外，自與課程設計的講課內容相關。本課程的教學內容，從傳統學科四部分類的角度看，大致上並沒有超出中國文化研究的範圍，但若從現代學科分類的角度看，則雖絕大多數與「中文研究」的範圍相關，但卻也並不純然都是一般所謂「中文研究」的內容，因為除了經學、文學、思想等基本相關的內容外，還補充包括諸如：哲學、教育、教學、醫學、護理、法律、

政治、史學、社會、出版、文獻、管理、行銷、傳播、經濟、心理、語言、翻譯、物理、森林、環保、數學……等等其他學科，以及生活和情感的內容，這樣的學習的內容，當然不僅僅是簡單的追求「學科統合」而已，追求的其實是「研究即生活，生活即研究」，亦即希望達到「將研究當成生活的濃縮版，將生活當成研究基礎資料」的「通學致用」目標，這也就是會加入許多有別於一般純粹傳授單一學科知識教學內容的原因。為了達到課程設計的目標，除要引導培養同學恰當「通學致用」的運用或應用學術的能力外，同時還需要引導同學們學習如何擺脫單一學科知識視野的圍限，養成從客觀「第三者」或「史官視野」的立場觀看事件的習慣，亦即希望可以培養同學面對任何事件之際，在理想上能夠充分體會了解如何從「史官的角度」或「無關第三者」立場觀察或觀看，並進而可以在學習過程中形成一種自利的閱讀認知。

　　「無關第三者」的學習立場和「自我主體」的學習立場，就如同敘事學所謂隱藏的「文本作者」（敘述者）和認知的「真實作者」（寫作者）的關係一樣，這是兩個既差別卻又須有效融合的統一體，不知道無關第三者的學習立場，就無法真正理解自我主體的自利學習立場；缺乏自我主體的自利學習立場，就無法真正建立自己的研究基本原則，因而也就無法進入實質的獨立研究。必須在具備史官角度的視野之後，纔有可能體會並了解什麼是以自我為主體的觀察或觀看的自利學習閱讀立場。抱持自我主體自利學習立場原則的閱讀，必然是主動積極的閱讀，必然是理智的閱讀，但絕不會是欣賞的閱讀，故而閱讀重點不在欣賞這些「他者」，而是要消費吸收利用這些對象。具體的作法是：當面對「他者」的學術發表、學術演講，以及閱讀文本、觀看表演、聽教師講課，甚至上課及平常的交談等等活動之際，首先就要避免或排除的就是把自己當成「粉絲」（fancy），努力尋求

了解這些對象表現得有多好、有多棒的欣賞角度，而應該直接從「投資報酬率」的經濟學角度思考，認真尋求這些對象可以或可能提供自己那些有意義與價值內容的收益問題。這裡當然沒有否定或否認欣賞的意義與價值之意，只是純粹從學習者的收益處立言而已。任何理性者的學習目的，絕對不是要把自己變成某種理論、某位學者、某個學派或某本書籍的「粉絲」，所以閱讀對象表現得有多好、多棒的意義並不大，更重要的是自己可以從中吸收獲得什麼？亦即這些對象的表現對自己的學習與研究有多大助益？至於那些非自己研究對象的「他者」，在思想內容上「說什麼」、「寫什麼」、「演什麼」和在形式技巧上「如何說」、「如何寫」、「如何演」等的實際表現，固然都有其自身的意義與價值，但對研究者而言更重要的是本身從中聽到什麼？看到什麼？想到什麼？學到什麼？以及是否從中可以發現或擬構有別於既存學術觀點或答案的研究議題？亦即可以從中獲得那些對自己的學習與研究具有意義與價值的內容。上課之際曾將臺灣一般學習外國學術理論學者的表現，分成三種類型：一是跟屁套用到此為止的「太監學習者」（下面沒有了）；二是遵循運用自動約束的「嚴父學習者」（不得越雷池）；三是發揮應用生生不息的「慈母學習者」（無限的生機）等，並且特別強調「慈母學習者」的理由即在此。在這個以追求閱讀效益為主的背後，當然帶有一種閱讀雖由作品激發，因而接受者思考的範圍不可能超越作品，但作品的意義與價值，卻不都是由作者這個「常數」決定，而是由不同時空的個別讀者這個「變項」依據需要而增生、減裁或減少決定的基本認知。這種從「自我主體」學習角度觀看或閱聽文本與表演時的立場，就是以學習者的收穫為終極唯一考慮的學習模式，這種目中無作者固定意義與價值的純自利思考下的閱讀方式，我稱之為「霸王閱讀學習模式」或「自私閱讀學習模式」。同學在閱讀之前，有必要先了解這個基本原則，然後纔

有可能獲得較大的閱讀學習效益，希望同學爾後進行研究的閱讀時，可以記住這個自利閱讀的提醒。

就多數同學而言，不容諱言，「治學方法」最重要的功能，乃是協助同學建構合宜有效的論文寫作模式，以便可以在最短期間完成一篇合格的學位論文，至於是否走入學術研究的專業領域，則大致是因人而異，故而以下的分析說明，主要還是針對一般性的論文寫作發言，尤其是針對已經確定研究範圍與議題急著要畢業的一般研究生發言，雖然關注的對象也包括那類決定走入學術研究之途的同學，但主要還是以那類僅想充實自己知識的一般同學為主要考慮對象。就一般研究生的基本閱讀需求而言，亦即就普遍性的學習要求為主，特殊性的學術要求為輔的教學思考而言，研究生的閱讀對象選定與運作方式，大致可以依照下列排比的先後次序進行：

一、精讀研究議題範圍內的原典：「原典」指研究者進行議題研究之際，必需且必要閱讀的典籍。如設定古典的經學研究，則當然就是《十三經注疏》；如設定古典文學的研究，則當然是設定研究對象的作品；如設定現代文學為研究對象者，則相關文學理論也應當列入「原典」的範圍之內。所謂「精讀」就是要求進行閱讀之際，不僅要有「讀入」的基本能力，並且還可以正確地「讀到」閱讀對象要傳達的訊息，以及有效的聯想而「讀出」閱讀對象引發的學術訊息，同時還要養成寫批語、作筆記、紀錄心得的優良習慣。有效閱讀的前提是研究者在閱讀過程中，首先必須建立質疑思考批判的自覺精神，既不可以用「信仰」的態度進行絕對正確的閱讀，更不可以用「吹求」的態度進行絕對錯誤的閱讀，蓋信仰可以研究，但研究絕不可以是信仰，因為信仰就不能懷疑，有懷疑就不會、也不必信仰，排除信仰而以質疑求實的態度閱讀，那麼就有可能對某些結論，產生懷疑或疑惑的感覺，對這些覺得懷疑或疑惑的結論或答案，必須能有效說明懷疑

的內容是什麼？憑什麼如此懷疑？或者只是自己弄不清楚？但懷疑或疑惑式的提問，並不等同於吹求式的否定或消滅，疑問的重點在於「設想還有其他可能性存在」的精神，這當然與不承認而「斷定既存答案沒有地位與價值」的吹求否定設想不同。至於因閱讀而出現的心得，最正確的處理方式，就是養成隨手紀錄的習慣，以避免後日遺忘，最好還能把自己所以有此心得的背景或預設，予以必要的說明。針對閱讀對象不足部分，應該把自己補充的資料附記在該文句旁，並註明來源出處，以方便爾後查對。閱讀對象中若有對自己研究有用或對自己學習有益的文句，應該養成隨手抄錄的習慣，註明來源出處後，排比分類收藏，以備他日之用。在這個認真思考的精密閱讀過程中，無形中就可以培養研究者質疑求實、概括內容、尋找資料、保存資料、鑑別能力、聯想創發等等的學術研究能力。

　　二、詳讀專業範圍內的相關資料：「相關資料」指研究者專業養成過程中，必須了解的背景資料、前人整理研究的二手背景資料、前人有關專業範圍內的研究成果等，例如以研究兩漢經學為例，就不能忽略《史記》、《漢書》、《後漢書》及《三國志》等等涉及的歷史背景資料。研究古典文學或思想者，當然也不能遺忘這些歷史背景的資料。研究民國初年現代文學者，則除了必須了解當時的混亂時局之外，還必須知道當時俄國、日本、歐洲與美國等比較重要的作家，就是研究現代新聞學者必須具有一種世界性學術的眼光，否則研究的精確度必然受到嚴重限制。所謂相關資料的「詳讀」指在閱讀的過程中，對背景相關資料和前人的研究成果，除吸收其中較重要的正確結論外，並將相近問題的不同說法加以比較，以了解各家在研究方法與成果及貢獻方面的優劣高下，同時也要在比較公正旁觀而不先設定唯一意見的了解背景下，判別其中是否涵蓋有對自己的研究，具有實質協助意義與價值或貢獻的研究成果？或者是否有那些不能接受或借用

的重大訛誤？對其中較重要的觀點及較重要的誤說，應該加以概括而紀錄在特定的地方，以便研究之際做為參考之用。在這個經由詳讀而要求深入了解，並判斷閱讀對象內容與學術價值高下的過程中，首先要知道的是該學術領域有那些特出的研究者，以這些人物的著作為閱讀的優先考慮對象，換言之；就是先要知道該學術領域的學術權威，透過這些權威的著作，自然可能比較方便的吸收到對自己而言，較具有創新和價值的研究成果，以及了解該領域那些結論可能值得懷疑再探。這對研究者而言，除了增進相關學術知識外，也省卻不少判讀鑑別的時間。

三、選讀可增強學科知識的資料：這主要指即使不以這類主題為研究主體，但在學習者修習的專業研究範圍內，如果具有這些相關課程的知識，則不但對研究內涵的深入大有幫助，同時也可以判別他人的研究成果是否訛誤。以經學為主體的研究者而言，例如文字、聲韻、訓詁、目錄、辨偽、校勘、輯佚、語意、修辭、文法、版本、檔案、出版等等相關知識，都是需要加強充實的內容，研究者應該根據自己的需要，考慮時間的分配，儘可能加以涉獵，這對將來的研究工作，絕對有正面的效益。

四、略讀專業內相關學科的資料：「相關學科」指與研究者專業學習研究範圍沒有必然關係的人文社會科學或自然科學的知識。例如經濟、社會、政治、心理、教育、歷史、人類學、傳播、統計、法律、民族、民俗、哲學、人口、文化、宗教、倫理、語言、藝術、醫學、植物、動物、天文、地理、考古、符號、敘述等等學科的知識，這類閱讀對象除研究者主動學習外，多數並不會列入一般課程設計之內，然而如果能選擇某些領域內比較基礎的著作當作閱讀對象，即使是粗略的閱讀，也可以具有相當大的作用：一則可以增廣知識的視野；二則可能因此而觸發新的研究思考；三則更可能因而開出新的研

究與議題的方向，或不同於前人的解答方式；四則可以避免出現「坐井觀天」的知識自閉症。

　　研究者可以在確定研究議題後，根據上述閱讀模式提供的閱讀範圍與次序的觀點，選擇設定閱讀的對象，體驗如何纔能比較有效的收到閱讀效益，了解如何選擇閱讀對象，這樣對閱讀的行為自然會有比較深刻的認知，對於閱讀的成效，也會有較為正面的影響。至於如何有效閱讀文本內容，以便可以獲得最大的閱讀效益，大致可以有下述四種類型的閱讀方式：

　　一、知人論世的總體性閱讀：以作者為主體的閱讀，這類閱讀特別注意「創生」作品相關的因素，如創作者、創作時間、創作環境、創作目的與設定閱讀對象等的影響作用，這是一種將作品放在作者整體生命表現的「圖像式」閱讀，或者稱之為「立體性」閱讀。

　　二、分析文本的限制性閱讀：以文本為主體的閱讀，此類閱讀比較注重作品文本的本身，即在煉字、造句和總體結構上整體的表現，這是一種針對文本如何形成的文學美感的「結構式」閱讀，也是一種「風格式」（歐美意義）的閱讀，或者稱之為「形式結構」的閱讀。

　　三、讀者詮釋的直覺性閱讀：以讀者為主體的閱讀，閱讀的焦點全在個別讀者閱讀之際，由於自然而興起的喜、怒、哀、樂等的「感動」，因而引發的感想與反應。這是一種透過閱讀情緒而形成的文學感動的「音樂式」閱讀，這種閱讀類似所謂「讀者反應論」的閱讀立場。

　　四、統合總體的全罩式閱讀：統整世界、作者、作品與讀者的閱讀，這種閱讀將前述三種閱讀的追求融合為一，不僅注意文本的形式探討，還注意到諸如：性別、種族、歷史、禮俗、心理、社會、政治、傳播……等等文化現象，以取得較實際的文本意義與較多的閱讀收益，或者可稱之為「文化性」的閱讀，我以為這是一種比較理想的

閱讀方式。

選定閱讀對象與決定閱讀立場固然重要，但若無法建立良好而有效的閱讀方法與習慣，則亦很難達到最高的閱讀效益，這也就是先前要先討論閱讀模式的理由。根據前述的自利學習閱讀原則，則比較值得推薦的具體進行方式，應當是在面對閱讀對象之際，先追問自己需要的內容範圍是什麼？必須經過那些必要程序或利用何種有效的方法纔有可以獲得？我認為比較重要且必須追問的內容，可以歸納為下列幾項基本內容，透過這些基本內容的追問，或者就比較有可能獲得需要的研究或學習的資訊：

一、誰所寫？（作者）

二、寫什麼？（內容表現）

三、怎麼寫？（文本技巧）

四、為何寫？（作者意圖）

五、與世界關係如何？（背景與意義）

六、讀者應該怎麼看？（視野或立場）

七、對讀者有何作用？（文本的功能）

八、對讀者有何意義？（文本的價值）

以上這些追問的內容，主要是從傳統的文學批評角度發言，並不特別涉及二十世紀以來受語言學影響建構的形式主義 —— 符號學等相關的文學理論觀念，主要是這部分的理論，在形成著作涉及的世界、作者、作品與讀者等四個層面上，比較偏重在作品自身形式技巧，尤其是語言層面的分析，對於其他三個層面的關心度較不足，對這幾個層面互動關係的注意力也不足，再加上我完全沒有外文閱讀的能力，因此雖然看過幾本翻譯和介紹的書（為了節省篇幅，此處不加引述），但對這些理論的理解確實有限，因此僅能立基在傳統「詩教」的立場上，稍微吸收一點點這些理論的皮毛概念，提供同學一種類似「語

境」的認知了解。對二十世紀以來歐美學術界的美學觀和文學批評理論有興趣的同學，自該找相關的書籍閱讀。這裡提供的這種「語境」的理解，在於希望透過這些追問，可以更進一步確認論著可能蘊含的深層背景與意義，以便可以更好的進行研究或吸收，達到閱讀最佳的效益。經過前述的確認程序，至少可以較為有效地獲得下列幾項論著內容的資訊：

　　一、書籍作者：誰寫的：作者的簡歷？作者的年齡？作者的身分？

　　二、寫作目的：為什麼而寫：為了說明？辯駁？宣傳？說服？或教導而寫？

　　三、讀者預設：給誰看：一般大眾、專家、兒童、外籍人士、婦女；或是皇帝、長輩、官員等特殊人物？

　　四、寫作時間：什麼時候寫成：寫作時的身分是什麼？完成的過程中作者或外界有無特殊事件發生？花多久時間纔完成？

　　五、寫作空間：在什麼地點寫成，有無政治干擾：是在學校、官舍、監獄、家中、旅途或風景區？

這些相關內容的了解，可以提供研究者在進行研究分析與判斷之際，一些比較有效而重要的背景依據。

　　就一般研究生而言，實際閱讀之際，基於自利的學習閱讀原則，除非是基本原典與重要書籍，如果僅是查閱相關資訊，則並不需要都從第一個字讀到最後一個字，更不必然順著目次的次序閱讀。這類尋找資料的閱讀，比較有效方法的建議是：先看前言、目次、導讀及序跋等，然後再決定是否看完整本書。從自利閱讀學習的角度來看，如何在閱讀過程中收到最大閱讀效益的問題，同時也是如何成為一位「合格讀者」的問題，做為追求有效閱讀的自利讀者，建議繼續仔細追問下述幾項問題：

　　一、閱讀對象怎麼說？即表現的內容與敘述相關的問題。

二、閱讀對象何以這樣說？就是進行思想溯源的問題。

三、閱讀對象這樣說有沒有「道理」？即資料使用與論證過程是否存在瑕疵？

四、閱讀對象這樣說有沒有「訛謬」？即論證與結論是否正當、合法、合理、有效？

五、對閱讀對象「合理」或「訛謬」的評價，前人研究呈現的看法如何？

六、對閱讀對象所做「合理」或「訛謬」的評價，是自己程度不足或認識不清而產生的誤解？還是該閱讀對象確實「合理」或「訛謬」？

七、經過上述檢討後，則閱讀對象「合理」或「訛謬」的評價，那些纔是真正的「合理」或「訛謬」？

八、對閱讀對象所做真正「合理」或「訛謬」的評價，是否有自己的「創見發明」或「重新發現」？

九、閱讀對象這些與「合理」或「訛謬」評價相關的新見，是否包含有值得進行學術討論的實質價值或意義的內容？

十、閱讀對象這些新發現而具有學術討論價值的問題，要如何纔有可能確實和有意義的研究解決？

十一、解決這些問題的相關知識是否具備？是否有足夠學術能力進行研究解決？

十二、如果學識能力不足，是否有補救充實的可能？如果不可能補救，則當該如何處理或閃躲，纔是對自己的研究最有利！

這十二項與閱讀相關的實際問題弄清楚了，則寫作論文的基本條件，大致也就具備了。

以上是針對閱讀之際在閱讀對象、閱讀方法及閱讀效益等方面，思考如何有效達到最佳效果後，因而提供的閱讀之際值得注意的思考

建議。至於閱讀涉及的相關訊息，「閱讀學」一類的書籍，提供有不少頗具參考價值的資訊，有興趣的同學自可以依據需要而閱讀參考。

六　傳統閱讀發展與學術研究

傳統中國自周代以來就是個重視「禮樂教化」的社會，「樂教」是教育當中常重要的一環，[25]「樂教」必然與聲音相關，除了實際的「歌唱吟誦」之外，即使文字文本的閱讀，在這個「樂教」的要求影響下，學習之際的閱讀方式，自然還是以「朗讀」最相符合，這個周代以來開口發聲「朗讀」的閱讀主流，一直到二十世紀全民普及教育之前，一直都是閱讀最主要的方式。傳統中國這個重視「樂教」形成的閱讀方式，除了詩、辭、詞、賦本來就是以「吟誦」為主之外，即使駢文或散文等文類，同樣相當重視「聽覺美感」與「音樂賞析」的「樂教」要求，宋代的朱熹就曾說過：

> 古之謠諺皆押韻，如夏諺之類。又如散文亦有押韻者，如〈曲禮〉……〈禮運〉、〈孔子閒居〉亦多押韻，《莊子》中尤多，至於《易・象辭》，皆韻語也。[26]

宋代的李衡（1145進士）也說道：

> 散文自有聲律，如〈盤谷序〉、〈醉翁亭記〉皆可歌，韓退之〈送權秀才序〉云：「其文辭宮商相宣，金石諧和」，即

---

25 有關傳統「樂教」的基本思考，可參考《禮記・樂記》與《史記・樂書》所言。
26 [宋]黎靖德編：《朱子語類》卷八十〈詩一・綱領〉（《四庫》本），頁28；[宋]輔廣《詩童子問》卷首〈論韻〉（《四庫》本），頁63。

此可知矣。[27]

可知傳統中國的詩文類皆屬與音樂相關的「韻文」範圍，所以然者除「樂教」要求的無形影響外，恐怕還與早期書寫需要的文化性物質材料相當缺乏昂貴，無法人手一冊，「朗讀」的方式能夠彌補此一缺點，讓沒有書冊者透過「聽讀」，因而獲得與「閱讀」文本相近的閱讀效果相關。「朗讀」具有的音樂性質素，同時也符合傳統中國對「樂教」教育的要求，故而傳統中國早期的閱讀遂以「朗讀」為主。關於閱讀以發聲朗讀為主的證據，諸如從漢代的「仲尼沒而微言絕，七十子喪而大義乖」及「夫子沒而微言絕，七十子終而大義乖」開始，[28]接著出現在晉代的「孔子沒而微言絕，七十二子終而大義乖」；[29]沈約（441-513）《宋書》的「孔子沒而微言絕，七十子終而大義乖」；[30]唐代王勃（648-675）的「四教遠而微言絕，十哲喪而大義乖」及「天地閉而賢人隱，周孔逝而微言絕」；[31]宋代贊寧（919-1001）的「達磨沒而微言絕，五祖喪而大義乖」等等。[32]這些所謂「微言」都是「出聲言說」的意思，宋代邢昺（932-1010）解釋唐玄宗（685-762）〈孝經序〉的《疏》時就說道：

「微言絕」者，〈藝文志〉文，李奇曰：「隱微不顯之言

---

27 [宋]李衡著，[宋]龔昱編：《樂菴語錄》卷一（《四庫》本），頁9。

28 [漢]班固撰，[唐]顏師古注：《前漢書》卷三十〈藝文志〉（《四庫》本），頁1；卷三十六〈楚元王傳〉，頁63。

29 [唐]房玄齡等：《晉書》卷七十五〈荀崧傳〉（《四庫》本），頁24。

30 [南朝‧梁]沈約：《宋書》卷十四〈禮志〉（《四庫》本），頁45。

31 [唐]王勃：《王子安集》卷十三〈益州夫子廟碑〉（《四庫》本），頁4；卷十四〈梓州元武縣福會寺碑〉，頁1。

32 [宋]贊寧等：《宋高僧傳》卷八〈唐荊州當陽山度門寺神秀傳〉（《四庫》本），頁10。

也。」顏師古曰：「精微要妙之言耳。」言夫子沒後，妙言咸絕；七十子既喪，而異端並起，大義悉乖。[33]

這裡的「微言」即「妙言」，「言」雖然有時候也可以用來指稱「文」，但在古文字中「言」其實是與「音」更為接近甚至相同，[34]此處的「言」顯然是接近「音」的意思，專指孔子上課之際的「口說言談」。

分析這種以「朗讀」為主的情況，即使不談「樂教」的要求也很容易了解，因為孔子生存的時代，涉及書寫的文房四寶一類文化物質材料較現代缺乏，學習者不可能像現代一樣人人都可以方便獲得，即使有也屬於比較珍貴的東西，更不可能隨意浪費，更何況根據考古出土的文物推測，孔子當時係以竹簡為「紙」，學習者不可能隨時扛著一大捆竹簡在身邊，子張所以要「書諸紳」（《論語・衛靈公》），大概就是這個緣故。在這種實際的情況下，上課必然以「口說言傳」和「耳聽記憶」為主，當孔子過世之後，這些「口說言傳」的細微之言、點到為止的隱諱之說、隱含大義的隱喻之論，當然不可能再出現。弟子門人或者害怕孔子上課之際所說的「微言」散佚、或者要紀念孔子、或者想傳布孔子的「微言」、或者想繼續思索孔子「微言」的意義，因而乃將個人上課之際聽到的「口說言傳」的「耳聽記憶」加以整理，除背誦熟悉之外，又寫成可以長久保存的物質性文本，再根據個人的了解進行第二次的解說，諸家所說因此既有孔子之說，也有個人體會，於是自然而然就出現所謂「大義乖」的狀況，「乖」就是難以取得共識的「不統一」。「大義乖」的評價，還可以從不同角

---

33 [唐]玄宗註，[宋]邢昺疏：《孝經注疏・孝經序》（《四庫》本），頁9。

34 有關「音」與「言」的關係，可參考季旭昇：〈《上博三・恆先》「意出於生，言出於意」說〉，《中國文字》新30期（2005年11月），頁183-192一文所論。

度了解，若將評價者當成客觀的第三者，則所謂「大義乖」即指沒有一家與孔子本義全部相同，這種評價只是告知讀者一個結論，並沒有指出同或異的內涵究竟如何？讀者根本無從了解如此評價的理由與意義。若將此評價當成評價者主觀的認定，即指評價者先認同某一家自以為得孔子之「真」者，然後對其他諸家進行「各說各話式」的評價，這種評價也因為沒有提供評價的標準，同樣缺乏可信度與有效性。「大義乖」的評價雖然沒有提供足夠的資訊，讓讀者可以了解「大義乖」的實質內涵與意義，但此一模糊印象式的評價語，倒可以用來觀察周秦時代教學由「口說言傳」進入「文字寫定」的發展過程。

這個由口說到記錄的過程，純就物質性材料的角度，可以做如下的描述：孔子生存的前後時期，因為物質性的文化載體取得不易，識字率和書寫能力也不會太高的關係，所以不得不以「口說」的方式進行「傳道」。亦即由於當時教育不夠普及而導致識字率不高；同時也沒有形成有效的書冊製造與行銷通路的市場，故而如果沒有「親炙師門」，根本就沒有機會獲得傳授，當然也沒有宋代印刷術與教育較為普及後，經由書本的閱讀及書信往返問答的形式，透過「函授」而獲得學術訊息的學習方式。但以文字為媒介的傳授，由於文字「難盡意」的「符號」本質，必然形成解讀上的「歧義性」，以及這種必然存在「歧義性」的「困疑」，除非教師剛好在場，否則即無法獲得當場「解惑」的空間限制。可知以文字「符號」為媒介的傳授方式，即使不必知道「讀者反應論」（Reader-Response Theory），當該也能了解「文字閱讀」必然較「親炙口說」更容易形成「各說各話」，「儒分為八」當即在此「言不盡意」與「文不盡言」的狀況下形成。不過相對而言，「親炙口說」因為有老師「唯一權威」的解說做為標準，較有可能形成一致性的「限制性」觀點，又因為長期相處，必然也會帶入另一層「情感因素」，一致性標準與情感因素的雙重作用，使得

學生在心理上因而比較容易有「嚴守師傳」的壓力存在。但這也只是一種比較性的說法而已，因為當時上課的情形，根據漢代畫像磚的顯示，似乎已經有類似現代「班級教學」的場景，不過師生之間的接觸應該不會僅是「課堂」教學而已，學生可能是整天跟在老師身旁，師生間的互動必然頻繁，個人式針對性的當場指點就比較多，這樣的學習效果自是比課堂的教學為佳。課堂教學的問題在於學生的悟性不同，因而形成不同的理解；針對性教學的問題，則在於某些學生很可能把教師對學生個人或單一事件意義下的針對性與單一性指點，誤會成老師私下對自己的一種普遍性意義下的「密傳」。[35]

　　閱讀古書必然要涉及古語和典章制度，如何翻譯成為今人能夠理解的內容等訓詁相關問題，有訓詁翻譯就無法避免解說意義地位確定的問題，就是訓詁翻譯呈現出來的內容，到底是作者或原書文本與時代的意義？還是訓詁翻譯者及其時代的意義？這個問題實際也涉及「歷代經學詮解」內容判定的問題，亦即歷代經學詮解者呈現出來的意義，到底是經學文本的意義？還是詮解者的意義？或者有多少是文本限制詮解者必須發揮的意義？有多少是詮解者可以藉著文本而依己義發揮的部分意義。孟軻詮解《詩經》有所謂「以意逆志」之論（《孟子‧萬章上》），這個抽象式的觀點獲得歷代經學研究者的高度推崇，但實際的內涵則也是各說各話。如果根據前述「原書」（作者）與「譯者」關係的設想，則「以意逆志」的「意」指的就是「譯者」之「意」而非文本之「義」；「志」則是「原書」（作者）之「志」，既然「譯者」可以根據自己之「意」來逆「原書」（作者）之「志」，則是否就隱含有前述「文本限制」與「譯者自由」的雙重

---

35 把教師「單一針對性」指點，當成「整體普遍性」意義下「密傳」的誤解，可以參考楊晉龍：〈論曾子傳述孔子思想的信實問題〉，編輯小組編：《吳宏一教授六秩晉五壽慶暨榮休論文集》（臺北：里仁書局，2008），頁685-724一文所論。

詮解關係，就是在「文本限制」之下，同樣容許「譯者自由創作」的
有限度的發揮。再從「譯者」與「讀者」的關係論，則何人具有決定
「譯者」以己「意」所逆的「原書」（作者）之「志」的是非對錯？
分析孟軻的語意，似乎由「譯者」來決定，然實際上譯者不可能永遠
與「譯作」同在，因此背後也就可能有「讀者」具有「決定權」的隱
藏性意義。如果不是賦予「讀者」具有「決定權」，則顯然賦予某一
類人「本有」的詮解權威及掌有「確定性」答案的優先權，如果此一
猜測無誤，則「以意逆志」一說，表面上似乎也賦予「譯者」與「讀
者」的「自由權」，但實際上卻隱藏有一類「未知權威」的存在。以
「原書」（作者）、「譯者」、「讀者」等三方面的關係言，更隱含
有對「譯者」的「不信任」、「懷疑」等的「暴力」心態，這不僅是
《詩經》詮解必須面對的問題，同時恐怕也是所有翻譯解讀古文或外
文必須面對的問題，這當該也是閱讀之際不能不注意的問題。

　　中國傳統的教學主要以出聲的「朗讀」為主，以聲音的「樂教」
功能為期待，這就牽涉到寫作時的預設問題。換言之；傳統中國士人
在寫作之際，基本上都無法脫離以「朗讀」為「前提」的預設，故而
傳統中國的教育觀念中，就有奠基於「朗讀」前提下的「讀書千遍，
其義自現」的期待，由於朗讀的預設與「朗讀」必要性的考慮，自然
影響到創作之際的押韻與音樂節奏的問題，這和現代人主要是從「看
書」的「默讀」角度思考創作，顯然大不相同，現代人由於對朗讀缺
乏了解，於是把與「朗讀」關係密切的「背誦」予以「污名化」為
「死背書」。事實上通過「朗讀背誦」的程序而學習的方式，對文本
意義理解的考慮角度，與現代西洋式的那種先幫學生講解說明的教育
方式的考慮大不相同。因為通過「朗讀背誦」而學習的方式，就如同
現在某些語言學習者強調的「自然環境學習法」，重視學習者對情境
的直接反應，避免再經過另一次的翻譯過程，因此可以讓學習者直接

「自然」的參與進入該文本語境中，不必再透過第三者的解說翻譯過程，這是一種讀者親自參與開發文本意義的學習過程，在此一過程中由於閱讀之際，沒有任何解說翻譯的阻擋，因而可以讓文本自然而然的「連成一氣」，文本的「文氣」不會被阻斷。此種學習法一開始時，可能對文義的了解有困難，很難看到短期的實際成效，但讀者若確實具備學習潛力，久而久之自然就會有「豁然貫通」的時候，這時的理解纔是讀者的「真理解」，這也就是朱熹所謂「至於用力之久，而一旦豁然貫通焉，則眾物之表裡精粗無不到，而吾心之全體大用無不明矣」的「頓悟」功夫。[36]可惜現代人的腦袋可能「洋味兒」稍微重了一點，幾乎已經完全失去對此種傳統學習的認知，只知道那種外在追求可見立即效果的西洋式教學方法，並且將其過度的「美化」為唯一的正確方式，殊不知這種西洋式的教育標準，主要是應用在「應用科學」等知識的教學上相當有用，至於用在以協助「人格成長」或提昇「生命境界」的人文學科上，實際上是有點不切合實際，傳統那種通過漸進的「背誦貫通」，以達到「自我頓悟」的教學方式，對人格教育的影響作用，應該值得重新加以考慮。

七　閱讀可能出現的弊病

以研究者而論，閱讀當然是研究過程中最重要的基礎行為，主要的閱讀對象首先是研究主題的原典；進入論文寫作之前相關的二手資料，則是另一個閱讀重點。二手資料閱讀的目的，本是為了要進行正確而有效的「文獻探討」工作，「文獻探討」是提供研究者了解相關研究的成果，以便做為研究者「建構」研究方向的參考，以及確定研

---

36 [宋]朱熹：《四書章句集註‧大學‧釋格物致知篇》（《四庫》本），頁6。

究議題具有研究價值的必要過程。如果不了解這一層意義，反而養成一種偷懶的習慣，以「引用」或「抄襲」他人既有研究成果，做為研究設計時的「主要」考慮因素，就會在不自覺的情況下失掉研究的主體性，於是變成自願用自己的研究配合或印證前人研究結論確實可信的註腳，由於缺乏研究主體身分的認知，因此很容易就忘記自己纔是研究的創發者。這種缺乏研究主體認知的狀況，往往並不是因為參考抄錄的觀點和自己的研究觀點，具有「英雄所見」略同或相同的特性，因而借用來證明自己研究創發的效果，以增強研究論證或成果的說服力。反而是由於閱讀的二手資料太多，研究對象主要原典的閱讀不夠深入，因而受到二手資料無形的「洗腦」作用，有時候在議題決定之初就已經受到「感染」，於是在進行內容章節安排設計的時候，就已經不自覺的將如何抄錄既有的成果，納入研究內最主要的考慮位置而不自知。具有此種「抄襲式」思考的研究者，往往在遇上沒有現成研究成果可供抄襲的問題時，則寧可放棄研究或模糊帶過，幾乎沒有意願認真的針對這類「空白答案」的問題，進行實質性的研究探討，以便有可能發現新的或不同的答案。這種由於資訊方便而形成的「坐享其成」的心理一旦養成，則研究成果的價值大概也就可想而知了。故而研究者在開始研究之初，千萬不能養成這種有百害而無一利的「惡習」，這是進行閱讀之際，必須要防止出現的弊病。

　　閱讀可能帶來的另一個弊病，就是被過多的資訊淹沒。閱讀之際因此必須注意「資訊」與「知識」的區別，[37]以及資訊氾濫對知識成長負面影響的事實。「資訊」必須經由接受者的內化，纔可能成為「知識」，這就如同「紀錄」與「整理」的差別一樣，僅是記憶很

---

37 有關「資料」（data）、「資訊」（information）與「知識」（knowledge）等三者的分判與關聯，可參考第一講〈基本理念的說明〉二〈教學基本態度的說明〉（二）〈研究本質認知的問題〉一節所言。

多訊息也只能說是「資訊淵博」，並不能達到「知識廣博」，如果記住很多東西就是知識，則電腦應該是全世界最有知識的了，所謂「學而不思」或「兩腳書櫥」、「堆棧式讀書」、「常識博雜」，其實都指向這一類誤將「資訊」當「知識」者，這同時也是為什麼在人文學界整理文獻方面的工作不被看重的原因，因為多數人僅看到其中「資訊」蒐集的一面，卻看不到其中如何分類的「知識」；這同時也是今日學術界具有越來越濃厚的「發明焦慮」，因而逐漸走向「好奇追新」途徑的主要原因。德國解釋學家伽達瑪（Hans-Georg Gadamer，1900-2004）在百歲生日接受訪問而談到「網際網路」時，就曾對訪問者說過這樣的話：

> 你看，這是我們這個時代的愚蠢。知識和資訊並不是同一個東西，資訊剛好是知識的反面，如果人類得到過多的資訊，那麼他將不需要知識，如果人類只能得到資訊，而不能獲得進一步的內容，那資訊氾濫只會愚化人類，阻止人類思考。[38]

伽達瑪的意思是說：因為資訊的過度氾濫，人類接收太多資訊的結果，使得人類不願意再思考，反正無論什麼問題，大多已經有現成答案，許多人因此認為思考是一種浪費時間的行為，人類思考的能力因而不僅無法進一步發揮，恐怕還有可能退化，如此一來則人類根本就不會有成長的可能。伽達瑪又認為現實世界供應的現成答案的種種資訊中，由於缺乏一個有效的過濾篩選過程，因而是非優劣均有，根本不能照單全收，如果缺乏選擇資訊的知識能力，根本無法從這些氾濫

---

[38] 陳玉慧專訪：〈世紀大師訪談系列──百歲哲學大師伽達瑪：資訊氾濫，將阻止人類思考〉，《聯合報》1999年12月17日第3版。

的資訊中，獲得真正有效與有益的正面資訊，說不定僅成某些團體或個人的「盲目」應聲蟲而已。網路世界提供的「資訊」內容不可全信的問題，可以參考美國克里斯‧安德森（Chris Anderson，1961-）有關「長尾理論」的討論分析。[39]至於如何從氾濫的「巨量資料」（Big Data）當中取得對自己研究有意義的「資訊」，因而挖掘出有價值且具可信度（Veracity）的知識或材料，則正是「資料科學」（Data Science）最關心的問題，因此建議同學注意這方面的研究成果，以便可以借用來成為研究的輔助工具。

面對「傳媒」（書本、網路、電視、收音機等）之際，比較正確而有益的「閱讀」態度，應該是一種主動吸收而形成自我創造的閱讀模式。「主動」即是用一種了解與批判的眼光看待「傳媒」提供的訊息，既不完全同意也不完全拒絕，在此前提下就是讀者如何培養「資訊篩選能力」的問題，具有正確「資訊篩選能力」的讀者，纔有可能成為利用傳媒協助自己成長與獲益的「自主讀者」，纔不會變成被傳媒利用而幫傳媒免費宣傳的「愚蠢讀者」。在資訊氾濫的時代，絕不能有視「傳媒」提供的訊息都是「正確」答案的認知，否則主動的閱讀者，必然變成被動的閱讀者，變成自願被「傳媒」利用的「傳聲筒」。

資料氾濫對現代研究者既帶來好處也帶來災難。現代的古典學術研究者，相對於早期的研究者，在文獻資料的取得上，無論是研究對象原始文獻的第一手資料、後人針對原始文獻研究的二手資料，以及相關的輔助研究文獻與資料等等，當然都具有絕對性的優勢，從資料的佔有性來說，應該是一件值得慶幸的事。從研究的角度而言，對於

---

39 [美]克里斯‧安德森著，李明等譯：《長尾理論：打破80/20法則的新經濟學》（臺北：天下遠見出版公司，2006）。

那些早就學有所成的專業研究者而言，這種文獻資料佔有的優勢，在相關研究的深化及議題的開展方面，的確是一件相當有利的助成因素；但對於一位剛入學術之門的研究生而言，恐怕就不是一件絕對有利的因素。理由是：因為文獻資料的齊全，意味著原始文獻與二手文獻及相關文獻閱讀時間，以及二手資料篩選時間的大幅度增加，同時文獻齊全而可能引發的研究熱潮，更會帶來二手資料的膨脹，這些龐大的文獻資料群，固然有助於研究的開展，但對於具有一定畢業年限的研究生而言，面對如此數量龐大而必需閱讀的文獻資料，由於提供管道取得的方便性，假裝不知道的可能性已經不存在，因此必然要花費更多的時間閱讀，同時更可能由於花費太多時間在文獻資料的基本閱讀上，主體思考的時間因而遭受嚴重壓縮，這種情況不僅會影響研究生的畢業時間，同時也影響研究生針對議題進行學術思考的時間，在此種「文獻過多」與「思考太少」及「時間限制」的種種壓力之下，必然引發研究生的心理焦慮，心理自我防衛機制於是開始發生作用，刻意逃避閱讀與思考的駝鳥心理於焉出現，只想趕快畢業的衝動越來越強，本來因為文獻資料充足而帶來學術深化的可能性，不僅無法有效開展，更可能造成學術研究的倒退。如何引導研究生有效消除此種文獻氾濫成災而導致的學習焦慮，以及研究態度退縮和學術深度倒退的狀況，恐怕是「E化世代」或「數位化時代」的指導教授，必須面對的問題。

　　研究生面對資訊氾濫帶來的災難，大致可以提供幾點消解的建議：一、研究對象原始的第一手資料，一定要認真閱讀且勤做筆記。二、培養如何透過「標題」、「摘要」及「目次」，有效篩選自己需要的二手資料之能力。三、有效建立研究的主體性，確立自己研究議題的學術焦點，然後根據自己研究的需要篩選二手資料。四、認知相關專業研究的權威學者，同時根據該學術專業領域權威學者的介紹、

批評及其論著引述的狀況，選擇必要閱讀的二手資料，在面對不斷膨脹的二手資料，必須有一種「發表出版和學術價值不一定相關」的基本認知。五、不建議碩士生研究第一手資料過多的學者，更不建議碩士生研究學術史上的熱門人物或議題，如朱熹的理學之類。六、若要研究學術史上的熱門人物或議題，寧可從「文獻學」的角度入手，先針對二手資料進行歸納分析的研究，了解前賢研究的狀況與方向，進行研究內容的分類，以確定該研究對象如何被理解，以及相關研究的實際表現、價值與不足及缺漏等等。[40]這六點對當下還在學的研究生，當該有些提醒的功能。

八　文本內涵認知的分析

二十世紀以來歐美等地學術界中各學科的「金頭腦」們，創發出許多具有深刻意義與價值的學術理論，有一些與文學批評、賞析與閱讀等的研究討論密切相關，這些理論引發了文學研究的內容與方式的轉向，總體來說大致是從早期「作者中心論」的唯一視角，或轉向「文本中心論」，或轉向「讀者中心論」，或轉向去除唯一中心而綜合或融合作者、文本、讀者、環境……等等文化活動複雜因素的「文化總體論」等等的研究思考，於是文本與作者的關係；「文本」的內容、來源及其內涵的意義與價值等等，在這些理論的照耀下，重新被檢視、重新被發現、重新被定義，因而發展出五花八門多姿多采的文學相關理論，例如「形式主義」、「結構主義」、「後結構主義」、「讀者反應論」、「敘事學」、「符號學」、「文化研究」……等等

40　這種類型的研究可以參考楊晉龍：〈「四庫學」研究的反思〉，《中國文哲研究集刊》第4期（1994年3月），頁349-394；楊晉龍：〈臺灣近五十年詩經學研究概述（1949-1998）〉，《漢學研究通訊》第20卷第3期（2001年8月），頁28-50。

的專門研究。對文學批評方面有興趣的同學，這裡可以稍舉數本書提供參考，[41]但一般中文翻譯的時效性比較差，可能要慢西洋學術圈好幾年，如果英文能力可以，則值得花多一點時間去注意相關的新資訊，如果日文可以，則可透過日文翻譯了解，這方面需要同學們自行努力。

　　文本的意義與價值甚至來源，雖然都可以根據二十世紀的創新理論，從不同的研究視角重新檢視、發現與定義，但即使是從「敘述者的文本」角度，最多也只是表示文本只是作者的一部分，不能完全代表作者的觀點而已。實質上即使不知名的作品，同樣也只是因為無法確認作者而已，並不是說可以完全脫離那位具有真實生命型態的作者。世界上並不存在沒有作者的文本，只有不知名或多名作者的文本，尤其是明確具名的作品，那就更無法脫離作者了。故而無論從任何視角閱讀，都很難不去照顧到作者，尤其是作者對內容與形式上刻意設計與安排的意義。某些作者設計的認知意義，不僅具有單一文本解讀上的特殊意義，同時也可經由詮釋轉移藉用而具有更廣闊的普遍意義。例如王德威（1952-）翻譯法國傅柯（Michel Foucault，1926-1984）的《知識的考掘》時，就特別提到傅柯曾以義大利賽凡諦斯（Cervantes）的《唐‧吉訶德》（Don Quixote）攻打風車、羊群之事為例，說明語言功用的轉變，這就是一個作者設計的認知意義，經由

---

41 例如：[美]杰夫瑞‧C‧亞歷山大、[美]史蒂芬‧謝德門（Steven Seidman）主編，古佳豔等譯：《文化與社會：當代辯論》（臺北：立緒文化事業公司，1997）；劉禾等主編的《國際理論空間》（北京：清華大學出版社，2003）；趙毅衡編選《符號學文學論文集》（天津：百花文藝出版社，2004）。以及自一九九三年出版鄭明娳教授《通俗文學》後到二〇〇五年出版吳思敬《詩歌鑑賞心理》共六十九冊，由孟樊策畫的《文化手邊冊》（臺北：揚智文化事業公司）等相關的書籍。還有《臺灣文化研究》、《文化研究：中國與西方》等相關網站，均有相當專門的解說。

有效轉移而成更普遍意義的實例。王德威在解釋傅柯的兩種西洋「文藝復興末期的語言觀」之時也說：

> 從吉訶德的立場來看，外在的事物及書中的語言描述應是天衣無縫的相吻合才對。因此我們可以說，吉訶德的「歷險」實際上是他漫遊於書本字裡行間的經過。外在事物的真確性（風車、羊群）在此無關宏旨，吉訶德信以為「真」的世界，就是騎士小說的世界，也就是由文字所構成的世界，一點不多，一點不少。作者（賽凡諦斯）不斷的告訴我們，外在世界與書中的文字春秋「畢竟」有所差異。吉訶德的故事越往深發展，我們就越意識到，文字只有出現在其所屬的文本（text）中才具有意義。離開了文本，文字與廣大的世界顯得格格不入。這也解釋了為何唐・吉訶德不能將得自書中的知識，印證到實際天地中。他的一「言」一行，都是一種「瘋狂」的表徵，雖則他自己頗沾沾自喜於發揮了騎士的「真理」。[42]

這是王德威從「系統」的角度對吉訶德「認知」世界的另一個分析轉移解讀，因而使得文本認知適用的範圍更加擴大。王德威的轉移解讀方式，讓我聯想到中國傳統「儒學」或「經學」在近代以來不同「認知」的發展，頗有與此種趨勢相類似之處，因此也就可藉用王德威的分析方式與文字，再一次的轉移而針對五四新文化運動以來對經學的不同認知進行分析。首先是從認同中國傳統文化的舊派學者而言，可做如下的陳述：「從認同中國傳統儒學或經學者的立場來看，外在的

---

42 王德威：〈淺論傅柯〉，[法]傅柯著，王德威譯：《知識的考掘》（臺北：麥田出版公司，1993），頁23-24。

事物及經書中的語言描述，應該是天衣無縫的相吻合纔對。因此我們可以說，無論是儒學家或經學家的『經世』努力過程，實際上是他漫遊於經書字裡行間的經過，外在事物的真確性（小人當道、國勢陵夷）在此無關宏旨，傳統儒學家或經學家信以為『真』的世界，就是由經書建構出來的理想世界，也就是由經書文字所構成的世界，一點不多，一點不少。」這種認同經書文字必須與現實世界密切結合的人，可用明代薛瑄（1389-1464）所謂「自考亭以還，斯道已大明，無煩著作，直須躬行耳」之言為例。[43]再者德國哲學家、倫理學家和教育學家包爾生（Friedrich Paulsen，1846-1908）也有和薛瑄類似的觀點，包爾生說：

> 我不相信有必要或有可能在今天建立一個新的道德哲學體系，主要的建設性的原則已經被希臘哲學徹底地探討過了，以至它們即使在今天也大體夠用了。在我看來，使這些古老的真理與我們時代的問題建立生動的接觸，是現代倫理學的一個重要的職責。[44]

其次是針對那類接受西洋文化觀點的新派學者，例如胡適（1891-1962）、魯迅（1881-1936）……等等對傳統文化學術的認知，則可以做如下的陳述：「五四時代新派學者（胡適、郭沫若、魯迅、顧剛等）不斷的告訴我們，外在世界與經書中的文字春秋『畢竟』有所差異。傳統儒學家或經學家的經世故事越往深發展，我們就越意識到，文字只有出現在其所屬的文本（text）中纔具有意義。離開了文本，文字與廣大的世界顯得格格不入。因此傳統儒學家或經學家絕不

---

43 [清]張廷玉等：《明史》卷二百八十二〈薛瑄傳〉（《四庫》本），頁11。
44 [德]弗里德里希・包爾生著，何懷宏、廖申白譯：《倫理學體系・德文第二版作者序》（臺北：淑馨出版社，1989），頁6。

可能將得自書中的知識，印證到實際天地中。這些傳統儒學家或經學家的一『言』一行，都是一種『瘋狂』的表徵，雖則他們頗沾沾自喜於發揮了經書中所蘊含的聖人之『真理』。」透過藉用王德威式的分析，應該有助於對新舊兩派人士解讀經學內涵不同認知的了解。

傳統中國人對教師進行分類之際，有所謂「經師」與「人師」兩種不同類型的區別，甚至還有如後漢魏昭（150前後）所謂「經師易遇，人師難遭」；[45]或西魏文帝（535-557）所謂「經師易求，人師難得」，[46]這一類的慨嘆。如果藉用前述的分析方式說明，則所謂「人師」即是在一種相信文字紀錄與世界事務密切相合的觀點下，認為文字紀錄和實際作為是合一的存在，因而對經書的文字紀錄可以毫不遲疑去執行的實踐者，例如薛瑄等一類的明代學者，或宗教虔誠的信仰者。所謂「經師」則是一種認為文字紀錄與實際事務之間具有距離的觀點下，認為文字與實際作為是一種斷裂的存在，因而對經書紀錄抱持懷疑的態度，於是纔沒有認真想去要求自己執行作為的研究者，例如僅專注在訓詁考據之類的人物，或者現代學術的專業研究者。這個區分應該也是值得研究經學者思考注意的問題，因為現代人所謂「漢學宋學之分」或「義理學考據學之別」，兩者造成分別的因素，就與此密切相關。

再舉一個與閱讀認知相關的例證，這裡選用我信仰的基督教《聖經》為討論對象，討論「女性」存在的地位，在《聖經》不同篇章中表現的狀況。

一、《創世紀》的記載：《創世紀》第一章第二十六節記載著「神說：『我們要照著我們的形像，按著我們的樣式造人，使他們管

---

45 [晉]袁宏：《後漢紀》卷二十三〈孝靈皇帝紀上〉（《四庫》本），頁12。
46 [唐]令狐德棻等：《周書》卷四十五〈盧誕傳〉（《四庫》本），頁4。

理海裏的魚、空中的鳥、地上的牲畜、和全地，並地上所爬的一切昆蟲。』」第二十七至二十八節說「神就照著自己形像造人，乃是照著他的形像造男造女。神就賜福給他們，又對他們說：『要生養眾多，遍滿地面，治理這地；也要管理海裏的魚、空中的鳥，和地上各樣行動的活物。』」第二章第七節解釋說「耶和華神用地上的塵土造人，將生氣吹在他鼻孔裏，他就成了有靈的活人，名叫亞當。」第十八節說「耶和華神說：『那人獨居不好，我要為他造一個配偶幫助他。』」第二十一節說「耶和華神使他沉睡，他就睡著了。於是取下他的一條肋骨，又把肉合起來。」第二十二節說「耶和華神就用那人身上所取的肋骨，造成一個女人，領他到那人跟前。」第二十三至二十四節說「那人說：『這是我骨中的骨、肉中的肉，可以稱他為女人。』因為他是從男人身上取出來的，因此人要離開父母，與妻子連合，二人成為一體。」第三章第十二至二十節又說「那人說：『你所賜給我，與我同居的女人，他把那樹上的果子給我，我就喫了！』耶和華神對女人說：『你做的是甚麼事呢？』女人說：『那蛇引誘我，我就喫了。』耶和華神……又對女人說：『我必多多加增你懷胎的苦楚，你生產兒女必多受苦楚，你必戀慕妳丈夫，你丈夫必管轄你。』……亞當給他妻子起名叫夏娃，因為他是眾生之母。」[47]分析《創世紀》前述記載，顯然沒有男性就沒有女性，女性的指稱與命名都由男性賜給，女性因此必然要戀慕丈夫，且必須接受男性的管轄，可知女性在此不具有任何獨立存在的地位，必須附屬於男性。

　　二、《馬太福音》的記載：《馬太福音》第一章第十八至二十五節說「耶穌基督降生的事記在下面。他母親馬利亞已經許配了約瑟，

---

47 聖經公會編譯：《和合本聖經‧舊約全書‧創世紀》（香港：聖經公會，1975），頁1-3。

還沒有迎娶，馬利亞就從聖靈懷了孕。他丈夫約瑟……想要暗暗的把他休了，正思念這事的時候，有主的使者向他夢中顯現說：『大衛的子孫約瑟，不要怕，只管娶過你的妻子馬利亞來，因他所懷的孕是從聖靈來的。他將要生一個兒子，你要給他取名叫耶穌，因他要將自己的百姓從罪惡裏救出來。這一切的事成就，是要應驗主藉先知所說的話，說：「必有童女，懷孕生子，人要稱他的名為以馬內利。」』約瑟醒了，起來，就遵著主使者的吩咐，把妻子娶過來。只是沒有和他同房，等他生了兒子，就給他起名叫耶穌。」[48]根據《馬太福音》「童女生子」的記載，則此時女性的生產僅需聽從神的旨意，不必受男性的制約，但卻還需要男性同意，甚至孩子命名也由男性主導。

　　三、《路加福音》的記載：《路加福音》第一章第二十六至三十八節說「天使加百列奉神的差遣，往加利利的一座城去，……到一個童女那裏，是已經許配大衛家的一個人名叫約瑟，童女的名字叫馬利亞。天使進去，對他說：『蒙大恩的女子，我問你安，主和你同在了。』馬利亞因這話就很驚慌，又反復思想這樣問安是甚麼意思。天使對他說：『馬利亞不要怕，你在神面前已經蒙恩了，你要懷孕生子，可以給他取名叫耶穌。……他的國也沒有窮盡。』馬利亞對天使說：『我沒有出嫁，怎麼有這事呢？』天使回答說：『聖靈要臨到你身上，至高者的能力要蔭庇你，因此所要生的聖者，必稱為神的兒子。……因為出於神的話，沒有一句不帶能力的。』馬利亞說：『我是主的使女，情願照你的話成就在我身上。』天使就離開他去了。」第二章第六至七節和二十一節說「馬利亞的產期到了，就生了頭胎的兒子，……滿了八天，就給孩子行割禮，與他起名叫耶穌，這就是沒

48　聖經公會編譯：《和合本聖經‧新約全書‧馬太福音》，頁1-2。

有成胎以前，天使所起的名。」[49]根據《路加福音》「童女生子」的記載，則不僅「懷孕」必須經過女性同意，孩子命名也由女性主導。

　　仔細閱讀分析《聖經》這三個不同的記載，無論從宗教的意涵或僅從人類社會的視角，都可以看到女性地位的逐漸提升，看到女性從附屬的客體性或工具性地位，逐漸上升為具有主體性地位的意涵。不過這裡並沒有試圖要證明三個不同記載出現時間的先後，只是說這三個不同的文本，可以經由仔細閱讀而認知到文本內容的普遍性抽象意義，這裡僅是要說明即使像《聖經》這樣具有宗教神聖性質的文本，經由仔細閱讀的分析過程，依然可以從不同篇章記載的內涵，發現文本作者蘊涵在其中的意義。就閱讀分析《聖經》文本的認知言，則就是說《聖經》的文本，隱含有一個女性地位並不完全相同而有發展的過程，亦即從《創世紀》女性教徒附屬男性而無法面對甚至違背上帝的使命；發展到《馬太福音》部分附屬男性而須經男性同意纔能面對上帝的使命；最終則是《路加福音》女性獨立自主而可以自由地直接面對上帝使命的發展過程。這也就是透過詳細閱讀而發掘文本內涵，因而獲得不同認知的另一個實例。

　　選擇《聖經》為例的理由，其實和前文提到過的歐美社會不受《聖經》影響的人少之又少的想法相關，因為臺灣中文學界的研究者，在引述運用或應用歐美學術理論時，可能都沒有意識到這個「作者」的問題，理所當然的將歐美學者的理論自動純化，好像這些理論天生就超越文化、作者等等的「天理」，因此纔特別選用《聖經》為例，希望提醒大家注意學術理論也有「文化」和「作者」的問題，以及「作者」的影響永遠存在的事實，故而借用歐美學術理論之際要能「知所進退」，亦即知其最佳的使用場合與限制等基本問題，以免毫

49　聖經公會編譯：《和合本聖經‧新約全書‧路加福音》，頁76、頁78。

無限制的套用，導致原來主動選擇協助自己的「藉用」，變成協助宣傳該理論的被動「粉絲」或「應聲蟲」。

九　結語：自我閱讀與論文寫作訓練

有效閱讀的目的，當然是要訓練大家能夠了解並吸收閱讀對象蘊含其中而對自己的學術研究有意義有效能的內容，因而可以寫出一篇有學術價值的合格論文。「治學方法」課程內「習作」的設計，當然就是在這一種具有「目的性」前提下進行的學習活動，在這個學習訓練的過程中，本課程所以首先要設計同學寫「自介」和閱讀教師的「自介」，並不僅僅是讓教師了解大家的「起點行為」或大家了解教師的學術與價值判斷的背景而已。就教師「自介」而論，設計之初就已經刻意帶入教師學術的論證與評價的內容，因此要求大家閱讀教師「自介」，實際上是讓大家在不自覺中獲得閱讀一般學術論文的訓練，透過教師「自介」閱讀後的反省，以及和大家書寫「自介」的相互比較，就可以幫助大家培養或建立如何有效閱讀學術論文的能力。以教師「自介」和大家「自介」為主的有效閱讀程序與預設的功能如下：

一、閱讀收穫的反省：首先應該追問自己從教師的「自介」內「讀到」什麼？以及「讀出」什麼？這是有效閱讀任何論文或文章，在主觀上必須預先建立的一個必要且實際的思考，亦即追問自己在閱讀過程中的收穫。

二、作者意圖的了解：接著要追問自己是否可以看出教師「自介」寫作的「前預設立場」與「寫作意圖」？亦即教師最期望同學閱讀時「讀到」什麼？「讀出」什麼？此即論文閱讀之際了解作者立場的思考。

　　三、相近寫作的比較：透過閱讀教師「自介」的相互比較，大家覺得自己的「自介」，有那些和教師相同的內容？還有那些教師沒有的內容？是否可以具實的說明清楚？這是任何有效閱讀必須具備的一種比較性的機制，可用以了解自己相關知識位置。亦即相對於閱讀對象，追問自己有那些創發與不足？這也是一種從第三者的立場，比較某兩位作者相近論文學術表現的閱讀方式。

　　四、弊病的了解與改善：如果同學發現自己的「自介」，都在教師寫作的預設範圍之內，那麼原因何在？是否可以比較明確的說清楚？這是一種透過閱讀以反省自己相關知識位置後，如何發揮或深化自己創見的思考；同時也是一種追問如何透過學習以吸收他人優點而補益自己不足的思考。以上四項內容同時也是本課程設計閱讀教師「自介」的學習目的。

　　本講次前面所討論的種種閱讀的吸收，主要都是放在閱讀「他者」視角下的思考，但是做為研究者，如果不能「知己」其實也很難真正的「知彼」，「自介」閱讀的學習因此纔帶入「比較」的層面，「比較」當然也就涉及到閱讀「自我」的問題，研究者的閱讀，除了要有「閱讀他者」的能力外，還需要具備「閱讀自己」或「自我閱讀」的能力，這也就是本課程要求大家寫作「自介」的另一個理由，就是希望訓練大家在閱讀別人之前，先學習如何有效閱讀自己。希望透過大家閱讀自己的過程，思索往日的學習歷程，以發現某些自己至今猶無法忘懷的學科或問題？透過閱讀自己的引導，可以針對過往學習的過程進行反思，盡可能找出自己有那些現成而被忽略的學術資源，例如印象深刻、難以磨滅的事件；亦即對自己影響較大、比較在乎、比較有心得或收穫的事件，這些難以磨滅的記憶正可供現在的研究或學習利用，這些記憶深刻的事件及其內容與感想，再經由研究所課程的訓練，於是就有可能成為可以討論研究的議題。課程設計所以

要求大家在完全沒有壓力與刻意強求的情況下寫作「自介」，書寫「自介」，就是訓練大家進行自我閱讀一種方式，希望大家可以自然而然的將長久以來隱藏於內在而未曾出現的潛藏能力或學術識見，尋找挖掘出來而重新成為可以明確掌握之物。由於人類在學習的過程中，僅可能出現「從已知引發而發現或創造未知」；絕不可能出現「從未知發現或創造未知」之事實，由於人僅能在「已知」中思考問題，經由書寫「自介」的自我閱讀訓練過程，於是可以知道自己在學術研究領域內存在有那些問題？有那些需要加以補充而可以補充？有那些地方自己無能為力？因而就可以發現並確定自己的學術研究方向與研究能力，同時也培養如何有效閱讀論文的基本能力，這就是設計大家書寫「自介」和閱讀教師「自介」的主要原因。本講次討論的閱讀相關問題及其主要目的，到此已經告一個段落，下一個講次要討論的是「結論摘要與評論書寫」的問題。

第六講
論文書寫的技術性內容

一　前言

　　本課程從第二講〈師生自介及問卷意義的分析〉到第五講〈標點與閱讀的分析討論〉，探討的內容主要都圍繞在與治學理念相關基本概念的建構上，所謂「建構」指的是一種類似「完形心理學」的概念，就是融合一體的「系統性」整全內涵的意義。如此設計的理由是：一則假定大家進入研究所之先，雖然學到許多和「治學方法」相關的「讀書指導」、「國學導讀」、「國學概論」或「古籍導讀」等課程，了解許多有關版本、聲韻、訓詁、斠讎、目錄、輯佚等等的基本知識，但這些知識在多數同學身上大致都僅具有「辭典學」的抽象性意義，很少同學真正能從根本上了解，並立意實踐這些知識原具有的「實質性」的操作，故而纔希望透過前面「五講」的引導，帶領大家逐漸進入論文實際寫作的情境。再則我一向認為學習永遠都是逐漸累積而有的「習作」，無論何種學習都不可能不和時間因素相關，亦即任何學習除受天賦制約之外，同時誰也無法擺脫「熟能生巧」的根本性制約，因此需要提供較多的時間，讓同學逐漸適應與了悟教師較為特殊的觀點與要求。經由前述「五講」的形式訓練與潛移默化，以及這段期間師生互動而形成的互信，大致也就可以開始進入論文書寫涉及的技術性與實質性的操作學習，這個學期的學習成效，就表現在大家期末繳交的一篇課堂論文，以及寒假期間完成的「碩士論文研究計畫」，這兩項「習作」的學習如果順利，則至少在體例上不會出現

太大的問題，同時經由前後「十講」的傳授薰陶，以及下學期每位同學上臺發表碩士論文研究計畫、接受其他人對計畫的質疑提問、深入評論他人研究計畫、針對他人研究計畫提問、回應他人對研究計畫質疑等等的訓練，則大體上也就能了解與完成論文密切相關的諸如：如何選題？如何擬題？如何選書？如何閱讀？如何發問？如何吸收？如何應用？如何寫作？如何避免訛誤？如何安排章節？……等等問題，因而既可以學會寫作課堂論文，同時進而可以在規定時間內完成畢業論文。

論文書寫涉及的操作性實踐範圍，至少可以包括：結論、評論、提問、摘要、計畫、擬題、引述、發表、禁忌等等，為了討論方便，因此將其粗略的分成「技術性內容」與「實質性內容」等兩類，「技術性內容」討論有關「摘要」、「引述」和「結論」等問題；「實質性內容」則討論「評論」、「擬題」、「計畫」、「禁忌」及「發表」等相關問題。課程進行的方式，同樣是先請大家先依照自己「起點行為」的既有知識「胡寫亂寫」一通，然後教師發給「參考範本」給大家閱讀參考，接著教師說明寫作的方式及必須注意的事項，引導大家進入寫作的情境，最後則大家根據「參考範本」及教師的說明提醒改寫成較正確的版本。以下首先要從「摘要」的寫作講起，但由於中文系所師生學過諸如《四庫全書總目》等一類「提要」的關係，同時對現代「摘要」的了解不足，有些人甚至認為「摘要」是多餘的贅瘤，根本不願意用心於此，再加上「摘要」與傳統「提要」確實有「小同大異」的密切關係，因而導致許多中文系所的學者將「摘要」內容寫成類似「提要」；或寫成既不是「提要」也不是「摘要」的「綱要」；甚至不再另寫而直接抄錄「緒論」中的一段當作「摘要」，這都不符合「摘要」的基本要求，因而也就很難達到設計「摘要」時希望得到的收穫。故而有必要針對「提要」與「摘要」的同與

異，加以必要的辨別與澄清，以及說明「摘要」的重要性。以下即依
次討論「提要簡述」、「摘要書寫」、「引述操作」和「結論書寫」
等相關問題。

二　提要與目錄學簡述

　　「提要」的功能及其與「摘要」的不同，我曾經在兩篇文章中提
及，[1]下文討論「摘要」的時候，其中觀點當然會和這兩篇論文關聯；
此外還有一篇和「摘要」講述的內容具有直接的關聯性，[2]建議大家不
管有沒有興趣，不妨都找來看看。「提要」是傳統目錄學的概念，本
與現代圖書館學意義下的「摘要」不同，「提要」除了介紹論著內容
之外，同時還帶有說明論著學術淵源與發展、版本相關狀況、衡鑑論
著內容與版本優劣及與相關論著比較，還有「教化」價值效能高低與
是非的目的，「提要」因此具有論著的歷史發展、內容評價、思想比
較、教化功能等的意義與價值。「提要」重視的不僅僅是論著內容與
生成等的介紹而已，同時還帶有「學術」與「教化」雙重價值上的評
鑑要求，就其「學術」層次而論，有關學術淵源及內容發展、學術成
果的收穫與缺失、相對同類論著的優劣比較等內涵，頗有與現代「書
評」之類論文相似之處，故而了解「提要」和「書評」的異同差別，
對於「摘要」與「提要」差異的認知頗有助益。

　　「目錄」與「目次」的差別，也有必要提醒大家注意，「目次」

1　楊晉龍：〈摘要寫作析論〉，張高評主編：《實用中文寫作學》（臺北：里仁書
　　局，2004），頁259-305；楊晉龍：〈從「現代經濟理論」論《四庫全書總目》：
　　經濟學及其相關概念與傳統中華文化研究〉，《故宮學術季刊》第26卷第1期
　　（2008年9月），頁133-169。

2　楊晉龍：〈提要摘要寫作〉，張高評主編：《實用中文講義》（臺北：東大圖書
　　公司，2010），下冊，頁243-265。

指論著中章節安排的次序表現，「目錄」指論著的數量與分門別類的
狀況。教育部《國語辭典》解釋「目次」說：「列在書刊正文前的篇
章條目，以備檢閱查尋之用。」指出了「目次」的位置與功能。解說
「目錄」云：「（1）書籍的書目總錄或分類書目著錄。（2）列在
書刊正文前的篇章條目，以備檢閱查尋之用。」[3]（2）的解說與「目
次」完全相同，混淆了「目次」與「目錄」的定義。這種混淆並不是
《重編國語辭典修定本》製造出來的問題，這是傳統以來就已存在的
問題，即使是羅汝懷（1804-1880）推崇為「各書皆為提要，既發其
體例，復判其是非，使學者曉然於良楛白黑之分，即不見本書，而
具識本書之端委，洵度越千古，而垂則百世之書。」[4]繆荃孫（1844-
1919）誇讚為「考撰人之仕履，釋作書之宗旨，顯徵正史，僻采稗
官，揚其所長，糾其不逮」的內容，[5]「實集古今之大成」的《四庫全
書總目》，同樣也有此種現象。例如清朝惠棟（1697-1758）《周易
述》的「提要」說：「其目錄凡四十卷。」明朝方弘靜（1516-1611）
《素園存稾》的「提要」說：「是集目錄祇十六卷，而書實十八卷。
其目錄之次序前後參互，亦與卷內不合，皆校刊之疏漏。」這兩處
的「目錄」明顯指的是「目次」。但諸如清朝顧景星（1621-1687）
《黃公說字》的「提要」說「司馬光《集韻解》，諸家目錄未著斯
名。」題宋代洪遵（1120-1174）《訂正史記真本》的「提要」說：
「考諸家目錄，皆不載遵有此書。」宋代鄭克（1124進士）《折獄龜
鑑》的「提要」，引宋代晁公武（1105-1180）《郡齊讀書志》之言

3　中華民國教育部編輯：《網路版重編國語辭典修訂本》（臺北：中華民國教育
部，2007）。二〇一四年三月十日搜尋：http://dict.revised.moe.edu.tw/。

4　[清]羅汝懷：《綠漪草堂集》卷十三〈湖南藝文志敘〉（《古籍庫》本），頁
134。

5　[清]繆荃孫：《藝風堂文續集》卷五〈錢唐丁氏八千卷樓藏書志序〉（《古籍庫》
本），頁60。

說：「依劉向《晏子春秋》，舉其綱要為之目錄。體例井然，亦可謂有條不紊者已。」清代梅文鼎（1633-1721）《勿菴曆算書記》的「提要」說「雖亦目錄解題之類，而諸家之源流得失，一一標其指要，使本末釐然，實數家之總匯也。」[6]這幾處的「目錄」顯然是「解題」的「目錄」而非「目次」。可知此種「目次」與「目錄」混淆的現象早已有之。不過就今日學術要求精確的角度觀之，還是有必要將「目次」與「目錄」分別清楚。

傳統學者對目錄學功能的看法，並非全部傾向正面，其中也有不以為然者。重視者如明代胡應麟（1551-1602）提到元代馬端臨（1254-1323）《文獻通考》時有所謂「支流派別，條理井然，且究極旨歸，推明得失，百代墳籍，瞭如指掌」的讚美。[7]清代王鳴盛（1722-1797）的推崇更是極端，王氏一則說「目錄之學，學中第一緊要事，必從此問塗，方能得其門而入。」再則說「凡讀書最切要者目錄之學，目錄明方可讀書，不明終是亂讀。」[8]這樣的推崇未免過度。倒是羅汝懷「見其目即識其書，籍以知學中門徑及學中利病」之說，[9]或較為平實。或者是類似王鳴盛這種過度推崇的說法太過誇張，因而引發某些人的不滿，朱一新（1846-1894）就大不以為然的

6　[清]永瑢等：《欽定四庫全書總目》卷六〈周易述提要〉（《四庫》本），頁45；卷一七八〈素園存稾提要〉，頁2；卷四十三〈黃公說字提要〉，頁42；卷四十六〈訂正史記真本提要〉，頁34；卷一〇一〈折獄龜鑑提要〉，頁11；卷一〇六〈勿菴曆算書記〉，頁45。

7　[明]胡應麟：《少室山房筆叢》卷一〈經籍會通〉（《四庫》本），頁3。

8　[清]王鳴盛：《十七史商榷》卷一〈史記・史記集解分八十卷〉（《古籍庫》本），頁1；卷七〈漢書・漢書敘例〉，頁31。

9　[清]羅汝懷：《綠滿草堂集》卷十三〈湘潭文籍志敘〉（《古籍庫》本），頁137。

說「近時目錄之學為門徑則甚誤」。[10]不過無論傳統的狀況如何？目錄學終究是中文系所師生必須學習注意的基本科目，同時「提要」既然與傳統「目錄學」關係密切，當然也就有必要針對傳統「目錄學」稍做介紹，以便讓大家可以更明白「提要」與「摘要」的不同，因而減少出現「誤將馮京當馬涼」般的訛誤。

中文相關系所的學者，聽到「目錄學」這個詞彙，首先想到的應是清代章學誠（1738-1801）所謂「辨章學術，考鏡源流」這句話。章氏這句話出現在其《校讎通義》的〈敘〉文，全文是「校讎之義，蓋自劉向父子，部次條別，將以辨章學術，考鏡源流，非深明於道術精微、羣言得失之故者，不足與此。後世部次甲乙，紀錄經史者，代有其人，而求能推闡大義，條別學術異同，使人由委溯源，以想見於墳籍之初者，千百之中不十一焉。」主要是在強調「校讎」工作的難度，必須具備「深明道術精微」和「深明羣言得失之故」的學術能力，纔能夠達到「推闡大義，條別學術異同，使人由委溯源，以想見於墳籍之初」的目的，這也就是所謂「辨章學術，考鏡源流」的內涵。章氏在〈互著第三〉中也提到「古人著錄，不徒為甲乙部次計，……蓋部次流別，申明大道，敘列九流百氏之學，使之繩貫珠聯，無少缺逸，欲人即類求書，因書究學。」[11]這裡強調的分類、明義、別派、溯源、貫通、整補等等，同樣不離「辨章學術，考鏡源流」的範圍，與〈敘〉所言相通。連繫這兩段引文，可見章學誠的「校讎之義」指的就是「古人著錄」，則章學誠所稱的「校讎」，顯然不是「斠讎學」的意義，而是「目錄學」的意義。

---

10 [清]朱一新：《無邪堂答問》卷四〈問今欲將諸書略分次第〉（《古籍庫》本），頁136。

11 [清]章學誠：《校讎通義內篇》卷一〈敘〉（《古籍庫》本），頁1；卷一〈互著第三〉，頁4。

　　最能表現傳統目錄學內涵的書籍，無疑是《四庫全書總目》，該書的收書標準與寫作企圖，就在其〈卷首〉的二十五通〈聖諭〉和二十則〈凡例〉中，研究或了解《四庫全書總目》思想與內容表現所以然之故，必需深入分析〈聖諭〉與〈凡例〉，方能了解該書之判斷標準與寫作目的，纔不至於有所疏漏。不過觀察「四庫學」研究的論著，可以發現確實存在有遺忘〈聖諭〉與〈凡例〉之重要性者，對於這類論著的研究成果，基本上並不建議參考，如果非要參考不可，則要抱持比較慎重的態度為之。根據《四庫全書總目》的〈凡例〉所言，此書旨在「包括古今，義在衡鑑千秋」，「包括古今」是收錄範圍，「衡鑑千秋」是著作目的，即「定千載之是非，決百家之疑似」，這也就是「義」指涉的內容。此書的一般要求在於「提綱列目，以時代為次，使條理分明」、「辨著作之妍媸，嚴為去取，分編錄與存目」、「擇其善本或足本抄錄」。至其「提要」則「每書先列作者之爵里，以論世知人；次考本書之得失，權眾說之異同；以及文字增刪，篇帙分合」，這些都「詳為訂辨，巨細不遺」，於是「人品學術之醇疵，國紀朝章之法戒，亦未嘗不各昭彰癉，用著勸懲。」可見《四庫全書總目》除「作者爵里，本書得失，眾說異同，文字增刪，篇帙分合」等基本內容與評論外，確實還包括傳統「教化」意義下「人品學術之醇疵，國紀朝章之法戒」等「勸懲」目的，[12]這是傳統「提要」與「摘要」最大不同之處。

　　就現在所知的資料，雖然梁代釋僧祐（445-518）曾提到「目錄」的宗旨是「討其根本，遂綴翰墨，以藉所好，庶辨始以驗末，明古以證今」，[13]但並沒有為「目錄」下定義。最早明確定義「目錄」

12　[清]永瑢等：《欽定四庫全書總目》卷首一〈聖諭〉（《四庫》本），頁1-30；卷首三〈凡例〉，頁1-13。

13　[南朝‧梁]釋僧祐：〈法苑雜緣原始集目錄序〉，[明]梅鼎祚輯：《釋文紀》卷二

的當是唐代釋智昇（730前後）：「夫目錄之興也，蓋所以別真偽，
明是非，記人代之古今，標卷部之多少，摭拾遺漏，刪夷駢贅，欲
使正教綸理，金言有緒，提綱舉要，歷然可觀也。」[14]「人代」當作
「人世」，此避李世民（599-649）之諱而改。釋智昇指出目錄之學
在於辨別真偽，考明是非，記載作者的資料，標示著作的卷數，蒐補
作者遺文，正論著之漏失，刪去重複，除掉贅餘。目的是透過簡要的
歸納，使各書的學術源流清楚表現，讓讀者容易明白。釋智昇所說雖
不是很清楚，但大致可和章學誠的「校讐之義」相互發明。朱汝珍
（1870-1942）等討論目錄學的源流與意義曰：

> 漢時劉向父子著《別錄》、《七略》二書，始開目錄之體，
> 班氏《漢書》因而專立〈藝文〉一門，《隋》《唐》《宋》
> 史襲其故步，目錄之學竟為專門，國史方志歷來不廢。……
> 目錄之學既盛，紀載之體攸分，有止列書名撰人者（如劉
> 向《別錄》；《崇文總目》等），有用小注考訂真偽者（班
> 固〈藝文志〉為始），有考古書注明存佚者（《隋書・經
> 籍志》等）有詳錄行誼以補史傳之缺者（《唐書・經籍
> 志》），有別立解題詳考得失者（《直齋書錄》），有類列
> 諸家題詞序跋者（《文獻通考》等），至宋而諸體大備，至
> 前清朱竹垞《經義考》一書，首列書名卷數，次列撰人姓
> 名，次則分注存、佚、缺、未見四類，次則列原書序跋、諸
> 儒論說及其人之爵里，有可考訂者，即附案語於其末，體例
> 最精。[15]

十八〈梁〉（《四庫》本），頁13。

14 [唐]釋智昇：《開元釋教錄》卷一〈總括羣經錄上〉（《四庫》本），頁1。

15 朱汝珍等修纂：《（民國）清遠縣志》卷十七〈藝文志・凡例〉，頁1。此係搜尋

朱汝珍等的這個說法非常詳盡，應當可以提供大家較廣泛深入的理解。

　　「提要」的內涵與功能，在〈「治學方法」專欄前言〉中已經提過，但不知道大家還記得多少？順著記得多少這件事，順便提醒大家一件事，希望大家可以看看自己是否有這類問題。就我的觀察發現多數臺灣的學生，似乎都不知道甚至從未想到國家教育體制下的課程設計，提供的課程內容，原本就是在現代教育心理學家如法國學者皮亞杰（Jean Piaget，1896-1980）等「認知發展理論」（cognitive development）影響下設計完成，因此就具有連貫性知識系統的基本要求，不同階段的學習內容，都具有「不躐等」循序漸進互相銜接的系統性考慮。亦即「小學」習得的內容為「國中」的基礎知識，「國中」學會的內容是「高中」的基礎知識，「高中」學到的內容是「大學」的基礎知識，「大學」學得的內容是「研究所」的基礎知識，如果能徹底認知了悟這個課程設計的企圖，則較不會出現學習斷裂而造成時間的浪費，例如進了「高中」還能有效運用「國中」的知識之類。上課時曾發現有些同學忘記高中課程提供的傳統文化基本常識，因而無法在報告與論文中運用，有效的應用當然更談不上了。雖然某些知識可以在潛移默化下不自覺的習得，但不自覺習得的知識，就像分析心理學家所說的「潛意識」一樣，很難自覺的加以運用，於是導致學習者經常性的遺忘某些已經學過的知識，不得不花許多時間重新再學習。開始上課時要大家書寫〈自介〉，就隱藏有訓練培養同學自覺的調動既存知識，以便能夠有效的運用或應用的基本能力。因為無論學習或研究都必然是累積而有的結果，故而此種方便有效的運用或應用習得知識的基本能力，更是研究過程中需要具備的基本能力，缺乏此種基本研究能力，必然影響論文寫作的速度與深度。這也就是為

　　《中國方志庫》（北京：愛如生數字化技術研究中心，2011-2013）而得。

什麼我會提供自己發表的正式論文，要求大家寫評論稿、寫結論稿、寫摘要稿、寫發言稿等等一類課程的原因，除這些項目都與論文內容與畢業相關外，另外一個重點就是要訓練培養大家具備調動既有知識並加以有效利用的研究能力。

　　雖然學習的時間並非經過很久，但還是無法確定多少人依然記得〈專欄前言〉內「定義與範圍」中提到「目錄學」的內容，為了強化學習效果和保險起見，不妨再說一遍：目錄學旨在「協助學習者有效確認運用資料的搜集是否齊全完備。」包括兩個重點方向：「一是知道多少資料與此事件相關，亦即了解所有直接紀錄此事件的文本與非文本資料，以及與此事件發生相關的淵源、成因與影響的資料；一是知道多少可以用來分析探討此事件內容的方法與參考資料，亦即涉及研究立場與學科整合等相關的資料或資訊。」這是現代目錄學的內涵與功能的簡略說明。從經濟學的角度來看，「目錄學」意義下的「提要」，對讀者而言可以協助讀者盡快取得需要的文獻，免除浪費時間、弄錯方向、混亂失焦、過程麻煩等的問題，因而具有降低「尋找成本」的功能。[16]除此之外，自從網際網路開通以後，隨著搜尋系統的方便性與隨時性，網路資料庫已成為研究者不可或缺的重要文獻來源，故而我以為應重新調整目錄學的範圍，將網際網路納入目錄學的研究，這種研究可稱為「網路目錄學」。就我使用網路資料庫經驗的粗略歸納，「網路目錄學」可以討論的內容，至少可以有：一、直接相關資料取得的問題；二、間接相關資料擴充的問題；三、不同學科資料借用的問題；四、開闊研究視野統整的問題。這四項值得探討的問題，當然僅是提供同學思考的私見，是否可以成立，還有待更進一

16　此參考[美]克里斯・安德森著，李明等譯：《長尾理論：打破80/20法則的新經濟學》（臺北：天下遠見出版公司，2006），頁32、頁80-81等處所論。

步的探索。經由前述的討論，再加上大學時期殘留的記憶，對目錄學
意義下的「提要」，基本的認識當該已經足夠，目錄學與提要的討
論，就到此為止。

三　摘要及其書寫的問題

　　「摘要」就現在一般的辭典學意義而論，則分開來說，「摘」是
選取，「要」是總括或統領；合起來說，則指選取論著中的主旨綱
領，或摘出論著中最主要與最重要的內容。「摘要」這個辭彙，就
現在所知最早出現在傳統中國的時間似乎是唐代，不過就我所知除
司空圖（837-908）「綿絡山川，披圖摘要，繁而不齊，可謂勤而至
精者」這個孤證外，[17]未見唐人另有使用此詞彙者。宋代後使用者纔
逐漸增多，元代後則大致已成為常詞。宋人有把「擿要」等同「摘
要」者。如陳振孫（1183？-1262？）謂《新唐書略》，乃「呂祖謙
授徒，患《新史》難閱，摘要抹出，而門人鈔之，蓋節本之有倫理者
也。」[18]至於鄭樵（1104-1162）、祝穆（？-1255）、王應麟（1223-
1296）、王益之、謝維新、章如愚等人，甚至將劉向（77B.C.-6
B.C.）的〈擿要〉一文，[19]寫成「摘要」。[20]這些「摘要」的意義都是

17　[唐]司空圖：《司空表聖文集》卷一〈議華夷〉（《四庫》本），頁7。

18　[宋]陳振孫：《直齋書錄解題》卷四〈別史類〉（《四庫》本），頁20。

19　[漢]班固撰，[唐]顏師古注：《前漢書》卷三十六〈劉向傳〉（《四庫》本），頁
　　26。

20　[宋]鄭樵：《通志》卷七十八上〈宗室傳第一上‧前漢〉（《四庫》本），頁31；
　　[宋]祝穆：《事文類聚‧後集》卷二〈人倫部‧姓名‧更生更名〉（《四庫》
　　本），頁9；[宋]王益之：《西漢年紀》卷二十三〈元帝〉（《四庫》本），頁
　　20；[宋]王應麟：《漢藝文志考證》卷五〈儒文〉（《四庫》本），頁16；[宋]
　　謝維新：《事類備要‧續集》卷二〈氏族門〉（《四庫》本），頁11、卷四十一
　　〈性行門〉，頁3；[宋]章如愚：《群書考索》卷二十〈文章門‧賦〉（《四庫》

指選擇性的抄錄要點，故可以和「摘要」相通，這個意義下的「摘要」與「節本」之義相當，但與現代學術界使用的意義與功能不同。

現代學界使用的「摘要」，係來自歐美的圖書館學概念，和傳統中國「摘要」關係不大。根據馮丁樹的考察，臺灣學界使用「摘要」一詞的英文淵源有三：一、「abstract」指由他人簡要摘錄的「摘要」；二、「summary」指作者扼要陳述全文重要發現或結論的「摘要」；三、「synopsis」指作者簡介全文內容重點的「摘要」。[21]不過臺灣一般都混用，而以「abstract」標示。現代國家對「摘要」的重視，可從國際標準化組織與各國訂定的「國家標準」中都列有「摘要」及其相關的規定獲得證實，例如：國際標準化組織「ISO 214-1976」；臺灣「CNS 13152-Z7241」及「CNS 13503-Z7261」；中國大陸「GB 6447-86」和「GB 7713-87」；美國「ANSI Z39.14」等。現代社會對「摘要」的重視，可從網際網路中的實際表現得知。筆者曾以「摘要」一詞進入《谷歌》（Google）搜尋，結果：「摘要」有二億五千六百萬筆、「摘要撰寫」二百零七萬筆、「如何寫摘要」三百四十一萬筆、「摘要怎麼寫」二百零九萬筆、「摘要寫法」一百三十六萬筆。[22]從這個數量龐大的搜尋結果，即可推知「摘要」受重視的程度。至於現代「摘要」的定義，如：一、教育部《網路版國語辭典修訂本》說：「將篇章或論文內容以簡潔的文字扼要敘述。」以為只要閱讀「摘要」，即可了解原著大意。二、大陸《百度百科》說：「以提供文獻內容梗概為目的，不加評論和補充解釋，簡明、確切地記述文獻重要內容的短文。其基本要素包括研究目的、

本），頁4。

21 馮丁樹：〈如何撰寫論文摘要〉：http://www.bime.ntu.edu.tw/~dsfon/specialtopics/writethesis.htm。二〇一四年三月十日搜尋。

22 這是筆者在二〇一三年十一月十八日進行搜尋所得的結果。

方法、結果和結論。具體地講就是研究工作的主要對象和範圍，採用的手段和方法，得出的結果和重要的結論，有時也包括具有情報（information）價值的其他重要的資訊。」[23]三、大陸《互動百科》的說法：「摘要通常具有獨立性和自含性，可用於幫助潛在的讀者來決定是否需要閱讀全文。摘要應具有獨立性和自明性，並且擁有與文獻同等量的主要資訊，即不閱讀全文，就能獲得必要的資訊。對一篇完整的論文都要求寫隨文摘要，摘要的主要功能有：讓讀者儘快了解論文的主要內容，以補充題名的不足。現代科技文獻資訊浩如煙海，讀者檢索到論文題名後是否會閱讀全文，主要就是通過閱讀摘要來判斷；所以摘要擔負著吸引讀者和將文章的主要內容介紹給讀者的任務。」[24]四、美國《維基百科》解釋說：「以簡明扼要的文句，將某種文獻的主要內容，正確無誤地摘錄出來，使讀者於最短的時間內，得知原著的大意。摘要的主要功用，是要節省讀者的時間，能於短時間內，得知多種資料的大要，並據以決定是否要閱讀原文。」[25]這些都是圖書館學定義下「摘要」的意義，編寫者必須儘可能站在客觀的立場，據實轉錄論著的內容，至於論著的貢獻或價值，則只能在「客觀性」（objectivity）保證下進行實質的「報導」（report），不能有過度的「推斷」（inference）或好惡的「判斷」（judgment），批評性的文句也要盡量避免出現。不過此種第三者寫作的客觀類型「摘要」，主要以歸納陳述著作表現（即「說什麼」）為主，並不是此文討論的對象。此文討論的是作者為自己論著所寫適當且清晰的內容介

23　《百度百科》：http://baike.baidu.com/view/123897.htm。二〇一四年三月十日搜尋。

24　《互動百科》：http://www.hudong.com/wiki/%E6%91%98%E8%A6%81：二〇一四年三月十日搜尋。

25　《維基百科》：http://zh.wikipedia.org/wiki/%E6%91%98%E8%A6%81：二〇一四年三月十日搜尋。

紹，並以引發讀者閱讀興趣及說服讀者閱讀全文為目標主觀類型的
「摘要」，此種「摘要」因為帶有行銷學的廣告訴求，因而必須更深
入一層的說明為什麼「可以」或「會」這樣說的過程與學術理由，以
及這樣說的學術價值與貢獻，介紹的重點乃在：論著的內容是什麼？
論著如何生成？在什麼地方有用？可以做什麼用？可以產生那些效
能？消極上希望可以達到說服讀者不反對自己創發的成果；積極上則
希望讀者可以接受自己的觀點或結論，並在其相關論著中正面的引
述。

　　作者書寫的「摘要」又可以分為兩種，一是附在論文的「隨文摘
要」（論文摘要）；一是附在研究計畫的「計畫摘要」。就研究生而
言，「隨文摘要」就是學位論文的摘要，「計畫摘要」就是學位論文
研究計畫的摘要，對研究生來說，這兩種摘要需要說服的對象並非審
查者，而是指導教授與口考教師。然而無論屬於何種「摘要」都必須
包括：研究目的、研究方法、研究結果、研究結論及恰當的關鍵詞等
諸項積極性內容。根據〈摘要撰寫標準〉（CNS 13152——Z7241）
和〈學位論文撰寫格式標準〉（CNS 13503——Z7261）國家標準的
說明，積極性內容包括：一、研究目的：研究目的顯示該篇文獻理論
上或應用上的重要性，因此除非從文獻的題名，或摘要的其他部分能
了解研究問題的性質，否則摘要中應敘述研究目的、理由和範圍。
二、研究方法：研究方法係闡述研究的步驟與方法，能顯示該篇文獻
的學術價值。若為讀者所熟知者，則摘要的敘述，只求讀者能理解使
用技術即可。而採用新的或具個人創見的研究方法，應詳加說明其基
本原理、適用範圍及準確性。至於非實驗工作的文獻，則述其資料來
源及處理方法。三、結果：結果係說明研究的發現，及所獲致的成
效。無論得自實驗紀錄、紀錄間的相關性、觀察或推理的結果、數據
資料的蒐集等都應言簡意賅的敘述。若研究所得的結果太多，而無法

在摘要中一一敘述時，則應優先記載下列項目：顯著的發現、與現有學說不相符合的發現、新而經證實的事項，或作者認為能解決有關實際問題的發現。四、結論：結論主要說明研究所獲得的結果之實質意義，這是整體研究目的的精華，在摘要中不能遺漏。由結果導出的評論、建議，以及與研究的假設相符或不符等項目均可一併提出。[26]消極上要避免出現的內容，則有：一、簡單重復標題中已有的資訊；二、使用空泛、籠統、含混之詞及毫無新義的文句；三、使用非一般共識、公用的符號和術語；四、使用插圖、表格；五、直接引錄他人文章；六、使用他人無法理解的縮略語、略稱、代號；七、以條列式的方式呈現等七項形式上的缺失。另外還要避免出現諸如：一、論著內容重點的陳述不夠齊全，或缺目的，或缺方法；二、內容繁簡失當，缺乏獨立性與自明性；三、缺乏明確突出論文創新、獨到與貢獻的具體陳述；四、分不清「摘要」與「前言」、「序文」的差別；五、偏離主題，出現一般性的常識，或過多紹介前人的成果；六、出現不必要的背景資訊；七、出現不必要的評價性形容詞；八、出現不必要的謙詞；九、使用性別歧視的語言；十、內容空泛不知所云；十一、出現多餘的冗詞贅句；十二、關鍵詞的選用不適切；十三、標點使用不恰當等十三項內容上的缺失。學術論文「摘要」的字數，一般以三百字到五百字為限，至於學位論文原則上大致以一整頁為宜。以上即是書寫論文「摘要」必須注意的問題，積極性的五項內容必須出現，消極性的二十項內容絕對要避免。從前述搜尋的結果，可知網路提供寫作「摘要」的訊息相當多，建議同學上網查看，以增強自己寫作「摘要」的能力。以下則提供我設計的兩種「摘要」書寫步驟：

---

26 經濟部中央標準局編：《圖書館相關國家標準彙編》（臺北：經濟部中央標準局，1994）；經濟部中央標準局編：《圖書館相關國家標準彙編》（臺北：經濟部中央標準局，1995）。

　　首先是「隨文摘要」的書寫,「隨文摘要」是基於「學術傳播」
與「學術行銷」的目的而寫,故而考慮的重點在於如何將論著中最有
價值和最有效,以及最具吸引力和最能引發讀者興趣的內容表現清
楚,以達到預期的傳播與行銷的目標。在此預設前提下撰寫「隨文摘
要」的「標準作業程序」如下:

　　一、整體內容的再檢證:首先對論著整體的內容表現,進行更深
入的再了解。研究的最後結果,有時會與原初的研究預設和預期產生
誤差,沒有再進行確實檢證,很可能會出現訛誤的陳述,「當局者
迷」是寫作「隨文摘要」時比較容易出現的狀況。就如同義大利符
號學家艾柯(Umberto Eco,1932-)所說「對『實在判斷』加以檢驗
乃是科學家、歷史學家、新聞記者,以及嚴謹人士的首要義務」一
般,[27]寫作「摘要」之際,自然應該同時對論文獲得的結果,進行必
要的「檢驗」,以確保所得結果的正確性,這對下一步的工作,可以
有事半功倍的助益。

　　二、創新表現的確認摘錄:接著再進行論著主題內容與創新發明
的確認。創新發明的內涵,就人文學科的研究者而言,如前所述如:
發現有效的理論、擴充運用的價值、改變研究的視野、重現舊學的價
值、開發研究的議題、澄清事實的訛誤、創新研究的方法、擴大資料
的範圍、導正偏向的觀念、提供有效的資料、增廣影響的層面、給出
全新的答案等等均屬之。確認後並將這類特殊的表現,加以標記、摘
錄,以備寫作之用。

　　三、初步草擬摘要內容:確實做好前述兩項工作之後,即可根據
所得資訊,從自己的立場發言,用預設讀者看得懂的文句,寫成一篇

---

27 [意]烏蒙勃托・艾柯著,盧德平譯:《符號學原理》(北京:中國人民大學出版
　　社,1990),頁342-343。

具有目的與範圍、方法介紹、結果、結論及其他相關訊息的草稿。寫作草稿之際，必須確定草稿的內容，可以詳密如實的呈現：研究主旨、研究動機、研究目的、研究方法、研究內容、研究結果、研究發現、研究價值、研究貢獻等積極性的內容。以便排除預設讀者可能存在的三個疑惑：一為何要進行此項研究？亦即要能說明研究議題的學術根據是什麼，以及是否值得研究的問題。二是研究的目的是什麼？就是要說明想獲得的學術答案是什麼，以及答案有什麼學術價值的問題。三是如何獲得有效且最可能正確的答案？就是要能明白說出如何進行有效的研究，以及研究的方法與程序等的問題。所謂值得研究的學術理由，就是指研究議題進行研究的可能性與必要性的理由。所謂學術上的價值，即研究議題的內容焦點，在學術上具有值得進行研究的具體與實際理由。

四、修飾草稿以成定稿：確定文章內容確實符合自己「學術行銷」的表達要求後，更進一步對草稿進行細部的修改與修飾。就是進行必要的文字修辭美化的編輯工作，使得表現方式更合乎「行銷」的需要，達到引發預設讀者閱讀興趣的功能，例如：文字儘可能清楚明白、文章儘量簡潔不隱晦、傳達的重要訊息完整而無遺漏、具有引發閱讀興趣的美感等等。總之；就是要以簡潔的文字，明確清晰的告知預設讀者，此一研究主題的焦點內容、值得研究的原因、研究使用的文獻、研究進行的程序、進行研究的方法、研究的重要發現或發明；以及這些重要發現或發明的學術價值，例如在學術上的貢獻、在學術上可能的作用、還有可能附帶有那些其他的價值作用等等，以便可以讓預設讀者充分了解並引發其進一步閱讀全文的興趣，亦即對預設讀者進行潛在的說服工作。

五、選取合宜的關鍵詞：「摘要」整體完成之後，接著就要選取最合適恰當的「關鍵詞」。關鍵詞是反映論著主要內容概念的學術用

語，關係到論著被檢索的「概率」和「利用率」，因此與「學術傳播」的關係非常密切，千萬不可等閒視之。就人文學科而言，「關鍵詞」的選取必須要能夠反映論著的主要概念，這可以從該論著中的大小標題、摘要及正文中選取。「關鍵詞」必須是名詞、名詞詞組、專業術語、以及重要的敘詞、特殊的新詞、地名、人物、文獻等，絕不能用動詞、形容詞、副詞、連詞、嘆詞等為「關鍵詞」。一般論著，可依篇幅的大小，選取三到十二個不等的關鍵詞。

六、排除存在的小瑕疵：摘要撰寫過程中，可能出現前文提及的某些缺失，例如：簡單重複題名中已有的資訊；使用空泛、籠統、含混之詞及毫無新義的文句；使用非普遍認知使用的符號和術語；新術語譯文未加注原文；直接引錄他人的文章；使用性別歧視的語言；使用他人無法理解的縮略語、略稱、代號；以條列式的方式呈現等等，這些形式上的缺失，都是不容出現的禁忌，應該儘可能的避免。

七、內容的整體檢查與確定：摘要完成後，還要針對表現的內容，再次深入檢證，若有前文提及的消極性情事，就應設法排除，例如：內容空泛不知所云；陳述的內容重點不夠齊全；各個項目內容的陳述繁簡失當；無法具體明確凸顯研究成果的創新、獨到與貢獻；陳述的內容與「前言」或「序文」相近甚至相同；偏離主題；出現一般性常識或紹介前人成果的內容；出現不必要的背景資訊；出現不必要的評價性形容詞；出現不必要的謙詞；出現多餘的冗詞贅句；標點使用不恰當；關鍵詞的選用不適切；關鍵詞提供的資訊不夠完整等等。無論出現那一類問題，都必須盡力排除，纔不會影響到撰寫摘要預計達成的目的。

其次是「計畫摘要」的書寫，「計畫摘要」的撰寫雖然在立場上和「隨文摘要」相通，但由於撰寫的意圖不同，因而在內容表現上就必須加上其他的考慮。蓋「隨文摘要」乃是為「現在已經完成式」的

論著書寫，重點因此在於如何將論著研究成果的內容精要，適切的陳述清楚，以便有效引發讀者進一步閱讀全文的興趣，進而達到讓讀者接受、引述的目的。「計畫摘要」則是還未曾進行實際操作的「未來式」論著，並無法保證計畫能如所言完成，陳述的重點因此在如何有效說服審查者，使其相信研究計畫的內容確實具有研究的價值，保證對學術會有貢獻，研究者也具有執行此研究計畫的能力，讓審查者願意支持通過。「計畫摘要」的內容因此除關鍵詞外，至少還應該包括：計畫的標題與內容（研究什麼）、研究的意圖與目的（為何研究）、使用的文獻（研究根據）、研究的方法與程序（如何研究）、研究的可能貢獻（學術價值）等相關的學術訊息。一般審查者首先注意到的當是研究計畫的標題，此一「初始印象」的無形影響力不容忽視，故而如何訂定合適的研究標題，自然也就顯得非常重要。訂定標題的目的，本就在表達研究最主要或最重要的內涵主旨，因此應能讓審查者清楚了解作者關心的或想要討論的議題內容焦點；所以標題應該儘可能將計畫涉及的研究範圍界定清楚，研究的主旨也必須明確；同時還要注意標題的遣詞用字是否精確典雅、是否能清楚表達研究主旨、使用的詞彙是否適度合宜等。研究意圖必須明確呈現作者的學術感動，對相關研究成果了解的程度，論述內容也必須要能有效說明引發此議題研究的學術理由，例如何以值得研究？何以能夠研究？研究目的則要呈現作者預期的成果，即要能說明研究的關懷與最終希望獲得的結果，例如：計畫在學術上可能達到的成果或收穫、對學術可能具有的價值與貢獻、保證達到預期目標的根據等等。研究的方法與程序，主要在說明如何運用資料，進行合乎「意圖」與「目的」的研究過程及需要的助力，這同時也是對提出計畫者的研究角度與分析能力，還有對計畫「如何可能」完成的一種考驗；應該儘可能將：研究的立場、研究的方式、根據的理論、根據的文獻資料、進行的程序

等等，簡要的陳述清楚。讓審查者了解申請者確實具有執行此研究計畫的實力。以下簡要的陳述「計畫摘要」的書寫步驟，我建議的撰寫步驟有六：一、確定研究的範圍與議題。二、訂定比較合宜的標題。三、實際進行摘要的書寫：「計畫摘要」必須要能具體地說明包括下述諸項內容：（一）研究設計的主旨與目的；（二）進行研究的方法與程序；（三）研究的預期成果；（四）推論研究成果可能存在的學術貢獻等。四、檢證摘要內容與研究設想是否相符合。五、重新檢查陳述內容的文句是否清楚明白。六、揀選合宜恰當的關鍵詞。

　　以上即立基於「行銷」與「說服」前提下，有關「計畫摘要」內容的分析及撰寫過程的標準作業程序。整體而言，「計畫摘要」如果能夠具備：清楚說明該研究計畫的重要意義、有效執行該研究計畫的方法與程序、明確說明該研究計畫的學術創見、具體說明該研究計畫的學術貢獻等等的基本訊息，則也就可以成為一篇合格的「計畫摘要」了。[28]

四　引述與操作的問題

　　「摘要」之後，接著討論「引述」涉及的相關問題，包括引述（合法引證）、抄襲（非法引述）和互文性（intertextuality），以及引述如何操作的問題。討論的重點主要在引述的內涵、操作形式與潛在功能，至於引述對象隱含的「權力關係」則不討論。大家應該還記得第三講〈教學與研究的環境分析〉中，認定所有接受官方教育體制的學生，很難不受到「霸權」（hegemony）制約的觀點，「霸權」

28　此小節關於「摘要」內容及其相關問題的討論，曾以〈論文摘要寫作概說（上）〉之標題，單獨發表在《國文天地》第29卷第10期（2014年3月），頁128-135及第29卷第11期（2014年4月），頁142-151。

指的是「關涉以支持佔優勢的權力結構的各種意義浸淫社會的努力，在一個霸權情勢之中，從屬集團顯現為積極支持與贊成將它們融入到佔優勢的權力結構之中的各種價值、理想、目標等，即支配與從屬的關係」的狀況，[29]臺灣地區尤其是在師範教育體制薰陶下成長的絕對多數學生們，由於受到此種制約的影響，因而在面對任何實際問題之際，一般都比較缺乏「批評性的思考」和「批評性參與」的自覺，因此也就缺乏一種「不以存在的答案為必然」的「質疑存在答案」的反省意識，同時也缺乏一種義大利符號學家艾柯強調的那種「對實在判斷再加檢驗」的自我要求。[30]在這種整體思想態勢下，自然無法要求大家具有類似本雅明（Walter Benjamin，1892-1940）對現代文明反省的所謂「寓言式批評」的批判性認知。「寓言式批評」指的是「在一個不連貫的、非整齊的、缺乏時間動感和歷史意義、沒有任何價值確定的時空裡，在物的過剩、形象的雷同、重疊和靈魂的無家可歸的狀態中，耐心地蒐集、捕獲和闡明那些看似彼此無關，但卻以各自的方式同經驗、回憶和拯救暗地裡相通的具體、發人深省的實例。」[31]不過大家應該可以發現本課程講述過程中，從來就沒有讓批判意識「滾到一邊涼快去」，反而是在看似不經意的講述中，帶入了相當濃厚的批判意識，研究之際的學術批判意識與態度非常重要，因此有必要常常提醒。以下即討論引述相關的功能、抄襲、互文性等問題。

---

29 [英]約翰・斯道雷著，徐德林譯：《斯道雷：記憶與欲望的耦合——英國文化研究中的文化與權力》（桂林：廣西師範大學出版社，2007），頁1-2。

30 [意]烏蒙勃托・艾柯著，盧德平譯：《符號學原理》，頁342-343。

31 張旭東：〈從「資產階級世紀」中甦醒〉，《批評的蹤跡：文化理論與文化批判（1985-2002）》（北京：三聯書店，2003），頁113-121、頁118-119。

（一）引述的討論

　　書寫論文之際由於論證需要，除研究對象的原典外，引述他人的結論或意見協助自己作答，這本是人文學科常用的一種寫作形式。不過論文寫作本是以表現自己的學術認知與能力，解決自己研究的內容和議題為重心，引述因此必須要能有效協助自己確立學術觀點和研究議題，協助自己解決存在的學術問題，進而加強論文的可信度、加深論文的學術價值，達到建立自己學術地位的目標，除此之外不應混進其他不必要的內容，尤其更要避免引進無關的內容。引述「應該是」也「只能是」協助自己達成論文預設目標的「墊腳石」，絕不能反過來把自己變成免費幫引述對象推廣行銷其觀點的「廣告商」。考察一般中文相關學門論文的引述表現，大致可以從引述對象學術地位的狀況，粗略的分為四種引述類型：一、權威性的引述類型：引述的對象通常具有該學科較高學術權威的屬性，論文議題的內容如果相涉，就一定要適度的引述，這是論文寫作時不能疏忽與逃避的引述對象，如果沒有必要與恰當的引述，很容易受到讀者的學術性質疑。二、尊重性的引述類型：相對於論文涉及的內容或論點，引述對象具有第一次發現或發明的學術創新屬性，如果沒有必要的引述說明，很可能會讓讀者懷疑作者「抄襲」，或看輕作者的學術認知程度，這也是無法疏忽與逃避而必須確實引述的對象。三、好奇性的引述類型：引述的對象是國內外剛出爐的或比較新奇的論點，正好與論文探討的議題相關，由於這類論點的學術地位尚未確定，比較缺乏學術性的權威地位，引述運用時必須特別小心，以免受到誤導而發生訛誤。這是一種好奇博采意義下非必要性的引述，但不是說完全不要引述，只是提醒這類引述的風險較大，必須特別謹慎而已。四、隨順性的引述類型：指官方教育體制下，學校教學用的「教科書」，例如出現在「國文課

本」或「文學史」、「思想史」等書籍的一般性與普及性的內容，這類論點大致是具有學界的共識性，雖缺乏學術深刻價值的性質，但卻具有不必驗證即能被多數讀者接受的特殊典範性質。論文寫作時固然可以當作證據使用，但也只能具有一般歷史陳述的功能，因為太過「熟悉」若無其他更具學術權威性或更深入論證的支持，這類引述很容易帶來讀者輕蔑的反饋，如何恰當而有效的操作，成為這類引述必須面對的重要問題。這是書寫論文時一般引述的四種類型。

　　考察上述四種引述類型與論文有效解決議題內容的關係而論，大致具備有下述三種基本功能：一、「證有的功能」：引述的內容除可以證明作者的「博學」外，主要還在表達研究探討的議題，還有其他同道存在的事實。亦即引述的對象乃是和作者觀點相近甚至一樣，只是比作者早一點說出而已，「尊重性的引述類型」就具有此種引述功能。這種引述主要在協助說明作者尊重前輩學者的學術發現、表現作者做學問的誠實態度，以及作者的議題與論述是有根據而非憑空而來的「胡說」，至於引述對象的論點是不是具備有該學科的學術權威地位，則不在考慮之列，只要曾經說過和作者論文觀點相同或相近者即可，至於出現的處所是否為純學術的場合？甚至其論點即使僅屬於一般性的普通觀點，或者屬於還有待論證的非權威性的共識之類均可，這種功能意義性質的引述，一般只需要在論文腳註中交待即可。二、「證成的功能」：引述的內容用以證明作者觀點確實可以成立的根據或理由。亦即協助說服讀者使其不懷疑作者論點與議題的價值，因而可以讓作者的研究議題與觀點很快獲得讀者必要的承認，「隨順性的引述類型」和「好奇性的引述類型」，就具有此種協助議題成立的功能。這兩種引述類型的內容雖都具有一定的學術價值，但卻不具有該學科公認的學術權威性質。學位論文或一般性學術期刊發表的論文，就具備有這種功能性的地位，因為從學術的角度來看，學位論文與一

般性學術期刊的論文，在學術上的權威性地位，還有待更進一步的確定，並不能理所當然的承認其必然具備學術發現或創新的價值。現在不少論著將學位論文的研究成果，以及西洋相關的新學術理論，當成不必驗證的真理性答案運用，這其實是一種過度膨脹功能的不合法錯誤運用。學位論文的非法誤用比較容易了解，西洋理論的非法運用，可藉大陸學者張旭東（1965-）的觀點說明，張氏說：

> 中國對西方理論的閱讀和接受，目前還沒有擺脫一種整體性的狀況：我們要麼把它作為普遍真理，作為一種柏拉圖意義上的『理念』或『形式』接受下來，然後再想自己如何造出一個『摹本』或『摹本的摹本』；要麼做為文化市場上的符號資本用來進行功利性的交換。這兩者的失誤在於都沒有把西方學術和理論中的不同話語、不同論述、不同傳統之間的關係打通，從而把西方人對自己問題的思考，放在他們自己歷史經驗的脈絡裡去理解。……許多人至今仍好像覺得西方的東西是天然的普遍真理，任何一部分拿過來都有應用性，都對實踐有指導意義，它們本身都含有不需加以論證的客觀真理性。[32]

張氏批評的對象是大陸學界，但臺灣學界尤其中文學界，應該也可以適用。三、「確定的功能」：證明作者的觀點與議題合法確立的證據，亦即可以協助作者有效說服讀者認同作者議題與觀點的引述，「權威性的引述類型」就具備有此種確立性的功能。學界共認的學術權威，具有說服讀者相信作者觀點必然正確的基本條件，因此也就具

---

32 張旭東：〈批評與歷史經驗：張旭東訪談〉，《批評的蹤跡：文化理論與文化批判（1985-2002）》，頁4-5。

備有實質性證明功能的效用。在論文寫作上此種證明研究議題「確立」的引述功能，具有絕對性的重要地位，缺乏權威性引述的適當證明，必然影響論文在學術界被接受與被重視的程度。既然是充分具備學科學者認同的權威資格，自然不是任何研究者都理所當然的符合，因此作者必須要先能了解論文相關學科的學術研究生態，就是要知道該學科公認具備創見或較高學術權威地位的學者與研究成果的範圍？然後進行正確引述、有效運用，於是就有可能獲得較高學術證明的功能。例如：涉及倫理學的問題，引述羅爾斯（John Rawls，1921-2002）、諾齊克（Robert Nozick，1938-）等；涉及管理學的問題，引述杜拉克（Peter Drucker，1909-2006）等；涉及心理分析的問題，引述佛洛伊德（Sigmund Freud，1856-1939）、容格（Carl Gustav Jung，1875-1961）、弗洛姆（Erich Fromm，1900-1980）等；涉及社會學的相關問題，引述盧曼（Niklas Luhmann，1927-）、布爾迪厄（Pierre Bourdieu，1930-2001）、紀登斯（Anthony Giddens，1938-）等；涉及經濟學的問題，引述貝克（Gary Stanley Becker，1930-）、森恩（Amartya Sen，1933-）等；涉及西方宗教學的問題，引述希克（John Hick，1922-）、孔漢思（Hans Küng，1928-）等之類。這也可以參考第四講〈世界視野下的研究環境概說〉中，提供的國外相關研究領域學術權威的資訊。一般而言，有關何者為學術權威的訊息，大致可以從該學科的論文引述、「書評」的評價和學術史等的討論中了解。以下即以科技部學術審查的參考名單為主，稍舉數位與中文系所研究議題相關性較強，較具學術權威地位的學者供大家參考：訓詁學：張以仁老師（1930-2009）。文字學：龍宇純老師（1928-）、周鳳五老師（1947-）、林素清老師（1951-）、蔡信發老師、許錟輝先生（1934-）。聲韻學：陳新雄老師（1935-2012）、竺家寧老師（1946-）、龔煌城先生（1934-2010）。語言學：趙元任先生（1892-

1982）、何大安老師（1948-）。道教研究：李豐楙老師（1947-）、
丁煌先生。臺灣古典文學：許俊雅（1960-）、陳昭瑛（1957-）、黃
美娥。臺灣現代文學：陳芳明先生（1947-）、王德威先生（1954-）、
柯慶明老師（1946-）、何寄澎老師（1950-）、陳萬益先生（1947-）。
四庫學：吳哲夫老師（1940-）。兒童文學：陳正治老師、林文寶學
長（1943-）。修辭學：陳滿銘老師（1935-）、蔡宗陽先生、葉國良
老師（1949-）。駢文與賦作：簡宗梧老師（1940-）、齊益壽老師
（1938-）、高秋鳳教授（1951-）。語法學：戴璉璋老師（1932-）、
梅廣老師（1938-）。臺灣語言研究：楊秀芳老師（1951-）、林慶勳
老師（1945-）、姚榮松先生（1946-）。原住民文學：胡萬川先生
（1947-）、孫大川先生（1953-）、廖咸浩先生（1955-）、蒲忠成先
生（1957-）。以上大致是臺灣學界相關學科較具學術權威地位的學
者，若是能在論文中恰當引述運用，自然就具備較為有效的說服力。

　　引述相關資料之際，除要辨明不同引述對象的學術地位價值及合
法有效的功能外，還必須注意引述協助證明的寫作意圖：「寫給誰
看」（預設的讀者）和「因何而寫」（針對的事件）的問題，必須再
加入這些考慮，纔能真正確定引述的操作是否恰當？同時也纔不至於
張冠李戴般的誤用資料。主要是任何論文或書籍，都是一個自我完滿
的結構系統，這就好像一盤擺好對弈的圍棋，任何一顆棋子都有在該
位置的意義與功能，移動任何一顆棋子都必須把整盤棋考慮進去。論
文或書籍就像整盤對弈的圍棋，任何具有結論性的文句與觀點就等同
於某顆棋子，當作者因研究需要而抽取其中某段結論或觀點時，當然
也就有必要把引述對象放在該書或論文的整體系統中觀察，如此纔能
保證引述運用確實是該論著的意義。這可以藉符號學「文化單位」的
觀點說明，艾柯說：

文化單位不可能僅僅通過其解釋成分序列而分離出來。它之所以得到界定，是由於置身於與之對立的其他文化單位系統之中。文化單位「存在」著，並得到承認；就另一種與之對立的文化單位存在著而言，纔這樣。它表現為某種文化單位系統所具有的各項目之間的聯繫，而這種聯繫又是從其他形式所傳達的每一項目之中抽取出來的。[33]

了解上述如同棋盤上棋子那樣互相證成確立的觀點，當也能了解引述他人論著的結論性語句或觀點時，必須置入該論著整體意義系統考慮的緣由了。這可以再舉個實例證說明，例如文學家創作的任何文本，基本上都是為了文學的目的，而非為哲學思想的目的，這些文本的內涵主要是一種現成詞語，或者為了創作內容或意象而出現，文學作品固然可以表現哲學思想，但絕對不會是哲學論文，尤其是詩歌之類的韻文可能性更小。因此文學作品尤其詩詞賦之類，出現的典故或習慣用語及成語等文本，主要是一種「互文性關係」（主題因素、歷史習慣、當代習慣），不是一種「思想性關係」，若是要說具有「思想性關係」，則需要再經過有效的論證。「歷史習慣」指文學傳統中固定的題材、詞彙和意象，每種文體都有其固定的形式要求，這種固定形式的引述表現，無法做為研究該作者思想的有效證據。[34]文學史的現實描述屬於統計學意義下的描述，是一種宏觀的描述，此種宏觀的描述和問卷調查的描述相同，僅有大略的可能性意義，不是確實有效的答案；就抽象整體狀況的了解有意義，但落實到每一個的個案就極不可靠。因為既無法證實，但也無法證偽，所以若要用文學作品研究思

---

33 [意]烏蒙勃托‧艾柯著，盧德平譯：《符號學原理》，頁83。
34 例如以朱熹在某些文章中使用「青衿」、「彤管」等「歷史習慣」性的解說，證明朱熹《詩經》學的觀點，依然不離《毛詩序》之類，就是一種無效的證據。

想，就有必要加強論證其文本確實具有「思想性」，否則很容易被歸
入「無效證據」的行列，至多也只能列入「可能證據」的範圍，很
難理所當然的就變成「有效證據」。「有效證據」、「可能證據」
和「無效證據」等，乃是以證據的能力性質為準，根據不同性質的
證據及其證據力的大小，將做為證據或協助證明的引述區分為這三
類。「有效證據」指經過詳細論證，可以充分相信的結論。「可能
證據」指值得信任的專業權威學者未經論證過程而下的「論定」，可
能是一句話，可能是一篇文章，但這些「論定」都沒有提供有效的論
證，不過基於相信學術權威的前提，對這類既無法證實也無法證偽的
「論定」，就將之歸於所謂「可能證據」之列。「無效證據」指不相
干或非專業研究者所說那類未經有效論證的「空話」，或者像「○○
史」一類書籍的判斷，大致都可以納入此證據範圍。就實際的研究要
求而論，引述「可能證據」和「無效證據」都必須經過必要的再論證
過程，纔能成為可以信任的證據，就是引述者有義務證明這類證據可
以提升到「有效證據」的地位，否則這兩類證據最好不要做為主要證
據，最好只當作輔助證據使用。並不是隨便引個說法就有學術價值或
證據力，前述討論的目的，就是要保證那些做為論文主要證據的引
述，必然或確定為確實具備該學科的權威地位，或者曾被證明為確實
有效的證據。還有許多學者對自己無法絕對肯定的研究成果，經常會
用「似乎」一類的「疑問詞」陳述，當我們再引述時，絕不可以直接
當作「肯定句」使用，因為一則違反原作者的本意，再則超出原作者
結論的有效範圍，這樣的引述既不合法也不合格，並無法鞏固引述者
的相關論證，只能歸入「無效證據」之列。

　　最後必須提醒的是引述固然可以增強論文某些論點的可靠性，確
定研究議題可研究的意義，得知更多相關學術研究的訊息，間接了解
論文學術定位與價值，以及學習深入了解他人論文成就與優點的學

術能力等等正面功能。但引述卻也會帶來某些學習的缺點，例如有可能無法確實理解別人獲得此結論性意見的過程與理由，因而成為盲從他人意見的「應聲蟲」，這也就是前文提到的所謂「免費幫引述對象推廣行銷其觀點的『廣告商』」的意思，此種以別人意見為意見的背後，更可能是缺乏獨立思想而找人助陣的結果，這就如同自己不會拳擊，找人替代自己參加拳擊比賽一樣，雖然優勝者掛的是自己的名字，但實際勝利者卻是他人，完全失去自我學習的意義。此種缺乏實際參與經驗的引述行為，更可能因為所有經驗都是透過他人的研究成果而獲知，甚至還可能連研究對象的原典都未認真閱讀，實際的表現是既不知獲得此成果的前提，更不知獲得此成果的理由，於是引述變成「學舌」，當「學舌」成為方便的習慣後，「思考」於是也跟著消失。臺灣的基礎教育長久以來一直都在執行此種「引述式」的教導方式，考試的時候僅能背誦默寫課本的答案為答案，不得有自己的解說方式，這種教育方式下成長的學生，當其面對問題時，首先想到的不是自己要如何解決或自己的答案是什麼？而是趕快開啟自己的記憶倉庫，搜尋有沒有人說過？別人說了些什麼？若是有人已經說過，就會把人家的「陳說」當作自己最終極的答案，並以此為滿足，絕不會懷疑該「陳說」的可信度與有效性有多高？當然更不可能要求自己針對問題再進一步的思考，甚至不知道還可以從不同的角度思考，在此種偏頗單一思考薰陶下，當然就會嚴重限制學生自由思考及開發自己學術能力的學習發展，前文曾經提到在師範體制下，容易形成一種缺乏批判意識的狀況，這種「學舌引述式」的教導方式，當該要負很大的責任，因此如何帶領臺灣學生走出這個教育界長久存在的泥淖，當該也是所有研究者必須思考解決的大責任。有興趣想了解「引述」如何成為學術上可以運用的研究議題的同學，可以參考我寫的〈開闢引導

與典律〉和〈引導與典範〉等論文，[35]或許可以獲得某些必要的指引。

學術研究重在呈現自己研究的真面目，重在如何正確有效吸收他人研究成果，使其成為自己研究獲得成功的「墊腳石」，論文寫作過程必然要能先把自己的想法完全表現，然後再按照自己的需要認真尋找引述對象，在寫作或修改過程中，把這些相關成果納入自己的研究，使其成為自己研究系統下不可分割的結構部件。若要達到這種程度的引述，則一定要先學會如何把自己的話說清楚，然後纔能引述別人的話以證明自己的觀點，就是必須在能把自己的話說清楚之後，纔有必要和能力引述他人的話協助確立自己的觀點。就研究者的一般表現而論，研究基礎條件越齊備越深厚，引述的基本能力就越強，選擇正確恰當研究成果的可能性就越高，自己話既能說得清楚，又能引述合宜恰當的既成研究成果做為助力，如此研究所得的正確性與學術性就有可能越高，正確恰當的引述並不容易做到，引述者必須具備某些基礎條件，纔有可能達成最佳的引述效能。

就引述的操作表現而言，引述的訊息既可以「獨立」於文本文句之外，更可以「融入」文本文句之內，融入文本文句的引述，既可以是容易辨識來源的引述，同時也可以是隱藏來源的引述。但就完整的論文本身需求而論，無論是否具備有可以辨識的成分，最重要的是必須能讓引文毫無扞格突兀的感覺，無論是有形的文本或無形的內容思想，完全與自己的論文融為一體，成為自己行文有機的成分，就是引述和本文能夠達到一種「和」的狀態，「和」的內涵就像佳肴中的調

---

35 楊晉龍：〈開闔引導與典律：論屈萬里與臺灣詩經學研究環境的生成〉，國立臺灣大學中國文學系等主編：《屈萬里先生百歲誕辰國際學術研討會論文集》（臺北：國立臺灣大學中國文學系，2006），頁109-150。〈引導與典範：王叔岷先生論著在臺灣學位論文的引述及意義探論〉，臺北：國立臺灣大學中國文學系主辦「王叔岷先生百歲冥誕國際學術研討會」論文（二〇一四年五月二十四日）。

味品形成的味覺，或像交響樂表現的樂音，許多不同但相關的因素混在一起，卻能形成完美綜合成一體且無法再分開的「生命共同體」。寫作論文時不僅要引述相干研究成果，同時更要引述研究對象的原典論著，因此寫作之際「調和」的工夫很重要，「和」的狀態做得好不好，很容易就可以被發現，像一般所謂論文很「生硬」，指的就是「調和」不足的狀況。引述當中最難「和」的對象，應該是那類外國翻譯理論或研究成果，這類的引述雖然不容易「和」得好，但消極上至少應該要盡量避免讓讀者有類似清代袁枚（1716-1797）所謂「以前輩之典型，合後來之花樣，自然格格不入」，[36]那種「以中文之典型，合洋文之花樣」的「洋腔洋調」般「格格不入」的感覺。因此面對此種翻譯文本的引述，如何經由「去脈絡化」後「再脈絡化」的過程，[37]使其總體表現盡量趨向「和」，甚至因而在這個過程中達成一種「混和語」或「融合語」的新語言，這也是非常值得注意學習或考慮的論文寫作時的重要寫作操作技術。

就一般寫作的安排而論，有明顯標示「詩云」、「書曰」或加其他區別符號，如括弧之類的「獨立」引述者；也有或將完整原文、或刪減原文、或選取部分文句、或改換詞序、或重新構句等方式的「融入」引述者。在引文前加上「○曰」等一類明顯標示，自然是刻意強調該引文的特殊獨立性，就是說作者有意讓讀者注意到「獨立引述」的訊息，甚至強迫讀者承認引文原是屬於他人而完全獨立於作者文本之外的事實。這裡要提醒的是如果是指名道姓有明顯區別標示的引述，則引述的字句必須與原文相同；如果是暗示有淵源的暗引，則引

---

36 [清]袁枚著，王英中校點：《小倉山房尺牘・寄房師鄧遜齋先生書》，王英志主編：《袁枚全集》（南京：江蘇古籍出版社，1993），第5冊，頁52。

37 有關「去脈絡化」後「再脈絡化」的問題，可參考李明輝先生：〈中西比較哲學的方法論省思〉，《中國哲學史》2006年第2期，頁17-20。

述的字句也應該盡量與原文相同，但可以容許變換詞序；如果是融入式的引述運用，則只要與原文大致相同即可，可以隨論文寫作的需要而做較大幅度的改動，同時也容許有「斷章取義」的情況出現。不過在論文實質寫作上，無論獨立的引述或融入的引述，一旦進入新文本之內，就同時自然而然的成為該文本結構的一部分。即使是作者刻意標示的獨立引述，雖然被引述的文句，還可以保留有自身意義內容與言語結構的完整性，但事實上卻也已經從原先絕對獨立存在的狀態，移轉進入該論文的敘述語脈之中，於是就被合併而成為該論文的一部分，但其原本的意義與結構卻又不會完全消失，於是就形成一種「不同而和」的狀態，因為若是完全消失則也就失去引述的意義與目的了。作者所以引述當然有其特定的意圖，其中必然包括有藉助引述以達成某種敘述功能的目的，至少會有前文所說的「證有」、「證成」和「確定」等的作用，否則也就沒有引述的必要了。呈現在文本內的引述語，因此既要使其融入論文的語脈，但卻同時還要保持其原先最根本、最具特色的獨立意義或價值，作者為了達成這個目的，因此也就不得不在論文的句法結構上，有限度的屈從改變，所以引述和作者的關係不能單純的看作是「主從關係」，反而應該看作「對話關係」，或者「互為影響」的關係。俄國的Ｂ‧Ｈ‧伏羅辛諾夫對這種引述的看法是：

　　一旦轉述語成為作者語言結構的一個單位，一旦轉述語進入其中，它便同時成為該語言的一個題意。它正如所轉述的那樣進入後者的主題結構，一個有著自己獨立題意的信息，由此，這個獨立題意便成為（另）一個題意的題意。講話的人把轉述語看作是屬於其他人的原本完全獨立的信息，它有著完整的結構並處於給定的語境之外。現在轉述語從這種獨立

存在的狀況中被轉移到作者的語境中，同時保留了自己講述
的內容和至少是自身語言完整性的最根本部分，自身結構上
的獨立。作者的信息在合併另一個信息的時候，為了部分地
吸收它，就必須使句法、文體及作文的規範發揮作用——即
將其納入作者信息的句法、作文及文體的結構，而又（即或
僅以最基本的形式）保留（從句法、作文及文體的角度講）
原來的獨立性，不如此恐怕便無法理解轉述語。[38]

伏羅辛諾夫的說法正可以做為前述說法的有效證明。正如前文所提
及，引述對象最好是古代或現代的學術權威文本或論點，表面上看好
像都是作者在利用這些被引述的權威文本或論點，但實際上作者固然
獲益於這些引述的正面效果，但引述決不是單純的文字引入，引述
同時也是一種詮釋，被引述的文本或論點，於是可以藉著引述者的詮
釋，不斷的延長其學術生命、延伸其影響範圍及擴大解釋可能。雖然
由於引述者的背景和對文字意義理解的不同，於是出現美國文學批
評學者哈羅德・布魯姆（Harold Bloom，1930-）所謂閱讀總是「誤
讀」的狀況，[39]使得原文與引述間的意思難以完全相合，因而很有可
能發生誤解或誤釋，甚至與原文相對立。但無論是誤讀或誤釋，其實
也是使原文解釋空間更為寬闊的發展，因為即使再重要的話若沒有人
傳述，自然也就很快消失不見。可知引述除了學術論文本身的意義之
外，還帶有學術發展與傳播的重要功能。這裡還可以反過來思考一
下，就是那類一再被引述，同時解釋也不斷引發爭議的文本，豈不也

---

38 [俄]B・H・伏羅辛諾夫著，麻喬志譯：〈轉述〉，趙毅衡編選：《符號學文學論
　　文集》（天津：百花文藝出版社，2004），頁35。
39 可參考[美]哈羅德・布魯姆著，朱立元、陳克明譯：《比較文學影響論：誤讀圖
　　示》（臺北：駱駝出版社，1992）一書所論。

正顯示了其在某方面的重要性嗎？所謂權威文本的意義，大致也可以從這個角度考慮。

任何論文的聚焦點，必然都在於有效影響讀者的看法或行為，最終當然期望能即時激發讀者實際的反應或行動，想要確實達成這個目的，則至少需要具備喚起讀者興趣並能成功說服讀者的基本條件，德國翻譯理論家卡塔琳娜・賴斯（Katharina Reiss，1923-）以為要達成這個目的，應該遵循下述七原則：

> （1）可理解性：使用簡短的句子、簡單的句法等。（2）主題性：貼近生活、時髦語彙、主題性典故等。（3）可記性：修辭性重複、雙關語、押韻、標語等。（4）提示性：藉助誇張、價值判斷和意蘊等來左右人們的看法。（5）情感性：故作擔憂和恐懼、使用威脅和恭維、利用詞語的聯想。（6）語言駕馭：藉助諸如語言上的並行關係這類手段將宣傳偽裝成提供信息，語言上的並行關係能被用來隱含事實上的可比較性。（7）可能性：訴諸權威、證人、「專家」等。[40]

賴斯以為遵循這些原則就比較有可能喚起讀者的興趣並能成功地說服讀者。這些原則有助於前述討論內容的了解，第七項原則更與本文強調盡量引述「權威文本或論點」的觀點相合。

關於引述的相關問題，除上述從論文寫作者引述角度的發言外，應該還可以從研究對象的引述表現，再提供三點意見給大家參考。一是研究對象引述用來回應他人的言論，除非另有證據證明，否則不宜

---

40 [英]Basil Hatim、[英]Ian Mason著，王文斌譯：《話語與譯者》（北京：外語教學與研究出版社，2005），頁241-242。

徑行歸入研究對象主動同意的表示，應該如實地歸入被動同意之類的範圍，就是不宜直接當作研究對象自己的思想觀點。再者引述的對象，尤其是輯錄式的注解，必須要注意其中是否有以排列先後為重要性或價值高低的意義，如果有的話，討論之際就要注意引述用來作為證據的這些文句出現的位置，還有研究對象引述之際，如果有刪削原文的現象，則要注意刪削的是那類內容或文字。三則傳統文本獨立引述的時候，對某些作者僅稱「姓氏」而不名，這種不名潛藏的意涵，至少有三種可能：或是該作者名聲顯著，故不需稱名而人盡皆知；或是該作者為引述者之親師長輩，故尊而不名；或是該條資料係轉引來的二手資料，因不知何人之言故難以稱名。另外傳統學者有時候會出現「蒙」的自稱，這是借用《易經・蒙卦》意義的一般性謙稱，不是作者的名字，千萬不要弄錯。「引述的討論」一節的說明，到此為止，以下說明「抄襲」的意義與功能。

（二）抄襲的討論

論文寫作之際的「引述」，就是參考他人學術論著既成的研究成果，以幫助證成自己論文內容的寫作方式，這是學術研究上容許且一直存在的寫作方式，這也是學術書寫重要的表達方式，但在實際操作之際，則必須特別注意包括「參考」、「引用」、「引錄」等在內的合法性引述，還有在實質上與包括「竄改」、「套用」等「抄襲」的差別，以免給自己帶來困擾甚至麻煩。從學術的角度來看引述與抄襲的基本差別，大致可以從兩方面加以說明：首先就形式樣態的表現言：引述必須明確指明來源出處，如果是獨立引述則不可更改原文；未指明出處的引述即是抄襲；刻意不加說明而更改引述來源文本的作為即是竄改。其次就內容概念的表現言：就如前文一再強調的基本觀

念，引述必須要以自己的研究主體和研究議題的意圖為主，引述其他相關研究成果的最重要功能，只是用來協助澄清或證實自己觀點的輔助而已，如果失去研究主體與研究議題主體性存在的思考，就會淪為一種缺乏研究意義的他人學術觀點的抄襲而已。例如前述提及的那類未經消化的套用西方理論的研究，即可歸入此類抄襲的範圍。

根據現代法律的觀點，抄襲指的是學術「剽竊」的行為，就是對於他人研究未經任何加工修改而完全抄錄的行為，這種剽竊學術研究成果的行為，嚴重違反學術誠信的原則，同時也是一種侵犯著作權的違法行為。以下即從法律的觀點說明引述、抄襲與剽竊、套用與竄改等等的區分：一、首先引述指的是「有意識而清楚的將他人研究成果，引入自己的論文，當作研究的起點或證明己說的工具，並明白指出該引文出處的寫作行為」。二、其次抄襲、剽竊、竄改及套用等等，都是指「有意識的因襲已經公開發表的論著內容進入自己的論著中，但經過某種改製或發揮而未明確指明其淵源出處的寫作行為」，就學術研究的角度言，此種作為的主要問題，乃在於缺乏學術新意，不能當作創作發明。三、剽竊與抄襲相同之處，都是沒有公開指明出處，兩者之間主要的差別，則是抄襲必須有某種「改製或發揮」，這也可以說是一種「間接的抄錄」，剽竊則僅是純粹的「直接抄錄」，因此剽竊指的是「有意識的暗中奪取或盜取他人發表或未發表的論著內容以為己作，因而刻意隱瞞引述內容來源出處的寫作行為」。若用比較簡單的話加以定義，則明確指出引用內容的原作者與論著來源的抄錄謂之「引述」；未明白指出引述內容的原作者與論著來源，作者自己也沒有任何新意或發明，但也不是一字不漏照抄的寫作行為即謂之「抄襲」；刻意隱瞞因襲內容的原作者或論著的來源，讓讀者誤以為是自己的創作，同時也沒有任何不同意見的抄襲行為則謂之「剽竊」。再者抄襲涉及的只是學術價值的問題；剽竊涉及的則是法律責

任的問題。雖然就法律的層次來看，某些作為是否抄襲還有爭議，例如模仿故事的情節是否屬抄襲？如果是「抄襲思想的內容」而不是「抄襲思想表現方式」，這樣算不算剽竊？將多人完成的著作當作自己個人的創作算不算剽竊？這些雖然都還存在有許多爭議，但就嚴格的學術角度來看，這些當該都要歸入抄襲的行列。由於現在學術研究在法律上也歸屬於個人或法人的「財產權」，因此為了保障學術研究者的「私權」，香港中文大學已經開發有「VeriGuide」（維誠。原稱CUPIDE）防止資料剽竊系統，據說能令所有抄襲者無所遁形，同時該系統還會將原創性的報告分離出來，對竄改的行為也有指示的功能。不過號稱真誠追求真理的學術界，竟然出現這種狀況，實在值得大家深思。

抄襲當然不是值得鼓勵的行為，但如果姑且先不論現代法律或學術研究的意義，轉從教育學習的角度思考，則雖然學術上抄襲不是一種正面的學習行為，但由於一般的學習都不能不從「模擬」或「模仿」開始，模擬或模仿的作為豈不就是類似「抄襲」？然則要如何纔能經由模仿而不落入「抄襲」，並進而獲得實質的學習效果呢？以下即根據教育學習的前提設想，針對抄襲行為進行一種內容及其正面轉化可能性的探討與分析，就是要和大家共同探討如何抄襲，纔有可能使抄襲的不當行為，變成為一種比較有效或安全的學習方式。我的建議有六：一是絕對不可以一字不漏的照抄，抄襲之際一定要重新整理，以免馬上被人識破。二是抄襲內容經過整理之後，絕對不可以在任何一段文字中，出現有一整句以上的文字和抄襲原文全部一樣的狀況。三是絕對不可以出現和抄襲來源文句錯別字完全一致的狀況。四是絕對不能出現和抄襲來源完全相同的錯誤概念。五是使用的例證，絕對不可以全部和抄襲的來源相同。六是每位學者書寫之際的用字、口氣，都會有自己形成的習慣，抄襲之際必須進行必要的轉換，使其

符合自己平常的表述方式。以上提供的六點「抄襲」之際必須注意的
事項。進行這樣的分析探討,當然不是真的要鼓勵大家抄襲,主要還
是要釐清抄襲與參考的不同,就是要告訴大家如何有效而合法的引述
其他學者研究成果的一種方法。討論說明抄襲與引述的差別,不僅是
提供大家如何有效引述,同時也提供大家如何判別他人文章是否抄襲
的一種方法。

　　現代學術研究上對抄襲的行為相當不恥,但若就歷來文學創作而
論,則雖說「天下文章一大抄」有點誇張,但其實創作「借用」或
「引述」前人既存的新創詞彙,就像學術研究的引述一樣的合法,甚
至有時候還成為學習的重要方法,例如宋朝黃庭堅(1045-1105)等
教導寫詩,就有所謂「奪胎換骨法」,[41]大致就是這種抄襲模擬後轉
換的方法,明代「前後七子」的抄襲模擬論,甚至主張套用漢朝以
前的詩文為己作的內容,讀過文學史的人應該很熟悉。這其實都是
從基礎學習的教育角度發言,當然最後還是希望創作者表現出個人
特色,這個期望和學術寫作更進一步發展出個人研究特色的要求,
實質上並沒有甚麼兩樣。以下即根據網路搜尋到的資料和我的學習
理解,舉例說明之。日本僧人月性(1817-1858)有一首〈將東遊題
壁〉詩:「男兒立志出鄉關,學若無成不復還。埋骨何期墳墓地,人
間到處有青山。」日本的西鄉隆盛(1828-1877)改作:「男兒立志
出鄉關,學不成名誓不還;埋骨何須桑梓地,人生何處不青山。」毛
澤東(1893-1976)〈立志(改西鄉隆盛詩贈父親1909年)〉改為:
「孩兒立志出鄉關,學不成名死不還;埋骨何須桑梓地,人生無處
不青山。」黃治峰(1891-1934)〈無題詩〉改作:「男兒立志出鄉

41　參考[宋]魏慶之:《詩人玉屑》卷八〈奪胎換骨〉(《四庫》本),頁23-27的相
　　關引述,可了解「抄襲」和「模擬轉用」之法及分別。

關，報答國家哪肯還？埋骨豈須桑梓地，人生到處有青山。」[42]我在一九六六年讀到毛澤東的作品，當時並不知道這首詩的作者與來源，於是順手改作：「男兒立志棄鄉關，學若有成不必還；埋骨無須桑梓地，人間到處是青山。」同一首詩改幾個字，意義與意境就不同。再舉一例說明，魯迅一九三二年寫的〈自嘲詩〉：「運交華蓋欲何求，未敢翻身已碰頭。破帽遮顏過鬧市，漏船載酒泛中流。橫眉冷對千夫指，俯首甘為孺子牛。躲進小樓成一統，管他冬夏與春秋。」[43]其中「橫眉冷對千夫指，俯首甘為孺子牛」是大家最熟知的名句，上句來自漢代《里諺》：「千人所指，無病而死。」（或作「千人所指，無病自死。」）[44]下句來自錢季重（？-1821）〈柱帖〉：「酒酣或化莊生蝶，飯飽甘為孺子牛。」[45]我在一九八〇年選修樂蘅軍老師的「現代文學」課程時，讀到了這首詩，於是根據這兩句的意思，改寫成自述者的口氣：「真愛何懼千夫指，我自橫眉傲群牛。」還有旁觀者的口氣：「情痴無懼千夫指，橫眉冷對大笨牛。」「真愛」和「情痴」兩詞，可以改成如行事、意誠、情真、真情等等。舉這些例證的目的，不僅討論文學引述的問題，同時也是提醒大家研究清末民初學者的學術或文學表現時，必須了解當時無論新派或舊派學者，大致上都是飽讀傳統中國詩文的雅士，同時還有留學外國或閱讀他國作品的經驗，在這樣的時空背景下，當然就會在刻意或不知不覺間，或者像毛

42　此詩相關討論參考PChome個人新聞臺「yt（逸竹）」：〈一首名詩引用多流傳廣版本多影響大〉：http://mypaper.pchome.com.tw/ytjiang/post/1321774030。二〇一〇年十二月二十五日發表。二〇一四年三月十日搜尋。

43　魯迅：《集外集新編‧自嘲》，林非主編：《魯迅著作全編》（北京：中國社會科學出版社，1999），第三卷，頁685。

44　[漢]班固撰，[唐]顏師古注：《前漢書》卷八十六〈王嘉傳〉（《四庫》本），頁17。

45　[清]洪亮吉：《北江詩話》卷一〈同里錢秀才〉（《古籍庫》本），頁10。

澤東，或者像黃治峰，或者像魯迅那樣，化用傳統中國古典文學或外國論著進入作品中，研究者若缺乏古典文學及外國論著的基本背景，當然就無法確實了解文本的真正涵義。因此探討處在清末民初那種新傳統還沒確立，舊傳統還沒完全退位，新舊傳統拉扯爭勝時期學者的學術表現時，就不僅要注意「傳統古典」，同時還要注意「外國新知」，這也就是我常說清末民初學者的學術或文學最難研究的原因，造成這種困難的原因，就與文本的「引述」相關。

（三）互文性的相關討論

論文寫作過程中的正常引述、化用，如前文所言，有益處也有短處；至於抄襲、竄改、剽竊等等，當然都是有違「公理」的非法行為。不過所謂引述、化用、引用、引錄、抄襲、竄改、剽竊等等，指涉的都是「抄錄或襲用既有文本」的同一種行為，問題只在使用時的方法和態度的差別而已，這種狀況就如同「來、往、去、回」和「逆、迎、接、應」等指涉的實是同一行為，只因位置不同，故用不同詞彙表達其功能的意義一樣。[46]如果把此種「抄錄或襲用既有文本」的行為，放在現代文學相關理論來看，則這類引述或抄襲行為都可歸屬於「互文性」範圍之內。學術研究上的「引述」和文學創作上的「互文性」，都具有尋求文本思想與資料來源，檢證作者立意與使用文獻出處意涵的同一性，但功能與表現則並不等同。「引述」主要在探討論文吸收以增強論述說服力的對象，就是指那些有助於論文價值與地位提升的相關研究成果或既存典故的來源。「互文性」概

---

46 有關意義及產生的問題，可參考俞建章、葉舒憲：《符號：語言與藝術》（上海：上海人民出版社，1988），頁211-265的討論。

念的前提是「文化語庫」（language）和「印刷文化」，就是在「印刷文化」的環境下，創作的文本都源自於「文化語庫」的運用或應用而已。[47]若將「互文性」概念移用到一般研究分析上，則主要在探討文本使用的詞彙或表現的思想概念來源，說明文本的思想與寫作的淵源，以及作者的運用和創新的應用表現等等。就「互文性」而論，需要特別注意的包括有：溯源（最初的出身文獻）、傳播（流傳擴散的狀況）、變異（前代與當代的使用方式）、共識（當代社會習慣用的文獻）、慣習（當代習慣用語的承襲）、融會（綜合前述而成的文本）等。由於中文系所研究的對象主要以文本為主，無論文學創作或非文學創作的作品，當然都有必要將「互文性」涉及的相關因素納入考慮。想要真正了解一篇創作文本或研究論文表現的優劣，有兩個重要的基本表現不能忽視，那就是「引述」與「互文性」的應用狀況，確認兩者的實際狀況，纔能比較有效的確定作者創意所在，不至於誤將作者引述的他人研究或創作成果，當成作者本人的發明創造。不少研究生或學者缺乏這方面的基本認知，於是研究某些「第二線學者」時，不免出現這方面的問題，[48]這也就是設計此章探討的主要理由。

　　「互文性」必然要涉及「文本」內涵的問題，「文本」內涵可以藉用顏崑陽老師所謂「『文本』是西方詮釋學主要的術語之一，廣義地說，即指人類一切精神活動經驗的本身，是為詮釋的客觀對象，而經驗必須依藉音符、顏料、文字等各種媒材加以記錄或表述，故狹義

---

47 [美]沃爾特‧翁著，何道寬譯：《口語文化與書面文化：語詞的技術化》（北京：北京大學出版社，2008），頁100-103的討論可參考。再者「language」一般都譯作「語言」，我覺得並無法表達其在該理論中的意義，因此我將其改譯作「文化語庫」，或者能更貼近該理論要表達的意義。

48 有關「二線學者」的問題，可以參考楊晉龍：〈《張壽林著作集》校訂跋〉，林慶彰老師、蔣秋華主編：《張壽林著作集（續修四庫提要稿）》（臺北：中央研究院中國文哲研究所，2009），第4冊，頁333-358的討論。

的說，曲譜就是音樂經驗的文本，畫作即是藝術美感經驗的文本，
文字作品即是文學經驗的文本……」的說法釐清。[49]根據顏老師的概
念，「文本」既可以指涉文字、影像、聲音、圖畫、表演或綜合性
創作的「小文本」（text），同時還可以指涉包括所有「耳可聽」、
「眼可見」，甚至「想中有」等一切因「感知」而「存在」的物與非
物的「大文本」（TEXT）。因此面對文本既可以是一種單純的藝術
美感賞析，也可以是道德、價值、認知等的探討，更可以是單純學術
研究的綜合性探討。

就現當代的學術環境而論，論及「文本」的相關問題，當然無法
脫離與「符號」關係的討論。大家若是曾經參考過前面提過的艾柯
《符號學原理》、趙毅衡編選《符號學文學論文集》或俞建章、葉舒
憲《符號：語言與藝術》等相關論著，就可以了解面對「文本」之
際，無論抱持那一種概念、那一種態度或那一種目的，必須有一個基
本的了解，就是文本世界表現的僅是人類依照符號建構形成的虛擬世
界，一個沒有生命情感的「符號世界」而已，並不等同於真正具有生
命情感的具體「真實世界」，一般所謂研究客觀化，指的就是要把
「具體真實的生命世界」轉換成「符號建構的虛擬世界」，就是要排
除或超越個人生命感情的範圍，儘可能達到抽象普遍化的要求。符號
是不帶感情的陳述，必須再經由有效的方式纔能轉換成為真實感受，
所有用文字建構的內容都不是確實的真實，都只不過是真實的符號化
而已。中國歷史上出現過許多謾罵所謂「假道學」的事件，所謂「假
道學」指涉的即是那類無法將倫理道德的符號，轉化為自己的生命實
踐，同時還反過來當作批判他人工具的讀者。不過比較有趣的是發出

---

49 顏崑陽老師：《李商隱詩箋釋方法論：中國古典詮釋學例說》（臺北：臺灣學生
書局，1991），頁76註9。

「假道學」謾罵之言的人，實際上卻是自己先犯了將符號世界等同於真實世界的荒謬性錯誤，這種荒謬性的錯誤，從古至今就未曾在歷史上消失過，君不見直到今天，依然還有不少人深信讀了道德的書，即可理所當然的成為有道德的人的結論嗎？這類以為閱讀《聖經》就會遵守《聖經》的規範，以為讀過《四書》、《五經》就會接受並執行書中的道德，都是不了解或混淆「符號世界」與「真實世界」間差距的一種不切實際的錯誤幻想。符號世界提供的訊息自然是建構真實世界的基礎，沒有符號世界的訊息則真實世界就無法建構，但符號世界絕不能等同於真實世界，這就如同設計藍圖與成品之間的關係，沒有設計藍圖就沒有成品，但設計藍圖當然絕不等於成品。

　　學術上「藍圖」與「成品」之間的關係，若以經學表現的狀況來說，漢代儒者當是最能分清此種差別的時代，漢代因此乃有「經術」和「經學」的區分，「經學」就是倫理設計藍圖，「經術」就是落實設計藍圖的方式與表現，「通經致用」就是將設計藍圖落實為成品的有效操作過程，漢代學者或官員以《詩經》當諫書，以《禹貢》治水，就是一種通經致用的實際表現，一種經術的現實表現。至於所謂「經世致用」的意涵，指的則是道德設計藍圖最終極的理想目的，具體的來說就是要達到所謂「君君、臣臣、父父、子子」的倫理性「大同世界」。這裡同時要提醒大家必須注意「大同」隱藏性實質內涵，那就是容許「小異」存在的前提性要求。儒家經典直接涉及「大同」概念者有：一、《尚書・洪範》：「稽疑：……汝則有大疑，謀及乃心，謀及卿士，謀及庶人，謀及卜筮。汝則從、龜從、筮從、卿士從、庶民從，是之謂大同。」這是指根據相關推測與意見以量取勝的「多數決」的「大同」。二、《禮記・禮運》：「貨惡其棄於地也，不必藏於己；力惡其不出於身也，不必為己。是故謀閉而不興，盜竊亂賊而不作，故外戶而不閉，是謂大同。」這是指人、物

都能各盡其能，使得社會安定平和的「大同」。《論語・子路》有
「君子和而不同，小人同而不和」之言，可知「大同」不是「小人不
和」的「同」，而是「君子和」的「同」；《論語・衛靈公》還有
「道不同，不相為謀」的話，由此可以推知君子之同指的是可相為謀
的「道」，就是「理想的大原則」。中國儒家經典中這個前提性的要
求，正是使得儒家的政治思考，有別於西方「一神教」形成的那種建
立「唯一世界」的「帝國主義」思考的關鍵。藍圖與成品、符號與真
實、經學與經術、大同與一同等內涵上的差異，研究者必須要能確實
區分清楚，纔不至於出現錯誤的評論與發揮。根據「符號虛擬世界」
與「真實生命世界」的區別，就可了解治學方法的教學，不僅要能告
知學習者文本提供的藍圖，同時還需要引導學習者建構執行藍圖的方
法與自我要求，或者還可以更進一步提供有效執行藍圖的方法。以上
即「文本」基本概念及其實際操作的簡略說明。

　　「互文性」內涵，若僅從純粹的形式表現及功能進行分析，則至
少可以從四個不同的方向或角度加以了解：

　　一、就傳統中國的詞彙來說，通俗的講「互文性」，就是「天下
文章一大抄」的溯源探究，嚴肅的講就是「引經據典」的文本探索，
就是傳統中國文學批評所謂「用典」或「用事」一類事實的探究。這
方面的研究，顏崑陽老師的某些說明，相當值得參考。[50]大陸學者羅
積勇的相關研究成果，[51]亦有許多參看的價值。

　　二、就現代學術研究方法術語而論，「互文性」就是「引述」方
法實際操作內涵的探索。這個概念大致可藉三種學術表現說明。首先
是美國科學哲學史家托馬斯・庫恩（Thomas S. Kuhn，1922-1996）

50　顏崑陽老師：《李商隱詩箋釋方法論說》，頁100、頁154-158、頁184-194、頁208
　　註5等處均可參考。
51　例如羅積勇：《用典研究》（武昌：武漢大學出版社，2005）一書。

所謂「一種這樣的影響——研究報告腳注中所引技術文獻分布的轉移——應作為革命發生的一種可能指標而加以研究」的觀點，[52]就是說學術專業研究論文的「腳注」，不僅具備指示引文來源的功能，同時也是了解某個時代學術重心的重要參照資料，在中文研究的領域，似乎還未見有從這個角度進行學術史研究的成果。其次是國科會（二〇一四年三月三日起改稱「科技部」）正在推行而早已盛行於自然科學界與社會科學界的「論著引用率」基本原則的觀點，此種分析引用文獻以探索學術傳播功能的研究，圖書館學界的論著已經不少，這種「引用率」的論證，可以進一步補充托馬斯・庫恩的「腳注」觀點。[53]其三則是瑞典朗德（Lund）大學媒介（大眾傳播）研究學者卡爾・艾里克・羅森格倫（Karl Eric Rosengren，1932-）對批評家經典定義的觀點。根據荷蘭文學研究者弗克馬（Douwe Fokkema，1931-）和蟻布思（Elrud Ibsch，1935-）夫婦的觀察，羅森格倫「發展了一種研究批評家的經典的方法。他建議數一數某些作家（或作品）在針對另一作家的批評中被提到的次數。該方法來源於下面這種思想：關於某一批作家作品的知識屬於文化階層擁有的一般性知識，因而為批評家提供了一個參照系。只有知名的作家才可以因此比較或解釋而被提及。羅森格倫在這項研究中採用了下面的這種操作性的關於經典的定義：經典包括那些在討論其他作家作品的文學批評中經常被提及的作

---

52 [美]庫恩著，金吾倫、胡新和譯：《科學革命的結構・序》（北京：北京大學出版社，2003），頁5。

53 這方面可以參考：蔡明月：〈引用文獻分析與引用動機研究〉，《教育資料與圖書館學》第38卷4期（2001年6月），頁385-406；羅思嘉：〈引用文獻分析與學術傳播研究〉，《中國圖書館學會會報》第66期（2001年6月），頁98-112；王梅玲：〈電子期刊興起及其對學術傳播影響的探討〉，《中國圖書館學會會報》第71期（2003年12月），頁61-78等的研究成果。

家作品。」[54]經常被「提及」當然就是常被「引述」的對象。以上三種研究主要都是經由在文本中出現的頻率，以確定某個時代具備經典地位的文本。

　　三、就現代文學批評的術語來說，「互文性」就是「互文」關係的探索。「互文性」的理論雖然早就出現，但筆者則是最近幾年纔獲知，因此在未曾聽聞「互文性」理論之前，筆者曾經因為秉持前述「互為影響」的基本觀，因而對「影響」一詞隱含的單方高高在上的「霸道」內涵不以為然，於是提出一種或者可以加深大家對「互文性」理論觀點認知的想法，我的說法是：「影響」只是單方面的從「傳授者」一方入手，先有一種認定對方別無選擇的「接受」角度立言，並沒有充分考慮到「接受者」一方，同時也充分具備有接不接受的「選擇權」的前提事實。若從「接受」一端來說，接受者既可以選擇毫無疑義的「全盤照抄」，但也可以有其他不同的選擇，例如進行必要的「刪減」、「增補」、「修正」、「改寫」與「商榷」，甚至「反駁」等等的回應或反饋，這些回應或反饋又很有可能「影響」到其他當代或未來的學者，學術發展大致是經由這樣的「引述」過程，因而產生形式與意義的改變。總體而言，若從「影響者」（前文本）的角度來看，則可以有：何以能夠產生影響原因的探討、影響層面如何的探討等的問題。若從「接受者」（後文本）角度而論，則可以有：何以選擇接受理由的探討、接受方式的探討、接受如果有回應則是否對後代造成影響及影響層面「效應」如何等的問題。因此僅用「影響」一詞並不能充分說明「授者」與「受者」間的雙向複雜關係，筆者曾經藉「意義」一詞，用以表達此種互相影響和發生作用的

---

54 [荷蘭]弗克馬、[荷蘭]蟻布思著，俞國強譯：《文學研究與文化參與》（北京：北京大學出版社，1996），頁51。

複雜關係。當初設定的「意義」一詞，至少包括有三個層次的意涵：
（一）就作者（或前文本）而言是「傳播影響」；（二）就當代或後
代的其他讀者（或接受者）而言是「選擇接受」；（三）就學術的長
期功能（影響表現）而言是「歷史效應」。就涉及「受者」（後文
本）與「授者」（前文本）關係的總體探討而言，大致可以歸納為四
個基本層面的問題：「引經據典的引述選擇問題」、「詞句意義的發
揮變異問題」、「詞句語序的轉換顛倒問題」和「互文關係的淵源探
索問題」等。這就是筆者聽聞「互文性」前的想法。「互文性」理論
概念內涵，[55]可以藉用張曉紅的說法加以了解，張曉紅說：

> （互文性概念）不過是對常識性知識的理論提煉。根據互文
> 性理論，絕對的原創性不復存在，封閉自足的文本無處可
> 尋，一部文學作品總是和別的文學或非文學文本產生關聯。
> 互文性概念暗示著：文本的真實性和原創性是相對的，文本
> 之間沒有固定而清晰的等差。一個文本就是一個巨大的關係
> 網，它摻雜著作者本人和他人的經驗、記憶和想像，與前人
> 的前文本有著千絲萬縷的聯繫。沒有什麼文本在本質上優於
> 其他文本。一個文本僅僅是一種可能的文字表達形式。一個
> 文本可能具有的全部價值，是一種個體的賦意行為，是個體
> 在特定語境中基於特定標準和具體條件而作出的判斷。個體
> 對某個文本的偏愛，取決於他或她的性情、經驗、性別、階
> 級和年齡等因素。個體讀者自主的決定某些文本如何以及為

---

55 「互文性」的中文相關資料，建議參考[法]蒂費納・薩莫瓦約著，邵煒譯：《互文
性研究》（天津：天津人民出版社，2003）；王瑾：《互文性》（桂林：廣西師
範大學出版社，2005）；秦海鷹：〈互文性理論的緣起與流變〉，《外國文學評
論》2004年第3期，頁19-30；張曉紅：《互文視野中的女性詩歌》（桂林：廣西
師範大學出版社，2008），頁42-73等處的討論。

何能取得成功。……互文理論與傳統的影響和考源研究有兩個重要的不同點：其一，傳統的影響研究關注的是一對一的影響，突出影響者的權威，忽略被影響者的創造性接受；其二，互文性理論具有強大的包容性，它把一切文學的、文化的、書面的、口頭的文本都視作實際的或潛在的互文本，這些文本一方面與或明或暗、或隱或顯、或在場或缺失的前文本構成一個密密麻麻的互文網絡，另一方面又可能成為無數後來文本的前文本。[56]

張曉紅的說法，應該對大家了解「互文性」概念的內涵有所幫助。

四、再進一步發揮，則就現代電腦網路搜尋或敘事學的術語來說，「互文性」指的是在主線之外推進或彈出某個細節而成獨立副本狀態的「遞歸」（recursive）觀念。[57]「遞歸」指的是閱讀網路文章之際，文章中某些詞彙出現可以再繼續閱讀的標色或畫線的狀況，只要一點該被特別標示的詞彙，就會聯結到另一篇和此標示詞彙內容相關的「副本」文章，此種「聯結」副本文章的形式，可以不斷往相關文章的方向延伸，此種「網路連接點」的延伸，粗看起來似乎沒完沒了，但根據研究則最後必然會回到原先出發的文本，此種從原先的「正本」出發，然後不斷的往相關「副本」前進旅行，最後再回歸原先「正本」的過程，就是所謂「遞歸」的原理。透過這個過程就可觀察到「正本」與「副本」間的關係，進而可藉以判定「正本」與「副本」互為影響的功能。

---

56 張曉紅：《互文視野中的女性詩歌》，頁3-4。

57 有關「遞歸」（遞迴）觀點的說明，係參考《維基百科》之討論而成。二〇一四年三月十日搜尋：http://translate.google.com.tw/translate?hl=zh-Hant-TW&langpair=en%7Czh-Hant&u=http://en.wiktionary.org/wiki/recursive。

　　「互文性」的概念，可以透過前述諸如：腳註的指明、學者出現狀況、文本的引述，以及遞歸的「副本」等等實質可見的實況，證明「正文本」的擴散與影響的效應功能，或與「副本」間的關係，從而判定作者的創發淵源、表現及其學術價值。前述所謂「遞歸」的探討過程，如果脫離電腦純粹機械技術的實際作用，則就是藉由「聯想」以探討兩文本的觀念或思想之間，是否存在「互文」關係的一種研究方式。例如《論語・學而》中曾子有所謂「吾日三省吾身」的「省思」觀點，如果因著「遞歸」的「聯想」而朝「副本」的「互文」方向思考，則梁啟超所謂「若夫理論，則吾生平最慣與輿論挑戰，且不憚以今日之我與昔日之我挑戰者也」，[58]以及「不惜以今日之我，難昔日之我」的觀點，[59]是否也有可能是來自曾子這句話的引述應用呢？「聯想」就研究者而言，當是一項必備的重要能力，例如「瞎子摸象」故事，如果透過必要的「遞歸」聯想，就可以了解「瞎子摸象」隱含著世上沒有人可以「看到」完整事物的結論。亦即每個人面對事物之際，都如同瞎子般依靠著某種單一的「觸覺」，以了解觸摸的東西一樣，因此「觀看」也僅能見到其中的一面或一部分，其他看不到的地方，或者刻意遺忘，或者憑藉想像填補，經由「遺忘」或「填補」出來的「完整」事物，當然一點也不「完整」，所有經由「五官」感覺而獲得的資訊，都是「不完整」的資訊，「完整」是經由想像填補而成的虛假。藉用這個觀點觀察顧頡剛提出的「層累歷史觀」，或者就可以更進一步了解當初提出此觀點時可能有的內在

58　梁啟超：〈政治學大家伯倫知理之學說〉，《飲冰室合集・飲冰室文集之十三》（北京：中華書局，1994），第2冊，頁86。或吳松等點校：《飲冰室文集點校》（昆明：雲南教育出版社，2001），第1集，頁459。

59　梁啟超撰，朱維錚導讀：《清代學術概論》（上海：上海古籍出版社，1998），頁86。

思考：所有經由「感官」接收的資訊都只能是「虛假完整」，不可能
獲得「真實完整」，後世認定的歷史，不過是不斷「堆疊假象」而成
的假歷史而已。然後又可以發現此觀點存在的「自我坎陷」的陷阱，
就是既然真實完整的歷史無法獲得，則經由「剝除」方式恢復的歷史
「真相」，最多也只是部分接近事實的「假象」而已，因為在「資訊
不完整」的前提下，真實「真相」根本無法得知，因此即使承認「層
累歷史觀」的功能，還是無法真正獲得歷史的「真相」。

　　這類涉及文學批評的理論，並非我的學術專業，因此僅能較簡略
的說明，同時也不保證沒有誤解的可能，更深入的研究，請大家參考
專業學者的研究說明。「治學方法」的教學目的，重在提供有效研究
的相關資訊，並不在呈現作者本身的學術成就，更不在提供絕對性的
答案或意見，僅是提供有助於更精確與更深入研究的各種相關資訊而
已。這點必須特別說明，以免引發不必要的誤解。

五　論文瑕疵與結論的書寫

　　學術論文除「標題」、「摘要」（abstract）與「參考書目」外，
在內容的形式上，至少還要包括「緒論」、「本論」及「結論」等三
個主要部分。了解論文組成的六個項目在寫作時較常出現的瑕疵，避
免違犯應該也是相當重要的功夫，再者由於許多研究者無法分清「結
論」和「結果」的不同，故而有加深討論的必要，因此「結論」如何
書寫與瑕疵的問題單獨討論，至於其他五個項目出現的瑕疵，則大致
如下：

　　一、「標題」影響讀者的第一印象，必須能讓人印象深刻，且一
眼就能看出研究的重心與價值，「標題」較常出現的問題：或者無法
精確表達論文的內容精神、或者用詞太過花俏或累贅、或者附加不必

要的副標題、或者副標題比主標題更貼近論文的議題等等。

　　二、「摘要」是論文的精簡版，同時也是行銷論文重要的窗口，「摘要」較常出現的問題：或者寫成「前言」、或者寫成「緒論」的精簡版、或者沒有「主旨」、或者沒有「方法」、或者沒有「結果」、或者只有「結果」沒有「結論」、或者「關鍵詞」的選擇不恰當等等。

　　三、「參考書目」展現作者目錄學的功力，以及對相關研究了解的狀況，「參考書目」較常出現的問題：或者沒有凸顯研究議題的主要文獻、或者排列的次序不統一、或者書籍的分類不一致、或者版本資料不齊全、或者版本資料不正確等等。

　　四、「緒論」原在說明研究議題的內容，研究的源起、目的、方法，以及值得研究和可以研究的理由或依據，一般初寫者較容易出現的問題：或者沒有議題說明的解題、或者沒有研究的動機、或者引述太多他人動機而看不到研究者個人的動機、或者動機缺乏學術或教育意義的內涵、或者研究的目的太過單薄、或者沒有說明研究目的可能的學術或教育價值、或者沒有既存研究成果的文獻探討、或者缺乏值得研究理由的有效說明、或者缺乏研究方法的說明與分析、或者缺乏研究對象文獻的版本說明、或者缺乏研究步驟的陳述、或者缺乏可以研究理由的有效說明等等。

　　五、「本論」係根據符合研究需要的證據，透過有效的論證方式，分析證明研究議題預設要討論或解決的內容，比較常出現的問題：或者「主題先行」導致缺乏客觀理性的研究態度、或者「答案已定」導致論證無法確實有效、或者缺乏多元與多樣的考慮導致分析不夠深入、或者對議題的了解不夠深入導致資料使用不恰當、或者對引述資料的判讀錯誤而誤解誤用、或者引述缺乏直接相關的累贅無用資料、或者僅有引述卻缺乏研究者的說明或判斷、或者缺乏將引述資料

與討論主題有效連結的說明、或者出現僅有結果卻缺乏前因說明的肯定式語句、或者遺漏應該附加的腳註說明、或者腳註的形式體例前後不一、或者腳註的論著版本資料說明不夠確實、或者章節的安排不夠精當、或者章節用詞不夠精確典雅、或者篇幅長短分配太過懸殊、或者引文的分段標點出現錯誤等等。以上這些寫作論文時較常出現的瑕疵，主要是提供大家修改論文「粗稿」時，協助大家斟酌檢證之用，以下有關「結論」的討論，目的同樣在此。

　　「結論」主要是根據研究獲得的「結果」，分析說明研究收穫的價值與貢獻，以及研究的不足與未來的發展等等。網路上有許多介紹「結論」寫法的文章，但或者針對自然科學的論文發言，或者語焉不詳，其中最常出現的問題，當屬混淆「結果」和「結論」的分野最多。就實際的寫作要求而言，「結果」指研究的發現或得到的明顯具體的成果，例如不同於現代學說的答案、創新的觀點或理論、解決實際問題的答案、新學術問題的發現、新研究材料的開發等等。林慶彰老師所謂「前文論證部分的回顧：論文的主要創見，簡潔的加以敘述」，說的就是「結果」的內容；「結論」則說明研究結果在學術上、教育上、社會上……等等不同領域或範圍的實質意義與價值，例如對論文研究所得成果的評論或功能的分析，針對論文在研究上不足的說明檢討，以及相關議題未來可能的研究發展等等，林慶彰老師所說「可兼述本論文研究的不足和將來待努力的地方」，指的就是「結論」的這一部分。[60]「結論」是根據「結果」進一步綜合分析與合宜推理而得的最終判斷與評價，「結論」實際上是「結果」的歸宿和發展。總之；研究「結果」僅是「結論」的前提和基礎並非即是結論。

---

60 林慶彰老師：〈學術論文寫作〉，張高評主編：《實用中文講義》（臺北：東大圖書公司，2010），頁200-217，引文見頁209。頁217所附〈參考書目〉，值得同學花時間閱讀。

　　「結論」既是論文的總整理，同時更是論文完美的結束，「結論」的寫作在理想上，因此必須以研究「結果」為前提，並通過理性的判斷、推理而完成，內容必須足以反映研究的事實與成就、價值與貢獻，例如：理論價值、實用價值、適用範圍……等學術的功能或作用，還要能指出尚待解決的關鍵性問題，爾後的研究設想，並能提出更進一步發展的可能或未來研究的瞻望等等。「結論」代表論文寫作者的學術能力，展現論文本身研究表現的學術價值，不僅關係論文研究成果在學術領域內地位的高下，同時也關係到學界對研究者學術研究能力與成就的判斷，發言的內容因此必須具備可檢驗的公信力，陳述或說明時使用的語言，更要能掌握清楚明白的基本原則，無論是研究相關的內容或表述的文字，在積極上都必須要能符合嚴謹、準確、精練、合宜等基本要求，消極上則要儘量避免使用「大約」、「大概」、「或許」、「可能」等一類非肯定式的詞語。[61]當然這是針對在「理想上」或「應該」意義下確實答案的發言，當書寫操作時還是要根據實際狀況調整，例如針對相關議題的開發和未來的發展，則提供「可能性」也是相當重要的一環，並不需要絕對性的確定。

　　然則何以要特別強調「結論」的寫作呢？這可以有幾個理由或需要：

　　一、公共性質屬性的理由或需要：學術論文不是只給自己偷偷看的私人「日記」，不是寫給親朋好友的私人「信件」，更不是幾個人的私密「對話」，論文是寫給所有對論文研究議題有興趣者閱讀的公共性文字，因此作者有義務了解並說明自己研究的意義與價值，如果連作者自己都無法明確說出研究成果的學術意義與價值，這樣的研究

61　沈玲：〈學術論文摘要和結論的寫作方法〉，《現代情報》2000年第6期，頁59-60。

恐怕很難說會有甚麼重要的研究需要了。

二、研究者學術行銷的理由或需要：論文不僅關係到公共性的整體學術發展，同時更關係到作者學術地位的建立或學位資格的取得，甚至關係到作者是否可以在學術界立足的關鍵。作者為了取得學位或鞏固學術地位，當然就有必要把自己研究成果的優點與價值告知讀者。讀者可沒有義務幫作者找出優點或價值，何況從「詮釋學」或「讀者反應論」的角度而言，作者預設的價值本就不一定與讀者相同。作者從來就沒有資格要求讀者，或者期待讀者了解自己論文的優點與貢獻，讀者協助作者找出論文的優點與學術貢獻是意外，讀者不理會那類無法說出自己研究成果優點與貢獻等價值的論文，本是理所當然之舉。作者如果確認自身是「千里馬」，那就應該把「千里馬」的本事表現出來給大家看，因為在現代這種以重視個人為主的社會情境下，專門挖掘他人優點的「伯樂」，如果有也所剩無幾了。因此絕對不要期待有「慧眼識英雄」的「伯樂」出現，千萬不要夢想一定會有可以幫自己學術行銷的「伯樂」出現，何況一般研究生的學術表現，恐怕很難當得上「千里馬」或「英雄」的稱號吧！所以大家一定要努力當自己的「伯樂」，把自己論文的優點與貢獻，客觀理性且有憑有據的陳述明白，並非常清楚的呈現在讀者的眼前，說服讀者「同意」或至少「不反對」自己的研究成果，確實在學術上具備有創新的意義與價值。

三、糾正論文表現的理由或需要：就實際觀察多數學位論文書寫「結論」表現的情況，可以藉李力昌教授的觀察說明之，李教授說：

> 大多數的碩士論文，「緒論」和「結論」都草草了事，尤其是「結論」，多數人趕著交稿，因此虎頭蛇尾就成了常見的現象。「文獻回顧」或許亂抄一氣，寫得很爛，但是通常至

少會堆砌一大堆有用沒用的東西，反觀「結論」，卻往往只是將「結果與分析」部分重複敘述總結。

李教授觀察的雖然以社會科學範圍的論文為主，但中文系所研究生的學位論文，事實上也存在同樣的問題。李教授還歸納有四點「結論」的內容與寫法：（一）總結前面的分析，但是不僅只是重複述說（這是完全沒有必要的），而是要進一步掌握前章「結果與分析」部分的精髓，更加深刻地道出這個研究的核心。（二）說明這個研究對現有文獻的貢獻（包括理論與實務上的），這樣的討論必須在研究與理論架構當中嚴謹地進行，而不是天馬行空。（三）提出理論與實務上的建議，並據此說明未來可能的研究方向。（四）承認並說明這個研究的限制，以及因為這樣的限制對研究結果可能的影響。李教授並附帶提出三點的補充意見說：「結論並非只是將『結果與分析』部分加以重複敘述，而是那個部分更加深入的討論，也就是結果的結果。」「不要寫社論，所有的討論都要基於研究本身的架構與所蒐集的資料及其之間的對話。」「限制與貢獻。……要總結本研究與其他廣泛文獻研究的相關。」[62]李教授的這些提醒，相當值得中文系所的研究生參考，建議大家上網細看李教授這方面的文章。以上所說的理由或需要，應該值得「正要寫」或「正在寫」學位論文的研究生，書寫「結論」之際認真的思考或參考。

觀察歸納中文系所學者和研究生書寫的「結論」或單篇論文的「結語」，比較常見的寫作方式，大約有下述六種寫作類型：「整理性結論」、「反省性結論」、「發展性結論」、「前瞻性結論」、

62　以上李教授之論，見李力昌：〈研究性論文當中「結論」的寫法與注意事項〉，《李力昌的教學部落格》二〇一〇年二月二十一日發表：http://blog.xuite.net/lichanglee/kuastm/31189791。二〇一四年三月十日搜尋。

「分析性結論」、「綜合性結論」等。

一、「整理性結論」基本上是以研究「結果」替代「結論」的一種寫法，這是目前絕對多數學位論文或學術專書常見的寫作表現，就是僅僅把研究的成果進行歸納整理而已，並沒有再進一步的分析或反省，雖然其中有部分的類型表現較為純粹，但多數其實或多或少已混合了其他類型的內涵。就其表現的實際內容而言，這種類型的結論，固然具備了清楚認知該論文的提綱舉要的功能，但並沒有寫出真正的「結論」。此種類型的「結論」，雖然能夠確實了解該論文研究結果的內容，然而既無法了解作者如何看待自己研究的學術意義與價值，更無法表現作者對該研究議題學術認知的狀況，同時也無法了解作者是否確認研究成果確實已經達到原先預設的寫作目的？這些問題或疑惑必然影響到讀者對論文成就的評價，因此為了避免出現《尚書‧旅獒》所謂「為山九仞，功虧一簣」的遺憾，建議大家或者可以思考一下《論語‧子罕》所謂「譬如平地，雖覆一簣，進，吾往也」的精神，認真的以研究「結果」當作基礎，更進一步的分析發揮，讓讀者確實了知自己論文的價值與不足，從而確立自己在學術研究上應有的位置。研究生書寫「結論」時，必須要能夠盡量避免出現此種「僅做一半」的缺失，以免因為這些跡象而被懷疑缺乏學術認知的能力，進而遭受到不必要的質疑，甚至因此影響到未來工作機會的取得。

二、「反省性結論」是在研究結果的歸納整理外，同時還以研究結果為基礎，或者反省研究過程中可能存在的缺失，或者反省研究最後收穫的不足，例如：研究動機的學術意義、文獻掌握的狀況、論證分析的表現、研究結果與研究預設的差距等等。此種類型的結論雖然主要是從批判性的角度，觀察自己研究成果的缺失，但實際上背後隱藏一種正向意義的內涵，就是隱含有與「發展性結論」、「前瞻性結論」及「分析性結論」等繼續發展的相同期望。雖然在發揮的層面上

還不夠開闊，但相較於「整理性結論」確實已有更進一步的發揮了。

　　三、「發展性結論」的重點在「發展」一詞，「發展」雖是個常見詞，但真正對「發展」內涵意義認真思考者，則似乎還未見到，學術研究的本質本在講求創新發展，「發展」一詞因此和學術研究關係密切，故而有必要更詳細的說明。「發展」基本上是一個在「線性」意義下的「動態」概念。首先「線性」指涉是一種直線往前延續伸長的狀態；「動態」的意義有兩個基本原則：一指「不在原地踏步」，即「必須離開原地」原則；一指「永不停止」或「沒有終點」，即「永恆持續運動」原則。不能在原地踏步的「延續運動」加上「方向選擇」，即構成了線性意義下「發展」的幾個不同面相或意義：向前發展謂之「進步」或「前進」、向上發展謂之「成長」或「提升」、向下發展謂之「深耕」或「深入」、向兩邊發展謂之「延伸」或「延長」等等。根據這個基本認識，「發展性的結論」指的就是在原有議題範圍之內，觀察分析其中是否具備有可以繼續深化、延伸或更進一步討論的議題，筆者碩士學位論文的「結論」，就提到「綜合錢氏相關諸作以言其史學，惟錢氏著作，異文佚失者多，所見恐猶未盡，欲得其全，當俟後日。故錢氏遺文之蒐輯，存書之校讎，實可再加探訪，以得較全較正確之版本，此亦可研究之另一事也」，這就是一種在「發展性」意義下思考所得的結論，論文中還提到錢謙益的史學觀和其注解杜甫詩作內容表現的關係，這部分其實也隱藏有可以再進一步研究的意圖，這個研究意圖同樣也是一種「發展性」意義下結論的表現。

　　四、「前瞻性結論」的重點在「前瞻」，「前瞻」與「發展」的差別在於「發展」是一種「超越」概念，「超越」必須在「固定基礎範圍」之內纔具有意義，「前瞻」則是在「固定基礎範圍」之外的「相異」或「不同」，就是希望可以在原來的研究議題範圍之外，

開發出可能存在的具有開創性意義的研究議題。實際的操作就是將研究的結果當作對象，進行內容的深度分析之後，觀察其中是否存在有相關而非延續原有研究範圍的研究議題。例如筆者學位論文《錢謙益史學研究》「結論」中，特別提到「錢氏行文中每言及神異，此類相信神異之心理，對思想及行為之影響亦大，然筆者於此則未加論列，係因所知有限，不敢妄論，以俟博學專精者也！此亦爾後可再研究之一端也。……其他如錢氏絳雲藏書之研究，佛學與經學之研究，均有學術史上之價值。」[63]就是屬於「前瞻性結論」意義下思考所得的結果，因為碩士論文的研究主題是「錢謙益的個人歷史」和「錢謙益的史學觀點」，故而錢謙益的藏書研究、佛學觀研究和經學觀研究，甚至沒有特別提出的文學觀研究，都與論文原先預備研究的內容無關，但卻與研究的對象密切相關，這類研究議題就屬於「前瞻性結論」的內涵範圍。

　　五、「分析性結論」的重點在「分析」，「分析」一詞《在線漢語詞典》解釋為：「把一件事物、一種現象、一個概念，分成較簡單的組成部分，找出這些部分的本質屬性和彼此之間的關係。」或「將事物、現象、概念分門別類，離析出本質及其內在聯繫。」[64]指的就是針對原本構成整體的事物或思想概念，再進一步的加以分解說明，以便能夠更清楚的了解其內涵及來源，還有各構成的成分之間的關係。借用《在線漢語詞典》的這個解釋，則「分析性結論」主要是以研究結果為基礎，除了說明整體的學術意義與價值之外，還再進一步的逐一清楚說明研究結果的每一項內涵，在該研究主題中具有的學術意義與價值，這其實也就是針對每一項「結果」的「深化」說明。

63　以上諸引文見楊晉龍：《錢謙益史學研究》（高雄：國立高雄師範學院國文研究所碩士論文，1989），頁434-435、頁438。

64　《在線漢語詞典》：http://cidian.xpcha.com/。二〇一四年三月十日搜尋。

例如：高莉芬《蓬萊神話：神山、海洋與洲島的神聖敍事》的「結論」、仇小屏《呂祖謙《古文關鍵》文章論》的「結論」、呂妙芬《孝治天下：《孝經》與近世中國的政治與文化》的「結論」等，[65]就都是針對論文研究成果再進一步說明與發揮，三人注重發揮的層面雖不同，但均可歸入「分析性結論」寫法的範圍。

六、「綜合性結論」重點在「綜合」，不過並不是和「分析」相對立的「綜合」，這裡指的乃是結合前述「整理性」、「反省性」、「發展性」、「前瞻性」、「分析性」等五種結論的內容為基礎，還更進一步探討研究成果對其他學科及未來學術，可能存在的影響功能。這是一種「融通」意義下的「綜合」，而非「對立」意義下的「綜合」，此種類型的「結論」，照顧的層面較廣，能將研究成果的意義與價值及其在學術上的貢獻充分表露。無論讀者同意或不同意，至少都可以了解作者如何看待自己的論文，以及對研究及論文表現的信心，這應該是學位論文較為周延的結論書寫方式。筆者博士學位論文的〈結論〉，[66]即是一種趨近「綜合性結論」的表現，有興趣的同學可以閱讀參考。「區分」除了便於討論而增強學習者認知的功能之外，同時更是為了「確認關係」而非「割斷關係」而存在，故而前述六種結論的書寫類型，不是各自獨立的單獨存在，反而是具有密切依存關係的存在，所以說此處乃是「融通」意義下的「綜合」。前述六種結論寫法的分類，既然是一種依存關係的分類，當然就是傾向於「理想型」意義下的分類，由此亦可知在實際操作中，純粹性的典型

65　高莉芬：《蓬萊神話：神山、海洋與洲島的神聖敍事》（臺北：里仁書局，2008），頁175-184；仇小屏：《呂祖謙《古文關鍵》文章論》（臺北：萬卷樓圖書公司，2010），頁573-579；呂妙芬：《孝治天下：《孝經》與近世中國的政治與文化》（臺北：聯經出版事業公司，2011），頁323-337。

66　楊晉龍：《明代詩經學研究》（臺北：國立臺灣大學中國文學研究所博士論文，1997），頁329-347。

雖然存在，但並非普遍性的存在。總體而言，多數較具學術價值論著的「結論」，實際上都是以混合型的形態出現，這只要多注意學術論著和學位論文的「結論」，應該都可以感覺到這個存在的事實。

　　以上這些討論的內容，主要涉及的範圍與功能，積極上希望能夠引導大家寫出正確優質的「標題」、「摘要」、「關鍵詞」、「緒論」、「正文」、「結論」、「參考書目」，以及比較有效且更好、更合宜的選擇、運用或應用引述的材料，因而可以讓論文的意義與價值表述清楚，讓讀者確實了解而認同自己的研究，達成說服讀者承認研究成果學術價值的基本要求。消極上則是希望可以避免產生錯誤出現瑕疵，以免影響論文的價值與評價。接下來要討論的則是涉及評論、擬題、計畫、禁忌及發表等相關議題的論文「實質性內容」。

第七講
論文書寫的實質性內容

一　前言

　　這一講延續前一講繼續探討書寫論文技術問題，下一步接著講述涉及「評論」、「擬題」、「計畫」、「禁忌」及「發表」等的問題。研究所教導與學習的最終目的，總體而言自是希望培養具備學術創發能力的研究者，就人文學科的要求而言，最能表現學術創發能力的就是學術論文、學位論文與學術專書，學術專書的要求與形式，大致是學位論文的精緻化，學位論文自是為學術專書的寫作打底。就實際學術研究的生態而論，獨立研究者表現學術創發成果的就是學術論文與學術專著，就研究生而言，除了正式的論文與學位論文之外，還包括為了引導研究生書寫正確學位論文與正式學術論文之前種種的相關性寫作訓練，故而研究生在書寫正式的學位論文之前，還需要有某些與論文寫作相關的練習。研究生由於從來沒有寫過正式的學術論文，開始練習寫作之際，對於論文內容的基本要求比較生疏，甚至常將教學講稿誤認為學術論文，以及出現某些不足、缺失或訛誤等等均屬正常的「常態表現」，因此並不需要擔心，「治學方法」課程這一講的內容，正是要提供大家寫作論文時可以依循的程序，以及提醒大家避免出現的瑕疵。

　　「治學方法」有關研究論文學習課程的設計，最終目的自是有效培養大家具備寫作學術論文與學術專書的能力，不過就現階段而言，主要還是培養大家寫出合格的課堂論文及學位論文為主。所有學習

必然由簡而繁，由基礎而深入，因此必須先由寫作課堂論文的練習
開始，然後逐漸引導大家進入學位論文研究計畫的寫作，最後繞進入
碩士學位論文實際寫作的指導。雖然學習的過程不得不分成：課堂論
文、研究計畫和學位論文等三類或層次，但這些寫作過程中的要求本
就彼此相通，對課堂論文書寫有效的內容，對研究計畫及學位論文的
書寫也同樣有效，因此若無法在練習過程中修正或習得這些基本的要
求或技術，則問題最後一定也會出現在學位論文內。希望大家可以在
寫作課堂論文的練習過程中，確實理解這些積極上需要學習和消極上
需要避免的問題與要求，認真而有效的學習並改正。以下即先就綜合
擬題、禁忌等相關內容進行討論，然後再探討評論的相關問題。

二　不同寫作層次的區分

　　研究生在整個學習過程中，一般涉及到的文字書寫，依照不同時
段的學習訓練要求，大致可以將其分為：「命題作文」、「讀書心
得」、「文章賞析」、「閱讀報告」、「課堂論文」（學習論文）、
「發表論文」（正式論文）等幾個不同分類或寫作的層次。大多數
初入碩士班的研究生，應該都沒有寫過正式學術論文的經驗，但在從
小學到大學的學習過程中，應該多少都有過書寫「命題作文」、「讀
書心得」、「文章賞析」或「閱讀報告」等等的訓練與要求，雖然由
於不同層級教師的教學要求標準有別，這些寫作經驗其實也可以是甚
至就是學術論文寫作的基礎。根據我自二〇〇〇年開始教導研究生累
積的教學觀察，如果沒有特別提醒與訓練，多數研究生的首次繳交的
「課堂論文」，大致是比「命題作文」稍微深入一點的「感想式」心
得，此種「感想式」心得大致可以歸屬於「賞析」層次，最好的也不
過可以接近「報告」層次而已，並無法達到「論文」的基本要求。就

研究生學習論文寫作過程的訓練而言，無論「心得」、「賞析」、「報告」，都可歸屬於「命題作文」的一種變形，因此可籠統稱之為「文章」，「文章」實際上是「論文」寫作的重要基礎訓練，「文章」的寫作經驗對正式「論文」而言，具有非常重要的引導功能。一般而言書寫「文章」的能力若太差，必然影響「論文」寫作的表現，甚至影響到「論文」內容成果的評價。「論文」與「文章」兩者間的關係，大致可用一句話說明：「光會寫『文章』，無法寫出好『論文』；不會寫『文章』，難以寫出好『論文』。」理由是寫「文章」要求的諸如：議題的擬定、主旨的設定、構篇的狀況、遣詞的表現等等能力，同樣也都是論文寫作的重要基礎，沒有寫「文章」培養的這些基本能力，就無法進行論文的寫作，所以說研究生以往書寫「文章」的訓練與經驗，對論文的書寫具備有許多正面的促進功能。

　　「治學方法」的課程設計有種種不同類型的習作，不斷的要求同學進行實際的操作演練，例如書寫「摘要」、「關鍵詞」、「結論」等等，這些與論文相關的內容，就是希望藉由發揮同學以往寫作「文章」的經驗，引導同學培養書寫合格論文的基本能力，以便能夠寫出合乎學術要求的課堂論文，然後可以寫出合格的正式論文。可知大家在以往的學習過程中，實際上已經不知不覺在進行書寫論文相關的基礎訓練了，由於這些不同層次的書寫練習，對寫作符合學術要求的正式論文影響甚大，因此有必要把這些與論文書寫技術關係密切的幾種寫作類型，稍作簡略的分析說明，以便引發同學透過既有的技術記憶，培養書寫正式論文的技術能力，這也就是「從已知引發而了解或建構未知」的一種實質性的訓練。除「命題作文」同學比較清楚，因此不再贅述外，以下即按照寫作深淺層次的高低次序，針對「心得」、「賞析」、「報告」、「課堂論文」、「發表論文」等五類的寫作形式內容稍作說明：

　　一、讀書心得：這是從讀者做為主體的角度書寫自己閱讀的感動，可以完全不必理會其他的客觀因素，容許讀者自說自話，故而僅需憑閱讀時純粹感動而產生的情緒感動，即可進行寫作，說如何好或如何不好都沒有問題，只要符合一般基本的邏輯要求，縱使沒有經過嚴密的論證也可以成立。

　　二、文章賞析：這同樣是立基於讀者主體閱讀的角度，以書寫自己閱讀的感動，但重點則要稍微脫離自說自話的「自我純情」階段，必須更進一步針對閱讀對象的藝術美感或寫作技巧等等的表現，稍作必要的分析說明。因此除寫出讀者自我的情緒感覺之外，還必須加入何以感覺好或不好的理由，這時候當然也就需要做必要的論證。如果整體的論證過程夠嚴謹的話，就可以歸入「深入賞析」的層次，這種深入賞析的論證過程類似正式論文，重點就在於能將主觀的感覺，通過較為客觀的論證，所得內容因此也就能夠比較有效成立，不像一般賞析般僅是讀者自說自話而已。

　　三、閱讀報告：這是介於主體認知與客觀討論之間的書寫，大致有兩種寫法：一種是像「深度賞析」那樣，先把自己感覺到如何好或如何不好的狀況與理由說出來，然後再針對這些好或不好的理由進行必要的分析論證，證明自己認為好或不好不僅僅只是「純情感動」而已，確實是有理據或理論的依據。另一種寫法則是根據閱讀的感動，提出某些可以討論的議題，然後透過必要的論證而說明或解決這些議題的內容或問題，最後當然還要檢證自己的問題是否真的已經說明清楚或確實解決了，這是一種比較接近「課堂論文」的寫法。

　　四、課堂論文：這是指在課堂上教師要求的練習性論文，因此也可稱作「學習論文」，書寫的要求和準備發表的正式論文相同。課堂論文必須以盡量客觀的角度書寫，首先必須擬訂一個或數個值得且可以討論的學術議題，然後透過有效的文獻資料與論證過程，以便

獲得擬訂議題最終的答案，最後還需要說明研究成果的學術意義與價值。不過由於是屬於練習且並沒有對外公開發表的意圖，因此可以接受任何的研究議題，即使是前人已經研究甚多或早有定論的議題都可以接受，因為課堂論文訓練最重要的目的，主要在培養擬訂學術議題的「問題意識」及論證的方式，以及習慣學術論文形式體例的書寫方式，並不在於是否具備學術的創見或發明，論證即使不夠精確，研究成果即使缺乏創新，都不成問題。正式的學術論文有一定的寫作形式與體例要求，同時還要針對存在的學術成果，或者發現新問題，或者解決舊問題，因此都有一個或數個等待解決的問題做為研究對象，故而寫出能夠合乎學術論文規定的形式體例，清楚說明自己想解決的議題內容是甚麼？研究相關的文獻及資料掌握是否齊全？如何進行有效的研究等等資訊都非常重要，課堂論文就是訓練這些書寫正式論文時必備的基礎能力。

　　五、正式論文：就是準備出版對外公開的學術論文，構成這類學術論文最基本的條件，就是研究者必須要能夠提出有一個或數個，在學術上具備討論價值，且有可能解決或說明的研究議題。同時討論的過程中，還必須盡可能保持超越研究者個人感動式好惡的純客觀態度，所以不再探討讀者覺得好或不好的理由，而是要針對設定的學術議題，進行合法有效的論證說明，以便獲得最好的解決。研究生雖然需要與指導教授相互配合，即使研究的議題是指導教授提供，但無論如何研究生訓練的目的，最終還是要使研究生成為獨立研究的學者，並不是要成為指導教授論文寫作計畫的「寫手」，這是「治學方法」課程最基本的原則。所以培養研究生必要且有效的「問題意識」，就成為「治學方法」課程非常重要的工作，課程期待的是研究生能主動提出必要且值得研究的學術議題。課程培養研究生發現議題能力的訓練，主要是帶領研究生將原本認同閱讀感動下而生的主觀認知，有效

的過渡到客觀檢證質疑的閱讀立場，經由必要的歸納組織而獲得或發現某些自認為值得研究的學術議題，再經由既存研究成果文獻探討的支援，確定該獲得或發現的學術議題，確實具有值得研究的學術價值。於是透過合乎論文書寫要求的合法與合理的分析論證，有效證據或理論的支持，因而求得解決該研究議題的最佳答案，最後則具體說明議題確實存在的學術價值，以及研究成果具備的學術貢獻等等。

以上包括「命題作文」在內的六種「文章」及「論文」書寫形式，大致就是研究生在整個學習過程中，不同教學階段接受的不同層次的有助於學位論文寫作的養成訓練。這些分類及其內容當然都是為了教學方便而作，並不是提供大家各種類型寫作的標準樣式。這幾種不同書寫形式的差別，若以「閱讀報告」為中心，觀察寫作報告與寫作論文的差別，則最主要乃在於客觀論文和主觀報告的角度與立場有別，亦即傾向論文一邊的寫作必需有客觀的論證，傾向於報告一邊的寫作，則並不強求客觀的合理論證，即使出現論證不客觀，並不影響「心得」與「賞析」的成立。整體而言，屬於學術論文層次的正式論文，除必需經過翔密的分析與論證的要求，而與報告層次的寫作不同外；另外在基本預設和目標要求上，更有與報告層次寫作不同之處，就是這類報告層次的寫作，僅是學習過程中的一種必要訓練，並沒有預設要對外發表，正常情況下的「預設讀者」，大概僅是教師與同儕，因而容許忽略文獻探討，直接設定議題進行寫作，只要求內容表現能儘量符合諸如：文本閱讀深入、文本運用適切、論證過程合理、章節安排適當等基本條件即可，至於所得結果或答案，是否具有學術的創發或運用的價值，則均可以不加計較。學術論文則一開始就預設要「對外發表」，「預設讀者」包括對此議題有興趣的專家與一般讀者，基本要求當然也就與報告層次的寫作不同了。學術論文因此不僅要能提出探討的議題，證明研究議題的必要性與學術價值，說明研究

成果的創新性及學術貢獻等的內容，並且最後還要能分析說明研究結果對何種學術研究，具有直接或間接的實質性助益與影響等等。

三　擬題與研究時必要考慮的事項

　　研究生進入實質的論文寫作之後，有一個最基本寫作程序的原則性概念，必須確實且嚴格的遵守，這個原則性的基本概念，不僅針對課堂論文有效，同時對所有涉及創新的寫作都有效，這個必須切記的基本原則性概念是：「絕對要把心中想像的未定稿，先寫成文字稿後慢慢修改；千萬不可以有等到心中的未定稿思考完整後，纔要寫成完美文字稿的期待或作為。」研究生寫作任何論文時，絕對要確實遵守這個「先求有再求好」的基本守則，還有也要確實認知無論何種有效學習絕對都要經過「出錯及改錯過程」的基本了解。因為以研究生的程度而論，若要等到確定議題完全沒有瑕疵後再寫，那大約是永遠不可能達到的境地，這種寫出沒有瑕疵論文的自我要求當然沒有錯，但是能力是否與要求相搭配則是最大的問題。無論一般人或研究生若對自己做出能力無法負荷的要求，則必然會因為無法完成而帶來嚴重的挫折感，挫折感必然造成當事人長期的心理陰影，如此一來不僅不可能獲得良好的學習效果，同時也對自己太過殘忍，這種不自覺的「自大心態」實在沒有必要，這其實也就是前文「善待自己」要求的發揮運用而已。因此我寧可建議大家在這個學習階段擬訂「課堂論文」的研究議題時，必須盡可能的「心肝小一點」，同時必須有「確實承認自己學術能力還有不足」的基本認知。因為承認自己學術研究能力上「存有」尚待加強之處，因而擬訂自己確實可能完成的「小心肝」式論文計畫，當論文完成之後，同時還能有坦然接受論文必然存在瑕疵的「自信」，這樣的話必然能在寫作的過程中，獲得最好的學習效

果。理由是：當研究生能確實擬訂符合自己能力可以完成的計畫，又有坦然接受論文必然存在瑕疵的認知，以及論文永遠都處於繼續修訂過程的了解，然後盡力書寫而確實完成。則當論文完成之後，這個確實完成的實質結果，必然帶來寫作論文正向的心理感受。這樣既達成寫作論文的練習，同時帶來寫作論文的自信心，當然也就能獲得最好的學習效果了。

研究生除課堂論文外，擬訂正式論文之際，最忌諱的就是因一時感動而悶著頭書寫，既不管是否與前人的研究重複，更不論研究的成果如何？好像自己就是此論題的開創者，好像自己的研究成果理所當然就具備學術價值，這種研究者既無能力評估自己的寫作是否具有實質的學術價值，甚至也說不出自己研究的必要性與創見，這種類型的寫作實際上不能稱之為論文，最多也僅能歸入「賞析」或「心得」中，至多也僅能勉強納入「報告」而已，這類型的寫作在教學上自有其價值，但卻不能歸入正式論文之類，這點差別要注意分辨。

研究生書寫論文的訓練培養過程，除了寫作時的基本守則、心理的正常建設，以及要注意一時興起等而引發的問題外，在擬題和書寫時也有許許多多需要注意的事項，這些必須注意的事項當然無法一一細講，以下僅綜合其中比較重要的內容，提供幾個最需要考慮的實質問題，給大家在書寫論文之際參考：

一、就擬訂議題時的自我了解而言：當開始思考研究方向與議題考慮之際，有兩個相關的前提問題，值得大家仔細斟酌：（一）就現代教育學習環境而言，學術研究上的學科分類思考，乃是研究生必然存在於學術認知上的基本「先見」，這種「先見」導致研究生太過注重「分」，於是在不知不覺中失去「整體思考」或「全景式思考」的認知或能力。由於現代式的學科研究，必然要以「專業分科」為其基本原則，同時為了確立本科系的自主獨立性，因此特別重視與其他學

科「相異」性特色的強調，在此基本原則的影響下，當然也就帶來多
數研究生缺乏「學科統合」與「學術整體」考慮的嚴重後果。因此研
究生在思考研究的議題與方法時，應該特別注意如何培養建立一種儘
可能擺脫單一學科束縛，擺脫特定學術限制的「多元性」思考。這可
以借用一個比喻來說：就是如何從「一群人在暗無天日沒有任何開口
的房間內思考討論」的學科與學術限制的思考；逐漸走向「在有窗戶
的房間內看著外面世界思考討論」的較為開放的眼界與心靈的思考；
最後因而可以建立一種「走出房間和外面世界中的人討論並反觀自己
房間問題」的開放、多元、多樣與自我批判的整體性思考。（二）就
個人知識必然受限的考慮而言，研究者的眼界如果太過閉鎖單一，則
必然影響到研究範圍的選擇，由於受到學術分科強調「學科專業」訓
練基本原則及長期教學過程中形成的「教科書典範」嚴重且深入的不
自覺影響，多數學術研究僅會「習慣性」注意到自己專業學科中，那
類在歷史上已經「形成」或「過時」而等待「死亡」的論著，以及其
在社會文化傳承上的價值、意義與影響的問題；同時也僅會從自身
專業學科的單一「思維」層面，探討其對社會文化的價值或意義；[1]
很少人能夠脫離單一學科的束縛，從社會文化的「互動」層面，反過
來探討自身專業學科的價值或意義，這個自我限制嚴重影響研究結果
的學術意義與價值，一般學有所成的研究者都很難擺脫這種負面的影
響，何況是正在學習階段的研究生。因此建議大家在思考研究議題之
際，固然必須要能從單向、直線的學科專業具有「自律性」的學術自
身發展唯一方向思考問題，但同時也要能從一種文化與社會整體互相
作用的方向思考問題，就是從「學術作用於社會；社會也同時作用於

1　「思維」的意義與學習的關係，可以參考楊晉龍：〈論經學和思維在臺灣教育及
　研究上的意義〉，國立臺灣師範大學國文學系主編：《紀念瑞安林尹教授百歲誕
　辰學術研討會論文集》（臺北：文史哲出版社，2009），上冊，頁129-152所論。

學術」、「學科作用於學術，學術也同時作用於學科」和「學科作用於文化，文化也同時作用於學科」等互相作用影響的「動態」層面思考問題。必須有此種學術基本原則的認知之後，纔有可能擺脫僅從學科自身的角度看問題的缺失，纔有可能從既存傳統與社會的整體角度，了解文化與社會對學科研究的影響，不會變成「不食人間煙火」的「外星人」或「超人研究者」。實際上無論是已經「形成」或「過時」的歷史論著，在當今現實社會文化脈絡中的價值與意義；或者某些傳統學術在現代社會上正在形成的現實思想佔有的地位、意義或價值的探索；或者探討學科與文化、社會互動的關係，及其對學科研究影響等等相關的問題，一直都很少受到該有的注意。就是說上述這些學術範圍內的相關議題，至今依然還是個有待開發的研究領域，值得大家擬訂議題研究探討。

　　二、就選擇議題方向的現實考慮而言：這是指在思考擬訂課堂論文的研究議題時，必須要優先思考議題與學位論文之間的關係，這種關係大致可以提供三個思考的方向：（一）如果學位論文的研究方向完全沒有概念，當然就可以根據自己當下的學術感動，隨心所欲的在經、史、子、集等四部的範圍內，尋找問題擬訂研究議題，此種議題或者當作論文寫作基本功夫的練習，或者透過議題思考而尋找學位論文的研究議題。這裡藉用「四部分類」來講研究範圍，當然與現代的學術分科不一樣，這完全是為了講說方便而作的粗略分類，大家當然可以根據現代學術界的一般性共識，依照實際的表現再做更細部的分類，如：經學、思想、文學……等大類。大類底下還可以有小類，小類底下還可以有細類。如大類中的文學類，還可以再依性質分：古典文學、現代文學、比較文學、文學批評等小類。古典文學還可以分：詩、辭、賦、詞、曲、駢文、古文、八股文、戲曲、小說等等細類。小說還可以細分：傳奇小說、志怪小說、變文小說、話本小說、章回

小說、戲曲小說等等。現代文學也可以再分：小說、散文、新詩、戲曲、影視……等等細類。如果再加上作者表現、歷史時間和地域空間，那就更加複雜了，這裡只提到以性質內容為主的分類，完全排除「作者」、「時間」和「空間」的涉入，大家在做研究議題思考的時候，自然可以把「作者」、「時間」、「空間」和「性質」等一起納入考慮。以下所有提到「四部」的地方，除非特別說明，否則意思都和這裡的粗略分類概念一樣。（二）如果學位論文已經有研究的方向或構思，這時候可以有兩種擬訂研究議題方向的建議：一是課堂論文的議題是將來學位論文可能討論的內容，好處是可以趁機蒐集相關文獻，因而有助於未來學位論文議題的確定，同時減省蒐集資料的時間。但缺點是對相關學科知識判別能力還沒建立，容易受到現有常識性意見的束縛，可能對學位論文產生不良的負面影響。一是課堂論文的題目與學位論文相關或相近，例如學位論文的方向是「經部」類的研究，則可以思考是要以「經學研究」或「經學史研究」為研究討論的內容，如果是「經學史研究」則至少可以從下述四種類型：一是從師承流派的傳承角度進行的「傳經型研究」；一是從經典詮釋的解說角度進行的「解經型研究」；一是從落實執行的實踐角度進行的「用經型研究」；一是整合前述傳經、解經和用經為一體的「統合型研究」等不同的研究範圍，選擇一個自己可以有話說的議題進行研究。好處是學術思考的視野較為開闊，不容易受既存通俗意見的影響，蒐集到的資料未來也可能直接使用。壞處是可能在資料的蒐集上，花費過多的額外時間；還有可能因為學術間連貫性的聯想能力還沒有充分建立，最後導致無法與學位論文的議題形成有效的關聯性。（三）如果學位論文的研究議題已經確定，則可以將學位論文中的某一個章節，獨立出來嘗試性的研究書寫，這樣不僅可以加深寫作論文內容的了解，同時也可以累積參考資料與內容發揮的方向，當然也就大有助

於未來學位論文的書寫。這是有關課堂論文擬題前思考建議。

　　三、就議題完成的考慮而言：當在擬訂論文議題之時及之後，有兩點要特別注意：（一）訂定章節之前，絕對要記住的前提是：論文議題的範圍、內容及前人研究的冷熱程度和研究必要文獻的多寡，必然與論文內容上章節的多寡、字數的多寡、完成時間的多寡等成正比。這就是要提醒大家注意一項基本的事實：「議題的研究範圍、前人研究的冷熱程度、研究必要文獻的多寡等三項必然與寫作的難易度成正比；寫作的難易度必然與章節多寡的訂定成正比；章節多寡的訂定必然與字數的多少成正比；字數的多少必然與寫作時間的長短成正比；寫作時間的長短必然與心理壓力的大小成正比；寫作時間的長短和心理壓力的大小必然與情緒的起伏成正比，情緒的起伏與家人相處的快樂度和寫作的喜悅度必然成反比。」這個提醒不僅對課堂論文有效，對學位論文的寫作也有效。總之；無論是課堂論文或學位論文，必然都有繳交時間的限制，在思考擬訂議題之際，絕對要記住前述的提醒，以免造成畢不了業或「虎頭蛇尾」草率交稿的遺憾。論文字數的多寡雖然沒有絕對性的標準，不過根據現在一般正常的學術行情，就是多數學術期刊或學術會議的要求而論，課堂論文或正式論文一般約在一萬字以上到三萬字左右之間。大家可以在這個字數範圍內，根據自己擬訂的研究主題，適當的安排寫作的章節，以及擬訂每一章節字數的多寡。另外還要特別提醒，除了「前言」和「結論」之外，每一章節的字數不宜相差太多，還有每一個段落的字數也不宜太多，每一段落結束時使用的標點符號也要注意。這是我一九八九年五月二十七日上午參加臺灣大學中文系博士班口試時，當時六位口考委員之一的葉慶炳老師（1927-1993），因為我碩士論文每段幾乎都超過一萬字，甚至有兩三萬字者，而且每段結束時幾乎都用驚嘆號「！」，因此特別提醒我修改時要注意的方向，

現在把葉老師提醒的美意傳授給大家，我想葉老師在天之靈應該會高興我這麼做。（二）寫作之時一定要特別注意在論述的內容中，不要因為使用某個具有特定涵義的詞彙，導致研究的主要議題邊緣化的不當現象。不使用「特定詞彙」這一點應該很容易了解，至於「導致主要議題邊緣化」這一點，當有必要再做較詳細的分析。就是說在訂定研究議題之後，除非絕對必要，或自己對使用的特殊詞彙有深入了解，否則盡量不要在論文標題或正文中，甚至「引文」中，出現那類可能引發爭議的特殊詞彙，如西洋文學批評理論或其他學科的專門性術語，像：陌生化（verfremdungseffekt）、一般歷史（general history）、系譜學（genealogy）、多重聲音（multiplicity）互文（intertextuality）、大眾文化（mass culture）、公共空間（public sphere）、話語（discourse）、解構（deconstruction）、視域融合（fusion of horizons）、向度（dimensional）、普通讀者（The Common Reader）……等等之類，除非確實了解該理論詞彙的意義，否則寧可「偷天換日」的「師其義而不用其詞」，盡可能少用這類型的詞彙，以免出現主要研究內容沒有受到重視，反而是某個並不特別重要的詞彙受到過度關心，導致「喧賓奪主」的把閱聽者注意的焦點，不當的轉移到這個並不重要詞彙的狀態，變成研究探討的主題沒有受到應有的注意，次要的問題反而成為爭論的焦點，造成討論嚴重失焦的結果。就是要提醒大家寫作論文時，一定要特別注意敘述過程中以突顯焦點議題為主，故而有效避免引發不必要的爭論非常重要。避免的方式就是盡量不要使用不恰當或特殊的詞彙，以免導致主題討論失焦、議題模糊化及邊緣化的缺失。

　　四、就擬題範圍的限定而言：擬題最好要能夠事先限定範圍、限定對象、限定時間、限定空間，如此研究焦點就比較容易集中、單一、明確，不至於造成舉證代表性不足，以及研究結果統括性不足的

缺漏。在這個研究焦點集中單一明確的思考前提下，因此不建議大家的課堂論文或學位論文的擬題出現「副標題」，如果沒有「副標題」就無法研究，更不建議「副標題」出現那類「以○○為例」或「以○○為討論對象」的標題，主要是這種「小身體戴上大帽子」的題目，必然要面對有效證明「研究文本」和「研究結果」確實具有整體代表性的論證質疑，就是這類標題要先能證明「副標題」確定的研究對象，具有「整體性」意義的地位，然後又必須把「研究成果」放到代表研究對象的整體大範圍內考察，證明研究成果確實具有整體的代表性或在整體內具有何種地位，這些其實都很難隨意一筆帶過。以下即舉研究「生命書寫」為例說明之。如：（一）生命書寫研究：以古蒙仁為例。主標題實際呈現的研究範圍應包括古今中外涉及生命書寫的文本。（二）中國古典文學的生命書寫研究：以唐詩為例。主標題實際呈現的研究範圍應包括清代之前整個中國涉及生命書寫的文學作品。（三）小說的生命書寫研究：以張大春為例。主標題實際呈現的研究範圍應包括古今中外的小說。（四）臺灣女性小說的生命書寫研究：以李昂為例。主標題實際呈現的研究範圍應包括清代以來所有在臺灣出版或臺灣籍作家的作品。（五）臺灣大河小說的生命書寫研究：以黃娟為例。主標題實際呈現的研究範圍應包括所有在臺灣出版或臺灣籍作家的作品。（六）張曼娟的生命書寫研究：以《海水正藍》為例。主標題實際呈現的研究範圍應包括張曼娟所有的作品。（七）簡媜散文生命書寫研究：以《天涯海角》為例。主標題實際呈現的研究範圍應包括簡媜所有的散文作品。（八）陳冠學《田園之秋》的生命書寫研究。除了第八個議題之外，其他七個都必須面臨「代表性」與「統括性」證明的問題，但現在多數研究成果卻付之闕如，由此可知這類研究者的程度與成果如何了。

　　五、就標題文句的考慮而言：就是提醒大家在擬訂論文標題，必

須特別注意文句結構的典雅性及表達研究內容的清晰度問題。訂定論文標題文句時，大致有三點必須注意考慮的問題：（一）遣詞要能精確典雅：多餘的字詞一定要盡量去除，題目文句不要過分冗長，或語意模糊不清，或研究範圍不明，甚至如前述「以〇〇為討論對象」之類。（二）研究主旨要能表現清楚：標題要能容納研究的內容，最好還能夠兼顧到吸引讀者注意及引發讀者閱讀興趣的功能。（三）美化之詞的使用要適度合宜：現代研究者固然可以因個人喜好，或希望引發讀者閱讀興趣，在標題上使用某些花俏詞彙，以增進論文的娛樂性與吸引力。但過分花俏的詞彙，容易破壞學術研究應有的莊重感，甚至導致研究內容學術性的減損，如果標題非使用花俏的形容詞不可，則應該要注意可能帶來的不良後果。

　　六、就內容表現基本要求的考慮而言，這是指寫作論文時，在技術性的層面，必須注意遵守的積極性內容，這裡提供十點意見供大家參考：（一）問題意識要明確；（二）論證過程要合理；（三）結論說明要清楚；（四）引文合理且必要；（五）引文詮解須合宜；（六）章節安排要連貫；（七）參考書目要周全；（八）版本資料要齊備；（九）腳註體例要正確；（十）遣詞用字要明晰。這十點基本的要求，不僅適用於一般論文寫作，同時也是評價一般論文優劣的參考標準或條件，這些內容在前面其實也曾提醒過，希望同學還記得。

　　七、就擬訂議題的訓練目的而言：雖然論文的標題，可以在論文完成之後，根據論文的內容表現，重新更換論文標題。但還是希望大家可以養成一種對自己決定負責的態度，所以本課程習作規定的課堂論文，禁止在寫作過程中更換研究標題，這個要求的目的，主要乃在培養大家具備下列五點基本的習慣與態度：（一）縝密的思考：訂定議題前考慮清楚是否有資料與能力。（二）謹慎的決定：決定之時要多方設想其他可能性的存在，一般所謂「辯證性思考」，大約指的就

是這種多方設想的思考。（三）專注的精神：集中焦點在設定的主題內進行而不旁涉雜思。（四）負責的態度：有能力為議題舉出正當且有效的學術理由。（五）自信的養成：面對質疑可以毫無遲疑說出堅持的理由。大家若能夠建立上述謹慎負責的規則或習性，則在進行研究或面對事情之際，也就不至於因為他人的開口質疑，於是對自己的研究議題或主張失去信心，因而收回自己的主張或修改研究議題。相反的當面對質疑之時，首先想到的應當是如何鞏固自己的主張或研究設想，就是要馬上想盡辦法把自己當初設想的理由與理據說清楚，用以說服或駁斥他人。就是要具有堅強自信的為自己的主張設想，尋找議題足以成立的堅強依據，用以駁斥他人的無效質疑，同時接受他人有效的改進建議，除非自己設想的理由確實不充分而無法說服他人，否則就沒有必要過分理會他人「系統外」的質疑，甚至因而改變自己的主張。就一位研究者而言，建立坦然面對質疑且進行說服與辯駁之後，繼續在自己預定的研究範圍內進行研究的自信心相當重要，這也就是要大家不要在寫作論文過程中更改議題或研究範圍的理由。

八、就研究使用資料的基本掌握而言：這是指基於客觀研究的需要，以及獲得最佳的研究成果，在進行論文寫作之前，對使用的文獻資料或研究的對象，必須要先能明確掌握的基本條件及要求，綜合言之至少要能了解下述五項的基礎內容：（一）作者：經歷背景、寫作情境。（二）緣起：寫作空間、寫作意圖、互文關係。（三）表現：思想內涵、技巧狀況。（四）功能：寫作目的、寫作影響。（五）評價：歷史定位、學科貢獻。在以上五項基礎了解的前提下，更可以再進一步細分為十項基本的了解內容：1. 作者個人的了解（何人所寫）：沒有作者就沒有作品，沒有讀者就沒有創作的意義。這裡可以先排除從「口語文本」轉換為「符號文本」的作者、原作者與編者、副作者等的問題，就是排除從「互文關係」角度討論「編者」是否可

視為「作者」的問題，這裡只純粹從創作者的角度思考，則可知即使不知道作者是誰，但卻也無法否認作者存在的事實，不過這裡還必須提醒的是作者既可以是一個人（單一作者觀），更可以是一群人（多重作者觀）；可以是同時代的許多人，更可以是不同時代的許多人。[2]同時更要了解作者永遠不會與文本中的敘事者等同，敘事者是作者選擇某個「視點」或「角度」的代言人，雖有作者的成分但不是作者，敘述者僅是作者的一部份並非作者，因此針對傳統所謂「文如其人」的說法，必須慎重考慮其意義與有效性。2. 寫作意圖的了解（為何而寫）：書寫的預設目的云何？3. 寫作背景的了解（何人何事何時何地而寫）：在什麼時間、在什麼地點、為了什麼事、為了什麼人而寫；4. 內容表現的了解（寫出什麼）：思想層次的表現、意義內涵的詮解、寓意層次的挖掘、聲音和圖像意義的詮解；5. 寫作技巧的了解（如何書寫）：修辭、押韻、造句、寫作風格、語言風格等等；6. 讀者效應的了解（閱聽反應）：情緒感動的狀況，對讀者的意義與價值；7. 作者功能的了解（獲得什麼）：作者的研究：作者的獲得及短期效果或長期效應的研究，對作者的意義與價值的研究；8. 歷史位置的了解（有何學術價值）：文學史、文學批評史意義與價值等學術史的研究；9. 書寫淵源的了解（既存關係如何）：既有文本成品與當代文學思潮等方面互文性關係的研究；10. 傳播擴散的了解：行銷接受狀況的研究。以上關於研究對象或相關文獻的條件或內容，了解的程度越深，則研究過程越能得心應手，研究結果的價值也就有可能越高。

　　九、就研究議題學術價值的考慮而言：寫作學術論文之前，必須要先確定研究的議題，確定研究議題之後，當然更要確定此一研究議

2　這也可以參考楊晉龍：〈經學對通俗文學的滲透：論《西遊記》的「引經據典」〉，《漢學研究》第28卷第3期（2010年9月），頁63-97一文的相關討論。

題具備學術研究的價值，同時還要保證自己有能力可以有效完成，並
達成預設的研究目的。保證有效完成和達到預設研究目的涉及的因素
相當複雜，至少可以包括研究者個人學術程度與研究態度等的內在因
素，以及指導教授、學校相關資源、同儕互動等等的環境配合因素，
這些問題留待以後再討論，這裡先討論學術價值的問題。所謂學術價
值先不論細節部分，僅從較大的範圍來說，則大略可以分成幾個方面
的價值：一是研究議題本身的價值；二是研究議題涉及學科的價值；
三是研究議題學科之外的價值。就研究生的論文基本要求而言，僅需
注意到「研究議題本身的價值」就已足夠，至於有沒有注意到其他兩
方面的價值，則可以暫時不加計較。然則是否具備學術的價值要如何
確定呢？就一般的情況而言，當然是要經過適當的比較程序而獲得，
就是經由同時代的「共時性」及不同時代的「歷時性」，這兩方面相
關研究成果的比較分析而獲得確定，經由這個程序之後，就可以確定
擬訂的研究議題，是否具備學術研究的價值，以及屬於那方面的價
值。所謂「共時性」及「歷時性」的比較，就論文的寫作而言，指的
就是涉及前人既存研究成果的回顧式文獻探討。學術論文擬訂議題之
際，必須先進行適當的文獻探討手續，纔能夠確定或評估研究議題在
學術上的必要性與價值性。換言之，研究議題是否具備學術上的價
值，必須建基在與前賢研究成果的比較對話之上，若研究者不知前人
研究的實際狀況，則也就不可能了解自己擬訂研究的議題，是否已經
有人研究過？或者有超出甚至超越既有研究成果或視野之外？除了擬
題之際需要文獻回顧的檢討之外，誠如前講所論，一般論文都必須
在「結論」中明白說出研究結果的創新之處及具有何種學術貢獻？
這些比較或評估也都需要有文獻探討為基礎纔能獲得。因此無論想確
定所擬研究議題是否具備學術價值，以及有效說明研究結果是否具備
創造發明與貢獻，則深入的文獻探討當該是寫作正式學術論文時，必

要且無法免除的基本工作。文獻回顧的範圍包括了「外圍文獻回顧」和「內在文本回顧」兩大類。「內在文本回顧」的內涵，涉及的是形式、文本及思想觀點等抽象表現的思想史探索，就是前面已經講過的所謂「互文性」或「文本分析」等研究討論的對象。這裡說的文獻回顧指的是「外圍文獻回顧」，此種類型的文獻回顧，還可以細分為二：一是研究對象涉及的「版本問題」的討論；一是研究對象既存「研究成果」的討論。這裡的文獻探討指的是針對既存「研究成果」分析的討論，這部分必須在「前言」或「緒論」中討論。

　　十、就論文必備的基本條件而言：正式合格的學術論文，除了一般形式上必須注意的文字、體例等等問題之外，積極上至少必須要能夠充分傳達論文獲得的重要學術價值或貢獻，這些比較重要的學術成果，大致可以歸納為下述的三項要求：（一）要能清楚說明研究的學術意義：就是必須確實說明此一研究設計的必要性或重要性，同時清楚說明研究的議題進行實質研究時，在個人能力、資料文獻、研究方法與提問視野上的「可能性」，確實追問「是否可能研究」？以及在學術研究與價值上的「必要性」，意即需要慎重考慮在學術價值上「是否值得研究」的問題。（二）要能明確說明研究的學術創見：指的就是要能夠把研究對象表現的學術「特色」說明清楚，合理合法且有效的指出研究對象「與眾不同」的特殊表現，這裡的「眾」指的是相關學者的研究成果。這也就是前文所以要特別強調必須進行「文獻探討」的另一個重要原因。（三）要能具體說明研究的學術貢獻：這是指研究者除了要確認研究議題、研究過程與研究成果間絕對的關聯性，以便確立此研究獲得某種成果的「必然性」外，還必須分析說明研究成果在學術上無可質疑的作用或貢獻。這就是前文提到的研究議題本身、研究議題涉及的學科及研究議題學科之外等三項基本價值。

　　研究生在擬題與研究操作之際，如果能注意到前述幾項的提醒，

在研究寫作過程中，清楚的參考這些要求進行思考寫作，則論文的內容是否具有重要的學術創見雖不可預知，但成為一篇合於基本要求的論文，應該不成問題。

四　論文內容書寫時必要的基本認知

　　研究生既然都未曾有過書寫正式論文的經驗，因此有必要提醒大家寫作之際，各方面必須注意考慮的相關基本內容或因素。前一節討論的重點，主要是針對擬訂研究議題之前或之時，必須慎重考慮是否自己的相關知識和能力所及？是否符合學術研究的基本要求等等的問題。就是提醒大家設想研究的議題時，一定要量力而為，千萬不要「心肝太大」，絕不可以訂定一個題目範圍太廣，相關文獻資料太過龐大，使得自己無法在規定時間內完成的論文，於是或無法完成或草率完成，導致無法獲得實際的學習效果。希望經由前述提醒，可以讓大家爾後在思考擬訂論文議題時，能夠讓研究議題和自己知識及時間密切搭配，因而在規定的時間內完成一篇或一本合乎學術基本要求的論文。我最擔心而且至今依然不時發生的狀況，就是某些研究生因為擬出一個「心肝太大」的研究議題，導致無法在規定時間內有效完成，因而辦理休學半途而廢，或者因為草率完成，害怕被親朋好友發現，於是畢業後馬上依照二〇〇九年七月八日修正通過的〈姓名條例〉第七條與第八條的規定，申請改名字，這當然是開玩笑啦！但還是要慎重的再次提醒大家，擬題一定要考慮自身的相關知識、能力與時間。擬題必須注意的問題解決了，接下來要討論的是實際寫作論文時，必須注意遵守或不可違犯的相關內容。在實際寫作時必須特別注意的技術性或論證性的基本認知，當然會因不同的人而出現不同的狀況，這裡無法針對個人問題討論，討論的內容主要是取其中比較具有

共通性的問題為對象，提醒大家寫作論文時要能充分注意，至於個人
可能出現的問題，則還是需要當事人隨時注意，以及修改時精細用
心，纔有可能獲得實際的改善。以下即根據筆者多年觀察自己與他人
書寫論文表現的粗淺歸納，提供下述幾點必須注意的問題，給正要或
正在書寫論文的研究生參考：

　　一、結論需因證而得的要求：論文必需要有可靠的「證據」，纔
可以下相關的「結論」，因此研究之際必需嚴格要求「論」與「證」
之間的有效結合。如果沒有經過有效的證據與合宜的分析，千萬不可
以出現那類自以為是的「結論性語句」或「整體性語句」（全景式語
句），例如：「某個時代如何如何」、「很多人認為如何如何」、
「對後代影響如何如何」、「大量出現」……等等，這類未經合法
有效驗證的結論性語句，不能算是合格的結論。詞彙中的「很多」和
「大量」都涉及「比較」；「影響」涉及「判斷標準」訂定的問題。
就是說在下結論性的語句之前，必需嚴格遵守「引證」或「論證」的
基本要求，沒有通過合理有效「引證」或「論證」分析過程的結果，
不得做為結論。也就是說如果自己沒有論證，就必須引述提供可信的
前人研究成果做為證據。論文不可以僅是感覺或情緒的直接陳述說
明，在將「結論」呈現給讀者的同時，還必需能提供讀者「如何獲得
此結論」的詳細論證過程，或者有效的前人研究成果，這樣纔有可能
說服讀者同意或至少難以反對。

　　二、承認歷史斷裂性的存在：學術的「淵源」或「傳承」固然不
能不強調，但也不一定非強調不可。學術上的一般研究狀況，固可先
「假設」可能的「淵源」或「傳承」，但也僅是存在「可能性」而
已，必須能夠明確證明其間的「關係」之後，「淵源」或「傳承」
的假設纔可以成立。「淵源」本來就僅是一種「逆向式」的推測，因
此即使沒有明確證據也可以「隨便說說」，故而可以不論。至於「傳

承」則必須有明確的證據證明，千萬不能把「時間」先後的因素，等
同「傳承」關係的直接證據因素，因而只要是思想或觀點相近，就直
接認定出生於後代者必然是受到出生於前代者的影響。這種完全不考
慮物理空間與人際空間可能存在的距離，不管書籍傳播擴散和閱讀可
能性等相關問題的結論，如果用在「官學」上大致沒有問題，如果用
在一般學者身上，則就很有問題。我們大約都無法否認有超越時空
「天才」的存在，也無法否認對同一件事情可以有相近的看法，因此
絕不可以在毫無有效證據的情況下，僅僅依照物理時間先後序列的關
係，亂配「淵源」或「傳承」的鴛鴦譜。大家在討論「傳承」的關係
時，務必要有較明確的證據，例如：作者對相關前輩學者論點或論著
的說明或批評、作者與相關前輩學者的弟子或學派後學交往等等，這
是指思想觀點上證明傳承關係時，不能缺少的部分條件。另外還有一
項最具證據力的證據，那就是「相同錯誤承襲」的證據，無論引文或
解讀相同的文本，出現同樣的錯誤，必然是後者抄襲前者。這個觀點
是我的學長中央研究院歷史語言研究所的陳鴻森教授，在一九九五年
十月間我在寫〈論《詩傳大全》與《詩傳通釋》的差異〉和〈《詩傳
大全》來源問題探究〉兩篇論文時，[3]特別提醒我的睿見。我的博士論
文《明代詩經學研究》，還有伍純嫻的碩士論文及〈《詩傳大全》與
《詩經傳說彙纂》關係探論〉一文中，[4]都有實際的例證，有興趣者可

3　楊晉龍：〈論《詩傳大全》與《詩傳通釋》的差異〉，《中國文哲研究集刊》第
　　8期（1996年3月），頁105-146；楊晉龍：〈《詩傳大全》來源問題探究〉，林慶
　　彰老師、蔣秋華主編：《明代經學國際研討會論文集》（臺北：中央研究院中國
　　文哲研究所籌備處，1996），頁317-346。

4　伍純嫻：《《詩傳大全》與《詩經傳說彙纂》比較研究》（臺北：中國文化大學
　　中國文學研究所碩士論文，2000）；伍純嫻：〈《詩傳大全》與《詩經傳說彙
　　纂》關係探論：簡析明代《詩經》官學的延續與發展〉，《中山人文學報》第20
　　期（2005年夏），頁81-118。

以參考。現在我把鴻森學長渡我的「金針」，公開提供給大家參考，相信「大肚」的學長不會反對。這就是說研究之際，如果發現有不同時代或同代學者抱持相同或相近觀點的現象，必須要有比較明確的證據，方有必要或能夠做出傳承關係的討論或結論，否則寧可視為當代或個人的共相，不必非要找出「傳承」不可，因為這樣容易把自己主觀想像的意見，當成歷史事實而做出錯誤的陳述。

三、創生與發生不同的認知：需注意學術的「淵源」（源於）和「根源」（始於）的差別：「淵源」是就「歷史發展」的「歷史學」或「創生學」角度發言，大致是後世逆推的結果。「根源」則是從「最初發用」的「發生學」角度發言，千萬不要混為一談。這就是說發生學意義下的「始於」，指的是無中生有創造後最早的第一個起點；創生學意義下的「源於」，則是事情已經發生後往回「逆溯」的結果。這個觀點也可以借用來考察「創作」和「發用」的差別，就是說創作出現的時間和學術開始發生影響的時間不一定等同，例如大家熟知的漢代王充（27-97）的《論衡》雖然創作於漢代，但在漢代並沒有受其影響的紀錄。還有像詩經學史上大受新文化運動學者讚美的姚際恆（1647-1715？）《詩經通論》，同樣在清代也沒有多少人理會，這類例證大家應該都很容易了解。比較要提醒大家的是朱熹學術「創生」和「發生」在時間和空間上逐漸擴展的問題，朱熹的學問受到朝廷重視，始於那位平民皇帝宋理宗（1205-1264）時代，但這時也只是《四書》受到重視，其他經學著作並未受到重視，空間也僅是在趙宋朝廷控制的江南以南的南方地區而已，當時受遼、金、元等王朝控制的中國北方，朱熹的學術並未受到重視。朱熹的整體學術受到整個中國學術界重視，必須等到元朝統一全中國之後，至於朱熹學術成為控制整個中國思想界或經學界的唯一權威，則還要等到明太祖洪武十七年（1384）以後，尤其是明成祖命人編成《四書五經大全》以

後，方成為事實。這個基本的歷史實際發展，有意進行南宋以後相關學術研究者一定要注意。同時還要提醒大家宋朝以來理學家講學活動到處蓬勃發展，朱熹的理學觀在明代以後，經由「官學」無遠弗屆的影響，還有以朱熹理學觀為宗旨的戲曲、小說等等與一般民眾接觸頻繁的文化活動，使得朱熹和宋代理學家的觀點，幾乎成為當時漢民族共同的「潛意識結構」，直到今天朱熹等理學家的某些觀點，依然在無形中影響著我們的判斷，例如有關女權、女性地位……等等，這點特別值得大家深思。

四、拋棄權威主義的依賴：進行「學術論文」寫作的過程中，必然要引述研究對象同時代或後代學者的判斷，但這些現成的文獻並不全然可信，因此有必要時時提醒自己，儘可能減少過信前賢成果的依賴態度，對前賢的研究成果，需要有冷靜分析、質疑求證的旁觀態度，絕不能毫無戒心的引用前人的主張或結論為證據，更不能完全不知懷疑或求證該主張或結論的證據力有多強。例如許多學者喜歡引用墓誌銘、門生後輩、喜好者等等的話，用以證明其研究對象多偉大、多有價值，這類證據的有效性其實相當有限。進行實際分析之際，需先有儘可能拋棄或遺忘前賢成果，儘量加強一己主觀意識，然後依據研究主題的需要而逕行分析的「前意識」，千萬不能將前賢的成果當作真理而形成「前理解」，否則寫出來的論文，恐怕就有流於提供更多資料，再一次證明一個人家早有確定答案的相同問題而已，這類僅能為他人作腳註或為他人作嫁衣裳的論文，當然比較缺乏學術價值。不過這裡還必須作個明確聲明：「減少過信前賢成果的依賴態度」的意思，並不是說前賢的研究毫無價值，因為前賢能夠獲得那些研究成果而且傳播下來，必然是經過不斷發明、發現、改進而累積發展出來，其中有不少是前賢的精心傑作，這中間包含有許許多多前賢的心

血結晶，因此不能一筆抹殺。[5]這裡主要在提醒大家「承用」前賢的成果之前，應該要思考一下這些成果，是不是真的如此「毫無問題」？是否還有其他可能性？或者還有可以再商榷之處？就是不要一下子就進入「過信」的狀況，因而落入「存在即真理」的陷阱中；研究者必須具有「反思檢討」與「懷疑改進」的精神，如此纔有可能激發自己本有的潛能；纔有可能培養出「發現」或「發明」的能力；纔有可能在眾多的研究成果中，看出新的學術價值與意義。研究上因而纔有可能「迎頭趕上」，不會永遠處在「追及」或「等待」之中。

　　五、分清學術與歷史價值之別：進行學術論文寫作之際，必需要能分辨幾個相關但相異的重要觀點：（一）經過作者「論述」而產出的「文學描述」，與原本實際「存在」的「文學對象」（廣義的「文本」）的不同。（二）過去或現在實際發生過的「歷史事實」與對已發生過事實「陳述」或「解說」的「歷史敘述或解釋」的區別。（三）分析書籍文本實際表現的「意義研究」與探討書籍文獻發展的「書籍研究」的不同。（四）具有創新、修正、影響等實質學術貢獻的「學術價值」和曾經出現而不一定具有學術貢獻的「學術史價值」的分別。這些差別在寫作之際絕對要謹慎區分，絕對不可以混為一談。意思就是要大家培養分辨「文學描述」與「文學對象」、「學

5　洪漢鼎先生曾統整德國詮釋學家伽達莫爾的意見說：「在革命的時代，儘管人們對舊的觀念進行猛烈的批判，但卻有更多的東西在所謂改革一切的浪潮中保存下來，並且與新的東西構成新的價值。按照伽達默爾的看法，任何做為傳統而保存下來的東西都是經過歷史的選擇、肯定和培養的，而且隨著歷史的發展還將不斷地進行選擇、淘汰和肯定，傳統決不是僵死的，而是不斷發展的和變化的。……前見、權威和傳統最終並不是與理性絕對對立的，……前見、權威和傳統也可能產生正確的知識和導致正確的結果。」筆者相當同意伽達默爾的這個看法，因此並沒有要否定既存研究成果的意思。見洪漢鼎先生：《詮釋學史》（臺北：桂冠圖書公司，2003修訂版），頁217。

術研究」與「學術批判」、「歷史敘述」與「歷史解釋」、「文本意
義研究」與「書籍文獻研究」、「思想史研究」與「學術史研究」等
的基本學術能力，必須具備區分這些相近似而又有差別研究內容的能
力，研究寫作之際纔比較不會混淆研究的焦點，因而可以較為貼近的
針對研究主題發言。

六、辨明研究創新與評鑑之異：「研究創新」與「評鑑賞析」的
切入角度與目的要求本就不同，「評鑑賞析」當然不能取代「研究創
新」，因為「評鑑賞析」是針對既存的東西發言，「研究創新」則是
必須創造出還沒有出現的東西。這就如同吃東西一樣，顧客可以對廚
師做的菜餚進行評價，但正確評價菜餚好壞的顧客，卻無法取代廚師
做出同樣的菜餚。例如二十世紀評價糾正《四庫全書總目》訛誤最有
名的學者余嘉錫（1884-1955），就承認「紀（昀）氏之為〈提要〉
也難，而余之為《辨證》也易。」[6]不過一位真正合格的研究者，則必
須兩者兼備，因為缺乏「評鑑賞析」的能力，事實上也很難真的能夠
「研究創新」，更何況「文獻探討」如果缺乏「評鑑賞析」的能力，
也無法真正有效的進行，因此這兩方面的能力，均應該進行有效的培
養。

七、特色性質的了解與確定：研究對象的「表現」或「實況」，
不能毫無比較的逕稱為「特色」。任何學術表現在沒有進行實質有效
的比較之前，不可立下判斷而妄言該「表現」即為「特色」。特色必
須要經過時間性的「歷時性」與空間性的「共時性」的比較之後，纔
有實質性的意義與價值。學術的特色除必須具備有不同於「共時性」
和「歷時性」共同特色或時代特色之外，還需要有與其他相同研究者
不同的表現，纔能算是學者或學術的真正特色。「歷時性」的特色，

---

6 余嘉錫：《四庫提要辨證‧敘錄》（北京：中華書局，1980），第1冊，頁52。

指學者的研究在學術史上，有那些是和以前整個學術史有所不同的表現；「共時性」的特色，指學者的研究相對於同時代學者不同之處。然「歷時性」的學術史上的特色，有時就是研究對象生存時代「共時性」的特色，既然是同時代多數人擁有的東西，當然也就不能說是某位單一學者的特色。

八、區分資料與研究的差別：收集資料是研究的初步工作，但絕對不等於研究，例如創作詩文或小說和研究詩文或小說是兩回事，杜甫絕對是個好詩人，因此可以成為大學「詩選課」的助教或「駐校作家」，卻不能成為中文系的詩選教授，因為杜甫沒有相關的學術論著，創作的作品不是學術論著，就如同小說不是學術論著一樣。這種關係荀子很早就有相當精彩的觀察，荀子說：「農精於田，而不可以為田師；賈精於市，而不可以為賈師；工精於器，而不可以為器師。」（《荀子‧解蔽》）又例如設計問卷做調查獲得的樣本（包括有效與無效），只是一種資料；進行文獻探討的工作之前，統計歸納研究主題文獻呈現的狀況，也是一種資料。這是研究過程中的初步工作，同時也是進行研究時必要的幕後工作，雖然也是屬於研究的一部份，但只是進行研究的基礎，不是也不能當作研究的全部或結果。

九、遠離難以證偽的議題：選擇設計研究議題，絕對禁止設計那種「以小見大」且帶有「全稱命題」意含的題目，如「一葉落而知秋」、「一粒沙看一世界」等一類相近觀點的議題，那類希望透過「某個人或某本書或某個單一事件」進而論證出「全部」或「整體」的個人的、社會的或朝代的情況如何如何等類型的議題。就研究角度而論，此種類型的題目，隱含有一種「決定論」的不在場訊息，就是研究之先已經「預設」不必經過任何論證，「一個」即可以充分代表「整體」，亦即早就認定「整體」純然是由「一個」而「放大」的結果，完全排除其間種種複雜的關係與發展，這是一種過度「擴充」的

推論，也可以說是另一種形式的「宏大理論」，這種討論（不是研究）所得結果是一種難以「證實」或「證偽」，模糊而不確定的答案。因為要做這類「以單證全」題目的前提是：研究者必須先對「整體」有一深入了解，因而可以看出「一個」在「整體」中的位置或具有的代表性；不能顛倒過來，以僅對「一個」了解的不充分訊息，經由放大、推論、擴充等不具實質論證意義的「想像」，因而「建構」出一種對「整個」訊息充分了解的結果。此種研究實際上更可能是研究者早有堅信的「先設答案」，研究論證不過是用來欺瞞自己與他人的一種自覺或不自覺的手段而已，確實的說應該比較接近一種理念的「宣傳」或「表達」而離實質的「研究」要求較遠。因此這類型的議題不能做為研究的內容，像前述那類「副標題」出現「以〇〇為例」或「以〇〇為討論對象」的研究議題，就存在有這個問題。

十、分辨研究視野與態度的不同：書寫之際必須要能分辨「提問視野」與「提問態度」的差別，「提問態度」指研究者針對「提問對象」提問之際，表現出來的一種「自覺或不自覺」的「贊不贊同」、「相不相信」、「喜不喜歡」等肯定或否定的評價性心理傾向。「提問視野」則指研究者本身根據研究意圖或預設需要，在進行研究時「自覺地」設定一種學術研究的範圍，例如「社會學的視野」、「心理學的視野」、「政治學的視野」、「經濟學的視野」……等等。這些當然會影響到對提問對象的評價和研究書寫時的走向。

十一、承認多重視野的研究前提：這指的是在「現象學」意義下產生的研究視野。「現象學」的預設認定生存於社會中的人類，必然會與社會產生關聯性，但無論「人」或「社會」本身，都是一個相當複雜而具有生命活動力的「有機體」，絕對不會是一具僅有必然運作規律的「機械體」。任何學術研究，都必須建基在種種複雜的有機體互動關係上，既不能忽視群體與社會的功能與作用，僅有個人的主觀

動機，更不能忽視人本身內在主觀的需要、感情、意圖、性格等等的影響，僅有經濟與社會等群體的客觀制約。人的行為雖表現為外在經濟利益的需求，但實際上這些經濟需求，更可能是根源於個人內在狀態的需要而產生，因為人本身原就具有選擇的主動權。然而由於世界複雜的程度，遠超過一般人認知的能力範圍之外，研究之際的全面性與整體性的認知，雖然是研究的最高理想，但並非人人都能獲得。由於對個人有限認知能力的了解，為了有效保障研究的順利進行，故而有必要選擇一種研究者最熟悉，且對研究議題最有效的角度，做為研究進行時確定範圍及評估的基準，以免造成研究與評價上的紊亂。研究之先因此除需要先自我設定為經學、宗教學、哲學、社會學、文化研究、心理學、政治學……等等研究角度之外，還必須要存有一種多層次、多角度的研究視野，以便較有效的對社會層面上，包括社會的發展與個人的生活、群體和個人、理性和非理性、客觀要求與主觀動機、社會與家庭等相生相反的互補或衝突的關聯性的了解；以及在個人層面上，有關人與社會的思想、文化、心理、經濟、政治等的互動關係進行有效而具有正當性與價值性的探討。

　　十二、開發研究視野的必要性認知：現代專業學科訓練出來的研究者，如前文所言，容易被桎梏在單一的思想範圍內，若想走出自我限制下的研究語境而有突破，那麼像現代西洋學術界「經典性」的作者或其論著，絕不能忽視其創新與存在的意義和影響，必須細心的從這些現代的理論中，尋求是否可以有助於自己研究的內容，傳統中國的多數學術，基本上都有一種落實到實踐層次的要求，此種實踐於現實的要求內涵，是相當貼近「社會」的一門學科，西洋等具有「典範性」的學者，對社會存在現象分析的相關理論，對研究古典者的觸發與深入，尤其是經學的研究者，當該多少會有一些作用，即使無法全力學習或完全了解，但也絕不能忽視或放棄從中尋求學術刺激，因而

激發出新方法或新視野的可能性。

　　十三、了解不同閱讀對象的預設要求：寫作論文當然會有預設讀者，當然也會有學術創新的要求，但這兩種要求可能產生衝突，日本學者川合康三（1948-）所謂：「學術專著要求的是『第一個說出誰都沒說過的話』，一般讀物則要求『對日本文化的整體發展有積極意義』。這樣筆者在行文之時，就不得不兩者兼顧，既要發前人所未發，又要合今人之口味，其間分寸把握、體段拿捏之難，自不待言。」[7]川合先生雖僅是對自己的著作發言，但大家在書寫論文下筆之際，相信也會面臨此種「既要發前人所未發，又要合今人之口味」的兩難之要求，如何有效統合化解此種衝突，正是我們需要面對與克服的問題。

以上這些書寫之際必須注意的基本必要認知，大家在書寫論文時，如果能夠隨時加以注意，則論文水準高低雖不可知，但出現訛誤的機會必然就會大大的減少。不過由於篇幅的關係，某些論點因而無法在此做更細緻的分析說明。

五　可能的瑕疵或訛誤述論

　　「考慮事項」、「基本條件」和「必要認知」等三部分的說明，主要是從積極正面的方向，提醒大家在寫作論文之際，應該仔細思考確實納入擬題或書寫操作之際的內容建議，目的是期待大家可以寫出收穫最大、學術效果最好的論文。不過除了積極面的提供之外，消極面的提醒也有其必要，到底消極面和積極面，從來就是一體的兩面，

7　[日]川合康三著，蔡毅譯：《中國的自傳文學·中文版序》（北京：中央編譯社，1999），頁1。

兩者當然有重複相關之處，因此除了從積極面告知大家必須注意學習納入考慮的內容之外，自也有必要提醒大家在書寫論文之際，可能出現的某些較值得注意的瑕疵問題。論文瑕疵內容的消極面分析說明，就是從寫作論文負面方向觀察，重點在提醒大家寫作論文時，必須盡可能思考如何避免出現這些問題。「必要基本認知」是書寫論文時要接受的內容，「瑕疵與訛誤」當然就是書寫論文時必須避免出現的狀況。剛入研究所的研究生，開始寫作學術性質的論文時，較為可能出現的問題，大致可以歸納為下列幾項。

（一）總體性的問題

　　研究生開始練習寫作論文，出現某些不成熟的缺失，不僅正常也是理所當然，並沒有甚麼值得緊張，比較需要注意的則是如何經由師長教導和自我學習，因而越來越能確實掌握論文寫作的訣竅，最後完成一篇內容與形式均合乎一般水準的學位論文。這裡提供的就是研究生寫作論文之際，在整體表現上較常出現且應該極力避免的問題。

　　一、未能針對議題發揮的問題：某些研究生或者對論文議題焦點的掌握不夠確實，或者對寫作的敘述表現技術掌握不足，於是出現大量背景問題或相關問題的討論，背景和相關問題固然也需要交代，但這些對研究議題而論，均屬輔助性的次要內容，如果討論之際無法有效「聚焦」在議題上，因而花費太多篇幅在這些次要問題的討論，結果必然導致研究「失焦」，議題的焦點內容無法有效突顯。最常出現的是：作者介紹太多太泛、歷史背景說明太過詳盡瑣細、相關研究成果介紹未能精簡，以及引述相關性不強的引文。使得非直接相關的論述過多，直接與研究議題內容相關的篇幅份量太少，導致讀者無法確認論文的重點，同時還讓人有草率的印象，因此要盡量避免。這也就

是前文提到的誤把教學的講稿誤作學術論文的一種表現。

二、摘要不符合要求的問題：「摘要」（包括關鍵詞）的功能，主要在提供讀者該論文的研究目的、方法、結果與結論，重點在讓讀者透過「摘要」而了解該論文的學術發現與價值，以便判斷符不符合自己研究的需求，因而可以適當的加以吸收引用。但可以發現許多研究生或者把「摘要」寫成「前言」或「緒論」，或者缺「目的」、或者缺「方法」、或者缺「結論」、或者亂選「關鍵詞」，其中又以缺目的和無結論的狀況出現最多。

三、章節分段欠缺考慮的問題：區分篇、章和節，目的就是要比較精簡展示論文的內容重點，分段則在於方便集中討論主題，這些當然都不能省略，但也不宜分得太細。一般論文形成的公式，除了腳註和書目之外，大約可以簡化為：字+字=句、句+句=段、段+段=小節、小節+小節=大節、大節+大節=章、章+章=篇、篇+篇=論文，不過一般都省略「篇」，有時候也省略「小節」。章節多寡除了與字數多寡成正比外，同時也與研究主題的範圍及重要性成正比，「範圍」包括：時間長短、空間廣狹、人物多寡及議題複雜度等等。一般而言，重要性越高則複雜度也可能加深。雖然章節多寡、每章多少節、每節多少段落、每個段落多少字，並沒有公定的標準，但碩士學位論文大致在十五萬字上下，但也不宜超過三十萬字，這樣的論文規模，大約以五章到六章，每章在五個小節以內較為恰當，寫作時還要注意段落、章節等字數的調配，每一段落最好控制在一兩千字左右，不要動輒上萬字。至於單篇學術論文部分，現在臺灣比較具規模的學術期刊，就是被科技部納入THCI core學術期刊的稿約，大都限定在二到三萬字上下，然就一般學術論文而言，較多的可至四、五萬字，較少的也在一萬字左右，但無論是五萬字或一萬字，章節均不必像學位論文那樣，大約只要分章分節就足夠，如果分得太細，就會導致整篇論文

或者顯得非常瑣碎，或者字數太多，或者章節字數多寡相差太多，這些問題當然要避免。

　　四、緒論陳述過於簡略的問題：研究生寫「緒論」或「前言」，在說明研究動機之時，一般都比較缺乏何以值得研究等學術價值方面的討論。至於研究目的則或者沒說、或者說不清楚、或者僅條列重點而缺乏較為細緻深入的分析。研究方法方面，則或者缺乏使用該方法必要性的說明、或者缺乏使用該方法可以獲得最佳研究成效的論證，或者缺乏使用文獻的狀況及其必要的版本說明與分析、或者研究程序缺乏有效執行的保證等等。出現在論文最前面的「緒論」或「前言」，如人的顏面給人第一印象，如果寫得丟三落四，由於「先入為主」印象形成的心理態勢，必然影響到論文的評價，甚至被懷疑不夠格寫論文，因此有必要特別注意。

　　五、文獻探討不夠深入的問題：這個問題和「緒論陳述過於簡略」相關，文獻回顧的功能，主要在確認研究議題的價值，告知讀者論文確實值得研究的理由，就是在有效確立研究的正當性與必要性，重要性不言可喻。有意義與價值的學術議題，大致是在「踏著前人成就的間隙，開創自己研究的生機」前提下，探討前人未曾注意或注意不足的議題，必須要能具備創新性與不重複性，若只是重複前人早已談過的老問題，並沒有任何新見與發現，這樣的論文就很難被接受。然而若是歸納整理後再加以分析，則至少也有教學上的功能，這和那類冷飯新炒而無新見的文章不同，歸納整理性的論文，若分析能夠深入，同樣也具有學術價值。一般剛入學術圈的研究生，大致上比較缺乏確實進行文獻探討的自覺，因此或者全不做研究回顧的文獻探討，或者僅做與研究不相干的內容介紹，或者僅討論與學術研究關係不大的常識性或導讀性的教學論著，或者只是模糊性的一語帶過而沒有充分展開分析。最大的問題則是僅有挑毛病批評的情緒，卻沒有吸收他

人研究成果融入自己論文的自覺，表現的是對文獻探討的性質與功能不清楚：或者以為在介紹他人的研究成果，或者以為在挑前人研究的瑕疵，並沒有意識到文獻探討必須放在研究主題的範圍內討論纔有學術意義。就是文獻探討的要求，首先在於弄清前人研究的收穫與不足，因而可以確定自己研究的意義與價值。其次則在了解前人研究的收穫與自己論文的關係，因而可以有效吸收前人的研究成果，讓自己的論文達到「站在巨人肩膀上」的學術累積性效果，在「吸收」的前提思考下，出現在「文獻探討」中的重要文章，就必須在「正文」的相關討論中出現，如果「文獻探討」無法與正文的論述有效結合，僅僅只是論著書目和內容的介紹，則這種「文獻探討」同樣也要歸入不合格的行列中。[8]

六、缺乏論文發展性考慮的問題：學術研究本是一種連續性不間斷的長期工作，因此研究生若是有心進入學術研究領域，當然就有必要考慮研究議題後續發展的問題，不過據筆者十多年來的觀察，多數研究生在擬訂研究議題的過程中，並沒有充分注意到論文和未來學術發展之間關係的重大問題。就是說研究生在擬訂研究議題之際，在積極上幾乎沒有特別注意到設定研究的範圍，對未來繼續研究的發展性有多大正面意義的問題。在消極上也未能注意到研究議題，是否可能阻礙未來研究方向的選擇，亦即未能有效確定研究議題，應當屬於那個專業研究領域的問題。因此無論「緒論」或「前言」及「結論」的敘述當中，幾乎都看不到相關問題的進一步討論說明，就是在「緒論」或「前言」及「結論」都沒有出現與該論文相關的「發展性」內容，或者與該研究議題相關的「前瞻性」內容的說明。

8　有關「文獻探討」與「正文」脫離關係及其產生的弊病等諸問題，可參考何春蕤教授：〈論文寫作〉：http://sex.ncu.edu.tw/papers/1-1.php。二〇一四年三月十日搜尋。何教授這一篇演講稿，我認為是研究生一定要認真閱讀的好文章。

（二）內容上的問題

　　研究生初寫論文，除可能出現前述「總體性」的問題之外，在「正文」必要的論證與說明敘述的過程中，同樣也有某些需要盡量注意避免的瑕疵問題。

　　一、引文缺乏必要解釋的問題：引文的內容與論文的關係，絕非理所當然的密合無間，引文所以和論文發生關係，純粹是作者刻意安排應用的結果，論文內大段獨立的引文，因此都必須要有簡略論證或證明其內容與論文關係的說明，必須經過這道手續，引文纔有可能真正進入論文的敘述脈絡內運作。許多研究生缺乏前述的基本認知，經常丟一大段引文出來，然後全不做任何解說，就理所當然做為論文的一部分運用，好像讀者有義務幫作者尋找或證明引文和論文的關係一樣。更甚者則是引述一段引文後，或者就結束該段落的討論，或者就在沒有任何論證說明的前提下，即以該引文的觀點為答案，直接下全景式的概括性結論，這種結論的可信度，當然令人懷疑。

　　二、不當引用二手資料的問題：學術論文以追求精確為原則，因此對於任何引述的資料都必須確認其絕對準確，除非引述的對象已經佚失，否則也必須保證引述的內容確實來自原典，就算是隨處可見的資料，作者也有義務做到直接引述原典的基本要求。但偶爾也會發現某些研究生，即使如《十三經》、《四書》、《二十五史》等一類容易查證的文獻，即使在網路資料庫和圖書館的方便性已經很高的現在，[9]依然有人不願回察原典本文，只會抄襲他人文章提供的文

9　網路資料庫確實提供研究者甚大的方便性，有如此方便的工具，研究者當然要好好加以利用。但若涉及研究對象「原典」的引述，必須注意資料庫是根據書本原文轉換，還是經過重製處理。若是原文轉換則可以當作原書一樣使用，例如：《中國古籍庫》、《文淵閣四庫全書》、《古今圖書集成》、《中國地方

句，於是缺漏字或錯別字也跟著人家錯，尤其從簡體字還原為正體字的時候，這種不該訛誤而訛誤的現象特別嚴重。記得龔鵬程老師（1956-）在一九八六年到高雄師範學院國文研究所講課時，曾經告訴我們說為了防止此種不良風氣，因此有時故意在引文的內容或腳註資料上做手腳，或者故意缺幾個字或錯幾個字、或者頁碼故意寫錯、或者標點故意弄錯，然後就會發現確實有些研究生照抄不誤。當然並不是所有學者都像龔老師這般睿智，想出此種方式引導糾正學習的歪風，但無意間抄錯、寫錯或標點弄錯的可能性必然存在，因此養成查對紙本原典及重新標點的習慣，應該是研究生必要的基本素養，如此纔不至於為他人訛誤所誤。

　　三、引述內容缺乏再檢證的問題：研究生剛剛進入研究領域，因此普遍缺乏學術自信心，故而容易毫無戒心的引用前人成果，尤其是容易將學術名人的研究成果或僅是隨意的言論，當作理所當然不必驗證的結論性證據。不知有名學者也有專業限制和疏忽的時候，因此必須確實認知到大學者的「意見並不見得經常都是正確的」，[10]引述之際還必須抱持平常性的必要懷疑，重新檢證引述的主張或結論證據力有多強？是否有某些值得再商榷之處？研究生最常出現的狀況，就是前文提及的那類：引用有名學者寫的墓誌銘、友朋寫的書序、喜好者

志》⋯⋯等等一類「仿真型」的資料庫；再者「電子書」更是直接資料，這應該無庸置疑。如果是重新打字處理的資料庫，如《維基百科》、《百度百科》⋯⋯等全文資料庫，則還是以「紙本」最為可靠，因為經過打字重新處理後，不免有漏缺字和訛謬字的問題，故而使用這類「重製型」的網路資料庫時，必須注意再和紙本原典對照，以免出現可以避免的錯誤。

10 先師張以仁教授在研究探討《春秋》與孔子的關係時，發現朱熹一句沒有任何論證或舉證的隨式話語，竟然成為後代許多研究者真理式的權威引述，並且從來沒有人懷疑，實在令人訝異。張以仁師：〈孔子與《春秋》的關係〉，《春秋史論集》（臺北：聯經出版事業公司，1990），頁18及〈序言〉，頁iii。

的讚語等等，證明研究對象的成就多高，成果多有價值，不知這類文獻本就是以「說好話」為基本立場，故而缺乏客觀論證的有效性，最多也只宜當作參考，不應該當作結論性的唯一證據。

四、引述對象缺乏抉擇的問題：寫作學術論文引述既有的研究成果，目的至少有二：一則證明研究者對相關研究成果的熟悉；再則乃是「呼朋引伴」的證明研究者論點的可靠可信。若是屬於證明論點的需要，就必須尋找具備該研究範圍內學術地位較高者的研究成果，並不是任何出版的學術論著就理所當然具備此一學術地位。許多研究生貪多務得的引述某些研究生不入流的學位論文或期刊論文，甚至網路文章，最常見的是大量引述大陸研究生的學位論文，完全沒有考慮該論文是否具備學術引述的水準，這種引述不僅無法增強論文的學術品質，增加自己論點的有效性，反而降低論文的學術價值，甚至只是為這些不入流的論著免費宣傳而已。這類水準不高的論著，因為並不具備學術證明的地位與價值，故而或者在「文獻回顧」中稍微題及，或者在腳註中呈現即可。

五、正史歸屬缺乏分判的問題：這個問題與「引述缺乏再檢證」相關。由於引述正史資料為證的可信度高，因而引述者頗多。但如果確實考察就可發現負責編輯「正史」者，應該可以分為「公家」、「私人」與「公私混」等三類編者，雖然三類編者都是根據「引述資料」和「撰者話語」編輯而成，但由於編者公、私位置有別，說話之際的主體性並不相同，呈現在史書內的觀點或意見的歸屬，當然也就不一樣。「私人創作」或「公私混」的「正史」，如《史記》、《漢書》、《三國志》、《魏書》、《後漢書》、《五代史記》、《新元史》等等，這類史書都可歸入私家撰著，雖不一定全由一人撰成，但就其性質而言，自可歸入私人著作之列，書中選取的事件及評論意見，當可歸屬於私人或私家的觀點。公家「集體創作」的「正史」，

唐代以後官立史館編纂的史書，都可歸入此類。史館編纂的史書雖然設有總纂官等，然考其實則是一種「集體創作」，書中表達的意見，固然與總纂官等人相關，但實際上表現的當是編纂群的「集體意識」，甚至是編纂時的「時代意識」。這些「集體意識」自有其時代的限制，絕對不是具有普遍意義的「真理」，當然也不可以看做某位學者的「個人意識」，引述這些著作時要用「某本書說」較恰當，因為這樣可以對該書證據力的有效性加以限定。再者官方編纂的正史，都是下一個朝代根據遺留的文獻編輯，編輯之際當然就會涉及編輯者的意識，以及文獻選擇的問題，還有編纂者評論意見的公正性問題。例如《明史》紀錄的固然是明代事件，但評論事件的觀點，卻是明代滅亡後到乾隆五年之前清人的集體意識，並不是明代人的意識，引述討論時最好做「《明史》認為」或「《明史》編纂者認為」，這樣應該比較恰當。私人編纂的史書，則剛好相反，那僅是代表該作者個人或家族的觀點，絕對不可以未經任何論證，馬上就直接等同於該時代的「集體意識」，甚至無限擴大為具有普遍性意義的「真理」，引證之際應該用「某人說」，以限定該書證據的有效範圍。例如引述《史記》的評論意見，則說「司馬遷認為」、「根據司馬遷的觀點」或「《史記》認為」等較合宜。《漢書》的意見也僅是「東漢的班固認為」或「東漢班固的家族認為」，並不是「漢代所有的人都認為」，更不是「古今所有人都認為」，許多經學研究者討論漢代《三家詩》時，喜歡引用《漢書·藝文志》所謂「漢興，魯申公為詩訓故，而齊轅固、燕韓生皆為之傳，或取春秋，采雜說，咸非其本義。與不得已，魯最為近之。三家皆列於學官。又有毛公之學，自謂子夏所傳，而河間獻王好之，未得立」之論，[11]以證明《魯詩》較接近《詩經》

---

11 [漢]班固撰，[唐]顏師古注：《前漢書》卷三十〈藝文志〉（《四庫》本），頁7。

本義，《毛詩》的傳承不可靠。這些話如果較細緻分析，就知道這僅能是班固家的「一家之說」，最多也只能是班固一家和官方聯合之論，並不具備絕對性證據的價值，在引述這類話為證時，最好加上「根據班固看法」的限制性詞彙較為合宜。論文既然以追求客觀精確為要，則無論引用那一家的資料做為結論，一定要經過必要的分析或論證，不可以毫無分析論證的直接當作「真理」運用，這點在寫作時要特別注意。

　　六、不當使用誇讚詞的問題：學術論文的發言與評論，自以客觀為基本守則，「客觀」表現在「態度」與「言語」之內，無論是引述的學者或研究的對象，學術成就的高低，必然要由學術創獲的表現決定，並不需要一堆形容詞堆砌，讚美性的形容詞雖可表現作者對該學者的肯定，卻不具備學術批評的意義與價值，故而若僅是使用諸如：偉大、超卓、傑出……等等過度誇美讚繆的語句，並沒有提供任何相關的論證或數據，則這類語句除了表現寫作者不夠客觀的情緒外，並沒有任何學術上的意義。論文中若經常出現此類文句，不免會讓人有非理性「粉絲」心態的懷疑，進而妨礙對該論文學術價值的評估。

　　七、相同詞彙出現太多的問題：每個人經過長久的寫作訓練，大致都會形成某種寫作的特殊風格，此種特殊寫作風格的表現，必然包括經常出現某些不自覺的用詞和句式，寫作論文時這些習慣性的語彙或句式，自然也會在不自覺中出現，像我自己就經常不自覺的出現「當然」這個詞彙。研究生比較常出現在論文中的慣性用語，大致有「我們」一詞（非集體創作論文的不當用詞）、「我」字、「而」字、「是」字、「的」字……等等。還有如「做人的態度是非常重要的」等一類，以「的」字為結束的句式，這類句式即使刪去「是」和「的」兩字，意義依然不變，如前句可變成「做人的態度非常重要」即可。這類不自覺的慣用詞語句式，應該盡量減少出現，以免讓讀

者有冗贅之感。雖然「……是……的」句式大約出現在明朝後期，
例如陸人龍（16-17世紀）的《型世言》中就已經出現，[12]但余光中
（1928-）的相關討論，[13]還是相當值得參考。

　　八、下筆太過大膽的問題：出現這類問題和缺乏論證要求及不自
覺的「粉絲情節」相關。論文原本重在客觀呈現事實，論文內出現的
任何結論，都必須有根據，或者自己分析論證，或者舉出有效的前人
研究成果為證據，那類理所當然的結論性語句，如「清朝學術重漢學
不重宋學」、「清朝民間學術影響官方學術」或「西方人崇重人權」
等「宏大敘事」類型的語句，除非經過必要的證明或引述有效論文為
證，否則只能當作文學修飾性的語句，無法成為有效的結論。許多研
究生或者受到教科書和傳媒長期灌輸的影響，對某些文學修飾性結論
或不精確的結論，普遍存在有一種強烈「先入為主」的認定，因而缺
乏研究者必須排除個人好惡，盡量保持客觀態度的警覺，寫作論文時
於是很自然的把這些結論引入，同時當做不必驗證的真理使用，實則
這類沒有經過有效論證或舉證的意見，並不具備學術證明的功能。由
於長期受到傳媒與教科書提供不精確答案的影響，使得多數研究生書
寫論文之際，普遍缺乏論文需要「論證說服」基本要求的自覺，這部
分的問題相當麻煩，非常值得大家深思。

　　九、以可能答案為絕對答案的問題：一般結論大致有絕對性答
案、相對性答案和可能性答案等三類。像歷史事件或具體的事實是
為絕對性答案。如陳奐（1786-1863）的《詩毛氏傳疏》最早出版於
一八四七年；《四庫全書總目》同類書籍，除清朝皇帝著作之外，其
他書籍排列次序的先後，均依朝代與年齡或入官的先後為標準，這都

12　[明]陸人龍編纂：《型世言》（臺北：中央研究院中國文哲研究所，1992）。

13　余光中：〈「怎樣改進英式中文」？──論中文的常態與變態〉，《明報月刊》
　　第22卷第10期（1987年10月），頁75-81。

是沒有商量餘地的絕對性唯一答案。第二類指那類用同樣標準進行比較而確定的答案，如以《詩經》毛鄭之學本身的發展而論，明末比明初興盛；以朱熹學術的尊崇度而論，明代較清代為高為重，這類答案也具備唯一性的地位，但不具備絕對性，因為標準改變，答案就會改變。第三類是指推論性或邏輯性的理想答案，這類結論僅是一種可能性答案，缺乏絕對性或唯一性的地位。如校園「凌霸」事件發生原因的「推測」；對某個文本的詮釋解說，這類答案僅是許多可能答案的一種，並不具備肯定性唯一答案的地位，面對這類答案下筆之際，一定要保持彈性，不要做絕對性的結論，以免引發質疑，這也就是前述「多元性」思考的運用。某些研究生寫作論文之際，由於缺乏答案分類的了解，對於那類「可以如此」但並不「必然如此」的答案，缺乏細緻分辨差別的警覺性，經常誤將「可以如此」的答案，當作「必然如此」的結論。這一點大家要特別用心體會，因為這也是觀察評估論文，是否具備學術價值的標準。

　　十、強拉讀者入夥的問題：論文本是作者經由有效論證分析，表達傳佈自己觀點或發現的研究過程與結果：陳述某種主張、提供某種發現、糾正某種缺失、提供某類問題答案等等。研究生的學位論文，必然是在指導教授協助下獨立完成，因此論文中出現的任何主張或觀點，必然都是研究生個人的獨見，研究生必須對論文的主張或觀點，背負不容推卸的完全責任，故而諸如：「大家認為」、「讀者如何如何」之類推卸責任，以及預設或規定讀者成為自己同夥的語句，缺乏實質性的意義，絕對要避免出現。

　　十一、以循環論證為證的問題：論文必須論證，論證更必須有效，無效的論證等於沒有論證，因此論文中的論證，必須要能有效確認，同時更要避免無效的論證。研究生比較常見的無效論證，大致以循環論證的問題較為嚴重，例如以文本的內容證明作者的人格偉大，

再以作者人格的偉大證明文本的學術價值，這樣的論證完全無效。再如以音韻分析詩歌，證明前人對該詩歌藝術價值肯定的結論可信，然後再以前人對該詩歌藝術價值肯定的結論，證明音韻分析的有效性，這樣的結論也缺乏可信度。這類落入循環論證窠臼的論文，所得答案自不可信從。

　　十二、結論等同結果的問題：就論文的內容而論，研究所得的結果，只是結論的原始文獻或母本，結論必須要對結果進行更深一層的分析，以便能夠說明論文的研究發現及其學術上的價值與貢獻，沒有結論的論文實際上是未完成的論文。但許多研究生論文的結論，往往只有說明研究獲得的結果，卻沒有分析研究結果的重點與學術貢獻，亦即無法告知讀者研究獲得的成果，在這個相關學術議題的研究上，具有什麼樣學術意義的發現？還有這個研究發現的價值與貢獻何在？這點希望大家能特別注意。

（三）形式上的問題

　　學術論文固然以內容是否有「新發現」或「新發明」的創見定其高下，但既然是具有公信力的學術論文，自然就會有一些公共性的基本要求存乎其間，寫作的形式就屬於這類公共性的要求。研究生初寫論文時最常出現問題，大約就是這類形式問題，根據我的觀察大約有下列諸項。

　　一、腳註格式草率的問題：腳註協助正文內容的進一步證明或說明，現代意義的學術論文都會要求正文內的引文或結論性語句，必需確實利用腳註證明或指明來源，因此若無腳註恐怕很難被認定為有效的學術論文。雖然腳註的格式至今還沒有絕對性的共識，但腳註既然是協助正文的必要性輔助工具，則寫作腳註時，當然要從如何有效協

助正文的基本功能上考慮，至少要能讓讀者可以很快透過腳註而了解或同意正文陳述的內容，腳註的格式因此必然要從方便讀者的角度考慮。不過一般研究生在書寫腳註時，卻經常為了自己的方便而不知從「方便讀者」的方向考慮，故而出現諸如：「注40」僅註明參見「注25」，沒有列出文獻名稱、作者、書名或篇名。更離譜的是註明「參見注25」，但翻查「注25」時，卻又發現「注25」同樣沒有作者與書名或篇名，僅註明「參見注8」之類。讀者若欲查對則必須重新翻閱，增加讀者查閱對照之際的困難度，簡直就是故意找讀者的麻煩。本課程的要求是論著第一次出現時出版資料必須齊全，第二次出現時則僅需註明作者及篇名或書名，還有詳細的卷數和起訖的頁碼即可，其他出版資料和「同注幾」之類均可省略。如果同一本書的引文大量使用，第二次出現在正文時就可以直接註明在引文後方，用括號直接標明卷數與頁碼，如果篇名或書名太長，也可以用簡稱，但都必須在第一次出現的腳註內清楚說明。

　　二、出版資料不齊全的問題：論文腳註和書目等出版資料的格式，臺灣中文學界至今同樣還沒有形成一致性的共同體例。唯本課程既然以訓練培養學術研究基本能力為目的，學術研究自然是以追求精確為最重要的原則，因而對於出版資料的要求，自然也是以追求齊全為必要，腳註的基本要求是至少包括：朝代（古人）或國籍（外籍學者）、作者或編者、篇名或書名、出版地、出版社（必須全稱）、出版時間、[14]版次（修訂版要註明，幾刷則不必寫）、冊數（若有）、卷數（若有）、頁碼、總頁碼（若有），並且還要按照前述的次序排列。論文最後「書目」項下的書籍，則除朝代或國籍、作者或編者、

14　任教於國立臺東大學臺灣著名的兒童文學研究專家，我的學長林文寶教授，認為出版時間必須標到月份比較正確。

書名、出版地、出版社、出版時間、版次外，還必須有必要合宜的分類，分類的方式：或按照傳統經、史、子、集等四部分類，或按照現代學科分類，或者按照論文相關性的深淺分類。「書目」中的「單篇論文」，包括：正式出版的「期刊論文」、「論文集論文」和「未出版論文」等三類：（一）「期刊論文」必須包括：國籍（外籍學者）、作者、篇名、刊名、卷數（若有）期數、出版時間（必須到月份）、起訖頁碼。（二）「論文集論文」則要有國籍（外籍學者）、作者、篇名；編者（若與作者同一人則可以省略）、書名、卷數或冊數（若有）、完整出版資料、起訖頁碼。（三）「未出版論文」包括「已接受未出版論文」、「會議論文」、「未發表論文」、「網路論文」等四小類。1.「已接受未出版論文」須註明國籍（外籍學者）、作者、篇名及接受期刊的名稱、準備刊登的卷期，頁碼用原稿編號。2.「會議論文」要有國籍（外籍學者）、作者、篇名，會議的時間、地點、主辦單位，頁碼用原稿編號。3.「未發表論文」需列出國籍（外籍學者）、作者、篇名，頁碼用原稿編號。4.「網路論文」需列出國籍（外籍學者）、作者、篇名、網站名稱、網址、發表時間或引述時間等。「報紙文章」需列出國籍（外籍學者）、作者、篇名、報紙名稱、時間、版次等。「網路資料庫」僅需列出資料庫名稱及網址。這些版本上的相關格式，可以參考〈第一講基本的理念說明〉「三、教學實施與方式的說明：（八）閱讀相關資訊的說明」下書目的格式。至於各類別之下的先後排列方式，則清代以前古籍，依照作者生存時代先後排列。民國以後的著作，包括期刊論文，則依照原始出版時間排列。本課程不接受僅依照作者姓名筆畫多寡排列的方式，因為這種排列方式，只要利用電腦的「排序功能」，不必自己動手就會自動排序，就本課程而言因為缺乏學習的意義，所以不准同學使用這種排序方式，但並沒有反對這種排序方式的意思，這點需要稍作說明。

　　三、版本資料不確實的問題：這類問題與「出版資料不齊全」相關，許多研究生剛剛學習書寫論文時，無論是腳註或書目等文獻資料的出處，經常隨性書寫不加注意：或者未列朝代或國籍、或者未列出版地、或者未列出版單位、或者未列出版時間、或者不列卷數或頁碼、或者網路文章不標網址與引述時間、或者出版單位只寫前兩個字、或者自創體例隨意書寫、或者體例格式前後不一等等，這類小問題雖不至於直接影響論文的內容，但如果太過隨便而到處可見，必然會影響到論文的品質，降低論文的價值。如果出處註明不夠清楚，或沒有註明出處，甚至有可能被人家懷疑抄襲，因此有必要確實注意。

　　四、版面設計缺乏考慮的問題：這類形式上的問題，固然與論文內容的價值無關，但確實也是表現論文品質的一個面向，因此也有必要盡量避免出現。一般研究生在這方面較為常見的問題是：不知道「避頭點」，即標點符號或附註的數碼，經常出現在一行的最前端，甚至還有附註數碼單獨跑到下頁成一行者。再者正文附註數碼的位置，事先沒有考慮置放的方式，或者放在標點前，或者放在標點後，兩者毫無規則的混用。兩種方式混用當然也可以，但必須前後有一致性的規則，例如若僅針對某句話的附註則放在標點前，若是針對某一段落的附註則放在句號之後。還有亂空格的問題，一般重起一段纔需要空兩格，但許多研究生卻在引文下直接空兩格，一般正常的論文寫作，引文下必須針對引述的內容稍做說明或評論，因此與引文為同一段落，引文若改放在括號內，就很清楚並不需要另起一段，可知沒有空兩格重起一段的必要。這些小問題當該也有值得注意的價值。

　　五、引文不恰當出現的問題：有效的引文不僅能協助證成論文的觀點，同時也可以節省論證的功夫，因此學術論文必然會有引文存在，但如何善用引文，使引文成為論文有益且有效的助力，則是一門需要學習的書寫技術。研究生在引文形式上較為常見的狀況有二：

（一）相同引文一再出現的問題，就是同一段引文在不同篇章，甚至同一章節中重複出現。出現這種情況的原因，一般而言，或者是書寫論文之際沒有事先規畫如何有效使用資料，或者因為書寫的技術欠佳而無法進行連結性的說明，或者落入某種思考陷阱中無法超脫，因而導致相同觀點說了再說，然而無論是那種原因，這種情況下的文本，都有必要重新修正改寫。（二）引文位置放置不恰當的問題，引文對正文而言，最主要是協助證成的功能，可知引述的文本必然要為正文而存在，如此的引文纔具有意義與價值。在引文為輔助正文而存在的前提下，引文因此不能成為論文任何段落的「開始」，引文做為章節或段落的「開始」，就會本末倒置的使正文變成引文的附屬，正文反過成為協助引文發揮觀點的工具。本課程因此嚴格要求在論文寫作過程中，必須要先有自己的話語之後，纔可以引述相關的引文證明自己的主張，就是要用引文協助證明或加深自己觀點的可信度，決不容許章節或段落以引文為開始的狀況出現，以防止把自己主動變成協助證成引文的工具。另外則除非引文確實具備有特殊的「結束」效果，否則也不同意以引文為段落或章節的「結束」，以免讓讀者有結束模糊不清或作者根本沒有完成結束的感覺，「結束」還是用自己的話比較合宜。

（四）小結

以上這幾項歸納的內容，自然沒有窮盡論文寫作時，所有可能遭遇到的問題，這幾點也只是提供大家當作「對照組」的功能而已，就是當大家在寫作論文時，用來審視自己論文的參照，看看自己正在書寫的論文，是否有違犯這裡提到的這些瑕疵，最終目的自是期望大家可以寫出瑕疵較少，甚至在形式上毫無瑕疵的論文。研究生寫作論文

或研究計畫之際，若能夠注意到這些消極方面的提醒，因而不再出現這類內容與形式上的瑕疵，則大致也就能寫出一篇合乎基本要求的學術論文了。

六　結語：面對瑕疵

　　研究生最終必須寫出合格的學位論文纔能畢業，因此研究所學習的課程中，書寫研究論文的練習，絕對是其中很重要的重頭戲。因為這不僅關係到研究生當下研究是否可能完滿的完成，以及是否可以順利畢業的問題，同時也關係到研究生未來學術發展的可能性問題。不過學術研究本來就是不斷積累的結果，因此無論是開始寫作課堂論文，或是寫作論文研究計畫，甚至書寫正式的學位論文，出現某些瑕疵與不足，原本就是理所當然之事，並沒有什麼值得憂慮之處，重點乃在於是否能抱持「求過以改善」的心態寫作論文，如果可以則應該也就可以順利完成論文了。

　　學術論文在完成之後，除了作者的自我檢證修飾之外，無論是研究生或學者必然都要經過「學術審查」這一關，就研究生而言，「學術審查」指的就是「口考」，「口考」如果無法通過，則或者「努力付之流水」，或者「心理受傷甚重」，因此有必要稍作必要的分析說明。再者本課程下學期的設計，本是輪流由同學上臺發表「碩士論文研究計畫」，並且還設置有「評論人」，以及隨機主動發問或教師指定發問的「提問人」，教師更會很確實的進行評論，這種設計基本上就是一種學術審查的雛形，「評論人」與「提問人」擔任的就是類似一般「學術審查」的工作，所以也有必要針對學術審查的相關內容與形式，還有如何恰當應對等問題，稍作說明。基於前述兩種最基本的需要，下一講就專門探討涉及「學術評論」的內容與相關的問題。

第八講
論文評論的相關內容與問題

一　前言

　　學術評論的內容與方式似乎有一些規範，但實際上從未有任何具有共識的一致性或絕對性的標準方式存在，這種狀況的好處是研究者或學習者只要能達到評論交流的目的，自可依據各自的認知而從心所欲的書寫，壞處是讓初入門的學習者有「一部二十五史不知從何說起」的惶恐，以下的討論分析，就是希望可以比較有效的解除大家這種不知如何下筆的恐懼感。

　　無論評論的「標的物」是一篇課堂論文或正式論文，或是一本大書，實際上隱含與附帶的學習引導功能並無太大差別。學術評論的對象與場合，就臺灣當前的學術環境而論，非學術性期刊的「書評」與「文評」，並不在本課程探討的範圍之內，本課程探討的對象主要是學術論著，包括學術專書、學術期刊論文，以及學術會議論文等的評論，這些論著大概可以粗略地分成不受固定時間限制的一般學術評論稿，以及受到固定時間限制，因而評論內容的多寡必須按照規定時間決定的會議評論稿，大家如果在會議上發表論文或擔任評論者，一定要記得學術會議必然有時間限制，因此千萬不要「目中無人」的「喋喋不休」，讓會議主持人產生「難以做人」的困擾，同時也剝奪了其他人發言的機會與時間。另外學術會議因為是公開提問與評論，因此就會涉及到某些必要的人際相處基本規範的問題。由於本課程下學期「碩士論文研究計畫」的發表，大致就類同於一般學術會議的公開發

表與評論，雖然學術會議對評論者是否書寫「評論稿」並無強制性規定，但本課程基於學習引導的基本要求，因此規定評論者之外的其他人，同樣也必須書寫書面的評論稿，並且還特別規定提問的時候，除非與研究議題的內容焦點密切相關，例如因為標點不正確而導致詮解錯誤之類，否則涉及錯別字和標點訛誤等的問題，請直接提供給發表者參考，不得當作提問的內容，同時這個課程規定的評論時間至多八分鐘，提問的時間至多三分鐘，大家寫評論稿或提問稿時，請必須記得這個時間限制。至於其他一般論文匿名的審查評論稿，大致上不會有字數限制，因此可以自由發揮，因為並非與發表者面對面接觸，故而可以免除許多必須遵守的人際基本規範制約的限制。

　　當大家開始扮演評論者此一角色時，除了要注意到第五講〈標點與閱讀的分析討論〉四〈閱讀的對象、模式與效益問題〉中提及的「『自我主體』的學習立場」外，首先要注意的是必須了解到自己扮演何種「閱讀角色」的問題，這也就是對評論對象應有的「閱讀預期」的問題，亦即評論者相對於受評的發表者，自居於何種地位的問題。我的建議是擔任評論者之際，比較正確的方式，首先是將自己設想為一位想深入且確實了解評論對象論著優缺點的客觀讀者，因此評論設定的第一優先目的，乃是分析該論著優點存在有那些學術的價值與貢獻，以提供其他相關研究的讀者參考；其次纔是提出缺點如何有效改進的方法，以供發表者斟酌的批判評論者。比較不建議的角色扮演，則是那類將自己歸屬於只是一個「好心的」或「欣賞的」讀者的那種角色。最不能忍受的評論者，則是那類把自己當成一位與原發表者立場與觀點絕對不同的「詮釋者」，因而吹毛求疵的處處與發表者為難；或自居於「高高在上」地位的「指揮者」或「批判者」，強迫發表者接受自己的意見，好像和發表者有甚麼「不共戴天之仇」或自以為相對於發表者「我就是比你行」的過於強勢的評論者。

　　就長期粗略觀察的了解，在臺灣當前教育體制下成長的研究生，在以往的學習過程中，可能在不自覺的情況下，因為整體教育學習情境的關係，因而受到至少兩個錯誤訊息的影響與陷害，讓多數研究生無法大膽地進行「嘗試錯誤的創造」，以及無法理所當然的接受「錯誤也是一種有效學習」的基本認知，使得不少研究生甚至學者，難以真正放開心胸的進行或接受客觀的學術評論，只要受到比較負面的評論，總不免就會興起一種「找機會報復」的不自覺「怨氣」。這兩種影響正常學術評論進行的陳痾：第一種就是強烈抱持一定非要獲得一百分不可的「要不得」的錯誤訊息，這個隱藏在內心深處的絕對不能出錯的訊息，讓多數學習者無法真正進行「試錯練習」，無法承認自己也有「愚蠢白癡」的時候，因為有這一個非要百分之百正確不可的「心理壓力」存在，學習者因為害怕出錯而不知不覺地出現一種不敢下筆的自我猜疑心理。第二種陳痾指的是教科書與教師提供標準固定答案而遺留下來的「絕對正確答案」的錯誤訊息，此一錯誤訊息導致學習者只會背誦固定答案，不敢相信自己有能力創造正確答案，總是痴痴地期待教師可以給自己一個永遠可以遵守的「絕對真理性」答案，因而造成學習者出現一種因為過度期待而徬徨不知所措的心理壓力。大家如果希望在這個上臺發表接受評論與提問的課程練習過程中，得到比較正面與深入的學習收穫，則就應該要想辦法先排除上述兩種陳痾在心理上造成的壓力。最好是在完全放空的情境下進行研究思考，就是想辦法讓自己經常忘記已經知道的答案，尤其是公認絕對正確的答案更要忘記，然後將每次遇到的任何問題，全都當作從未見過的新問題，自己重新尋找可能的答案，即使最後還是不得不承認原有的答案確實可靠，但經過這樣的程序之後承認的答案，當然要比「跟屁蟲式」的背誦答案更具有學習的意義與價值。更重要的則是必須了解上課或發表論文的本質，本就是在提出自己無法確定答案的論

文或正在思考的問題和大家商榷，目的是敦請參與討論的學者或同學
提供意見，以便讓自己的論文可以獲得較確定的答案，讓自己思考的
問題可以獲得比較有效的釐清，並不是用來宣讀類似「聖旨」般不可
改變的研究成果，在學術會議發表確定性成果的論文，那是「專題演
講」者的專利，不是一般論文發表者的目的，這個基本區分大家一定
要了解。

　　總而言之，大家若能夠建立一種所有的問題都「全是新問題」，
以及所有既存的答案都是「可能性答案」為前提的思考，則受到前面
所說的那兩種「陳痾」限制的可能性，就會盡可能的減低，於是就有
機會真正發揮自己的學習潛能；如果還能充分了解並接受發表論文是
改錯學習而非真理宣揚的基本認知原則，那麼發表論文接受評論之
際，應該就有機會獲得比較好的學習效果。

二　評論的内容及書寫的程序

　　以現代學術圈的標準作業程序而言，無論是研究生或研究者，都
無法避免被要求發表論文因而接受評論的實際狀況，如果是大專院校
的教師或學術研究人員，則更有被邀請當論文評論者的情形，研究生
固然比較沒有機會成為正式論文的評論者，但也不是完全沒有當評論
人的機會，何況在課堂上學習之際，從來就無法避免教師要求針對其
他同學的「習作」發表評論的狀況，另外則是寫作論文之際，不免都
要針對既有的研究成果進行檢證探討，以便確定該論著的觀點是否具
備引述證明的地位或價值，這種針對既存研究成果的檢定篩選，實際
上也是一種隱形的學術評論，因此只要是進入研究所就讀，則如何成
為一位合格稱職的評論者，亦即在評論之時應當如何進行較為恰當？
應該也是研究生無法忽略而必須學習的重要技術。

　　就一般研究生的狀況而言，遇到「匿名審查」的機會不大，同時為了配合本課程的設計，因此以下的討論雖也不排除與「匿名審查」相關的內容，不過最主要還是以「公開評論」為討論重心。至於評論內容與程序設計等的意見，目的僅是提供類似研究生程度的學習者，進行實際評論時參考之用。公開評論是一種「口語演講」，呈現的方式與書面文本有別，但課程設計僅能以書面方式呈現，但既然是一種書面的設計，當然也只能在一種「原則性」與「理想型」的前提下考慮，就是說這裡提供的意見僅是進行評論工作時「應該」（理想上如此而事實上並不如此謂之應該）盡量趨近的執行程序，絕非要求一板一眼的非按照此一程序或內容表現不可的硬性規定。

　　以下即從「整體性」的角度，概括性的說明實際進行評論之先，就是書寫評論稿之際，理論上具備先後次序的九個基本步驟：

　　一、仔細閱讀評論的論著：第一步必須先認真而仔細的閱讀評論對象的文章。仔細認真的意思，即謂至少要對包括諸如：大小標題、錯別字、論文形式、腳註形式、引文來源、引文齊全性、引文恰當性、引文解說、標點使用、章節分段、研究立場、論證過程、研究成果、研究價值、研究貢獻、參考書目狀況、研究的其他可能性、研究的可能缺漏等等問題加以注意，了解其是否使用恰當？是否有遺漏？是否有其他訛誤？

　　二、了解發表者學術專長：第二步則盡可能了解評論對象的學術專長與特殊成就，亦即要先將發表者的學術專業底細摸清楚。這樣做不僅可以了解發表者研究的思路與立場，對其論著進行評論時，纔有可能比較客觀深入；同時進行正式評論之際，還可以把發表者在學術專業上的特殊成就適當的說出，這樣不僅讓發表者有受到尊重的感覺，如果是公開評論的話，除了能讓聽眾更了解發表者外，還會有承認評論者的認真態度與專業程度，因而更加相信評論意見的附加功能。

三、尊重發表者寫作意圖：對於發表者寫作的對象與目的必須絕對尊重，每位發表者寫作之際，無論是自覺或不自覺，實際上都會有寫作閱讀對象的預設，面對不同的讀者預設，必然會有不同的寫作內容與表現，若不了解這個基本道理，就會出現「擦身而過」各說各話而缺乏「對話」意義的評論，因此前述仔細閱讀的要求，就包括此一項目的了解在內。不了解發表者的寫作意圖，很容易出現諸如：（一）把「針對性」的發言當成「普遍性」的發言。如把針對某個研究表現不佳的批評，當成是針對所有相同研究者的批評之類。（二）把「報導性」的發言當成「批判性」的發言。如把提醒性的話語或陳述性的話語，當成譴責性或研究性的話語之類。如果缺乏尊重發表者的意圖，評論者很可能就自訂一個與論文關係不深，甚至不相干的評論標準，然後用這個標準進行評論，這種類似紮一個稻草人進行評論的方式，當然不是正當有效的評論。

四、正式評論稿內容大要：就「公開評論」而言，最先報告的應該是適當的簡介與推重發表者的學術專業與成就，接著纔進行論文評論的標準程序。若是「匿名審查」則首先必須簡略說出論著的主要內容、研究立場、寫作目的、寫作程序、研究成果、學術價值、研究貢獻等等的訊息，然後纔進行實質的評論程序。這樣做的目的，就公開評論的場合而論，主要是向發表者與聽眾或特定讀者（如：學術期刊的編輯委員或聘審的投票者）表明評論者確實認真閱讀過評論的文章，不僅可以讓發表者不會因為評論直接挑戰的關係，因而有一種接受宰制或宰割的屈辱感覺，同時也可以比較容易說服發表者與聽眾接受評論者的意見。

五、評論相關資料的尋找：建議先以評論的論著內容為主而找出最重要的「關鍵字」，並以這些「關鍵字」為目標，進入諸如「Google」等一般性的搜索引擎，以及相關的圖書館目錄搜尋系統進

行搜尋；接著從搜尋到的論著所引述的引文，找尋其引用的相關論著；再根據論著與論著引文這兩類文章的摘要與標題，進行初步的篩選，確定有那些是此次評論需要參考的論著；確定後再進一步確認有那些在臺灣可以找得到？自己可以找到多少？接下來就盡其可能的找齊閱讀，將那些與評論需要而相關的觀點或意見摘錄下來。

六、評論初稿的內容要求：結合摘錄下來的相關資料，根據內容的需要，進行合適的編排與潤飾後，寫成比較齊備的評論初稿。此一齊備初稿需要盡可能的表現，就是要將所有可能性的問題或答案，竭盡所能的寫出來，因而必然超過評論報告時的需要。

七、評論文句的表現要點：無論是「公開評論」或「匿名審查」，評論之際使用的語句或語氣，除非另有打算，最好盡量多用「商榷性」或「陳述性」的文句，少用「判斷式」或「質問式」的語氣或文句，（語句類型的問題，下文會有較詳細的討論。）這樣比較不會引發一些不必要的意氣之爭，尤其是公開場合的評論更要特別小心，學術界有許多不必要的閒氣，甚至怨仇，實際上都是在會議場合上無意中結下樑子而引發，本來學術評論的目的是希望可以對發表者和聽眾在研究思考上或學術研究上有所幫助，千萬不要將原屬「良善意圖設想」的正事，「異化」成為製造學術仇怨的「場域」。

八、評論定稿內容的完成：最後則要根據「公開評論」或「匿名審查」的狀況，確定評論的內容如何表現？若是「匿名審查」則除注意前述「評論文句」需注意的原則外，可以根據自己的需要進行書寫，並沒有文字多寡的限制，而且寫的越詳細越受歡迎。若是「公開評論」則需要依據評論時間的多寡書寫評論稿，就是要根據評論時間，自己說話的速度，評論是居於引導、指正、提供、商榷或批判等不同立場的定位，發表者接受評論的可能狀況等等考慮，選取評論初稿中比較適合的內容，書寫成正式的評論稿。並且最好預留二到三分

鐘左右的時間，以便臨場隨機運用。例如規定報告十五分鐘，就只選擇自己最想說的話與最重要的話，寫成十三分鐘左右的口頭報告稿之類。

九、教導評論習作的限制：此一作業程序僅是個「理想型」意義下的寫作過程的參考，並無法保證評論稿的品質，有關評論的實質內容，諸如像「如何發現」的問題，或「如何表現」的問題，必須因地制宜、因人設事，因此很遺憾的是無法進行實質有效的傳授，這必須由評論者平時的學養纔能決定，就是僅能「八仙過海，各顯神通」，並不存在一套對任何人皆有效的保證品質的標準作業程序。

以上的綜合性說明，或者還有一些不明白之處，以下即針對上述的概括性的結論性內容，再進行較為細緻的分析。

三　評論過程雙方關係的探討

學術評論基本上是評論者與發表者進行雙向溝通的一種學術行為，就是預設評論者與受評者雙方都在「善意」的基本原則下，進行評論與反應的活動，主要是以追求類似《禮記·學記》所謂「教學相長」為目標的一種學術活動。因為是一種雙向的溝通活動，評論者和受評者因此都是站在「平等地位」的立場上溝通交流，並沒有必然的上下階級關係，評論者並沒有理所當然具有「指揮官」或「裁判官」地位的優勢，如果可以同意這個平等溝通交流的觀點，則評論者當然也就有了解並尊重發表者願意接受何種評論方式的必要，以免評論者花了許多功夫幫忙尋找論文存在的問題，甚至提供發表者不清楚或不知道的資料，希望可以協助發表者減少論文的訛誤，卻惹來發表者或學術會議現場群眾的怨怒或反感。在這個平等尊重的基本原則下，評論者若能先有一種立基於本課程強調的《禮記·雜記》所說「聞來

學，不聞往教」，或者《論語・述而》「自行束脩以上」和〈陽貨〉「安則為之」等一類「尊重選擇」認知的前提進行評論，則獲得最佳溝通和互相獲益的效果，應該也是一個可以預期的結果。

立基於尊重發表者意願的前提預設下，則評論者首先必須對發表者的表現進行分析，充分了解發表者進行發表的態度與意圖。這可以從兩方面來說，若就發表者的態度而論，在學術會議發表的論文，大約可以分為四類：

一、宣傳性的論文：這一類發表者主要是到會場「宣佈」自認為已經成為「定論」研究成果的「確定稿」。

二、商榷性的論文：這一類發表者主要是到會場「提供」自認為「非常不錯」的「構思」或研究「成果」，但還沒有十分把握的「商榷稿」。

三、應付性的論文：這一類發表者比較容易發生在一般有名學者的身上，因為人情關係而勉強把「舊稿」拿來充數或贊助的「應付稿」。

四、學習性的論文：這一類發表者是正在某種學習階段的「新手」，誠惶誠恐的提出一些有待驗證的粗疏「淺見」，期待參預會議的專家學者指正，以便可以幫助自己學習成長的「學習稿」。

發表論文必然有其緣由，若就發表者對學術研究的自我要求而論，則其發表意圖大致可以分成三種類型：

一、應卯型發表者：這類型的發表者只是想獲得學術形式的成績而發表論文。

二、一般型發表者：這類型的發表者則是具有繼續研究意圖而嘗試發表論文。

三、學習型發表者：這類型的發表者是確定還要繼續研究的生涯而

發表論文。

面對「發表者」四類態度與三種不同類型的發表意圖，評論者大致上也可以有三類相應的評論方式：

一、客氣式的評論：針對「確定稿」與「應付稿」，以及「應卯型」的發表者，評論者只需要「客氣」一番即可，不必有太正式的評價性語句，因為發表者根本就沒有意願進行有效的「對話」，更不必提供什麼修改的意見，這是一種「沒有責任」負擔的評論方式。

二、平常式的評論：針對「商榷稿」及「一般型」的發表者，評論者則需要針對該篇文章內容的優缺點發言，因為發表者有接受評論的意願，因此必須同時提供論文焦點議題範圍內必要的修改資訊，這是一種「有限責任」負擔的評論方式。

三、嚴格式的評論：針對「學習稿」及「學習型」的發表者，由於發表者具有強烈對話溝通的意願，故而評論者除必須指出該篇論文的優缺點，提供論文議題焦點範圍內的修改意見之外；同時還應該適度提供論文議題相關的修改意見、觀點，以協助發表者更深入而有效地進行論文修改，因而使得論文有可能成為更具學術價值的論文，這是一種「絕對責任」的評論方式。

評論他人文章之際，以上三種基本分際如果能夠確實弄清楚，就比較不會出現某些不必要的誤解，因而帶來某些不必要的後遺症。

這三種「評論者」與「發表者」的關係，如果用現在流行的兩性交往的關係做比喻，大概可以把「應卯型」發表與評論的關係，類比為「一夜情關係」；「一般型」發表與評論的關係，類比為「同居的關係」；「學習型」發表與評論的關係，類比為「結婚的關係」等，這三種關係的意圖、態度、相處及責任的要求與表現，當然都不會完全相同，評論者如果誤解對方的意願，顯然就會出問題，說不定還會

遇上「仙人跳」的陷阱，因此不得不特別小心。

　　最後還要特別強調一點，就是這一小節的討論，僅僅只是針對發表者的態度和意圖發言，並不涉及論文水準的高下優劣。因為即使是「應付稿」也不代表就是隨意拿來濫竽充數的論文，更可能是反過來，就是發表者認為比較得意的論文，因此找機會再一次的發表，只是基於「客氣原則」所以「假裝」沒有新稿，表面是人情上的「應付稿」，但實質上則是宣傳性的「確定稿」，評論者在評論之際，必須要能有效的判別。

四　語言類型的分析與分類

　　評論之際無論是「公開評論」的口頭報告，或者「匿名審查」的文字稿，均涉及到「語言文字」與「口頭言語」等「語言行為」的運用，這也就是前述所謂評論之際使用的語句或語氣的「評論文句的表現」的問題，不同的用語表現出不同的態度，不同的態度必然影響到評論的效果或效應。就「語言學轉向」後比較嚴格的現代學術意義而論，「語言」（langue）和「言語」（parole）是兩個內涵有差別的不同名詞，「語言」大致指應用約定俗成的文字或有特定意義的語音構成的字句，即所謂「語言文字」（這裡不用「互文性」意義下「文化語庫」的內涵）；「言語」則大致指日常隨意交談等一類的「談話」，即「口頭言語」，但在這個討論中並不需要如此嚴格的區分，因而通稱之為「語言行為」，「語言行為」在此意義下的正常功能，至少有：探詢告知、陳述意見、抒發感情、勉勵勸告、祝賀頌美、寒暄問候等一般性的基本屬性或功能。

　　若以人類在語言行為中實質表現的內容屬性為對象進行分析，則除了那些不帶實質意義的聲響之外，根據一般語言學研究的了解，

則至少可以把人類使用語言的表現分為三種「理想型」的類型：一是表述或描述直接觀察現象實況的「陳述型語言」（report），就是一種報導式或實錄式的語言，例如說「某人跌倒了」或「今天是晴天」之類。二是說明或講解觀察現象產生原因的「解釋型語言」（inference：一般譯作「推論」），就是針對事件發生的緣故進行推論或詮釋的語言，如說某人「踩到香蕉皮，所以跌倒了」或「高氣壓南下，所以今天是晴天」之類。三是針對現象提出反駁或批評，甚至是強烈或惡意攻擊的「批判型語言」（judgment），就是針對事件進行審判式或評價性的語言，如說某人「走路一向只顧向前衝，完全不看地面，因此踩到香蕉皮而跌倒，實在是活該」之類。

　　一般人在對話或閱讀文章之際，很少認真分析對方語言行為的基本屬性，因而有時候就誤把他人的「陳述型語言」或「解釋型語言」，依據自己的「詮釋」而當成「批判型語言」，於是造成「解讀上」與「溝通上」不必要的誤解或對立。為避免造成此種不必要的誤解，當進行解讀文本或話語時，必須要能夠確實的分辨其語言行為是屬於「陳述型語言」？還是屬於「解釋型語言」？千萬不要誤把「陳述型語言」當成「解釋型語言」，或把「解釋型語言」當成「陳述型語言」解讀，更不能過度「自我防衛」而把所有語言行為均當成「批判型語言」解讀，反之亦同。學術評論既是基於良善意圖前提下的雙向溝通行為，當然更要注意評論之際使用的語言類型，以達到評論的正面效應，最好的評論語句自然是以「陳述型語言」或「解釋型語言」等兩種類型的文句為佳，除非另有意圖，否則應該少用「批判型語言」一類具有挑戰、藐視意涵的語言，以免善意轉成雙方仇怨的開端，那就太不值得了。[1]

---

[1]　以上有關日常生活語言陳述類型的分類及說明，係參考美籍日裔語言學者早川

　　評論之際出言的屬性，對評論的成效具有相當大的影響作用，為了更清楚分辨評論或平常發言可能存在的意向屬性，筆者於是借助「微觀社會學」、「語言心理學」和「語用學」的某些基本觀點，再將前述一般性的「陳述型語言」、「解釋型語言」和「批判型語言」等「理想型」語言的「表現」，加以綜合而再細分成以下二十八種任意排列的語言表現類型，提供大家做參考：

　　一、自以為是的獨斷性語句：指發言者自以為具有真理性的代表地位，或者因為握有某種特殊權力狀況下的發言。如：上級的命令、宗教宣教師的教義；或「小漢偷摘茇；大漢偷牽牛」、「我早就知道」、「聽我的絕不會錯」等一類不容置疑的結論性語句。

　　二、高高在上的階級性語句：指發言者在沒有獲得認同的前提下，卻自居於某種道德或知識的高位，因而藐視他人的行為表現或成就價值的語句，如：「你懂什麼」、「我會容忍你」、「我不會與你計較」、「你不值得我理你」、「我纔不會與你一般見識」等。

博士（S. I. Hayakawa，1906-1992）之說發揮，不敢掠美，謹此說明。對此類問題有興趣者，可參考[日]早川博士父子著，林佩熹譯：《語言與人生》（臺北：麥田出版社，2014）一書的相關討論。香港的端木少華也曾提到早川博士「在《行動中的語言》（晉龍案：Language in Action）指出日常生活中的陳述，可以分為報告（report）、判斷（judgment）和推論（inference）三種。報告，是我們所見、所聞和所感的明確描述，內容可以直接（親身經歷）或間接（別人經驗）驗證，大家也公認結果。判斷就不同了，涉及價值取捨，關係我們對人事物的臧否和接受與否，亦即喜怒哀樂的感受。判斷不像報告，難以實際檢驗，尤其是價值隨情境而變，因人而異。例如，美國認定的911『恐怖分子』，在中東一些阿拉伯國家裏卻是『烈士』，兩個符號天南地北，但指的是同一批人。推論，是由已知的事實或既有的判斷，推斷到未知或其他不相干的面向，這種邏輯延伸有時似是而非，其中有太多站不住腳的前提或假定。」見端木少華：〈解讀「旺角粗口」新聞事件 以政府之力對抗一公民〉：http://hk.apple.nextmedia.com/news/art/20130816/18381055。二〇一三年八月十五日發表；二〇一四年七月十六日搜尋。

三、性別掛帥的歧視性語句：指發言者因為性別或年齡上的差別，因而自居於知識、道德或其他自我認知上的高位，於是發出某些藐視性的語句，如：「女人都是這樣」、「女人懂什麼」、「小孩子有耳無嘴」；或如：指責同性戀者骯髒或不道德、指責吃葷是罪惡行為、指責結婚生子是孽緣、指責不信上帝的人都會下地獄等一類狂妄語句。

四、好為人師的指揮性語句：指當事人並沒有要求協助，卻自以為與自己相關，甚至自以為自己負有某種責任，因而主動涉入他人事件之中，並以指揮官身分自居，要求對方聽從自己的的強勢發言。如：「你應該如何如何做纔正確」、「這樣做就對了」等等一類強勢語句。

五、提供建議的引導性語句：指在自己的專業範圍內，被動的為解決他人疑惑而做的回應式發言。例如教師或專業人士回答學生或相信自己專業者詢問時所說的話語，無論是提供某種解決問題的建議或是給確定的答案，都可以歸入此類語句中。如：「這個問題根據某個理由或法條或者可以如何做」；「根據我的了解這件事情如果如何做可能比較合適」等。

六、睿智先見的提醒性語句：指發言者根據自己的經驗，以及居於關懷的角度，提出某些可能出現的問題，建議提醒當事人注意的發言。如：告知某事若不加改進，可能會出現什麼問題；告知開車出遠門者檢查油量等類型的語句；再者如傳統俗語中有所謂「一葉落而知秋」或「金風未露蟬先覺」等一類語句，或者也可以歸入此種類型。

七、預設善意的關懷性語句：指社經地位較高的師長輩，居於愛護社經地位較低晚輩的先設心理，因而誠心協助晚輩的善意發言。這類語句的內涵可以非常多樣，大至國家大事，小至個人行為細節，同時也不分是否熟識。不過此種語句要能成立，必須有一個「互信」的

重要基本前提，就是一定要先取得社經地位較低一方的認同，否則就會變成「好為人師的指揮性語句」了。

八、真情流露的慈藹性語句：指社經地位較高的師長輩，對社經地位較低的晚輩善意的叮嚀或諄諄之言等一類的發言。最常見的就是父母對孩子的叮嚀，如：天氣冷了要多添加衣服、出門要注意安全等一類的話。這裡要注意的是表面上看起來，一般孩子好像對此類關懷性語句接受度不高，但實際上並非如此，主要是小孩子比較不耐煩，雖然聽到了，但不一定就會有同意或不同意的反應。父母師長說這些話時，千萬要記住這是一種關懷，關懷有效的前提是對方可以接受，如果對方不接受則關懷就變成壓迫，因此絕對不要先有孩子每一句話都必須答應的期待，如果有這種強求逼迫的心理，則就不是「慈藹性的語句」而是「階級性的語句」了，這時候如果不知自我反省，則那種「本意良善的惡毒性語句」就會出現了。

九、默默照護的肢體性語句：指在某種不適合發言的場合，或者不知如何開口的場合，以某種行為或動作表示內在深切安慰之意的行為。如：父母幫小孩加衣服、牽手過馬路、小孩主動問候父母。或者人與人之間主動的服務，如：幫忙擦汗、叫計程車，在對方受到委屈或難過時輕握其手等之類，這些都是表達關懷疼惜內涵的無言式語句。

十、本意良善的惡毒性語句：指那類動機善良但表現的內容卻令人感覺惡毒的發言。最常見的是中國社會的父母對兒女不接受指揮時，因為尊嚴受到損害或過度擔心，導致口不擇言而出現的那些「氣話」。如：父母因為關心子女的安危或某種不良的影響，因而希望孩子不要出門，但孩子卻非要出門不可，於是就出現並非本意而說出來後又極度後悔的「惡言」。如：「那就你死在外面好了」；「出去以後就永遠不要再回來」等一類的情緒性語句。就實際的表現而言，此類語句類型應該歸入「高高在上的階級性語句」之中，但因為原始動

機確是「關懷性」的內容，因此纔另外列出此種類型。

十一、關懷過度的厭煩性語句：指不斷重複相同內容的語言，即不停的重複訴說某種關懷內容的發言。這種語言即使充滿善意，也很容易讓聽者產生負面的情緒，一般被歸類為「碎碎唸」的語句即是此類。如：小孩出門父母不斷要求多帶衣服、要打電話回家或注意安全之類；太過熱心的教師不斷提醒學生回家要做功課之類。

十二、情意纏綿的親暱性語句：指親密對象之間帶有濃濃情意且毫無隔閡的純真性發言。如：小孩子放學回家對父母吱吱喳喳的語句、情侶之間的話語、好朋友之間的對話等。

十三、旁觀陳述的報導性語句：指針對經驗事實表現的現象，不具有任何感情或情緒性的發言。如：「下大雨了」、「打雷了」、「路人甲摔跤了」或說某位不相識者的表現如何等等語句。

十四、肯定信任的感恩性語句：指真心相信對方而向對方求助之後，確實因為對方協助而讓自己把事情處理完善，因而發出的感謝語句。如：「謝謝你的幫忙」、「有你真好」、「認識你真是我的幸運」等。

十五、意外得益的感謝性語句：指發言者沒有向對方求助，但確實認定因為對方意外的提醒或協助，讓自己省去麻煩或得到益處的感謝性發言，如：「我沒有注意到，謝謝！」等。

十六、認同欣賞的稱讚性語句：指認同對方的作為或表現，因而真心佩服對方而發出的稱讚性語句。如：「這件事你處理的真好」、「你的獲獎真是實至名歸」等。

十七、頌一貶眾的寵愛性語句：指發言者因為讚美某人，卻無意中傷害或貶抑其他在場或不在場者的語句。如：「某某同學是我見過的學生中最用功的一個」（即是說在場和不在場的學生都不夠用功）；「我以前帶過某班學生的表現真是令人感動」（即是說現在帶

的這個班不能讓人感動）；「在任何時代都很難看到像某某人這樣既用功又有禮貌的孩子」（即是說在場其他人都不如某人用功與有禮貌）等。

十八、缺乏誠意的應付性語句：指發言時根本不在乎或不理會對方說什麼，只是毫無意義隨意回應的語句，如：「是啊！」「對啊！」「喔！」等一類，只具有聲音的意義，並不具任何實質內涵的語句。

十九、誇張修飾的文學性語句：指發言者為了達到某種特定目的，刻意利用文學誇飾手法，以便爭取他人認同的發言。如：解說自己不當行為理由（我犯了全天下男人都會犯的錯誤）、宣教作品（信上帝者可以得永生、信佛祖者可以上西天、修行者可以成仙）、政治文宣（參加選舉是為了救臺灣）等等。

二十、隱含惡意的揶揄性語句：指發言者面對某種既存事實，帶有忌妒或惡意情緒，但又不敢明白表現，因而借用一種表面讚美而實質指責貶損的語句。如：「你又教書又考上研究所，當你的學生真有福氣」；「這種事你也做得出來，真是服了你」等。

二十一、激挑仇怨的攻擊性語句：指發言者基於自身的利益，刻意挑撥本來不同立場而和平共處的雙方，轉變成誓不兩立對立狀態的惡意發言，這種語句最常出現在政治場合，如：指某人出賣臺灣；或「都是你……纔如何如何」等怪罪他人為害群之馬的語句。

二十二、缺乏信任的質疑性語句：指發言者對他人發言自覺或不自覺的缺乏信任感，因而發出充滿「有待證明」的疑似性語句。如：「不可能吧！」「不會吧！」「真的這樣嗎？」「真的嗎？」等。

二十三、自我防衛的反駁性語句：指發言者因某事件被指責或被認定為某種形象時，為了拒絕接受指責或接受該形象，因而發出的駁斥性語句。如：被指為「小氣鬼」而說：「我纔不是這樣」；學生打

人被處罰而說：「都是因為……所以纔如何如何」；小偷被抓到說：
「當小偷是因為找不到工作」等。

　　二十四、推卸責任的自保性語句：指發言者對某些發生的事件負
有重要責任，不願意承擔卻又無法逃避，因而在自覺或不自覺間發出
的隱藏或明顯「責任不在我」的語句。如：東西掉了或遺失了說「被
偷了」；自己家中的小孩做了違法的事，就說「交到壞朋友」或「被
朋友帶壞」等等。

　　二十五、意外洩漏的真實性語句：指發言者表面上說不在意而事
實上卻非常在意的語句。如：一個書讀不好的人說「書讀得好有什
麼了不起？」一個沒讀過研究所的人說「我纔不在乎讀不讀研究所
哩！」或者不斷的針對某個異性對象發言批評之類。

　　二十六、尋求協助的諮詢性語句：指當事人有難以自行解決的疑
惑或困難，故而自居於知識或道德弱勢地位而發出的求助性語句。
如：「是不是這樣？」「這樣對不對？」「這樣好不好？」等。

　　二十七、平等互敬的溝通性語句：指發言者自居於與他人地位、
知識或道德相等，既「不低於」也「不高於」他人，僅是可能「不同
於」他人，因而願意公開並公道討論問題的發言。如：「請大家對我
的看法表達意見」、「我的觀點和你不同而是……」等等。

　　二十八、隱藏未顯的自捧性語句：指發言者有意或無意間把自己
的重要性或價值擺在首位的語句，此類型語句的表現大致有兩種：
（一）自覺性的表達：如說「天下文章某人最好，某人文章皆經我修
改」一類。（二）不自覺的表達：例如報考研究所落榜的學生，大言不
慚的自誇說「因為該校老師的打壓，所以沒有被錄取」之類的語句。

　　以上二十八種語句類型，只是我個人隨意歸納想像的不科學分
類，並沒有什麼真理性可言，文中所舉的例證也不完全與論文評論絕
對相關，因為目的僅僅是用來提供大家在評論之際，思考如何纔能較

適當發言的反思對照之用而已，並不是要給大家某種確定性的分類或答案，有興趣者當然可以在我提供的這個基礎上，依據自己的認知加以必要的修正、補充或反駁。這裡提供這些語句類型最重要的提醒，依然是在評論之際，除了在態度上必須保持「客觀公道」之外，即使要「批判責難」，在語句上也應該保持讓人覺得僅是「平和陳述」的在質疑而已，並不是真的在做無情的批判。在評論人發言「平和」的這一點上，我做得並不是很妥適，但我還是希望同學可以做得比我好。

五　評論態度的分類

　　就公開的評論行為而言，評論進行之際，評論的態度表現非常重要，這包括很難說清楚的純粹是被評論者主觀感覺的「肢體語言」和「說話口氣」，以及比較可以討論的「文句語氣」的表現等等，這些說不清楚與比較說得清楚的動作或文字等等語言行為的表現是否得當，絕對會關係到評論的效果與效應，因此不能不特別注意。有關評論的問題，第二講〈三、自我評分的意義與功能分析〉中，曾稍作說明，這裡則是結合語言類型，進行較為細緻的分析。根據第二講的分析說明，大致可將人類評論某些社會事件之際的立場，分為「受害者」、「第三者」、「準加害者」與「加害者」等四類，以下即參考前述二十八種語句表現類型的形式，針對此四種不同立場的內容進行分析：

　　一、「受害者」的立場：抱持這種評論立場者因為心中有一種感身受的同理心或同情心存在，因此較容易出現只有我纔能知道其中甘苦的「獨斷性語句」；以及對遭遇不平者同情而針對「加害者」不當行為進行譴責謾罵的「攻擊性語句」。

　　二、「加害者」的立場：抱持這種評論立場者因為要對某行為或

事件取得正當性的理由，以便說服他人認同，因此比較容易出現自我修飾的「文學性語句」和自我防衛需要的「反駁性語句」。

三、「準加害者」立場：抱持這種評論立場者因為對某事件或行為前因後果的了解有限，僅從某些表象發言，並且缺乏同理心與同情心的考慮，於是不自覺的站在「強者」或「加害者」的立場發言，因此比較容易出現懷疑「受害者」無辜受害的「質疑性語句」，以及對「受害者」陳述提出不同意見的「反駁性語句」，例如某些「衛道者」指責被強暴者「衣服過於暴露」，就是一種站在「準加害者」立場的發言。

四、「第三者」的立場：抱持這種評論立場者當然是在理性分析種種前因後果之下，釐清各自的責任，相對於前三者的「情感」牽扯，應該是屬於一種「非情感性」立場下的發言，因此比較會出現客觀陳述事實而比較少評價內涵的「報導性語句」，當然也會出現一些安撫「受害者」情緒，以撫平其心理波動的「關懷性語句」，以及譴責「加害者」不當行為的「攻擊性語句」，但由於是從一個較為「客觀共識」的評價立場發言，所以譴責的強烈程度當然要比「受害者」弱很多。

綜合前述一般人對社會事件反應的四種類型及二十八種語句表現類型，於是可以將學術評論行為中的「評論者」與被評論的「發表者」，兩者的立場與語言行為等表現，進行更細緻的分類。

首先就評論者在評論過程中的實際表現而論，從「理想型」的角度來看，大致可以將評論者分成下列五種類型：

一、獨斷型評論者：指自居於學術真理位置的評論者。這類型的評論者因為覺得自己是權威學者，一般比較容易出現過度批評的「攻擊性語句」或藐視他人實際成就的「歧視性語句」。

二、指導型評論者：指自居於人師位置諄諄善誘的評論者。這類

型的評論者因為希望幫助他人之心甚濃，一般比較容易出現針對疏漏如何加強的「提醒性語句」或希望表現更好的「關懷性語句」，甚至是過度稱讚對象優良表現的「文學性語句」與「讚美性語句」。

　　三、報導型評論者：指自居於超越「人情」之上客觀學術位置的評論者。這類型的評論者除必然出現的實際是是非非的「報導性語句」外，正常情況下比較容易出現對某些過程或成果缺乏信任的「質疑性語句」及針對某些需要改進修正的「提醒性語句」。

　　四、應卯型評論者：指缺乏自我要求而自居於「人情」要求的評論者。這類型的評論者比較會出現無關痛癢的「應付性語句」或過多而不切實際的「讚美性語句」。

　　五、攻擊型評論者：自居於挑毛病以促進學術進步的評論者。這類型的評論者因為認為暴露評論對象的錯誤，乃其必要的職責，因而比較容易出現針對發表者表現不信任與懷疑的「反駁性語句」與「質疑性語句」。

　　如果就被評論的「發表者」接受評論後的表現而論，則發表者的反應在理想上大致也可以分成以下四種類型：

　　一、自虐型反應者：指自居於「受害者」立場。這類發表者自以為所有的評論都是針對自己的迫害，因而面對評論者的意見容易出現「反駁性語句」或「攻擊性語句」。

　　二、受教型反應者：指自居於「受教者」立場。這類發表者或者抱持誠心與評論者溝通對話，或者對自己的學術成就比較缺乏信心，因而面對評論者的意見較容易出現「讚美性語句」與「諮詢性語句」。

　　三、客觀型反應者：指自居於第三者的「客觀者」立場。這類發表者將自己等同於旁觀者，不以作者自居，因此不會有「被害者情節」，所以面對評論者的意見比較容易出現「報導性語句」。

　　四、宣教型反應者：指自居於「宣教者」立場。這類發表者絕不接受他人的觀點或評論，因而面對評論者的意見容易出現「指導性語句」。

以上這些有關發表者與評論者的立場與語句表現的分析，目的是要協助並提醒大家在評論或接受評論時，對自我與評論者的表現進行有效的反思檢討，進而可以獲得較佳的溝通效果，因而有助於學術的正面發展。

六　「準加害者」概念的學術應用

　　大家應該都聽過「偽君子」、「偽善者」，但應該沒有聽過「準加害者」這個名稱，因為所謂「準加害者」，本是我自己發明定義的名詞，這個特別的詞彙曾在第二講〈師生自介及問卷意義的分析〉的〈附論〉中加以解釋。這裡的討論則是以該解釋為基礎，更進一步探討「準加害者」在學術評論上應用的相關狀況，為了讓討論可以達到完整性的效果，故而其中部分內容有和第二講重複的情形，這必須先和大家說明，以免讓記性比較好的同學，以為楊老師得了「老人痴呆症」（Alzheimer's disease：AD），同樣的內容重複講述都不知道。

　　「準加害者」基本的內涵，指的是當某人因為以前受到傷害，且當其不應該承受且仍然受到傷害，甚至有喪命危險的事實之際，既沒有能力自衛，更沒有善意的第三者加以協助，於是在某種特殊狀況下僥倖逃過一劫，然後在一段時間之後，「被害者」經過辛苦的自我要求訓練，因而具備了反擊的能力，於是開始針對當年加害自己的「加害者」進行正當的反擊，在這個正當反擊的過程中，「加害者」當然會想盡辦法反抗，如果「受害者」準備不夠充分，很可能就真的被「加害者」殺害，這時候也不會有任何善意的第三者出現，但當

「被害者」掌握絕對優勢的報復能力之際，這時候很可能就會出現某些「和事佬型」的所謂「好人」，要求當年的「受害者」放棄報復尋仇的念頭，原諒當年的邪惡「加害者」。這些「好人」絕對不是惡意，但問題是在當年「被害者」受到傷害甚至幾乎喪命時，或者「受害者」在尋求復仇過程中受到阻遏時，完全看不到這類善意「第三者」的協助，但當「被害者」有能力反擊時，這類人卻突然跑出來自居為代表人世間捍衛和平義理的「正義使者」，拿出一些似是而非的理由，例如「你現在已經很好了，何必再計較」？或者「你雖然受到傷害，但傷害可能使你更加堅強」等等一類，表面上「光明正大」，但實質上則是不知不覺站在同情與保護「加害者」立場的理由，要求「被害者」放棄應該擁有的反擊權益，這種作為就是以損害「被害人」的權益，做為增強自己社會地位的工具，這麼說的理由，就在於這類「好人」如果目的達到了，「被害者」確實放棄回擊的權利，則這類「好人」的善人地位當然更加鞏固，如果「被害者」拒絕而失敗了，同樣也無損這類「好人」做為「好人」的地位。這類型的「好人」就像握有權力的不肖官員對管轄的合法或違法行業要求插乾股；或像賭場的主人抽取服務費；或像宣稱「愛狗」但家中絕不養狗，只養到處亂跑製造髒亂和對他人造成危險的流浪狗等等的狀況一樣，這類「好人」的投資，永遠都只有得到好處而不會有任何損失，投資報酬率實在太高了，毋怪社會中有越來越多的人，喜歡當這類「穩賺不賠」的「好人」。至於那位具有合法正當權益進行反擊的「被害者」，如果拒絕接受「好人」的規勸，依然繼續展開報復的行動，這時候在這類「好人」的對比之下，很可能就會變成「缺乏恕道」之心，甚至成為「怙惡不改」的「大壞人」或「加害者」了，於是「好人」可能就會反過來「教訓」那位「被害者」，於是「好人」在實質上就成為「加害者」的同夥了。「被害者」在這類「好人」的

「善意」映照之下，應有的權益就理所當然的被犧牲，至於那些「加害者」應受的懲罰，當然也會在這類「好人」的「善意」之下，所有「罪惡」就莫名其妙的被消解於無形了。

上課所以要再次提出這個「準加害者」的主要意圖，就是希望可以達到提醒同學反思的效果，就是希望同學偶爾能夠靜下來想一想，自己認為的「正義」是否真的那麼「正義」？自己的某種「路見不平」的不明事理的盲目「正義」，是否有時候也有可能是成為「加害者」幫兇的「準加害者」呢？我一輩子最痛恨這類以「被害者」痛苦為代價，然後增強自己社會地位或獲取不應得利益的所謂「好人」，我當然會同意可以給誠心悔過的「加害者」，有一個重生的機會，但這必須是由「受害者」決定，任何人都不可以用「任何理由」剝奪「受害者」要求補償權益受所的基本權利。對於這類「準加害者」的「好人」，主要是「以別人的痛苦」做為自己「快樂」的泉源，因此最不可原諒。為了避免莫名其妙成為迫害他人的「準加害者」，因此特別要提醒大家經常要注意到「聽話」之際，必須建立起「概念」認知清晰的自我要求，千萬不可以事事以馬虎的態度對待，導致別人怎麼說而自己就跟著怎麼信，並按照別人期待的反應而做出行為反應，完全缺乏實質判斷的能力，這樣很容易就成為「準加害者」。再如這種「跟隨對方起舞」的反應，同時也表示自己的「情緒」不夠穩定，更悲哀的則是在無意中幫敵對的一方進行實質性的「宣傳」，甚至因此而助長對方發言的「影響力」，這種愚蠢反應可以稱做「跟屁反擊的自我傷害」，這其實就是一種自己對自己的「準傷害行為」，自己因此就成為傷害自己的「準加害者」。這種跟隨敵人的腳步傷害自己的愚蠢案例，最明顯的就是選舉之際，某些政治人物隨著競爭對手選舉語言起舞的「跟屁式」反應，例如對手胡亂說些毫無根據的攻擊性語言或文字，另一方就迫不急待地說明反駁，這就是一種被媒體帝國

操控而幫敵手「助選」的愚蠢反應方式。這種「跟屁式」反應的特色，就是一定會跟著對方的論點起舞，因此必然落入只有「從後追趕」的分，根本無法開創自己想要訴求的新論題，只能永遠處於言論的「弱勢」地位。又如當有人偷偷告訴你某人背後說你某些壞話時，你不直接進行查證的工作，卻不斷的對他人訴說某人說你什麼樣的壞話，事實上就是一種暗中幫某人進行「宣傳」而傷害自己的「準傷害者」的行為，不過多數人還是喜歡這種自傷的表達方式。另外中文系所的畢業者，並不「理所當然」的應該比其他人，對傳統文化的保存與傳播肩負有更大的責任，如果有人覺得中國傳統文化要發揚，就應該自己盡力去發揚，絕對不是把責任推給中文系所的人，然後對中文系所的人進行一些沒意義的批評，是不是有同學真的以為中文系所就具有保持或發揚中國傳統文化的「天命」？並且以此來衡評其他同學？如果是這樣就表示某些同學的「概念」，依然還處於猶未清晰的「醬糊時代」，同時也正在開始進行「準加害」自己或他人的行為。同學可以思考一下，如果傳統文化不是專屬於中文系所的財產，而是所有關心傳統文化者的財產，則那些期許或要求中文系所的師生負擔這些責任的人，難道自己就沒有一點責任嗎？就可以因為有中文系所師生的存在而袖手旁觀嗎？為什麼不是他們而是中文系所的責任呢？發出這些言論的背後代表怎樣的心態呢？中文系所的人固然可以自願的注重傳統文化傳播，因為那是我們的學術興趣所在，任何單獨的個人也都可以要求自己進行傳播傳統中國文化的工作，但這並不表示中文系所的學生有義務接受別人的要求或期許，因而對傳播傳統文化的工作有絕對性的責任。因為中文系所的目標首先必然是學術為優先，重點是如何深入挖掘相關的學術「發現」或「發明」，傳播必須建基在前一個重點的良好成績之後，自然而然的產生影響，中文系所的目的絕不會是不重視學術，而反過來變成培養「傳教士」的「傳統中國

學術神學院」，這些區別同學應該要非常清晰的加以分辨清楚。

　　有關「準加害者」的概念，相信同學們已經有一定的了解，不過還可以進行一些比較細緻的分析。首先要特別提醒同學就是要特別注意分辨「準加害者」與「偽善者」之間的差別，「準加害者」是在「行善」的前提下，由於對事情的了解不足，從一般性的判斷而發言，無意之間扮演了選擇和「加害人」站在同一邊或同一陣線的角色，雖然在實際上他的發言立場表現似乎等同於「加害者」，但其發言的前提卻是以「誠實」為前提。「偽善者」則無論是前提或立場都是有意為之的「假仙」虛偽行為，這當然是與「準加害者」完全不同的「惡行」。真正的「為善」者必須了解事情的本末，還必須要問自己夠不夠格發言。排除「法律」的一般性約束，一個從來不曾關心過「被害者」的人，除非「被害者」主動尋求協助，否則是完全沒有任何資格主動干涉「被害者」進行的任何「回報」行為。其次許多人所以會在不知不覺間成為「準加害者」，主要是在不了解事情始末的狀況下，憑藉自己一時的眼見而胡亂出頭，因而造成一些不必要的「罪惡」，要防止此類錯誤「罪惡」的出現，就必須先要承認「眼見的現象」只是表相，並不一定代表「絕對的真」的事實。這也就是上課之際提到的所謂「看到」或「目錄」的層次問題，事發當時僅能看到事件的「在場訊息」，事實上在事件背後的「不在場訊息」是很難一下子就看到。《論語・為政篇》有所謂「知之為知之，不知為不知」之言，就是假定人類有許多不了解的事物，所以應當僅能就所知道的發言，不要對自己不知道或一知半解的事物發言，更不必為那些不知道、不必知道或一知半解的事物進行無謂的爭辯，尤其是「自以為是」的發言更是絕對要避免。當一個人形成「自以為是」的心態之後，必然會跟著失去對事物的「好奇心」，「好奇心」卻正是那種具有可能引導出創新事物的潛在能量。就學術研究而言，當然要強調創

新，但同時也要了解人類僅能從「已知」而透過說明比喻而談到「未知」，卻永遠無法就「未知」而談「未知」的限制，因而研究者必須了解研究之際，有些問題就自己的能力而言，並無法馬上有效解決；有些問題則是就現在人類擁有的知識而言，還無法能夠加以解決，英國的宗教學家希克（John Hick，1922-2012）曾經提過：「有些問題有答案，但我們不知道」、「有些問題的答案，無法用人類所知的詞彙表達」，宗教真理問題的爭論就是一個典型的案例，希克就認為「不同宗教間的真理衝突，多數是關於那些我們知道我們不會知道答案的問題。如果我們承認這些都只是『推想』，我們就可以既容許其他人擁有其不同的推想，[2]又能自由地讓批判的理智應用在這一切推想上。」[3]基督教《聖經》的《歌林多前書》第二章第九節曾經引述《經》上所記：「神為愛他的人所預備的，是眼睛未曾看見、耳朵未曾聽見、人心也未曾想到的」的話，[4]指涉的內涵也就是這類憑藉研究者或現代人的智慧，還無法有效解決的某些問題。

　　將前述概念導入學術傳播的範圍之內，則如果有某位學者將自己一知半解而事實上有問題的觀點，毫無警告的傳播給學生；或者將一些未曾仔細思考的既存觀點，當作唯一的答案傳授給學生，即使這些有問題的觀點並不是傳授者的發明，而且也可能是行之有年的東西，然就其對學生學習造成的負面影響而言，其實也可以是符合前述意義之下，對學習的學生而言的另一種「準加害者」，就是自己傳播錯誤

2　案：若將此句中的「容許」一詞改為「尊重」，則或者能更明顯的突顯其「平權公道」的精神。

3　[英] John Hick著，鄧元尉譯：《第五向度・我們毋須知道的事》（臺北：商周出版社，2001），頁336-349；[英] John Hick著，王志成、思竹譯：《第五向度・我們毋須知道的事》（成都：四川人民出版社，2000），頁299-311。

4　聖經公會編譯：《和合本聖經・新約全書・歌林多前書》（香港：聖經公會，1975），頁230。

的觀點給學生，然後讓學生不斷的在有問題的答案中輪迴旋轉，但當事人自己可能在某段時間已經發覺錯誤而自我修正，但受到其影響的學生卻一直無法擺脫此一錯誤答案的制約影響。甚至等到有一天學生被指責時，或是自己對學生批評時，卻又不承認這是自己錯誤傳播造成的結果，反而大力批判糾正學生的不是，這豈非就是另一種「準加害者」的行為表現？[5]這裡要提醒同學的是進行教學時，面對自己沒有十分把握或未曾仔細思考過的既存觀點或價值，應該要有某種程度的警覺，不能全無戒心的繼續進行「文化再製」的活動；另外一點則是提醒同學對教師傳播的觀點，應該要隨時保持「可信而不能全信；可聽而不能全聽」的警戒之心，因而可以針對這些現有的觀點或價值，進行更進一步的思考與探索，或者可以因此而發現或挖掘出他人未曾注意到問題，亦即從他人覺得沒有問題的既存觀點與價值中，發現或挖掘出新的問題，這其實也就是我經常強調的「注意細節」的另一種

5　舉個實際案例，我的老師曾昭旭教授，最喜歡對高中生及大學生講述「情人」或「夫妻」相處之道，而且也出過不少談論男女情感的論著，許多人非常喜歡曾老師的「愛情觀」，我曾經也是曾老師「愛情說」的信徒。曾老師的「感情說」非常浪漫、非常理想，許多未入社會或初入社會「涉世未深」的女性同胞更是無條件的信從，不少信徒也因此而婚姻生活美滿。然而我認識的人當中，就有兩對夫妻，因為太太在日常生活中用曾老師的愛情相處標準要求先生，導致婚姻破裂離婚，我因此在一九八六年將這種情況告知曾老師，同時建議曾老師是否可以在演講時稍微提醒一下聽眾，他所說的這種浪漫理想的愛情生活方式，必須在某種特殊情境下纔有可能執行，並不是任何人在任何時空都可以用這種生活方式來要求對方，我還建議說曾老師若能如此提醒，應該可以減少許多不必要的感情或婚姻破裂的悲劇。很遺憾的是曾老師當時的回應竟然是「那不干我的事」，讓我錯愕了許久許久！我不確定曾老師後來是否有改變？因為從此以後我就不再碰曾老師涉及「愛情說」的論著。但我可以確定曾老師從來沒有傷害他人的意思，但事實是那兩對夫妻婚姻破裂的導火線就是曾老師的「愛情說」，所以我直到現在還是認定曾老師是那兩對婚姻破裂夫妻的「準加害者」：自己的好意對他人造成無可彌補的傷害。

表現。

　　針對「準加害者」進行反思批判，這是在民國五〇年代閱讀柳殘陽（高建幾，1941-）的一部武俠小說《金雕龍紋》（主角叫楚雲）而獲得的概念。當然武俠小說也不一定都提供正確的概念，如我早期看到一部漫畫叫做《小俠龍捲風》，後來發現漫畫是根據墨餘生（吳鐘綺，1918-1985）的《瓊海騰蛟》而畫，於是就去租這部小說來看，結果就在這部小說內第一次看到有關男女性行為的色情描寫。武俠小說中我比較喜歡看的還有雲中岳（蔣林，1930-2010）的作品，一開始看的也是漫畫，是根據《傲嘯山河》內容而畫的漫畫書，我比較喜歡的還有《劍海情濤》、《大地龍騰》等，我有一陣子還抄錄《劍海情濤》學習書法，雲中岳武俠小說的特色是描寫明代相關的歷史地理事情特別多，當然不一定正確，不過我後來會特別注意明代的史實，甚至研究明末清初的錢謙益和明代的詩經學，或者與此有一些內在的關聯也說不定。

　　我的觀點不一定正確，同學應該思考的是我的分析與批判的理由與原因，是否有值得同學再仔細斟酌之處。做「好人」就一定正確嗎？我的觀點很簡單：只有「被害者」纔擁有原諒「加害者」的權力（Power），其他人全無發言資格。

七　評論進行的分析

　　學術評論若想達到最佳的效果，則持平的態度、客觀的立場、歷史的了解等等，應當成為進行評論之前，必須具備的先決條件，評論者必須先具備這些基本條件之後，纔有可能進行真正公道的評論程序。這種公道的態度，或許可以借用基督教《聖經》中的道理加以說明，基督教《馬太福音》第五章的經文有「因為他（天父）叫日頭照

好人，也照歹人；降雨給義人，也給不義的人。你們若單愛那愛你們
的人，有甚麼賞賜呢？就是稅吏不也是這樣行麼？你們若單請你弟兄
的安，比人有甚麼長處呢？就是外邦人不也是這樣行麼？所以你們要
『完全』，像你們的天父『完全』一樣」的一段話，[6]這段話或許可
以給學習者建立一種對自己與評論對象「完全」一致的「公正評價標
準」時一點正面的啟示。

真正進行有效的評論，就接受評論一方的作者的要求而言，首先
就是作者提供接受評論的文章，必須要能讓評論者產生一種進一步探
索的意願，在此前提要求下，如果作者希望獲得有效溝通對話的評
論，則其論文至少需具備下述五個基本條件：

一、論著具有該學科實質性學術創發的意義與價值。

二、論著能夠引起評論者的感動因而引發其好奇心。

三、評論者對於論著的相關知識有一定程度的了解。

四、評論者可以從論著中「讀到」正確的學術訊息。

五、能讓評論者「讀出」有益自己研究的學術訊息。

如果評論者在進行實質的評論之前，就已經先了解論文的內容（寫什
麼）、寫作的意圖（為何寫）、研究的貢獻（學術價值）等學術資
訊，則評論者在進行公開評論之際，至少可以提供自己的「讀後心
得」；以及提供不同想法而引發有意義的討論等兩項學術上的功能。

評論者對評論對象的評價，必需是在先尊重作者的研究角度與意
圖的前提下，對其作品進行評價，評價該作品實際獲得的成果、該成
果的學術價值；糾正或補充論證過程中疏忽或不夠明確的地方，以及
作者沒有注意到的相關研究成果等等。評論者絕對不可以脫離原作者
設定的研究焦點，另建一個新的研究議題架構做為評論的基準，如果

6　聖經公會編譯：《和合本聖經・新約全書・馬太福音》，頁6。

是這樣則不是在評論，而是在指導研究生寫作論文。例如作者討論的議題焦點是臺大校園的景觀，評論者就不能說七號公園的景觀比較好看，應該放棄臺大校園而討論七號公園的景觀，這就不是在評論而是在進行實質的指導。或者有評論者認為臺大校園擴充發展的歷史比臺大校園的景觀重要或有價值，因而藉著評論批評作者討論臺大校園的景觀沒有價值，陳述臺大校園擴充發展的歷史比較有價值，評論者如果這樣做，那就犯了以「歷史性」研究的角度，要求「美學性」研究的謬誤，或者說要求以「史學」的內容替代「文學」研究的內容。合格的評論，應該是針對已經完成的現有文章進行評價，不能把自己當成作者的指導教授，要求作者順著自己的觀點或自己預設的議題進行寫作，這個分際當該要能分辨清楚。比較理想的評論內容，根據前述的分析要求，則基本上應該包括：

一、說明評論對象探討的內容及寫作意圖。

二、說明評論對象研究成果的價值與貢獻。

三、提出評論對象論文中出現的相關問題：包括：

（一）文字修辭、引文、錯別字、標點使用等的問題，這是作者無法辯解的「硬傷」，希望學習者千萬不可以犯，這也就是成績評定特別要求不可以出現錯別字的原因。

（二）評論對象內容論證、分析的問題。

（三）補充評論對象缺漏與不足的問題。

（四）評論對象可以再延伸討論的問題等。

評論的方式，可以利用「動機」部分做為評論基準，討論原始設計之時所賦予的崇高精神與理想；也可以就其「效果」層面觀察，分析其造成的結果與影響。「效果」影響的討論，有些評論者全就其「負面」部分分析，用一種「以偏概全」的方式，完全排除其「正面」的可能性，因而給予以全面性的否定。此種以全盤否定的「前預設情

緒」為主要目的之論述，基本上不能算是正常心理下學術研究者應有的反應，這種類型的評論者，多數並沒有告知讀者評論的「標準」是什麼？甚至也說不出反對意見可以成立的理由或證據，更荒謬的是在這類評論者眼中，被評論的對象根本就是「一無是處」，此類失常下的評論，當可稱之為「過度惡意式」的評論方式。另外有一種相反的評論，則完全就其「正向」部分的表現全面肯定，完全不把評論對象造成的「負面」作用列入考慮，這也不是一種值得推崇的評論方式，相對於前述那種專門「挖掘他人罪惡」的陰暗心理，此類學者則具有期待「發現別人優點」的快樂心理，或可稱之為「過度樂觀式」的評論方式。這兩種都不是正常心理下的評論方式，可稱之為「心理變態式」的評論方式。比較正常的研究評論方式，應該先擺脫「陰暗」或「快樂」的心理，儘量以「是非」做為判斷的基準，跳脫個人主觀的「好惡」，以公道之心至少是公平之心來評價研究對象的內容與實質表現，然後盡可能從歷史發展與當代價值的「歷時」和「共時」的角度挖掘評論對象的學術特色，最後纔討論其可能的作用與價值。

八　提問方式的相關分析

評論者的提問方式，表現了評論者態度與立場的狀況，評論者的態度和立場必然影響評論結果的學術水準，評論者尊重的態度或自以為是的態度、挑毛病的立場和想了解的立場，必然嚴重影響評論的公正性與適切性。有關評論者的提問方式，我大致將其比較簡略地分為兩種類型：一是「探究式」的提問；一是「問罪式」的提問。「探究式提問」是一種基於尊重作者的前提下，以了解作者正面表現為意圖的提問方式，主要是想知道作者說出什麼？為什麼這樣說？這樣說的結果應當如何評價？因此提問之先並沒有自覺或刻意先訂定某種單一

的評價標準，當然也就不容易出現自以為是的評論內容。這類提問的方式基本上是一種「陳述型語言」和「解釋型語言」的運用，這種提問方式下的評論，比較容易出現「讚美性語句」與「提醒性語句」。

另一種是「問罪式提問」的方式，這是一種基於批判意圖而以挑毛病為前提的提問，譴責的意味一般比較濃。主要是針對作者的觀點或缺失等負面表現，提出不同角度的批判或詰問式的攻擊，因為是針對作者研究過程和成果瑕疵的定罪，以便能夠進行必要的譴責而促成作者反思，因此提問之前會自覺或刻意的訂定某種單一的評價標準。這類提問是最能發揮「批判型語言」的一種表述方式，比較容易出現「獨斷性語句」或「攻擊性語句」。

世界上並不存在全面性毫無缺點的行為或方法，因此無論是「探究式提問」，或是「問罪式提問」，自也各有其優缺點。簡單的來說：「探究式提問」的評論者及其表現，比較容易看到作者的正面表現，但相對的也就比較容易忽視或藐視作者論著的缺漏，評論者因為自居於善意的前提，甚至因而不免會有自我感覺良好的問題，故而比較容易過度樂觀而自以為具有「超然立場」的「客觀」精神，於是對作品缺漏及其可能造成的不良後果，比較容易視而不見。就是說比較容易不自覺的放棄或自覺的不願承擔「批判反思」或「譴責訛誤」的必要性責任。這種類型的提問雖然比較尊重發表者，同時也較為容易了解發表者寫作的精神及其意圖所在，但也比較容易出現缺乏「批判」精神的必要態度。「問罪式提問」的評論及其表現，因為評論者自覺或不自覺的自居於對立面發言，比較容易看出作品出現的問題與缺失，但也比較容易產生過度藐視必須讚美正面成就的要求，且反過來有過度誇大瑕疵，甚至建構製造作品缺失的問題。「問罪式提問」的評論者，比較容易將自己塑造成為具有排除負面障礙、維持正面秩序責任的「糾察隊員」或「警察」，或者把自己當成「檢察官」或

「學術良心」的代表，有時不免會因為作品表現的某些不符合其「意識型態」的觀點，進行不必要或不相干的批判攻擊。就是說這種「問罪式提問」的方式，雖然比較能夠辨別發表者作品的缺漏及其可能造成的不良後果，但卻也比較容易出現一種缺乏研究評論必要的「公正」與「了解」的基本態度。不過就評論的整體來說，評論者無論是表現為「探究式提問」或「問罪式提問」，固然會造成評論效果表現的差異，但實際上評論者希望透過學術評論，以便促進學術更加進步發展的評論目的，兩者並沒有甚麼不同。這裡的討論主要是想讓大家了解，評論者的不同評論方式下，可能出現的不同表現，了解此點後可以在爾後面對評論者評論，或是自己當評論人時，因為有這個基本的了解，所以不會出現慌亂的不當情緒。

「探究式提問」與「問罪式提問」除了可以運用在評論方式的分析上，同時也可以轉換適用對象，用來分析研究議題的目的與內容。於是就可以從研究的企圖或目的，把一般研究分成「探究式研究」與「問罪式研究」等兩種研究類型，以下即分別論之。

「探究式研究方式」的研究目的或企圖，主要是在了解歷史上出現過的某種行為或事件的實際狀況，並探討其發生的原因及其相關的發展，同時分析其對現代人是否具有意義，以及是否曾經產生過影響，或者可以具有那些未出現卻可以產生影響的價值？這類型的研究者針對研究議題內容的思考，大致可以包括下述幾點：

一、歷史上的某個時空何以會出現某行為或事件？這個研究思考要求研究者必須進行實際而深入的觀察研求。

二、出現此一行為或事件的原因或理由云何？這個研究思考要求研究者必須進行「發生學」或「溯源性」的分析探討。[7]

7　閱讀古人涉及起源討論的文章，一定要特別注意已經成形出生及其後的「發生

三、此一行為或事件在當代時空的意義或價值？這個研究思考要求研究者必須進入「歷史了解」或「同情了解」的「創作者當代史」的評價。

四、此一行為或事件在歷史進程中的發展及其影響價值如何？這個研究思考要求研究者必須進行「學術史」的發展和「學術」價值的了解或探索。

五、此一行為或事件對於現代人是否還具有意義或價值？這個研究思考要求研究者必須進行「研究者當代史」的現代式評價與分析，探討是否具有隱性或顯性的正面或負面的影響，或者還具有那些值得開發的學術價值。

這類「探究式提問」思考下的研究方式，研究獲得的成果，就和前述的提問相類似，就是比較容易僅看到正面的表現，僅重視歷史正面的意義或價值。相對地也就比較容易忽視或藐視缺漏，以及歷史負面產生的缺失與罪惡，對事件或缺漏造成的不良後果或罪惡比較容易視而不見，「批判反思」與「譴責罪惡」的「學術」和「良心」的責任，因此難以正當表現，甚至對歷史上的「受害者」或「被迫害者」的痛苦，比較不容易產生「感同身受」的同情心。「探究式研究」的思考類型，雖然比較容易了解寫作的精神或意圖所在，還有行為或事件產生的歷史原因，但也比較容易出現缺乏「人道正義」與「學術批判」精神的必要態度與立場。

　　「問罪式研究方式」的研究企圖或目的，主要是根據研究者認定的某種學術或社會的「真理標準」為前提，針對歷史上曾經出現過的某種行為或事件，在當代或歷史進程中產生負面的學術缺漏或罪惡後

　　學」（以始於、始生、發生等詞呈現）討論，以及逆溯未成形之初始胚胎期的「溯源性」（以源於、源自、發源於等詞呈現）討論，這兩者之間的差異，否則在解讀與評論時必然出現問題。

果定罪，以便進行必要的譴責或反思，讓不該出現的缺失或罪惡，可以因而減少甚至消失。這類型研究議題內容的思考，大致可以包括下列數種：

一、歷史上曾經出現那些不符合自己「預設標準」的學術缺漏或罪惡行為、事件？這個研究思考指研究者根據自訂的評價標準，尋找歷史上出現的學術表現或行為、事件，有那些不符合自己訂定的「標準」的要求。

二、這類缺漏、罪惡行為或事件，該由誰負責？這個研究思考指研究者根據缺漏、行為或事件發生的歷史時空，分析探討發生的理由與原因，並追究具有防止此一缺漏、行為或事件出現責任者的罪責。

三、這些缺漏、罪惡行為或事件的罪惡本質為何？這個研究思考指研究者對此類缺漏、罪惡行為或事件，根據自訂的標準進行「內在本質」的分析，以便獲得一個具有實際指涉對象的普遍性的「譴責性」答案。

「問罪式研究方式」獲得的研究成果，比較容易「看到」或「看出」作品或歷史負面出現的問題與缺失，但因為訂定的標準不必然公正恰當，甚至意識型態過濃，因此也比較可能產生過度誇大，甚至建構或虛構製造作品與歷史缺失或罪惡。同時也和前述「問罪式提問」的評論者相同，比較容易自以為具有高度的「正義感」或「真理性」，於是容易把自己當成具有高尚「同情弱者」的「人道精神者」，甚至還會「公親變事主」般的自認為係「被迫害者」或代表「被迫害者」發言的「社會良心」，有時不免因此而對作品或事件表現的不符合其「意識型態」的觀點，進行不必要或不相干的批判攻擊。這個藐視正面價值而僅強調負面譴責的「問罪式研究方式」，表現最明顯的就是民國初年的「新文化運動」人物，以及具備「馬克斯思想」的學者，

當他們就傳統學術和歷史事件進行研究探討之際，由於身受當時歐美學界「啟蒙理性」的影響，於是非常自覺的把自己定位在「反傳統」與「反獨裁」的潛在要求上，多數的研究者因此將批判的目標對象，理所當然的指向具有領導責任或迫害能力與資格的「上層階級」，甚至盡可能將責任加在其預設的譴責對象身上，這些屬於被定義為所謂剝削的「上層階級者」，在此類型研究者的分析討論內，將自動被剝奪並喪失自我辯護的權利，必然成為既不能在場為自己辯護，又無代理人代為辯護而被定罪判刑的「當然罪犯」。至於真正執行罪惡行為者，如果是屬於沒有權力與責任等一般群眾的「下層階級」，則就可以理所當然的自動取得不受追究的豁免權，或者自動獲得研究者主動為其辯護的免於追究的豁免權。這種類型的研究者由於過度批判意識產生的效果，雖然比較能辨別事件或作品的缺漏及其造成的不良後果，比較容易觀察到歷史行為或事件產生的惡果，但卻也比較容易出現一種缺乏在研究上必要的「公正」與「了解」的精神態度。

　　學術上的分類不可能十全十美，當然都僅能是一種韋伯（Max Weber）式「理想型」意義下的分類，現實上很少有純粹類型的存在，多數研究者都徘徊在這兩者之間，研究者應該要能注意到自己研究內容與評價的主要傾向，並注意到如何在「探究」與「提問」這兩個極端之間，保持必要的平衡。

　　既然有評論的行為出現，則任何人也都有可能面對評論，這時候的態度表現與心理反應，其實也是一項需要學習的重大問題。學術研究本來就是一種「蠻橫的」作為，對自己發現的學術問題必須坦誠的提出糾正或批判；同時也要坦然的接受其他研究者，對自己研究上不足與疏忽的指責與批判，學術本來就是需要進行有意義的論辯，在相互尊重、溝通的學術規範前提下，經由不斷的對話而修正，纔有可能出現真正的進步。學習者千萬不能養成一種堅持自己的「規定」即是

真理的奇怪心態，這種心態一旦養成，必然會要求所有的研究者，都必須聽從自己的一套，亦即把自己的認定，當成是一種超越所有價值之上最根源的「真理」，是一個完全不能動搖的唯一正確的「前提」。如果有人抱持這種態度，最多不過成為一種互不相讓的「擡槓」而已，大概很難進行真正的學術對話。某些學者或者抱持一種自以為是而高人一等的態度，瞧不起所有的學者，以為評論者根本沒有資格評論其論文，即使評論者的評論確實足以糾正或補充其研究上的不足或忽略之處，這一類學者也幾乎都將其當成是一種無意義的「叫囂」，根本不屑或不願予以回應，溝通對話的可能性也就不可能存在了，這種態度當然不是正確的回應方式，但也不是全然不可取得態度，「傲視群倫」本就是一種自信心的表現，學術研究若是缺乏自信心，就很難真正開發新的議題與發現。不過在研究生階段，根據我的觀察了解，除了淡江大學中文研究所在龔鵬程老師領導的某個時期，其中某些研究生曾有過此自信表現外，現代的研究生大概沒有人具有此膽識了。

　　一般研究生階段面對批評之際，由於學術自主能力與自信心還沒有完全建立，因而最有可能的表現方式，就是在心理上會自居於一種只能「挨打」而毫無反擊能力的自卑心理。會有這樣的心理出現，很可能和學習者還不能實際評估自己學術能力有密切關係，就是我常說的因為「自大心理」作祟，於是不能也不敢承認即使被批評也並不代表自己真的一無是處。這種態度實際上是在心理上拿一個僅有「上帝」纔可能擁有的「十全十美」的至高標準，衡量要求自己，所以不能容許自己有任何的瑕疵出現。無論自己在現階段的要求上做得多麼好，表現得多麼出色，自己都有辦法找到某些缺點加以誇大而莫名其妙的譴責自己。這種「苛以待己」來「專制壓迫」自己的「不知自愛」的心理態度，其實是相當可怕恐怖的事，學習者應該好好反省檢

討，以便早日建立比較明確的自我學術的「衡量標準」，因而可以坦然而健康的面對批評。即使在學習者現階段的學術層次，學習者也不應該完全放棄自我學術主體性的必要認知，更不能毫無條件接受他人的評論或觀點。此一講的討論與提醒，主要是在如何建立有效對話的學術語境中發言，並不是說評論者或被評論者都不可以有自己的立場，或者不可以進行辯駁，更重要的其實是無論評論或辯駁，都必須遵守「尊重」、「了解」、「客觀」等必要的學術規範。評論者無論是誰，都不可能是「真理」的化身，同樣被評者也不是「一無是處」毫無地位的「可憐蟲」，兩者絕對是居於平等地位上進行溝通對話的狀態，學術討論當然不是軍隊的長官訓話，因此絕非誰可以教訓誰的上下階級關係，這是學習者在接受評論之際，必須優先建立的最重要前提。因此「被評論者」在聆聽「評論人」的評論之際，當該仔細的分辨評論人提出問題的內容，再根據問題的內容確定是否要回答或如何回答。

由於匿名評論並非面對面的對話，故排除在討論之外，本課程主要是針對學術會議、論文口考、課堂討論，這類直接面對面對話評論狀況的討論。根據我教學、參加上百次學術會議及幾十次口考等等經驗的粗淺觀察歸納，一般屬於對話狀態下的評論人，提出的問題內容，大致可以區分為三大類：

一、感想式的提問：這一類是評論人陳述個人閱讀後的感覺或感想。發表人對這類的提問，只能懷著敬佩之心洗耳恭聽，很難甚至無法做出任何有意義的回應或對話。

二、陳述性的提問：這類是評論人善意提供發表人爾後可以繼續發展研究的相關議題或問題。發表人對這類問題，除了表達感謝之外，最多也僅能說明是否具備研究該建議之研究資格，很難做出其他的回應。

三、批評性的提問：這一類是評論人針對論文內容問題的實質性提問，這纔是發表人必須認真思考回應的重要問題。這類提問還可以根據內容重點，大致細分為四小類：（一）必須直接認錯的問題：如：錯別字、體例出軌、引文不當、標點訛誤、解釋錯誤、二手資料、文獻缺漏、標題失焦、用字不妥等等，這些都是需要坦承面對的錯誤，除了認罪之外，大概很難有甚麼答案。更重要的是錯就認錯，不必說理由，千萬不要找一些令人不齒或發笑的理由。（二）需要迴避回答的問題：如：超出論文範圍之外的問題、可能引發不必要爭論的問題、自己無法回答完全的問題等等，這類問題儘可能一語帶過，以免浪費時間。（三）需要設法應付的問題，如：聽不懂評論人提問的內容問題、涉及他人隱私或違法的問題等。這類問題或者重新請教評論人問清楚提問的實際內容，或者告知評論人自己不方便回應，或者告知評論人僅能撿自己可以回答的做片面性回應。最忌諱的是聽不懂卻裝懂的胡亂回應，或者一知半解卻要假裝全知。（四）需要確實回答的問題：這是指所有涉及論文觀點、詮釋實質內容的問題，這類問題是評論的重心所在，評論人提問表示論文還有模糊之處，或者還有無法說服讀者之處，這些都必須認真的說明清楚，讓評論人與聽眾了解自己的研究立場與意圖，以達到雙向溝通的最佳結果。

研究生面對評論之際，如果能夠確實了解前述三大類型與四小類的內容，以及承認自己還只是個會經常出現錯誤的「學習者」角色，則應該比較能心平氣和的回應評論的意見，不至於因此而失去研究的主體性，變成為毫無主見的「可憐蟲」。

九　評論與研究立場的分析

無論是進行學術研究或評論，必然都有本身自覺或不自覺的立

場，此種評論或研究的立場，必然會影響到語句類型及態度的實質表現，就學術研究的基本要求而論，若研究者僅是毫無自覺的表現立場或意識型態，則這類研究者的研究成果，恐怕就比較難達到合理可信的範圍，因此研究除儘可能了解自己研究議題的範圍與限制之外，同時也需要確實了解自身的立場與意識型態，絕不能霸道的認為自己的標準就是理所當然的「客觀標準」。當研究者在面對既存文獻進行解讀，在面對前人研究成果的取捨之前，必須先要非常明確的知道自己的詮解和取捨標準，還有接受或創發的理由及其存在的可能限制。研究者只在能夠明確說明自己標準的前提下，纔有可能知道本身的是非，纔可能獲得比較客觀公正的研究成果。這個課程設計的「自介」書寫，就是意識型態的反省，透過「自介」的書寫與討論，相信多少已有某些意識型態反省的正面效應，至於研究立場的自我反省，以下即就所知提供幾種的立場，給大家進行自我檢查時參考：

一、是批判的立場還是保護的立場？

二、是不同的立場還是更好的立場？

三、是並列的立場還是前後的立場？

四、是差異的立場還是進步的立場？

五、是實踐的立場還是知識的立場？

六、是超越的立場還是俗化的立場？

七、是永恆的立場還是流變的立場？

八、是回應的立場還是逃避的立場？

九、是吸收的立場還是排拒的立場？

十、是開放的立場還是閉鎖的立場？

十一、是參與的立場還是旁觀的立場？

十二、是反抗的立場還是反叛的立場？

十三、是延續的立場還是斷裂的立場？

十四、是整體的立場還是特殊的立場？

十五、是專業的立場還是普遍的立場？

十六、是了解的立場還是找碴的立場？

十七、是補充的立場還是取代的立場？

十八、是證明的立場還是對立的立場？

十九、是為己的立場還是為人的立場？

二十、是實驗的立場還是確立的立場？

二十一、是指導的立場還是引導的立場？

二十二、是反思的立場還是僵固的立場？

二十三、是民族的立場還是全球的立場？

二十四、是群體的立場還是個人的立場？

二十五、是倫理的立場還是契約的立場？

以上幾種反省的立場，僅是就所知而提供的部分資料，並沒有窮盡全部反省分析立場的答案，當然更沒有窮盡所有可以深入分析反省的立場，既然這只是提供大家「拋磚引玉」的粗淺意見，則大家應該也就了解這並不是最終極的絕對性答案。提供這些粗淺意見，就如同我平常一再強調的「答案只是開始不是結束」的立場那樣，就是要大家以此這些為基礎，進行自我立場更深入的反省分析，因而可以獲得更為確實，對自己更有價值的答案，此即本課程預設的學習目標之所在。

　　大家在這一年的學習過程中，也許並沒有確實進行意識型態與研究立場或態度的深度反省，但經由現在的提醒，則應該也就可以比較清楚的知道如何自我檢證反省，了解自己與別人的同與不同的所在，了解自己判斷的是非與限制，因而可以學到更客觀的研究或處事的態度與技巧。於是在面對自己的研究與人際關係，面對紛雜而是非難分的世界之際，就比較有可能設計出更為合適與公道的應對之方，有效減少不必要的誤解與衝突，獲得最佳而確實的溝通與批評的結果。

十　投稿的準備與退稿的因應

　　學術界最基本評價行規，就是發表具有創意的論文，無論研究生或學者都必須在這個基本行規下行事，這也就是第七講〈論文書寫的實質性內容〉要教導大家寫出比較合乎學術行規的論文之故。論文完成之後，當然就要接受同行的評審鑑價，這也就是本講所以要討論審查各種面向和內容，以及需要注意那些問題的原因。一般來說除了課堂論文由教師與同學當面評審，因而沒有所謂「退稿」的問題之外，其他則無論是利用口試方式公開評審的學位論文或學術獎項評比的匿名評審，必然也有類似「退稿」的「審查不通過」的問題，若是投稿則更有「退稿」的問題。由於前一講已將書寫論文之際，必須注意的一般狀況，盡可能地加以說明，只要大家能夠注意遵循前一講提醒要注意和防止的問題，則完成的論文應該也就可以符合一般論文的基本要求了。中央研究院社會所研究員張晉芬教授主編學術期刊時，發現某些投稿者常見的缺失，因而非常熱誠的提醒準備投稿的研究生或學者需要注意的事項，這個提醒對準備投稿的同學們相當有用，很值得提供給同學們參考。張教授說：

　　　　學界同仁在進入學界（或在求學階段），開始向期刊投稿
　　　時，大概都會自我要求稿件必須是已經論證清楚、字斟句酌
　　　且經過多遍修改後才會投出去。……然而，這樣的期許或自
　　　我要求慢慢的卻似乎不再是主流的作法。許多投稿文章似乎
　　　只是第一稿或第二稿，內容多處出現錯字（或將田野對象或
　　　重要文獻作者姓名誤植）、使用簡稱或專門用語而不加說明
　　　或解釋、文句不通順、假設讀者都了解文章要探討的主題或
　　　實證研究對象、資料來源交代不清或甚至沒有交代；結論只

簡單複述研究發現、缺乏與理論對話和反思的工作、甚至用兩三段文字即簡單結束整篇論文等。量化分析的文章，則常出現表格內容交代不清、使讀者不易了解答項的代號或特殊符號的意義等問題。……然而，將明顯有不足之處或缺失的文章匆促投稿，有點像省下自己的時間和精力，而用審查人和編委會的時間和精力換取個人文章品質的提升。……個人誠懇的建議作者投稿之前詳細進行實質校對。不是自己看得懂自己文章就好，而是要用讀者的眼光檢視文章內容是否可以清楚傳達主要的論點。想要盡快與學界分享個人研究成果是可以理解的，但做好投稿前的準備功夫卻也同等重要。[8]

張教授這裡的說明非常清楚，某些觀點可以和前一講的內容相印證，非常值得參考注意。張教授主編的雖然是社會科學的學術期刊，但他所見的狀況，卻和我主編三年（1994-1996）《中國文哲研究集刊》時的觀察相近，可見此種「以鄰為壑」的投稿者，一直都沒有絕跡。

投稿之後的結果，或無條件接受，或有條件接受，或退稿。無條件接受者自然無需討論，至於有條件通過者，則不外乎「修改後刊登」，面對此種狀況，張晉芬教授也提供他的經驗給大家參考，張教授說：

根據我個人投稿和審稿的經驗，編委會在審查意見之外，對於著作提供其他意見是常見的做法。這些意見主要是補充或是修正審查意見，希望提升文章的品質，或是協助作者確定修改方向。從作者的角度來看，收到兩份審查意見的同時，編委會又給了一堆意見，或許會覺得很煩……投稿者未必認

8　張晉芬：〈主編的話〉，《台灣社會學》第23期（2012年6月），頁1-2。

同編委會的意見或覺得有幫助，不過，編委們認真閱讀投稿
文章、討論、提出意見，是基於增進學術對話的考慮，絕非
要故意為難作者。……（投稿者）要在乎的或許不是收到太
多修改意見，而是這些意見是否有助於提煉文章的品質。[9]

張教授的經驗，其實也是一般學術期刊投稿者共同的經驗，張教授
「現身說法」式的提醒，對準備投稿的同學們，如果正好遇到審查人
與編委會給了許多修改意見時，則在心理上應該會有某些正面積極的
協助功能。

　　論文投稿後被有條件的接受，固然讓人覺得很煩，但至少有刊登
的保證，至於「退稿」則完全沒有刊登的可能，接到此種審查意見，
不想心情不佳也難。情緒波動之後，當然不是把苦心完成的論文丟進
垃圾桶，而是慎重認真的面對審查意見，首先通過審查者的評論，了
解自己論文在他人眼中表現的狀況；然後再思考問題所在，並想辦法
解決。有時候「投稿如同投籃」，雖然準備萬全，但因為影響的因
素頗多，[10]有時進有時不進本屬正常現象，千萬不能往所謂「學術打

9　張晉芬：〈主編的話〉，頁2。

10　因為一般投稿之後，無法得知審查者與編審委員秉持的審核標準是甚麼？負責任
　　的審查者會在其認為有問題之處，舉證說明而達到學術對話的效果；不負責任的
　　審查者則是躲在匿名的黑幕之後，完全不必舉證的說些不負責任且不知所云的意
　　見，作者既無從了解也無法辯解說明，這也就失去學術審查原本要達成的學術對
　　話的目的，所以說「投稿如同投籃」。例如我在二〇一四年曾經投稿給臺灣師大
　　的《國文學報》，有一篇審查意見其中一條說我的論文「所用資料皆為二手，未
　　見新史料與新證據；所用方法亦無殊勝之處，直可以電腦索引資料庫解決。」這
　　位匿名審查學者的其他意見，我覺得可以見仁見智，甚至也可以提供我修改時思
　　考。只是說我的論文「所用資料皆為二手」，用全稱命題式的「皆」字，亦即在
　　該審查學者的眼中，我整篇論文都使用「二手資料」，這個指控非常的嚴重，完
　　全抹煞我寫作論文的基本能力。但就一般所知的「二手資料」當是指有「一手資
　　料」的原典，作者不去查對原典而轉引他人的間接引述。問題是我在該篇論文中

壓」或「故意刁難」的負面角度胡亂猜測。面對退稿首先要認真思考的是自己的學術創意或發現不足沒有學術價值？或是證據不夠充分？或是論證出現問題？或是敘述不清導致審查者誤解？或是其他的問題等等？了解之後再針對問題進行補充修改，若無法修改則也可以利用原有資料更換討論議題，重新設計不同方向的研究議題。《華樂絲學術英文編修部落格》中有一則回答〈如何處理退稿意見〉的信函，某些觀點和我前述的說法相近，或也有值得大家參考之處，其言如下：

> （1）在讀完退稿信後，請給自己大約一星期的時間沉澱，將沮喪、憤怒、失望等負面情緒抽離。在思考下一步怎麼走時，也請保持超然的心情。之後先重新閱讀退稿信中的評語，然後再讀一次自己的投稿論文。這麼做有助於分析下一步該怎麼做。（2）被期刊退稿後，您有三種選擇：（一）修改論文並再次投稿原期刊；（二）將原稿投至另一家期刊；（三）暫時放棄此篇論文並等待適當時機。（3）如果您決定再次投稿原期刊，則必須付出額外的心力。您可以寫信向主編請教修改方向，以期符合該雜誌的風格及規範。如果原稿有經過同儕審查，請仔細閱讀審查人的意見。我們建議將審查意見做成表格，這能幫助您更有條理地修改稿件並

都是直接閱讀原典的引述，完全沒有轉引自他人的資料，因此我就不知道這位匿名審查學者如何定義所謂「二手資料」了？而且這位匿名審查者如此嚴重的指控竟然可以沒有任何舉證，只是用一個「皆」字帶過，我想了解也無從了解，想問清楚也找不到對象。遇到這類讓作者「丈二和尚摸不著頭」的匿名審查意見，還真是不知要如何回應？再者該審查學者或許有所誤解，但《國文學報》的編審委員，如：吳聖雄、林素英、陳麗桂、鄭圓鈴等幾位教授，竟然也都同意這位審查學者如此嚴重的指控意見，那就讓我更加不了解了！或者臺灣師大《國文學報》的編審委員們與這位匿名的審查者，自有一套獨創而我所不知的所謂「二手資料」標準吧！

回答審查意見。如果期刊沒有要求作者修改便直接退稿，則您在自行修改後，再次投稿時，請於 Cover Letter 中具體說明新稿與原稿有何異同；另外也請針對主編或審查人的評語逐一回覆說明。您不一定要完全按照審閱者的評語修改論文，但仍須逐條回應其意見。……（4）如果您決定將原稿件改投到另一家期刊（請勿一稿多投）……您則得做更多功課。首先依照退稿意見，找出可能會接受您研究內容的期刊。……將原稿投至另一家期刊前，有兩個部分請一定要修改：一個是寫作風格，另一個是前言。一般而言，前言需載明該研究如何能引起期刊讀者的興趣。（5）……對剛起步的研究者來說，被期刊退稿其實是另一個開始，可選擇……改善現有的論文內容或進行新的研究。請將尚未出版的稿件視為一次機會而非失敗，縱使不斷被退稿也要持續努力。如果您覺得自己對出版論文毫無頭緒亦無任何進展，可以考慮……找一位前輩……請他協助提供出版方向與機會外，還可請教如何增加成功出版論文的機會和維持投稿的動力。[11]

這個回應雖然是針對自然學科的研究生，但其中有許多學術研究上的共法，人文學科的研究者同樣也適用。

　　研究生如果能夠了解、注意及參考、學習前述有關「評論」種種的內涵，以及「準備投稿」，投稿後可能發生的「修改」或「退稿」

---

[11] 《華樂絲學術英文編修部落格》：http://www.editing.tw/blog/writing/如何處理退稿意見.html。該信發表於二〇一四年七月四日。《華樂絲學術英文編修部落格》：http://www.editing.tw/blog/，乃是華樂絲語文顧問有限公司開創，專門回答論文寫作相關問題的網站，雖然主要是針對以英文寫作的自然學科研究生發言，但其中有許多寫作論文的共通之處，建議大家不妨到此網頁溜覽，說不定會找到某些符合自己需要的有用資訊。

等解決的建議，則當進行這些事項，或遇到同樣狀況時，應該就可以冷靜的面對，想出比較妥適的解決方法。

　　「治學方法」課程的設計，首先是自我反省認知的「自介」，接著是論文寫作設計的種種要求與細節，然後是完成論文的修飾與改善，最後則是論文完成後申請學位或投稿接受「評論」的實質性檢證。這個課程設計需要講授的四個基本內容，到這一講已經完全結束。以下兩講主要是針對這個課程講授過的內容進行總結性的說明，以及回顧性的檢討。

第九講
總結性的教學歸納

一　前言

　　本「治學方法」課程設計教導的內容，已經全部結束，接下來就是對整個學習過程的檢討反省。由於這是在「教育大學」開的課，因此上課以來進行的學習項目和講課的內容，雖然也都與「中文相關」，但並不純然都是一般所謂「中文研究」的內容，有些是教育的內容，有些是教學的內容，有些是生活的內容，有些是情感的內容，還有些有些根本就是其他學科研究的內容等等，這些通通加起來，可用一句話加以概括，那即是「研究即生活，生活即研究」，或說是一種「研究是生活的濃縮版，生活是研究的基礎資料」觀點的發揮運用。以下的檢討反省，同樣也不會僅僅是純粹學術性的學習檢討反省，其中也包含有許多與生命、生活、教育及其他學科等各層面學習觀察的反省。

二　教學理念的說明

　　首先許多同學問我的教育理念是甚麼？這當然是個「大哉問」的大問題，我想這應該和〈自介〉提到我的小學教師吳照垣老師和莊勝清老師及愛護我的陳冠學老師、鄭顯川先生和太太及其家人們提供我初中教育費用時，對我抱持的期望有關。老師們和關愛我的人給我的感覺是：「愛他就是全心疼他而扶助他，不是想辦法管他而控制

他。」我大致可以體會這個愛護的內涵，因此我順著老師及鄭先生等
的教育觀，建構了一個不太切合實際的教育夢，同時還把這個夢帶入
課程內。這個教育夢的內涵，可以藉一部電影的內容說明。美國華納
影片公司在二〇〇〇年一月出品了一部由Mimi Leder導演，名叫Pay It
Forward（《讓愛傳出去》：我譯作「毫無保留的付出」）的電影。
如果同學看過這部電影，當該記得電影中社會學老師尤金席莫奈出的
那個「Think of an idea change our world and put it into action」（設法
改變世界並採取行動）家庭作業時，所說的「如果你認為這個世界讓
人不滿意，讓人失望，那麼從今天開始，你要想一個辦法，將這個社
會中不想要的東西通通去除，把這個世界重新改造一次。這就是你們
這個學期的課外作業，一個可以改造這個世界的作業，不能只是空
想，它必須能夠付諸實行，並且從你開始執行」的話。還有那個十一
歲的小男孩崔佛所謂「以我為中心，幫助三個人，他們不必回報我，
但是他們要另外幫助三個人，讓愛傳出去，這樣的連鎖效應下，兩個
星期就可以有超過四百萬人受惠」的改變世界的計畫。以及崔佛接受
記者訪問時說的「過程中的困難無法預料，要更細心的觀察他們，要
隨時注意纔能保護他們，因為他未必知道自己需要什麼」和「習慣於
原本生活的人，很不容易改變，就算現況很糟，也很難改變」的話。
我到學校開課抱持的就是這個「一個可以改造這個世界的作業，不
能只是空想，它必須能夠付諸實行，並且從自己開始執行」的觀點，
和「以我為中心，幫助三個人，他們不必回報我，但他們可以幫助其
他人，讓愛傳出去，在連鎖效應下，就可以有許多人受惠」的夢想，
無論同學們的職業是甚麼，如果我可以影響同學，然後同學又能影響
其他熟識的人，在這種類似「愚公移山」式的傳衍下去，那麼我的夢
當然也就不會有止息之時。我雖然承認「總有美夢無法成真；總有風
暴無法掌握」（But there are dreams that cannot be, And there are storms

we cannot weather），但卻從來不認為「我的美夢已被現實扼殺」
（Now life has killed the dream I dreamed），[1]當然最後是否能真正實
現，那就需要看大家是否和我抱持相同的理念了！

三　教學內容的系統性說明

　　就我所知世界上並不存在不用學習，天生就擁有全部知識的人，
知識都是經由不斷的學習而逐漸累積擁有。學習既然是從「無知」到
「擁有」這樣一個「由無到有」的漸進累積過程，則在這個過程中出
現某些訛誤，本來就是可以預期的理所當然之事，閩南語有句俗話
說：「仙人打鼓有時錯，腳步踏差誰人無？」很能表現這種學習過程
中必然出現訛誤現象的內涵。學習本質上是個經由錯誤的改正，朝向
減少錯誤方向挺進，以求獲得正確知識的長遠旅程。因此學習檢討的
重點，絕對不應該是針對訛誤的譴責，更應該朝向期望經由訛誤的告
知，提醒當事人注意改善，因而逐漸達到學習獲得的終極目標。這也
就是一種透過「過誤」的了解而獲得「改善」的過程，亦即所謂「知
過能改」的一種實質性的運用。[2]以下的檢討說明，就是秉持著這個基
本理念而展開。

　　講授的課程結束了，該練習的大致也都按照預定進度完成，接下
來當然就有必要針對整個學習課程設計的理念和目標，進行一次「大
清倉式」的分析說明。就這個課程設計的習作而言，實際上都是在下

1　這是借用音樂劇《悲慘世界》I Dreamed a Dream的歌詞。中文翻譯係參考《百度
　　百科》的介紹及翻譯而成。見：http://baike.baidu.com/view/4932209.htm。
2　春秋時代晉國的隨會（士季）勸諫晉靈公時，有「人誰無過？過而能改，善莫大
　　焉」之言，可藉以說明「犯錯」並非無可救藥，更重要的是如何有效改善，為人
　　如此，為學與研究更是如此。見[晉]杜預注，[唐]孔穎達等正義：《春秋左傳正
　　義·宣公二年》，卷二十一，頁10，總頁364。

列四個先後次序的基本精神要求下，執行引導同學們有效學習的教學
任務，教師教學設計的理想過程是：

第一步：要求同學們天馬行空依據自己的認知和感動自由自在抒寫。

第二步：發給教師範本且針對內容原則進行必要的解說並接受提問。

第三步：同學們在閱讀教師「範本」和聽過教師的分析式「說解」
後，針對教師和自己兩個文本進行比較性和反思性的檢討改善分析。

第四步：依據教師提供的原則與自行反思檢討的結果重新確實改寫初
稿。

透過這個刻意設計的學習四部曲，以便達到訓練及培養同學研究思考
及論文寫作的基礎能力。當然同學們是否接受並按照教師的理想設計
方式進行學習，這部分僅能由同學們自己選擇並負責，教師在這部分
既無法了解，自然也就無從檢討了。現在只是再把上學期設計教導同
學如何治學及寫作論文的基本原則，做一次更細緻的整理。這也就是
開學時特別強調的「做了再說」課程設計基本原則的落實。我把這整
個訓練治學和培養寫作合格論文練習的教學設計稱作「論文寫作易
心經」，同時還藉用金庸（查良鏞：1924-）《笑傲江湖》中「風清
揚」獨創的「獨孤九劍」：總訣式、破劍式、破刀式、破槍式、破鞭
式、破索式、破掌式、破箭式、破氣式等九個招式的意涵，[3] 按照教學
需要與學習前後發展的歷程，分成九個前後程序不可更改，並且又連貫
成為一體的引導同學們漸進學習的教學方式，我稱之為「易心九式」。

同學即使沒有看過金庸《笑傲江湖》的小說，但至少也有看過徐
克（徐文光：1950-）導演的電影，因此對《笑傲江湖》的這個有趣
情節，多少會有一些印象。按照小說的情節：風清揚說他獨創的這九

3　金庸：《笑傲江湖》，《金庸作品集》（臺北：遠流出版公司，1988），第28-31
　　冊。

式是「敗中求勝」的招式，這九個招式不僅是從失敗中吸取經驗而創造的招式，同時也是以「求敗」為最高理念的招式。風清揚的這個觀點，當然可以和一般所謂「失敗為成功之母」的精神同觀，但如果仔細思索，則會發現風清揚的這個境界，實際上比「失敗為成功之母」更高一層。因為世人都以「求勝」為最高目標原則，不免常常因擔心可能失敗或實際的失敗而苦惱，這也就是《論語‧陽貨》所謂「未得之也，患得之；既得之，患失之」的「患得患失」之心的具體表現。風清揚以「求敗」為最高目標原則，「敗」於是轉而成為追求的目標，「敗」於是也就不是敗，勝卻還是勝，故而常常得勝，雖以「求敗」為目標卻反而實質得勝。這當然也可以從負面角度評論，將之類比於魯迅（1881-1936）建構的「阿Q精神」，但風清揚的「求敗」是「有能力求勝者的求敗」，這自與阿Q那種「無能力求敗者的求勝」一類的「阿Q精神」不同。但無論如何，此種「求敗」追求隱藏的正常心理態度，我以為對正在研究所修課學習，且即將進行論文寫作的同學們來說，具有非常重大的正面意義與價值。因為無論是研究所的課程，或者論文的寫作，必然都會面臨無法逃避的無知與失敗，若在這樣的過程中能了解風清揚所說的「求敗」雙重道理，則或者對自己的失敗不僅不會受到負面影響，甚至還能夠從失敗中學習到更多正面的東西。我平常在上課教學過程中的許多作為，就有許多正是在表達甚至表現這個層面的思想觀點，例如：許多時候我對前賢或同學表達的觀點，故意不順著作者、同學或普遍共識性的原有思路答案思考，而且還刻意找出一些和原先的作者、同學或普遍共識性觀點相悖逆的答案來質疑，例如我會說：「答案是學習的開始，不是學習的結束。」我會問：「遵從國父孫中山先生領導而宰殺清兵的革命黨徒，如果被殺了就變成烈士；然則那些堅守崗位而被革命黨人殺害的盡忠職守的清兵，是不是也同樣是烈士呢？」「一位具備忠貞愛國堅強思

想的人當大官，就一定能讓百姓安和樂利國家富強嗎？」「創作關懷
社會弱勢小說的作者，是為了社會正義還是為了賺進鈔票？」如此刻
意逆反詢問的目的，主要就是希望同學們可以針對我提出的質疑進行
有效的辯駁，因而使得自己的論點或觀點更加堅實，於是可以說服其
他讀者而獲得較高的支持。上課之際提出的反對觀點，都是在基本上
或實質上希望可以協助同學檢視論點或觀點可能存在的漏洞或不足之
處，並不是要否定原先存在或同學的觀點，我對同學的批評抱持的永
遠都是這種「補證式」或「抓漏式」的「維修員」立場批評觀，並不
是那種自訂一個「自以為是」的唯一標準，隨時準備淘汰不符合自己
需求產品的「品管員」立場的批評，我稱這種「維修員」立場的批評
為「完滿性批評」。這種批評觀和那類自立答案而要求他人遵守，導
致形成一種「黨同伐異」以消滅不同論點為企圖的「品管員」立場的
「毀滅性批評」大不相同。朱熹（1130-1200）曾引述李本的記載，
說歐陽修（1007-1072）有所謂「世之學者，好以新意傳注諸經，而
常力詆先儒。先儒於經不能無失，而其所得者固多矣！正其失可也，
力詆之不可也」和「前儒注諸經，唯其所得之多，故能獨出諸家而行
於後世，而後之學者，各持好勝之心，務欲掩人而揚已，故不止正其
所失，雖其是者一切易以已說，欲盡廢前人而自成一家，於是至於以
是為非，牽彊為說，多所乖繆，則并其書不為人所取，此學者之大患
也」的觀點，[4]歐陽修的這兩段話，正可以用來有效區分「完滿性批
評」和「毀滅性批評」的不同。歐陽修抱持的是一種「完滿性批評」
的觀點，歐陽修說的那類人則是抱持「毀滅性批評」觀點。同學若能
確實了解這兩種批評類型背後不同的企圖，則當同學面對教師或其他
人的「完滿性批評」質疑時，應該也就不會受到「怕輸沒面子」或

---

4 [宋]朱熹：《晦庵集》卷七十一〈玫歐陽文忠公事蹟〉（《四庫》本），頁35。

「虛假師生倫理」等有形、無形心理因素的制約而打退堂鼓，因而導致不敢質疑、不敢提出反駁的問題，反而會勇敢的面對質疑，並提出堅強有力的有效反駁，即使提出有力卻無效的反駁也很好，因為唯有這樣纔能獲得較佳的學習效能。

同學們在學習中千萬要記得這裡所提到金庸建構的那個「求敗原則」和「從失敗中吸取經驗」的精神，因而可以擺脫一般人那種當面對他人質疑時，或者以為自己的想法一無是處，因而導致無法有效的反駁；或者將人家合理合法的質疑當成「罵人」，因而不理不睬，這兩種反應都很難在實際上獲得真正學習的效果。就我個人的教學做法而論，每當自己對同學的觀點提出某些悖逆觀點之際，心中早就已經先根據自己的學術背景，設想提供某些有效或可能參考的觀點，目的總是在如何有效協助同學更好的完成研究計畫或論文的寫作為優先考慮。換言之，我質疑同學們的目的，就在於希望成為有效協助同學研究計畫或論文成立的墊腳石。因此最希望同學在聽到質疑之後的反應，首先想到的不是恭敬的「受教」，反而是如何把質疑破解，當同學在進行破解質疑的時候，事實上也正是在增長擴充自己思考的範圍或層面，這樣纔是順著他人悖逆反對觀的角度，反過來做有效運用的正確學習方法。當然也還可以有另一種從反對悖逆質疑觀點的角度進行反向思考的方式，就是從他人觀點相對立的層面進行正向角度的思考，把反對者的那些對立觀點納入自己的研究計畫或論文寫作內，這樣的結果不僅可以消弭反對者的疑慮，更重要的是可以擴充自己學術思想和學科知識的內涵，這種「反敗為勝」的思考，或者就是金庸創造風清揚「求敗原則」的基本精神所在。

根據前述的這個思考前提，則當同學面對的無論是教師或任何人提出反對意見或觀點時，直覺的反應當該是馬上有意識的思考如何有效或強力辯駁，最好當然能夠有效地把反對意見駁倒。從學習的角度

來說，同學若能駁倒教師的觀點，則教師也同樣能從同學身上學到更多東西，從現代教育學的角度來看，《禮記·學記》所謂「教學相長」正隱含有此種教師亦可以從學生身上獲得學習功能的內涵。同學們在學習過程中，全部都接受教師的意見，或者從來不敢甚至連想都不敢想提出反對駁斥教師的意見或觀點時，則這恐怕就不是正常教師最希望看到的表現或願望了。事實上這個希望同學提出反駁教師意見的要求，不過是《論語·先進》孔子抱怨顏回的那個「回也，非助我者也！於吾言，無所不說」內涵觀點的現代式發揮而已。「易心九式」即是根據「敗中求勝」的精神加以發揮的教學引導方式，「易心九式」招式的名稱是：破靜式、破心式、破亂式、破泛式、破懼式、破襲式、破廣式、破空式、統整式等，招式打完以後當然還有一個回歸原點的「收束式」，以下即分別說明之。

第一招「破靜式」：破壞長期累積「慣習」造成的虛假平衡認知的招式：首先讓同學通過「自介」的「自由抒發」，好把那些可能已經沉埋在心靈深處很久的東西，重新加以攪動而漂浮起來。就是讓大家有機會把那些幾乎已經被「成語」制約到差不多是「八風打不動」的「寧靜思考慣習」重新啟動，因而可將原本以為一切都是如此「理所當然」而「平靜無波」的思考與觀念的「平衡」加以破壞。

第二招「破心式」：破壞長期熟習的認知模式，以便引發必要認知混亂的招式：其次發給教師的〈自介〉，提供一種不同的思考模式與觀念，同學閱讀以後就可以引發某種程度的「震撼」，因而可以達到加深及增強第一階段「破壞平衡」的能量，將原來不怎麼樣渾濁的觀念與思考弄得更加渾濁、更加混亂。

第三招「破亂式」：破壞課程刺激而造成的混淆無定，重新回歸到真實平衡的招式：接著要求同學根據教師的〈自介〉範本重新改寫及自我評量，目的是讓已經渾濁的思考與觀念之水，再逐步回到另一

種澄清明晰的狀態。

第四招「破泛式」：破壞大而無當的自我理解，以確立學習合宜恰當方向的招式：然後讓同學填寫「學習自我定位」的「問卷」，目的是讓同學可以比較深入的反省與了解自己進入研究所的目的，因而可以建立自己的學習目標與方式。

第五招「破懼式」：破壞因為無知而生的害怕心理，進而了解論文寫作的相關常識與規定的招式：再讓同學開始閱讀教師及其他學者的文章，從書寫「摘要」、「評論稿」、「發言稿」和「前言」及「結論」等的過程，讓同學們逐步熟悉論文寫作的表述方式，以及相關的寫作格式，例如標題的訂定、章節的安排、腳註的寫法、書籍版本的著錄等等，因而可以學到如何寫作論文的相關知識與常識。

第六招「破襲式」：破壞因為不自覺的自大而出現的自我擔心情緒，以便培養及加強論文寫作能力的招式：通過發給範本和相關寫作的說明，提供更進一步如何寫作論文的相關必備知識與常識，加強同學寫作論文、閱讀論文及評價論文等等相關必備知識的能力。

第七招「破廣式」：破壞研究範圍太過廣闊的弊病，以訓練如何有效選擇並確定議題能力的招式：在進行前述諸項學習活動的過程中，不斷提醒同學寫作「課堂論文」的訊息，同時還特別強調不准更改題目的規定，利用有形的言語和無形的精神等雙重壓力，逼迫同學思考及決定研究的範圍、方向、議題與內容，讓同學在教師有形的帶領與無形的自我要求中，學習到如何從「抓不到任何線索」或「線索實在太多」的「一團混亂」中，逐漸強迫自己決定研究的範圍、方向、議題與內容，最後並不得不訂下一個可能讓自己或者「快樂的不得了」、或者「難過的痛不欲生」、或者「混亂的不知所云」的論文題目，但無論如何總是已經有一個比較固定可以進行思考操作的目標了。

　　第八招「破空式」：破壞上課光聽不練的錮習，培養進入實際寫作論文心理準備的招式：不斷的協助同學回憶上述種種「內外夾攻」的「既痛苦又充滿挑戰」、「既難過又捨不得放棄」的「又愛又恨」、「既恨且愛」的訓練學習過程的意義與功能，提醒同學不要忘記在前述過程中的種種收穫，同學因此也就在此學習與強調的折磨下，學習到某些以往並不清楚的論文寫作的基本常識或知識，自然就具備有寫作論文的基本條件了。

　　第九招「統整式」：破壞課堂抽象的講理，引導進入實質寫作論文狀態的招式：就是要求同學開始進行論文的實際寫作，教師當然不可能提供一套符合所有同學書寫論文的標準操作手續，因此同學必須綜合前述八招習得的內容，不但要了解同時還要學會遺忘，就是不要被某一個固定階段的觀念或要求鎖死，並且能夠恰當而靈活的運用，使其成為自己寫作之際，幕後那隻看不見的推動黑手，因而可以順利寫出具備學術基本要求的論文。

　　最後就如同多數的拳術那樣，都有一個回歸到發招原點的收束招式：這也就是本次課程設計說明的企圖：就是希望經由前述「四步九階」的說明之後，可以讓同學注意到本課程教學過程中，隱藏的系統性內容與期待，然後再經由閱讀「筆記」而啟動回憶機制，因而可以比較確實了解並建構有效吸收上課教導的基本內容，並成為爾後論文寫作時的基本操作原則。

　　前述藉由金庸武俠小說進行說明的設計，附帶有兩個功能：首先就是希望同學可以對「失敗為成功之母」、「求敗原則」和「從失敗中吸取經驗」的精神等等實質的意涵，有更深入的理解。了解之後除了對爾後的論文寫作有所幫助之外，更希望對大家的教學工作，甚至為人處世，都有正面的幫助功能。其次是某些人可能和我一樣喜歡武俠小說，因而想以研究武俠小說寫成學位論文，雖然我也曾寫過武俠

小說的學術論文，[5]但由於武俠小說在學術上的定位一直不明，這很可能導致研究成果與價值受到懷疑。如果研究者是現職高中以下的教師，那更需要試著從家長的角度思考，如果學生家長知道自己小孩的教師，是以「研究武俠小說」的論文獲得學位，那麼家長們正負面觀感的狀況將會如何？如果有人想繼續留在學術界，則以武俠小說為學術研究專業被接受的可能性有多高？建議大家比較慎重一點的考慮這個問題。

四　課程設計目的說明

開學時〈基本理念說明〉的那一講，曾經特別提到這個「治學方法」的課程，發言的角度主要是一種立基於從「自我承擔責任的普通人」、「以整體中華文化為關照」和「從平民百姓角度論學」的研究立場；同時還特別提醒大家保證整個學習或教育獲得最佳效果的先決條件，乃是師生在「互信互愛」的「自由」氣氛，以及學習者在毫無任何外在的壓力下，自由自在選擇說「我願意」的學習基本態度。並且還特別強調教育主要的功能，在「開發」或「喚醒」具有學習意願學生的潛能，引導發展這類學生獨立思考、自主研究的能力，了解「答案絕對不會只有一個」的基本事實，最終則希望能夠培養出具備「自我思考」、「發現問題」和「自我解決問題」等創新或創造能力的學習者，這也就是講授內容的設計，會以「研究即生活，生活即研究」的理念，以及「四步九階」為引導方式的理由。這個課程的設計除前述企圖外，同時還附帶有另一層目的，就是在「理想上」除期望

5　楊晉龍：〈《孟子》在司馬翎武俠小說中的應用及其意義〉，淡江大學中國文學系主編：《縱橫武林：中國武俠小說國際學術研討會論文集》（臺北：臺灣學生書局，1998），頁207-245。

能引導同學培養恰當「通學致用」的有效運用學術的能力外，還希望
透過課程中設計的那些與同學「預設值」或「期望值」悖逆的內容，
引導同學們學習培養從「第三者」或「旁觀視野」的立場觀看事件的
習慣。因為唯有同學們能夠真正體會了解如何從「無關第三者」或
「史官客觀角度」的旁觀立場觀察或觀看之後，纔能反過來真正體會
並了解什麼是以「自我」為主體的觀察或觀看的立場。就治學方法的
教學意義而言，「無關第三者立場」和「自我主體的立場」，就如同
敘事學所說文本世界的「敘述者」和現實世界中「創作者」的關係一
樣，本就是兩個既不同卻又必須有效融合的統一立場，如果不知道
「無關第三者立場」，也就無法真正理解「自我主體的立場」，一個
缺乏「自我主體的立場」的學習者，很難甚至無法真正建立自己的研
究基本原則，因而也就無法進入實質的獨立研究「場域」，這是要特
別提醒同學注意之處。

　　課程設計的種種企圖或理念，都必須要能落實到培養寫作論文能
力的操作層面，否則就會變成無意義的空話。以「自我主體的立場」
而論，指的就是當同學們在面對前輩學者或同學等「他人」的學術發
表、學術演講；或自己閱讀文本、觀看表演、聽教師講課，甚至上課
及平常與他人交談等等活動之際，可以確實了解自己並不具備這些活
動或對象的「當事人」，或直接的「創作者」，或「主事人」的主體
地位，自己只能歸屬於「參與者」或「閱聽人」一類非主體的客體範
圍，於是馬上主動將自己歸屬於「客體」或「他者」的一方。這樣分
別的意義，就在讓大家確實了解，這些被自己觀看或閱聽對象呈現的
結果，如果純粹就欣賞引發心理或其他的娛樂效果而言，則這些對象
表現的有多好、有多美等等，確實都是非常重要的訊息。但若就一位
學習者而非欣賞者的角度而言，則表演者自身表現的多好、多美的意
義，最多也只能具備做為學習對象的間接價值，並不能直接等同於學

習的獲得。荀子說過的一段話，或者可以借來說明對象即使表現得再好，並無法直接對自己的學習有幫助的事實，荀子說「農精於田，而不可以為田師；賈精於市，而不可以為賈師；工精於器，而不可以為器師。」[6]就是說表演者或表現者的成就和學習者的學習，並沒有必然的關係，荀子這句話同時也可以用來戳破所謂「名師出高徒」的謬誤，同時還可以回答「杜甫是否可以當大學詩學教師」的問題。因為就學習者而言，面對良好的學習對象，當事人表現得如何好雖然也重要，但更重要的毋寧是他們是否可以有效的引導學習者，讓學習者可以從他們高明的表現中吸收到什麼？學習到甚麼？意思就是這些對象的表現，必須對學習者有實質助益，纔具有學習教育的意義。身為學習主體的研究生，在參與前述種種活動之際，提供學習的客體在思想內容上「說什麼」、「寫什麼」、「演什麼」和在形式技巧上「如何說」、「如何寫」、「如何演」等的實際表現，固然重要，但就學習的角度而論，更重要的毋寧是學習者可以從這些提供學習的客體表現中，聽到什麼？看到什麼？想到什麼？學到什麼？是否可以從中發現或擬構出符合自己需要且適合自己研究的議題？亦即學習者在面對這些學習客體之際，最主要的目的乃在從中獲取某些對學習或研究具有重要意義的內容，這也就是本課程所謂從「自我主體」學習角度觀看或閱聽文本與表演的基本主張。

　　根據前述主體意義下學習立場的思考，則治學方法課程教導的整體內容，大致可以歸納為以下六項：一、了解自己的研究能力；二、了解現代人的世界觀；三、了解相關語境的背景；四、了解研究對象的一切；五、了解適當的研究方法；六、了解最佳的進行程序。這些基本原則了解之後，則可以再進一步體會以下三個涉及讀者（研

6　[周]荀況撰，[唐]楊倞註：《荀子》卷十五〈解蔽〉（《四庫》本），頁9。

究者、觀看者、閱聽人）認知問題：（一）讀者認為該研究對象（事物）是什麼的問題：就是要確定在讀者眼中研究對象（事物）擁有或具備何種內容的問題？（二）研究對象（事物）在讀者眼中何以是如此的問題：就是要分析研究對象（事物）為什麼在讀者眼中會擁有或具備這種內容的問題？（三）研究對象（事物）真實的內容的問題：就是探討證實研究對象（事物）本身真實的內容是什麼的問題？這些問題若比較籠統的放在一起考慮，則可以歸納為一個最基本的問題，就是「如何有效提問」的問題。如果可以依照前述學習到的概念與技巧完成論文，接下來更重要的就是要對完成的論文，進行深入的自我評量，歸納起來大致可以有以下幾項的內容：1. 議題內容的深度如何？2. 研究視野的廣度如何？3. 研究思慮的密度如何？亦即是否具備注意到細節的縝密思考的能力。4. 研究情感的濃度如何？亦即是否具備能見及他人未曾注意的好處或優點的正面粉絲情結。5. 研究態度的高度如何？亦即是否有一種入乎其內出乎其外的客觀冷靜態度，就是立基在前述見其好處與優點的正面粉絲情結的基礎上，超越粉絲情結而見到其有限性。6. 進行程序的軌度如何？亦即是否按照預定步驟進行研究。7. 議題範圍的跨度如何？8. 成果適用的寬度如何？9. 學術價值的厚度如何？這些都是論文初稿完成後，在研究上與內容上必須仔細評量，或者做為改善或提升論文品質的基本項目。

　　以上提到的獨立自主的研究主體思考，六項「了解」和九項「評量」等等的內容，其實也就是〈第一講基本理念說明〉中曾經提到的「學術視野的開拓」、「研究思想的創新」與「合格的寫作形式」等三大方向與學習主軸，以及探討「為何研究」、「研究什麼」、「如何研究」等三項主題，因而讓同學可以比較深入了解研究的意義、方法、目的與價值；進而訓練引導同學有效培養「發揮自我潛能」、「選定研究方向」、「確定研究主題」、「進行實質研究」等四項基

本學術能力，因而成為具有思考與創發能力的獨立研究者，這也就是前述〈課程學習目標〉更進一步落實的實際操作而已。

五　學習表現細部檢討的說明

對於學習的實質表現，在未進入細部省思檢討之前，有必要先做一下概括整個課程學習的結論性說明。就教師必須持守的教育基本原則而論，當教師在藐視或無知的狀態下，無法或沒有看到學生優質的良好表現之前，並沒有資格評論學生，更不能不自覺的用最高「理想」為標準譴責學生。就是說正常的教師必須要能看到學生的好處或優點，纔有資格評論學生的不足，那類在能力上僅見到學生不足的教師，基本上應該歸入不合格的教師之列。因此教師在評論學生之前，首先必須要能提出學生們最值得拍拍手的好表現，不僅要給學生適當的讚美，同時還要能夠督促學生繼續保持發揮，盡量朝向達到「零缺點」，例如「零錯別字」和「零標點訛誤」等的更好境界前進。以下即進入細部的省思檢討。

（一）主動學習的省思

根據本課程「自由」、「自願」及課程內容設計等等的基本原則，故而一再提醒同學一定要注意「紀錄」、「重抄」（整齊）和「整理」的差別。「紀錄」是指將教師在課堂上口說的授課內容用文字記載下來；「重抄」（整齊）則是把課堂上速記的草稿，用較正確完整的文句，並補充相關資訊的記載；「整理」則是根據自己的分類或需要，重新安排或增刪修正「重抄」（整齊）的內容。比較遺憾的是除了發現少數繳交草稿之外，幾乎所有同學繳交的都是「重抄」

（整齊）的稿件，並不是「整理」的稿件，顯然對「整理」和「重抄」（整齊）的差異性，並沒有認真的思考。甚至有同學繳交未作任何更動的課堂紀錄草稿，其中更有只是幾句無厘頭的紀錄，完全看不出整體的內容云何？在這種情況下本課程設計時希望達到的效果，自也就難以有效落實了，實在有點可惜。

進行這個省思，目的不在譴責同學，主要是希望可以提醒同學，這個「整理」筆記課程設計的意義與功能。首先同學應該記得在上課過程中，教師一再強調的學習標準作業程序是：學生按照自己所知先寫作、教師提供範本給學生參考、學生閱讀範本自我檢討修正、學生以範本為原則改寫自己的文本等四階段的學習過程。其次學期成績當然是整學期學習表現的評量，如果教師未曾提醒而僅停留在初稿的階段，或許還情有可原，但教師既然已一再提醒而依然不知改善，則表示缺乏主動學習的精神，某些同學在這一點上，恐怕有必要多加反省改善。其三就主動學習最基本的原則來說，學期末對於學期初寫好的「自介」，經過一學期的歷練，當然可以針對其中某些計畫和自我要求，進行執行狀況的檢證和評價，還可以把本學期的學習收穫與想法加入，或者因為本學期的學習結果，對以往某些想法或觀點有所修正。〈自介〉或習作要同學先寫之後，教師再發給範本，然後再檢討並要求修正，這就已經預設同學必須再自我修正的潛在前提，上課時也不斷的提醒。繳交和初稿內容完全相同的〈筆記〉和〈自介〉，表示被動學習的束縛依然附身，缺乏主動學習的自我要求，因而也就缺乏針對參與事件，思考如何改善以追求最佳效果的自由與負責的精神。最後則是許多同學從自己理想性的需求著眼，譴責課程或開課教師不符合自己的「想像」，但這種單向式的抱怨，如果無法舉出實際的證據，則除了讓自己受傷及減低學習熱誠之外，基本上並沒有任何正面學習的意義與功能。同學一定要了解系所的教師開課，法律上固

然賦予很大的自由，但也並不是可以無厘頭式的隨意開課，課程範圍
與開課教師的聘請，實際上都隱含有一種「相互配合」與「互相鑄
成」的內在聯繫。同學如果能從治學方法課程這種單一主題融合成主
體的「獨立而不改，周行而不殆」的整體性設計的角度思考「教師開
課」的問題，[7]則必然能夠獲得較為正面學習效果的功能。

（二）自我評量的省思

　　開學之初，曾經要求同學對自己的〈自介〉進行評量給分，學期
末同樣要同學對自己的學習表現評量打成績，我給同學評量打成績的
基本要求，都是請同學「根據自己的學習心態與實際表現狀況，給自
己打個既公道且公平的分數，然後說明自己可以獲得此一分數的理
由。」這個要求同學自我評量的基本目的有二：一則讓從來都只會為
他人打分數的同學們，學習如何為自己打分數。再則為自己打分數實
際上就是「自我了解」，以及「建構肯定自我」的開始或基本，一個
無法了解自己、肯定自己的人，很難真正擁有並做到前述所謂「自我
主體的立場」的學習態度或方法。

　　至於要求同學在學期末寫「學期成績自我評量」的意見書，首先
可以從教師的企圖來說：一、評量客觀公正性的重視。教師因為擔心
自己的觀察還不夠深入，因此有可能誤會或藐視學生某部分的重要或
創意的成就，因而希望透過同學們自我評量給分的陳述，以便能更加
客觀的評量同學們的學習態度與效果，於是可以較客觀的評定成績。
二、教師教導效果的自我測試。就是想要了解經過這個課程的教導學

7　「獨立而不改，周行而不殆」，見[漢]河上公注：《老子道德經》卷上〈象元〉
　　（《四庫》本），頁15。

習，當同學面對這個在開學之初就已經做過的相同評量行為，尤其是涉及到自己在本課程實際獲得成績高下的考慮時，同學們的反應將會是如何？這種反應相對於開學之初的反應，是否已有不同的改變？其次也可以從學習的角度來看，就是當同學實際自我評量給成績並說明理由之後，希望達到的教育學習功能目的是：一、提醒同學思考自己以何種標準評量自己的學習成效並打分數？讓同學了解自己「潛在」的「評量標準」云何？並且盡量使其具體化、可操作化。二、提醒同學認真思考如何有效補充或完美自己學習上有待改進或加強之處的可行方法。三、提醒同學思考自己或明或暗的「評量標準」，是否符合教育學習的基本原則？這也就是預設同學必須思考何種反應最符合教育學習基本原則的問題。四、同學都是現職或未來的教師或家長，因此也建議同學思考如何在自己的課堂教學或家庭教導的過程中，嘗試著參考「治學方法」課程的設計，建構一套比較有效引導學生或家人學習的自我評量與自我改善的方法。

　　學期初與學期末兩次「自我評量」的設計，從教師的角度而言，就是希望可以獲得較客觀的評量成績，以及較實際的教學效果的自我檢證。從學習者的角度而論，就是希望可以達到提醒學生建立學習主體的基本能力，以及獲得了解並肯定自己的基本認知，這就是設計此一教導方式的意圖。

（三）隱私權保護的省思

　　「隱私權」是現代社會相當受到重視的「基本人權」，即使是犯罪嫌疑犯，都要給予必要的保護，何況是正常生活於社會的自然人，因此無論大人或小孩的隱私都應該受到必要的保護。建議同學可以閱讀前面曾經提過的《個人資料保護法》和《個人資料保護法施行

細則》，則大致也就可以了解保護個人「隱私權」的相關訊息。我觀察到同學們在繳交習作的紙本之際，許多同學並沒有封口，甚至連裝袋都省了，從這個實際表現，可知同學們缺乏自覺性保護隱私權的基本要求。既然連自己都缺乏隱私權保護的觀念，則合理推論大約也就不太可能尊重他人的隱私權。不懂得尊重他人隱私權、沒有自我保護隱私權的自覺，就現代注重人權與法律的民主社會來說，應該是一個值得討論的問題。根據同學們的表現，可以合理推測多數同學應當很少甚至不注意尊重他人隱私權保護的問題。例如一般學生的作業、分數、評語等等，甚至孩童的「日記」，嚴格說都是屬於學生或孩童個人的隱私，身為教師或家長者應該要能善盡保護的責任，這是民主社會最基本的素養。教師除非徵得學生同意，否則不應該把學生的考卷、作業等等公開陳列。對於學生的過錯，即使基於教育的理由，也不應該在公開場合直接點名批判，最多也只能用「有某些同學如何如何」或「有同學如何如何」一類模糊性的詞彙帶過，絕對不可以針對單一對象說「楊某某如何如何」之類。希望經由這個尊重隱私權的分析討論，可以提醒同學們了解那類好奇偷窺的「八卦心態」，就是侵犯隱私權行為的源頭，再者乃是要提醒同學們有效落實自己和他人隱私權具體保護的措施，尤其是學生和孩童隱私權的保護，千萬不可等閒視之。

　　有些同學繳交紙本之際，不僅裝入袋子，同時還加上封面，加封面除有保護隱私權的功能外，還有兩項與教育學習相關的問題可以討論。首先是安全性的問題。同學用訂書針彌封紙本習作，但釘書針卻有刺傷人的危險性，因此若不用膠布把訂書針「刺人」的部分黏貼起來，則很可能就會傷到拿習作的人，但沒有發現有同學確實執行排除危險性的措施。從這裡可以觀察到同學們在思考問題時，考慮的層面太過單純，同時也缺乏排除危險的安全考量。強烈建議同學們將此項

安全性考慮的訊息告知學童或家人，甚至可以強制要求學童或家人必須在訂書針刺人的那面貼膠布，以免造成他人的危險。這是第一件附帶討論的事。

其次是裝飾性表面功夫的問題。加裝封面既是隱私保護性的考慮，當然也有美化裝飾性的考慮。這種注重裝飾的表現，不僅是注重細節的有效表現，同時也是基本禮貌的實際表現。文本的「封面」就如同「人面」一樣，「最初印象」或「初始印象」大致都從這種小地方開始建立，初始「見面印象」好壞而形成的「先入為主」，一旦確定後，就很不容易改變，對後續的影響力相當大。社會上許多涉及「化妝」、「瘦身」與「塑身」的商業行銷行為，就是利用此一人類深層追求「好印象」的心理，以做為賺錢的工具，同學們在待人處世時，有必要注意此種深層心理的了解與運用。現代社會常有一種「不要做表面工夫」的呼籲，不過關於「表面功夫」的實際功能，孟子早就有「久假而不歸，惡知其非有也」（《孟子‧盡心上》）的正面肯定意見。唐代白居易（772-846）的〈放言詩〉中則有「贈君一法決狐疑，不用鑽龜與祝蓍；試玉要燒三日滿，辨材須待七年期。周公恐懼流言後，王莽謙恭下士時；向使當時身便死，一生真偽復誰知？」[8]帶有濃重負面批評「表面功夫」的觀點。但若仔細體會孟子和白居易的發言，就會發現兩者的批評標準並不同。白居易是一種早有定論的「結果論」或「目的論」，以單一否認所有的必然性評價，這是一種從表現者終極「道德人格」單一「私德」層次的思考。孟子則是一種實際表現的「過程論」或「功能論」，以發展過程表現進行實質觀察的評價，這是一種放在社會大眾獲益的多元「公義」層次的思考。可知「表面功夫」既可以從一種「整體求全」和「以後蓋前」的「私

8　[唐]白居易：《白氏長慶集》卷十五〈放言〉（《四庫》本），頁24-25。

德」層次做負面性的總結式評價。也可以從「階段性過程」外顯可見的「公義」或「公共表現」的正面角度思考，就是從一種「部分功能」和「各自獨立」的「人性化」角度進行分段式的評價。傳統中國社會在宋代以後，由於高度重視「道德倫理」的價值，因此對於「表面工夫」都從個人品德修養的終極目的性角度做負面評價。不過這種「表面功夫」的負面評價，並不是絕對不能更改的唯一真理，因此要提醒同學們面對某些長期存在的評價，必須要有這種「只是其一而非唯一」的必要性警覺，這樣比較不會落入「文化再製」的陷阱中。

　　以上就是有關注重隱私權帶來的問題的討論。再就「表面工夫」分析所持的判準而論，想提供同學了解、學習的內容，其實就是一種了解對方立場而確實尊重，並知道自己立場而不自以為是，知己知彼的「相互了解尊重」的思考，同學若能稍加體會，則對自己的研究也會有很大的助益。

（四）習作內容的省思

　　課程規定的習作，包括有「期初自介」、「期末自評」、「閱讀心得」、「筆記」、「摘要」、「結論」、「課堂論文」和「研究計畫」等項目，同學應該都了解「習作」和「作業」的差別，「作業」是有時間和範圍限制的功課，「習作」則是只有開始沒有結束的功課，所以「習作」的評論都是在「完滿性批評」的意義下運作，完全和「毀滅性批評」無關。以下即就形式上與內容上或者有問題之處，從如何更「完滿」的可能和同學們進行必要的省思。

　　一、「自介」表現的問題：首先是同學們在處理「物理時間」和「心靈時間」內容表現上的問題。就總體表現而言，同學對「物理時間」的歷史敘述，都是按照線性時間的先後，逐一說明自己的經歷，

或者再加入一些小評論，這方面的表現大致都沒有問題。但是對「心靈時間」內涵的敘述，亦即針對物理時間的歷史遭遇，進行深刻反思的功夫：包括何以會有此的遭遇？以及此一遭遇對自己造成的影響若何？還有更進一步探討了解現在活著的自己表現的行為與思考如何而來？是否和這些曾經有過的遭遇相關？這部分的相關表現，我覺得同學還可以有更加深入思考的必要。就〈自介〉設計的基本目的而論，前述提及的針對物理時間歷史遭遇的相關反思，纔是設計要求同學書寫「自介」最重要的目的，同學如果僅完成歷史「回憶」建構過去的這部分，卻沒有進入尋求現在和過去關係或連繫的了解，則這一份習作僅能算是完成一半而已。如果同學願意把〈自介〉當習作，同時也了解習作的意義與學習上的價值，那我會建議同學以現在完成的「自介」為基礎，然後針對自己的過去、現在與未來之間的聯繫和可能性，進行比較深刻的省思性思考，如果同學願意這樣做，那纔能算確實完成了這份習作的設計要求，同時對同學的幫助也比較大，因而可收功不唐捐的效果。這個涉及「心靈時間」內涵的學習，同學如果稍微注意一下，當可以發現這其實和論文書寫的要求內涵相關，就是說「自介」書寫設計中「物理時間」敘述的部分，就如同一般論文「緒論」與「正文」的書寫，「心靈時間」的敘述就如同一般論文的「結論」那樣，必須針對「既成結果」進行反思，說明其影響與實際價值。

　　二、「期末自評」的表現問題：期末自評的重點在陳述所有修課學習過程的收穫與感覺，以及自己評定「可能獲得」與「確實獲得」之間差異的省思。最重要的是針對「治學方法」課程的批評或建議，批評或建議可以針對教師設計的教學內容、教學程序、課業要求、學習效果，教學態度、互動狀況及同學想到的「不吐不快」一類的問題等等，以便協助教師修正自己那類因為缺乏對話而形成的「自以為

是」的訛誤。另一個重點則是要檢視同學自己學期初在「自介」內擬訂的修課讀書規畫執行的狀況如何？包括執行得失的說明及提出有效改善的具體方法。設計這個檢視的目的，主要是希望在同學進行自我評論或檢討課程問題時，能夠培養而具備一種「全景式」的視野，就是在進行任何的評論或價值判斷時，盡可能不從單一學科的角度思考問題，而是同時把所有涉及的相關因素都盡可能納入考慮。就本課程而言，則是希望同學能從「整體課程」及「總體學習收穫」的角度思考，並以此為基準進行檢討評價。所謂「總體學習收穫」的省思，主要就是前文指出的修課整體表現，全部課程教導的內容、課程的效果多大或所有開課教師的教學態度等等的檢討反思。所謂「整體課程」的省思，指的是有關課程設計方面的檢討，這方面當然與學校的屬性，以及系所重視的專業相關。例如技職體系或師範體系（客觀的說也可以納入「技職體系」）的大學，尤其研究所在課程安排上和一般綜合性大學稍有不同。師範體系的大學在課程設計上，除一般研究性質的「學術課程」外，還會加入實際操作技術的「教學課程」。例如就我所知像臺灣師範大學的陳新雄老師（1935-2012）、臺北市立教育大學（臺北市立大學）的馮永敏教授等開課時，就特別注意到在「學術課程」中融入「教學」的問題。根據同學「期末自評」的表現，同學們似乎在選課與評量之際，並沒有特別注意到「學術課程」和「教學課程」兩者間不同的學習要求與功能，因而也就沒有根據自己的需求進行比較有效的學習安排，這點讓我覺得有點可惜。雖然「治學方法」課程設計之初，就已經把「學術課程」與「教學課程」納入討論的內容，但多數同學在學習過程中並沒有注意，這也就是同學會發現上課的內容「龐雜」，甚至一開始會有抓不住重點的感覺之故。當然這樣說也許有同學會打從心裡生出一個「為何不早說」的憤怒情緒，如果同學中真的有人存在此種情緒，那就表示這類同學還沒

有完全脫離「小學生」學習階段的束縛，故而有必要更認真的思考培養前文所提「主動」學習的正常心態。

三、「閱讀心得」出現的問題：指定同學閱讀高振鐸（1923-2004）編輯的《古籍知識手冊》，主要目的是培養同學對中文系所該有的基本傳統相關知識，例如：文字、聲韻、訓詁、斠讎、輯佚、目錄、版本、修辭、天文、地理、典籍……等等，有個基礎的認識。但同學們當該看過林慶彰先生（1948-）推銷此書的〈序〉，因此也應該知道《古籍知識手冊》的作者高先生是大陸學者。依照一般常理推測，就是所謂「不在場訊息」，則書籍的作者與預設讀者當然與自己身處的社會相關，就是說臺灣學者寫的介紹傳統中國知識的書，當然是為了臺灣的讀者而寫，不會為了大陸的讀者或新加坡的讀者而寫，如果這個前提無誤，則接下來就涉及到同學閱讀所有書籍之際，必須注意而不能遺忘的兩個基本訊息：首先作者敘述時使用的專有名詞或一般性詞彙及其內容意義，當然會以該社會的一般性共識為主，這是學過訓詁學的人應該有的常識。其次是作者在設計書寫該書時，必然是以自己身處社會一般教育程度的認知，也就是所謂「起點行為」當作該書寫作內容的「起點」，就是作者會根據自己所處社會的普遍知識程度，選擇那些該說那些要說，那些不必說那些不能說。這其實也是我以前說過的何時何地所寫？為誰為何而寫的「語境」概念內容，經我這麼一提醒，同學應該就可以經由回憶而了解，在前述這兩個前提條件的制約下，不僅閱讀《古籍知識手冊》甚至閱讀所有的論著，都必須特別謹慎面對論著中的訊息與用詞，就是不能馬上理所當然的把所有論著，全都當成是「為全世界所有的人書寫」的普遍性書籍，這其實也就是「物理學」和「人文學」研究上比較大的差異之處，「物理學」的問題，比較不受「文化」差異和立場的影響，因而較具普遍性；「人文學」會受到「文化」差異和立場的影響，因而千萬不

要沒有經過任何論證，就直接把某種人文學的結論，當作人類普遍性的答案處理，我以前不是提過「世界大同」要「同於誰」的問題嗎？理由就是如此啦！這本大陸學者編著的書中，出現許多涉及馬克思主義（Marxism）的專有名詞、觀念、判斷或評價，當該是很正常的事實，這些具有特殊立場的觀點或評價，自是臺灣學生比較不熟悉，但在學術研究上卻是相當實際有用的內容。因為就歐美或第三世界的學者而言，馬克思（Karl Heinrich Marx，1818-1883）的思想絕對是二十世紀學術理論上不能忽視的重要發明，因此必然也是學術研究必須了解的基本思想理論。臺灣早期是蔣介石（1887-1975）和蔣經國（1910-1988）父子控制的國民黨所統治，蔣介石自從在大陸敗給共產黨之後，在心靈上就一直很害怕馬克思的思想，因此敗逃到臺灣之後，馬上全面禁止接觸馬克思的相關思想，在蔣介石時代如果有人膽敢私自接觸馬克思主義方面的書籍，就會被打入「匪類」的行列，於是或者請你吃子彈，或者讓你失蹤，或者請你到綠島海邊天天洗石頭唱「小夜曲」，或者請你到新店或六張犂的軍人監獄吃免費餐點。由於「教育慣習」的關係，即使蔣家父子先後「到蘇州賣鴨蛋」，但在臺灣除了少數專門學者，一般中文系所的學者，能夠或自願接觸到馬克思思想的機會還是微乎其微，即使像同學這麼年輕的一代，同樣對馬克思主義的一些詞彙和觀點相當陌生，實則《古籍知識手冊》中出現有許多馬克思主義學者慣用的特殊詞彙，像：「基本矛盾」（basic contradiction）、「解放」（Emancipation）、「階級鬥爭」（class struggle）、「人民」（the people）、「奴隸」（slave）、「奴隸主」（slave owner）、「生產力」（productive force）、「生產關係」（production relation）、「剝削」（exploitation）、「封建社會」（feudal society）、「社會革命」（social revolution）、「無產階級」（proletariat）、「上層建築」（superstructure）、「意識

型態」（ideology）、「經濟基礎」（economical basis）、「社會形態」（social formations）⋯⋯等等，根據我從同學們書寫的文章中獲得的訊息，我並不認為同學確實了解這些詞彙的特殊內在意涵，因此建議同學在這方面可以多用一點心，了解這類帶有馬克思主義風格或概念的特殊詞彙的基本意涵是什麼？然後再去思索了解一下在馬克思的思想影響下，對傳統中國相關學術的評價和臺灣學術界熟悉的評價有何差別？還有一點也有必要提醒同學注意，就是同學研究之際不可能完全忽略大陸學者的相關研究成果，同學如果對這些馬克思的思想影響下出現的特殊詞彙了解不足，則恐怕也就很難說真正讀懂大陸學者論著的內容，甚至也無法確實了解全世界所有涉及運用馬克思主義思想學者的相關論文，尤其是預備研究現代文學與思想方面的同學，若想真正走入學術研究的殿堂，則應該把這方面基本知識的理解，列為未來學習認知的重點。

　　「閱讀心得」出現的另一個問題，就是同學沒有分清自己讀書的「心得」和紀錄內容「摘要」的不同，雖然多數同學確實寫出了閱讀之後的心理或實質獲得的「心得」，但還是有不少同學繳交的心得報告，不過是摘錄書籍內容的「摘要記錄」而已。更令我訝異的是更多同學的「心得」，竟然只是把「讀書會」中其他同學的報告抄錄下來，混充為自己的「閱讀心得」，自己既沒有親自閱讀，更沒有自己閱讀後的的觀點和想法，恐怕很難稱之為「閱讀心得」吧！閱讀心得整體呈現的問題是：或者只有內容的簡述，或者只有小組討論的共同觀點，看不到小組討論後的「個人」觀點。事實上「讀書會」這種小組「共謀」的「合作閱讀」下完成的「心得」，並不符合「讀書心得」的要求，同時也歪曲了成立「讀書會」的本意。這自然是同學們的自我選擇，我對同學的學習選擇一向尊重，現在只是基於教師的職責，提醒同學好好思考一下而已。

　　四、「表格」使用的問題：同學在寫作論文之際，有時候免不了要用「表格」的形式說明，因此有必要對表格呈現的方式稍作說明。一般而言，在人文學科的研究中，「表格」是一種非常有用的輔助性工具，但「表格」本身缺乏獨立存在的意義與價值，就是說「表格」僅能是一種加深或簡化文字說明的良好輔助，並不能取代文字說明而獨立存在，任何「表格」式的呈現，均須有文字說明，沒有文字說明的表格，難以傳達完整的意義，甚至無法傳達意義，表格如果沒有適當的說明，恐怕很難讓讀者明白其意義。因此同學在使用「表格」傳達內容之際，必須了解「表格」的基本功能及其優點與限制。用表格的方式呈現研究的對象或成果，固然比較清晰有效，但若對於表現的內容缺乏說明，必然會影響到閱讀時的理解，這點同學在使用表格時要多加注意：統計歸納需正確、內容說明要清晰的基本要求。

　　五、「筆記」出現的問題：就這個課程的原始設計而論，「筆記」的基本要求，是希望同學在「紀錄」的基礎上，進行內容相關性的分類，並將性質相同者統合在一起，同時加上個人評論觀點與補充資料的「整理」。如果同學在紀錄授課內容後，確實認真的重新統合分類，整理的結果將可做為爾後寫作論文和教學現場的參考，甚至可以變成為論文直接使用的資料，則花費時間整理就不會白白的浪費。統合筆記出現的問題，大致有：錯別字、標點錯誤、書名或人名寫錯、以條列的方式紀錄、抄錄相關資料當作心得反應、不知道的資料沒有再查證、不懂之處沒有尋求了解等的問題，其結果就直接影響到筆記的價值和功能。尤其是條列式或省略式僅記錄重點幾句話的方式，這種紀錄大約過一個學期後，就會逐漸忘記相關的內容，最後這些紀錄就變成「字典學」意義下的紀錄，僅知其然而不知其所以然，當然也就無法「通學致用」的變成寫作論文時的有效幫手。其中還有一點讓我覺得相當疑惑，就是同學在紀錄上課內容之際，如果對教師

講述的人名、書籍、文章或詩詞的內容等等有疑惑，以現在的網路科技水準，只要到「Google」或其他搜尋網站查核一下，甚至進入相關的網路資料庫，這些讓自己疑惑的資料，應該很容易就能解決。上課時也曾一再提醒同學對於引述的典籍內容，必須建立查核的自我要求，以免出現某些不應該出現的訛誤。同學們在「筆記」內出現缺乏查核補正資料的自我要求，其實就是一種缺乏「整理」認知的表現。查核補正資料應該是一件同學都知道應該要做且可以做的事，我猜同學不會是「不想去做」，應該是細心度不夠或「得過且過」之故，這種不夠細心的馬虎態度，讓我很擔心同學在寫作論文時，是否能記得我上課特別提醒的要把資料的出處清楚紀錄的要求，故而我纔會再次慎重的提醒同學注意。我希望同學在面對任何問題時，都能隨時想到那個「選擇就要負全責」的基本概念，以及那個「要嘛不要做，要做就盡力做到最好」的自我要求。

六、「習作」放棄改寫的問題：這個課程設計有「摘要」、「前言」、「結論」等的練習寫作，主要是「摘要」、「前言」和「結論」和論文的相關性最直接最密切，因此希望同學透過前文提到的：亂寫粗稿、範本學習、修正粗稿、完成定稿的過程，學習到如何寫出比較合宜的「摘要」、「前言」和「結論」。在這個前提下「修改」和「定稿」乃是學習中非常重要的過程，上課所以沒有強制「規定」，就是尊重同學的選擇與相信同學的自我判斷。但遺憾的是發現僅有極為稀少的同學確實的「修改」與「定稿」。因此有必要再提醒同學在學習過程中，務必要養成「主動」的重要態度。同學們應該都不喜歡甚至會怨恨強迫規定，但同學如果只會對教師的規定要求怨恨，卻無法養成主動的學習態度，則恐怕也很難真正獲得實質的學習效果。

七、「論文」表現的問題：一般論文注重的項目，不外是：內容

實質、章節用詞、行文遣詞、引文狀況和形式表現等的方面，這裡檢討的其實是以第七講〈論文書寫的實質性內容〉為基準的說明。就論文形式上而言，最重視的項目包括有：（一）摘要形式是否合乎要求；（二）關鍵詞選擇是否得當；（三）前言內容是否充分完整；（四）腳註與出版資料是否正確；（五）結論是否符合基本要求等五項。根據這五項標準，觀察同學在論文上出現的問題，大致有以下幾項：（一）標點使用：標點符號的使用，影響文章內容的判讀，同時也表現作者的學術或文學素養，更表現作者的細心度或精確度，這些都必然影響到論文價值的判定。某些同學習慣將三個「標點符號」連在一起，這是個錯誤的用法。該加「專名號」的忘記加，加專名號更出現前後不一致的現象，這些小地方一定要注意改善。（二）文字表達：文筆不夠精煉，不需要的贅詞太多，如「我們」、「而」、「的」、「所」和「是」等字出現太多。例如以「的」字做句尾的那種「⋯⋯是⋯⋯的。」類型的句子，把「是」和「的」兩個字刪去，完全不會影響原本要表達的意思，文字也可以較精煉。（三）章節分配：論文章節字數多寡不能相差太多，每個段落的文字不宜相差太遠。專書或學位論文和一般小型論文不同，期刊論文的章節分得太細，可能就會導致章節和段落文字太少或相差太多，除非特別需要，否則分章即可，不宜再細分小節。（四）摘要內容：「摘要」和「關鍵詞」是行銷論文或研究計畫的「宣傳單」，不是論文或研究計畫的「說明書」或「前言」，因此第一句要用「結論句」，用以表達研究的目的；最後一句一定是「效果句」，用以宣傳自己的研究或計畫具備的學術功能與貢獻等價值。目的就在提供讀者有效了解論文探討的內容重點及收穫與價值。「關鍵詞」的選擇，必須表現該文最關鍵的名詞，論文的關鍵當然與研究議題的焦點內容相連接，因此「關鍵詞」必須與「摘要」連成一體，目的是輔助讀者更清楚了解論文的重

心所在。（五）腳註體例：中文學界論文腳註的格式並沒有統一，因此提供了書寫格式的範本，但同學按照範本者並不多，甚至附註方式前後也不統一。還出現不知為方便讀者考慮的體例，以及沒有標明作者與書名或篇名的狀況。有些同學使用社會學系統的論文寫作格式，但每個學門均有自己獨立的論文寫作格式，本課程雖不排斥社會科學式的論文格式，但社會學格式其實有出版資料殘缺的問題，另外既然已有統一的格式，同學就應該尊重這個課程的要求，不宜固守既有的寫作習慣，因而拒絕改變。（六）版本使用：不恰當的版本，二手資料等都需揚棄。無論字辭典或「維基百科」、「百度百科」等收集的內容，都僅收錄已發表的普遍性意見，絕不會收錄個人未發表的創見，因此研究使用時必須注意適用的範圍與程度。網路發表的文章，缺乏不變的確定性，可能很快就被刪除或網站關閉；公開於網路的免費文獻資料和收費文獻資料庫不同，因為不需負責故缺乏品質的保證，刪減或遺漏的現象，出現錯別字的狀況，更是難以避免，因此除非沒有紙本出版或發表，否則盡量不要直接使用這類免費公開的網路文獻，如果非得使用不可，則需要把查詢時間寫清楚。（七）出版資料：腳註與參考書的版本資料混亂，例如：沒有出版地、出版社用簡稱、或有月份或無月份、加版次或加或不加、網路文章沒有上網搜尋時間或該文章公佈的日期、期刊論文缺頁碼或只列引述的頁碼等等，這些小問題應該避免出現。（八）結論表現：論文的「摘要」與「結論」，都必須能明確說出研究的價值或貢獻，亦即研究者必須明確說明研究成果的必然性價值，就是要確認研究議題、研究過程與研究成果之間絕對的關聯性，以及研究成果在學術上無可質疑的作用或貢獻。這部分大多數同學的表現都沒有達到基本要求的水準，因此還有很大的改善空間。

以上都是從消極角度提醒同學，並同時說明必須重視的原因，目

的重在供同學們參考改善，以便可以減少錯誤，進而可以習得比較正確的論文寫作方法。

六　學習疑惑的說明

　　本課程開始時就曾特別和同學們強調「師生互涉立場」的教學類型；以及後來歸納的「研究即生活，生活即研究」，「研究是生活的濃縮版，生活是研究的基礎資料」等一類的基本觀點，這些基本觀點顯然對某些同學產生了實質的功能，因此不少同學在上課過程、信件往返和繳交的習作內，提出了許多與研究和工作及生活相關的重要問題，希望可以和教師進行討論，或者希望教師提供自己的想法。除了私人性質的問題之外，其中某些與課程設計相關的內容，以及具備公共討論性質的問題，教師大致都會盡可能的即時在課堂上公開回答，但是否已經解決了同學們的疑惑，則當時並無法有效確認；另外上課教導學習的內容，是否還有不了解之處？同學當時恐怕也同樣無法確定，但經過一學年的學習，應該可以比較明確的掌握自己的「所知」與「所不知」，孔子所謂「知之為知之，不知為不知，是知也」（《論語‧為政》）的教訓，同學應該都耳熟能詳。為了比較有效解決前述的問題，因此纔會在課程結束之前，特別留下幾堂課的時間，讓同學們針對上課的內容、曾經提問而教師的回應沒有解決自己疑惑的問題等等，就自己的「所不知」提出來和教師討論，當然也可以提出新的問題。以下即就同學提出的疑惑，進行解說供同學參考。

（一）　「緒論」內容如何書寫的問題

　　論文的「緒論」或「前言」是一篇文章的門面，對讀者閱讀認知

與評價的影響甚大，甚至影響讀者繼續閱讀的意願，因此顯得特別重要，確實有必要更加詳細的說明。

　　一般而言，「緒論」或「前言」旨在有效交代寫作論文的理由和期待的研究成果與可能有的學術貢獻，至少要包括兩項重要的內容：一、清楚說明設定的研究議題，在個人的能力、資料文獻、研究方法與研究視野上的「可能性」與「可行性」，就是要確實告知「是否可以研究」，然後有效證明研究者「有能力研究」。二、證明在學術研究與價值上的「必要性」或「必然性」，就是要能確實說明在學術上「應該要研究」或「必須要研究」，以及慎重的說明此研究議題在學術上「值得研究」或「具有研究的意義」。

　　這裡還有必要說明一下「研究視野」與「提問態度」的內涵。「提問態度」指研究者針對「提問對象」提問之際，表現出來的一種「自覺或不自覺」的「贊不贊同」、「相不相信」、「喜不喜歡」等肯定或否定的評價性質的心理傾向，這自然會影響到對待提問對象的評價。「研究視野」指研究者根據研究意圖或預設的需要，在進行議題研究時「自覺地」設定一種學科範圍進行研究，例如「經學的視野」、「倫理學的視野」或「社會學的視野」、「心理學的視野」、「政治學的視野」、「經濟學的視野」……等等，出現這些不同視野的研究預設，主要是一般人必然要生存於社會之中，因此人與社會必然產生關聯性，但無論是「人」或「社會」本身，都是一個相當複雜而具有活動生命的「有機體」，絕對不會是一具僅有必然運作規律的「機械體」。任何學術研究，都必須建基在這兩種複雜有機體的種種互動關係上，複雜的程度也就可想而知，因此全面性的整體認知，當然是研究的最高理想，但這必需要有一種多層次、多角度、多面向的研究視野，用以探討社會層面上，包括社會的發展與個人的生活、群體和個人、理性和非理性、情感和反情感、客觀要求與主觀動機、社

會與家庭等相生相反的互補或衝突的關聯性的了解。還有探討個人層面上，有關人與社會的思想、文化、心理、經濟、政治等的互動關係。既不能僅有個人的主觀動機，忽視群體與社會的功能與作用；更不能僅有經濟與社會等群體的客觀制約，忽視個人本身內在主觀的需要、感情、意圖、性格等等的影響，因為人的行為雖表現為外在經濟利益的需求，但實際上這些經濟的需求，更可能是根源於個人內在狀態的需要而產生，因為人本身原就具有選擇的主動權。然而這種整體完全的深入研究，除非是全知全能的上帝纔有可能，就個人有限認知能力的研究者而言，為了有效保障研究的順利進行，當然就有必要選擇一種研究者最熟悉，且對研究議題最有效的角度，做為研究進行時的確定範圍及評估的基準，以免造成研究與評價上的紊亂，故而先自我設定為：經學、宗教學、哲學、社會學、文化研究、心理學、經濟學、政治學等等的「研究視野」就有其必要性了。

（二）「引述」評價如何選擇的問題

學術論文的「引述」，絕對是一個需要認真對待的「大學問」，這個問題雖然在「第一講」和「第六講」及稍前都曾經提及，同學們會再度提問，顯然已經了解這個問題的重要性，同時也表示同學確實已經開始進入「研究生活」的自我認知之內了。

首先同學必須如前面提過的那樣，確實了解創新者與欣賞者的不同之處，欣賞者或「粉絲」可以因為模仿自己心儀的對象為榮，但以學術研究為目標的研究生，終究要學習確實成為擁有自主意識的研究創新者，絕對不是把自己變成某種理論、某位學者、某個學派或某本書籍的「永遠屈居第二手」或「模仿型粉絲」，模仿或認同心儀學術權威對象，只能是學習過程中的基礎功夫，最終還是需要具備「超

越」或「不同」的創新發現，我經常強調「答案是學習的開始，不是
學習的結束」，引述對象的評價性答案或結論，當然也要放在這個基
本學習模式中思考，除了必須注意權威性的學術價值高低的不同「層
次」狀況外，還要特別注意權威學者的評價是否「公正」和「限制」
的問題。既然引述權威學者的評價都必須注意，則引述非權威學者的
評價當然更需要注意了。[9]

　　首先「公正」是指舉證是否「客觀」及「確實」？「確實」指證
據是否有效？「客觀」指結論是否在證據範圍之內？其次「限制」指
的是結論的適用範圍，就是使用者不可以未經任何論證而理所當然
的「廣泛性套用」。例如達爾文「假設」物種幾億年以來長期發展
的「演化論」，並不能直接套用在相對於整個物種僅有短暫發展的人
類社會之類。某些研究者喜歡舉少數幾個特例，又沒有說明這些「特
例」足以成為「通例」的理由，就是沒有先論證代表性多高，然後就
下一個普遍性的結論，例如僅研究某大學單一課程修習的學生用功或
不用功，經過實證性的觀察歸納分析，證明選修此課程的學生確實非
常用功，於是下結論說：「可知某大學的學生，都非常的用功」，這
樣的結論可信度當然不高。還有舉一兩個負面的特例，抹殺其他絕對
多數普遍存在的事實，例如發現歷史上有幾位著名的文學家或學者參
加科舉考試沒考上，就下結論說「科舉考試根本無法選到真正的人
才」、或「可知科舉考試的制度非常不公平，根本缺乏鑑別度，因為
優秀的文學家和有學問的學者都考不上」，這種類型評論的有效性當
然不高。因此同學在引述既有的學術評價或判斷之際，無論是多麼權
威的學者，都必須先「檢證」其舉證是否合理？舉證的代表性有多

9　有關學術論文「引述」的學術功能及注意事項，可以參考楊晉龍：〈引導與典
　　範：王叔岷先生論著在臺灣學位論文的引述及意義探論〉，臺北臺灣大學主辦
　　「王叔岷先生百歲冥誕國際學術研討會」論文（2014年5月24日）中相關的討論。

高？是否只是從自身單一角度的評論？是否只是一種「自以為是」或「全知上帝者」的無效評價？上課之際曾要同學特別注意清末民初學者的研究結論，無論是「反傳統者」和「新中國學者們」對傳統中國的批判或研究結論；或「維護傳統」和「保守的學者們」對新文化學者的批判或研究結論，一定都要有追問舉證是否落入「以少證多」、「以己為眾」，甚至「強不知以為知」或「以個人意識型態為真理」等弊病的警覺，不要看到人家說什麼就毫不考慮的引述。

同學應該還記得前面曾經舉過的那位德國哲學家包爾生，包爾生曾在《倫理學體系》中提到：「不同的時代有著不同的道德準則，這種情況是一個不容爭辯的事實，但很難說服普通人相信情況是必須如此的：與現在相比，一個較早的時代有著不同的風俗、行為和判斷，並不一定就是不完善和墮落的表現。我們傾向於認為與現在不同的無論什麼都是錯的。」他又說道：

> 當代的（晉龍按：指19世紀後期）特徵表現為一種強烈的先驗地拒絕所有舊的公認真理的渴望。有許多這種渴望的徵兆：我們可以想想尼采有關所有價值的必然翻轉的預言，被青年人貪婪地接受的情況，以及社會民主主義對所有現存政治和社會制度的激烈抨擊。一種熱烈的對於思想、道德和生活方式中，新的從未聽過的東西的癲狂支配著我們的時代。訴諸權威和傳統是完全無用的，這種狂熱不是別的，而正是一種自由的個人思想的爆發，它被壓制了這樣久，被高壓統治弄得都不敢相信自己了；它是對迫使人們不是去思考而是去記憶的經院的反動；是對要求人們不是去思考而是去信仰的教會的反動。這是啟蒙運動的徵兆，……年輕人他們當然想用他們自己的頭腦去思考，由他們自己來塑造自己的生

命，而不願盲目地由傳統的思想和別人的行動來支配自己。
他們完全有權利這樣做：想自己所想，行自己所行。這是人
的基本權利和最高職責。獨立地自我決定是心靈莊嚴的特
權，再也沒有什麼能夠比自由更有益於無偏見的思想的產生
了。倫理學的任務將是邀請懷疑者和探討者一起來合作努
力，發現將幫助判斷力理解生活的目標和問題的確定的原
則。它不是要告訴人：你要做這個，而是要同他一起研究這
個問題：你在追求什麼？你真正的理想是什麼？[10]

建議同學在引述學者的價值判斷之際，想想包爾生的這些觀點，那麼
或許也就可以提醒大家在研究過程中，比較不會受到某些學術權威或
自己認同者不正確「偏見」的蒙蔽。

（三）「詞彙」如何精確使用的問題

上課過程中經常提醒同學，一定要精確使用詞彙，更要辨別自己
或他人使用的是「傳統的」意義，還是「現代的」意義，例如：「傳
統」或「tradition」的意義？「風格」或「style」的意義？「思維」或
「thinking」的意義？對於這個要求區分的規定，有同學希望我能有
更詳細的說明，現在就以常見、常用的「普通詞彙」或「一般熟詞」
為例，稍作說明。

普通詞彙指大家習以為常，並且無論是知識人或一般群眾，都可
以不必經過任何再思考或解釋，就能夠輕易了解其意義的「熟詞」。
這種用法如果放在社會一般人際交談溝通的層面，因而以一種大而

---

10 兩處引文見[德]包爾生著，何懷宏、廖申白譯：《倫理學體系》（臺北：淑馨出版
社，1989），頁25、頁31。

化之、得過且過的態度，隨意使用這些「熟詞」，只要能達到「溝通行為」和「回應對答」的功能，則並沒有什麼不可以。但如果放在追求精確的學術研究層面，那恐怕就有必要認真對待這些常用的「熟詞」，確實了解這類常用「熟詞」的意義，以免僅停留在似懂非懂的「一般層面」思考，導致無法進一步提升思考的層次，因而進入追求精確的層面思考，若是如此則必然達不到應有的學術研究與教育引導的效果。

　　從「學術層面」或「研究層面」思考詞彙的定義，首先要注意「詞組」的詞（單字）與詞（單字）間的關係，這種關係大致可粗略分為八類，既然是「粗略」的初步分析，所以不保證絕對精確，重點只是在提醒大家注意這種實際存在的現象而已。這八類關係是：一、階級關係：如：貴賤、尊卑、父子、君臣、包容等。二、次序關係：如：前後、本末、光華、光耀、進退等。三、位置（方向）關係：如：上下、左右、高低、迎接等。四、時間關係：如：新舊、始末、老少、始終等。五、速度關係：如：快慢、緩急等。六、同源關係：如：迅疾、過往、意義、迴轉、差異等。一般教科書上所謂「同義複詞」，大致指的就是這類關係的詞組。七、評量關係：如：遠近、異同、恩怨、得失等。一般教科書上所謂「偏義複詞」，大致指的就是這一類的關係。八、感覺關係：如：冷暖、愛恨等。確實了解熟詞間的關係，則對文句的解說，自然就會有不一樣的認知。

　　探討熟詞的詞組關係，同時還牽涉到一個很重要的「符號」與「現實」之間關係「詮釋」理解的問題，當同學面對一般常用詞彙時，開始時是如何「詮釋」這類人人皆知的普通詞彙呢？這就牽涉到研究者以何種層次面對「普通詞彙」和進行詮釋的問題。上課所以一再提醒同學要特別注意「精確使用語詞」，以及正確思考詮釋的問題，就是希望同學可以培養出一種「從自認為的理所當然之中，發現

並不是如此的理所當然」或「從大家認為沒有問題的地方看出問題」
的從「一般層次」提升到「學術層次」與「研究層次」的能力。因而
在面對任何自以為「懂得」的常用「熟詞」時，能夠謹慎與精細的進
行「學術層次」與「研究層次」思考後再詮釋，不要馬上從「一般層
次」的思考急著下定論。

「精確使用語詞」的運用，事實上不僅在學術研究上很重要，對
一般的教學引導也特別重要，因為「精確使用語詞」的基本內涵有
二：一是使用最能表達自己思想觀點的語詞；一是使用對話對象可以
確實了解意義的語詞。一般教導的對象，必然都是在學科知識或學術
專業方面「背景知識」（起點行為）有限的對象，當教導者與受教者
交談、或對受教者提出要求、或對受教者下命令之際，如果沒有恰當
運用這兩項基本內涵，則很可能帶來兩種後果：一是「雞同鴨講」的
缺乏實際對話效果。一是引爆教導者「不受教」的負面情緒。例如以
一般國小學童為例，當教師上課或一般談話時，針對學童發言的那些
所謂：「乖」、「棒」、「讚」、「讀書」、「品德」、「責任」、
「孝順」、「誠實」、「尊重」、「禮貌」、「休息」、「說謊」、
「同理心」、「同情心」、「知過能改」……等等語詞，必須要能確
認學童對這些詞的了解是在「字典意義」的層面？還是「詮釋意義」
的層面？若是連「詮釋意義」的層面都未能達到，則更進一步行動的
「實踐意義」的執行，當然也就不可能有效果了。這應該是很容易了
解的事實，希望以上的說明，可以比較有效的解決同學們的疑惑。

（四）教學執行方式的學習意義

許多同學在上課期間的信函或期末的習作中，都強烈表達希望教
師改變現在的教學方式，就是開學時應該要表現親和力，讓同學願意

多和教師親近，以便製造良好的教學現場和樂氣氛，因而有助於學習的效果。不要像現在這樣，一開學就「耍酷」，規定一大堆，口氣毫無妥協的可能，表現出一副凶神惡煞的樣子，讓同學開始上課就興起有一種「畏而遠之」的效果。同學的這個說法當然正確，但可能比較適合其他教學現場，並不完全適用於研究所的教學，我的理由如下：

　　我以為研究所的教學，教師主要的任務，乃在於將自認為研究過程最好的方式與研究獲得的最好成果，提供給修課的同學參考選擇，並不需要像教導小學生那樣，要求學童們亦步亦趨，甚至把教師當成行為或學習的典範或偶像。研究所的教師最重要的是協助學生建構「獨立自主」的學術研究精神，並不需要像小學生那樣迎合學生而博取好感，因此就研究所教師的教學責任而論，學生喜歡或不喜歡都不是教學考慮的重點，重要的在於是否能有效引導學生建構獨立研究的學術能力。再從學習的角度來看，學生對教師的不滿情緒，其實正是建構學生「獨立」學習的重要開端，因此學生喜歡和不喜歡教師，都有學習上的實質好處，教師「耍酷」並不是無意義的行為，這是具有學習效果的刻意設計。

　　開學「耍酷」的教學要求方式或態度，則因為就一般教學的方式，大致可以分成兩種類型：一是「逐漸放鬆的先嚴後寬」；一是「逐漸加緊的先寬後嚴」。這兩種方式各有優缺點，我採取的方式是那種逐漸放鬆的方式，這種教學法是學習《莊子・齊物論》所謂「狙公賦芧，曰：『朝三而暮四。』眾狙皆怒。曰：『然則朝四而暮三。』眾狙皆悅」的觀點，以及當兵時訓練中心班長們所謂「一嚴、二鬆、三不管」口頭禪雙重影響下的決定。我在教學之初，就已考慮到教學上「先抓緊後再逐漸放鬆」的「先嚴後鬆」與「先放鬆後再逐漸緊縮」的「先鬆後嚴」的不同教學態度與方式，在同學心理上可能形成的不同感受，接著分析同學此種心理感受在教學上可能達到的不

同效果，然後纔決定採用「先嚴後鬆」的教學方式，「耍酷」也是教學設計啦！

同學也希望教師說話速度慢一點，讓同學比較完整的紀錄；希望教師提供大綱或出書，節省同學紀錄的辛苦。同學們的這類希望，現在也稍作說明。首先說話速度改進的問題：一則我希望教導同學的內容根本講不完，速度若放慢那就更少了；再則我並不希望同學僅僅是一字一句記錄上課發言，我希望的是同學紀錄發言「之內」和「之外」，甚至是「之上」後，再依自己認知「整理」或「修理」的內容，聽不清楚反而提供同學更大的補充思索空間；三則我雖然希望同學因為聽不精確而整理出有「自己」參與的內容，另外「說話快」其實還附帶有訓練同學「聽力」的隱藏性目的，同學未來發表論文或聽演講等都要接受質疑或了解內容，這類面對面的質疑或了解不可能寫成文字稿，「聽力」的訓練因此很重要，透過「耳聽」而整理內容的能力需要培養。基於這些原因，所以說話速度快。

提供講課大綱或內容涉及兩個問題，首先是課程教學設計的問題，其次是某些同學不想多學的問題。就不想多學的問題而論，從每年批改習作的經驗，可以很明確的感覺到某些同學或明或隱的表達不希望多學的願望，無論這些同學是基於何種原因或態度，就教育學習自由至上、強迫學習罪惡的基本立場而言，同學們的「少學希望」與「多學盼望」，既等價也等值，都應該給予同等且必要的尊重。身為專業學術的研究者，固然希望同學認真投入學習，甚至進入學術研究的專業領域，但也很了解現實的狀況，並不是每位同學都需要或都可以走學術研究的路，某些同學沒有多學的意願，只願意以現有環境為主軸的學習考慮，當然應該受到同等的尊重。同學應該會注意到我一直強調的教學理念，就是學習和教育應該是「自由意義之下的自願」，應該是「自由自在狀況之下的接受」等基本原則，教學設計的

內容與要求，就是擺盪在同學們盼望多學與希望少學兩者間調和的結果。其次這也和我的教學立場相關，我從來就不贊成長期存在教育界那種「跟屁式」（僅會複製教師或書籍內容）或「太監式」（教師與教科書外無其他內容）的教學方式，於是在結合前述同等尊重「少學」與「多學」的前提下，經過思考後纔決定維持現在這種不提供「講義」和「課本」的教學方式，此種要求「自尋答案」的教學方式，目的除了想有效彌補或糾正現存普遍性「等待答案」教學方式造成的缺失外，更希望可以不要增加「希望少學」同學太多負擔，同時也提供「盼望多學」同學一種學術能力提升的訓練。同學如果有心多學，則透過和教師信函來往的詢問求教，當也能滿足同學某些學習上的需要。

　　以上是針對同學提問的回應，以下則討論教師觀察同學一學年後的某些提醒與鼓勵。

七　教師的觀察與提醒

　　課程很快就要結束了，即使沒有唱蘇格蘭民謠改作的〈驪歌〉（Auld Lange Syne）或日本歌改編的〈青青校樹〉（仰げば尊し），爾後師生也要各自西東，很難再有像現在一樣，師生齊聚一堂論學的可能，因此在回答同學的疑惑之後，順便也把我從同學繳交的習作、來往信函及平常言談中注意到的問題，提出一些私人的意見，供同學們斟酌參考，或者對同學們爾後的研究、教學或生活有一點點實質性的提醒功能。

　　我從小就不喜歡「被唸」，不喜歡聽那類「說教」的言辭，我想大家應該也都和我一樣，不喜歡聽那類諸如：自以為是的獨斷性語句、高高在上的階級性語句、好為人師的指揮性語句、本意良善的惡

毒性語句、關懷過度的厭煩性語句、頌一貶眾的寵愛性語句、隱含惡意的揶揄性語句等等類型的語言，不過因為是臨別贈言，純粹是從提醒角度發言，僅僅只是良心的建議，絕對沒有「教師說的就對」或「學生非聽不可」等的自大心態。同學應該都聽過我常常調侃自己的「明知多言惹人厭；天生雞婆無奈何」的那句話，因此以下的發言若帶有某些惹人厭的語句，同學覺得順耳就聽一聽想一想，若覺得不順耳就請稍微容忍一下，把這些「廢話」當作夏天突然吹過來的一陣熱風，熱一下也就過去了啦！

（一）規範與自由共存的弔詭

自由主動選擇和規範制約被動的問題，在前面討論「主動學習的省思」和「『習作』放棄改寫的問題」兩處，都已稍微提到。但這個「自由主動」和「規範被動」的問題，對身為研究生的同學們實在很重要，因此不得不再一次的強調。

首先是發現同學對開學之初發給大家的「課程簡訊」，抱持兩種完全不同的態度：不在乎與太在乎。完全不在乎「簡訊」者，愛交什麼就交什麼，甚至通通不交，也沒有告知選擇何種學習模式，完全無視「簡訊」的告知提醒。這種自由心靈的態度，如果用在學術研究上，自然是個很不錯的表現，但是出現在現實社會的運作上，尤其是出現在學習過程，培養基礎學術能力的要求上，就不免要讓人擔心了。因為這顯示某些同學對與自己切身相關基本規範的藐視，這種表現可能潛藏有一種不負責任的放縱和缺乏自我尊重的隨便，以及一種唯我獨尊的自大傾向，提醒同學稍微注意一下。

太在乎者，把「課程簡訊」的內容，當做一般考試的「問答題」，於是在寫「自介」、「自評」時，完全依照「簡訊」的條文作

答，甚至製成表格一項一項對應，這樣的回應當然不能說錯，但卻也顯示同學在面對「規範」或「典範」之際，無法擺脫制約的困境，缺乏一種將規範或典範內容當做起點，加以融會貫通後，再從整體性角度思考的自我要求，同時也是一種缺乏自由心靈的委婉表現，這點也讓我相當意外和擔心。人世間的規範或典範，都不過是人為的修辭性表現，就像後結構主義所說的「痕跡」（traces。也譯作：印跡、遺痕、蹤跡）那樣，僅是個無法整全的「不盡」（absence。也譯作：失缺、缺少、缺席、不在、隱無）而已，只是相對意義下的確定，不是永恆不變的真理。[11]這也可以借德國物理學大師海森堡（Werner Heisenberg，1901-1976）「量子理論」（quantum theory）中的「測不準原理」（uncertainty principle），所謂時間「速度」的動能和空間「位置」的地點無法同時準確測得的觀點加以說明，就是在學術時間的流程中，某個學術研究的成就，如果放在時間的速度動態中，則也就無法測得其學術價值的空間位置，要測得其學術價值的空間位置，就必須把時間流停止，或者一點或者一段，因此所有現存學術價值的空間位置，在學術時間流的速度照映之下，都僅能具有時間階段性的空間意義，都可歸入準備隨時被更精確、更深入的新規範和新典範取代的暫時性「對照組」而已。

當進行學術研究而思考議題或問題之際，既存權威性規範或典範固然是重要的參考基礎座標，但同時也一再提醒同學不要被原有的規範或典範限制，錯失發現或發明的機會。所以個性傾向「不乖」的同學，需要培養行為上遵循一定公共規範的自我要求，個性傾向「乖」的同學，則需要培養思想上擺脫「坐等答案」和「照章行事」制約

11　參考劉亞猛：《追求象徵的力量：關於西方修辭思想的的思考》（北京：三聯書店，2004），頁10-12及腳註所論。

的能力。這樣纔有可能拋棄藏在心靈中的無形束縛，因而可以形成一種理所當然把教師或學界提供的既存規範或典範當作參考，既不是完全漠視不裡，也不是亦步亦趨遵循，然後發展出一套自由自在思考下，屬於自己的說詞或作法，這也就是我常常提醒的「答案是學習的開始而非結束」的意思，在這個意義下獲得的答案，纔有資格稱「特色」，纔不至於出現那種把一般性表現誤當做特色的訛誤。

（二）教育解決與行政解決的差別

　　從自介和筆記的內容，可以了解身為小學教師或家長的同學，經常要面對許多各式各樣的問題，這些問題來自家長、學生、同事、行政、環境或家庭等等，我選擇其中一項來和同學討論，那就是如何面對或解決小學生「明知故犯」一再違犯同樣規矩的脫序狀況。面對學童脫序的行為，如果從教師職業的行政立場或制度思考，則如何讓學童迅速回歸正常守規矩的狀況，當然要列為最優先考慮，但這時候其實也正是考驗教師是否具備教育引導理念最嚴酷的時刻，如果僅僅為了恢復秩序，因而不去注意或考慮使用的方法是否合乎教育精神與教導原則，那麼這時候教師的角色就會從教育意義的教師，變成法律意義的檢察官兼法官及執行處罰的行政機關或行政人員了。若從學習的立場及教育的立場思考，則學童回歸守規矩的有序狀況固然是最終目的，但使用的方法絕對要能符合學習精神與教育原則，即使過程比較冗長，無法馬上見到效果，教師也不會因此而氣餒或情緒失控，依然會按照教育和學習原則處理，這樣纔是以教育或教化立場解決學童的違規問題，不是以「法院」和「監獄」的職業性行政立場處理學生違規事件。要這樣做當然不容易，必須面臨許多現實的問題，但也就是因為不容易所以更具有意義，不是嗎？

　　小朋友（包括學校與家庭中的小孩）出現這類「明知故犯」的違規脫序問題，事實上同樣出現在諸位同學身上。同學應該可以發現自己習作內出現的大部分問題，教師在上課中都曾經提醒過；尤其課堂論文的書寫，不僅上課不斷提醒，教師還提供自己的論文「範本」供同學參考，但結果是幾乎所有提醒不要違犯的問題，多數同學通通都犯了。例如形式體例上的要求，基本上都是同學「該做」且「能做」的事，並不需要什麼特殊訓練，然而這種「提醒不要違犯的內容，反而變成違犯最大宗」的戲碼，卻是年年出現，屢禁屢起的難以遏止。同學當然不會為了和教師賭氣而故意犯錯，小朋友當然也不可能是為了和教師或父母賭氣，刻意的一再犯相同的錯。同學如果能夠了解這一點，則就能客觀的看待孩子們違犯相同錯誤的「明知故犯」，不過是學習過程中一種必然會出現的常態而已。就像我雖然在教學過程中，不斷提醒同學書寫論文要注意的事項，並且提供許多範本給同學參考，但最後的結果同樣是口頭的提醒和提供範本毫無作用，告知不要犯的錯誤幾乎全數都犯了。我所以會對同學的「明知故犯」如此「淡定」，原因就在於我並沒有對同學有一種理想性的虛幻期待，自以為是的「認定」今天說過的道理或規範，聽過的同學明天就能執行無誤。我只是希望同學在這個「試錯」學習的過程中，可以逐漸學會正確的論文寫作方法，追求精確的研究表現而已。既然是「逐漸學會」，則過程中出現錯誤或違規，本是理所當然的常態性現象，自然就不需要有過度的情緒性反彈。

　　前述分析最主要的目的，就是希望同學可以經由親身的違規經驗，了解到學習過程中必須承認的一個無可逃避的事實，就是建立一種正確或合乎要求的習慣或行為，即使像同學已經到了研究生階段，但是連最簡單的形式體例，想要很快就可隨意而毫無瑕疵的達到基本要求，依然不是一件很容易就能達成的目標。因此同學在爾後實際

的教學過程中，若是遇到此種不斷提供範本和時時提醒注意，小朋友
卻依然不斷犯錯的情況，同學應該也就可以用心平氣和的正常態度處
理，因為此類表現不過是一種常態性的反應而已，絕對不是「明知故
犯」！當然更希望同學可以在實際教學或教導之際，適度的選擇使用
較為公正祥和分析檢討的方式引導小朋友，心平氣和的不斷提醒已經
教導過的相同觀念，讓小朋友再次回到以往的學習現場，再次回憶那
些相同的學習內容，於是達到進一步學習深化的結果，因而更有效的
帶領小朋友逐漸反省改進，讓小朋友慢慢趨向比較合乎規定要求的方
向前進。這樣的處理方式，纔是符合教育和學習基本原則的方式。這
其實也就是上課一再強調的面對問題時，「解決、解消、製造」等三
種不同處理態度中，以「解決問題」為優先考慮的一種實際運用。

　　基於同學自己也有「說了再說依然持續犯錯」的前科，爾後面對
小朋友如此表現時，理想上應該可以具有「同理心」的了解，由於具
有此種經驗性的了解，就比較不會因為「已經說過多少次了」，於是
認為小朋友應該要馬上遵守，更不會因為小朋友「一直說都無法改
正」而給他們戴上「明知故犯」的大帽子而加以處罰。如果同學沒有
相同的經驗，光憑教師的空口說白話，同學必然不可能具有此種事實
經驗意義的「同理心」，這時候所謂「同理心」不過是個與事實無關
的「句子」或抽象的「符號」而已。這個經驗性「同理心」的分析說
明，實際上是源自「哀矜而勿喜」積極性意義的發揮。同學應該都讀
過或聽過《論語・子張》中曾子所謂「如得其情，則哀矜而勿喜」的
話，不知同學在了解這句話表達的哀惜憐憫、體恤同情的消極性意義
外，是否曾經思考過此言實際還隱含有當政者對此類事件負有責任的
不在場訊息，就是當政者有義務盡最大能力「想出合理有效的辦法，
使人民不再重複犯過」的積極性意義。這個積極性意義的思考運用到
教學上，就是當教師發現學生出現缺失之際，消極上應該從同理心的

角度，了解學生的違規失誤是學習過程中必然會有的常態；積極上則應該要有自我反省之情，承認學生出現缺失，教師也有相對責任，故而有義務認真檢討自己的教學，思考合理有效協助學生不再重複犯錯的方法。教師發現學生缺失的唯一目的，乃在於協助學生有效的改善，絕不是用來指責、謾罵、藐視，甚至歧視學生的根據。

（三）同經驗不同感受的省思

我從大家繳交的自我介紹，觀察到一個可能是屬於同學們這個世代的共同記憶，就是同學在述及國中、高中就學階段時，許多同學將其描述為必須面對「升學壓力」，因而令自己不愉快甚至怨恨的年代，這個觀察讓我有點訝異。因為在我生長的民國四十年代，像我這種工人階級的小孩，很早就必須直接面對「生活壓力」甚至「生存壓力」，像我五歲多就開始做工，六歲多讀小學時，放學後還要負責生爐火煮飯（小時候沒有瓦斯爐）。像我能讀小學已經非常幸運，更多人因為無力繳交學費而無法上學，小學畢業可以考初中（相當於現在的「國中」）繼續讀書，那可真是令人羨慕且愉快的事件，因為讀書可以不必做工。初中（國中）畢業後多數同學也都要投入工作，或者去唸提供職業保障的軍校或師範，或像我去當學徒養活自己，只有最幸運的同學纔能繼續唸普通高中，準備將來考大學。對於這些能讀高中的同學，我們可是非常羨慕。像我這類工人階級的小孩，面對升學壓力不僅不是不愉快的經驗，反而是個值得慶幸的樂事，這和同學感到不愉快和怨恨的情緒實在相差很多。

分析形成此種同經驗不同感覺的原因，主要在於我那個正常接受國中、高中的時期，能夠受到教育照顧的人並不多，有機會不必面對生活壓力或生存壓力，僅需要面對升學壓力的人相對的少，兩者相較

之下，僅需面對升學壓力的人當然是「特權」，享有特權的人自然不會覺得是一種不愉快的經驗。但對同學的世代而言，教育照顧已成為理所當然，即使不接受教育，似乎也不必直接面對生活壓力，更不用說生存壓力了，因此對同學們而言，面對升學壓力當然就會是一種不愉快甚至怨恨的「集體記憶」，這是可以理解的事實。同學們可以從我和大家生活在同一個環境空間，只因幾十年的時間因素，導致兩者對於擁有的共同經驗與群體記憶的評價，竟然如此的大相逕庭，因而了解到即使是同一時代的群體中，絕對多數同意而共同擁有的歷史評價，只要加入時間因素，多重性及時代性的變因，就自然而然的進入其中，具有差異性的評價於是就產生了，這也就是古人以三十年為「一世代」做為區隔的原因。

同學們在了解即使活在同一時空的人，相同經驗的評價存在著多元性，很難有「一致性」的事實之後，則當自己面對同一事件或觀點出現許多不同的評價：或面對某些思想觀點與自己相當不一致的家長或同事、或面對某些生活習性與行為表現與自己相當不一樣的學童之際，應該就不至於把學童的一般常態誤作反抗或反對自己的「變態」，因而興起那類不正常的內在反感或不知受教的憤怒情緒，於是也就可以較為理智的用正常合宜的方式教導學童。

同學們生存的世代，由於接受較多教育與生活的照顧，因而在國高中時期遇到必須面對升學壓力之際，感覺上一直都是一種不愉快的經驗，這和我的國高中時代，由於缺乏相關教育與生活的照顧，因此對於有機會升學的人來說，即使面臨很大的壓力，至少也不至於反感到直接就認為是一種不愉快的經驗。從這種面對相同事件的不同心理感受與反應，可以發現一個事實，就是受到越多照顧的人，或者說生活越是富足的人，總會覺得自己被照顧的不夠多，總覺得自己過得不富足，因為所有一切現存的事物，都是如此的理所當然，於是不斷要

求更多更好的照顧，這也就是所謂「欲深谿壑」的道理，[12]這也就是會出現「共患難易而共享樂難」狀況的原因。過分或過多的照顧，很容易讓受到照顧者覺得接受照顧是理所當然的「權利」，享受者覺得現有的享受很正常，還很可能會覺得自己有「權力」要求更多與更周到的照顧，在這樣的思考下，當然就很難讓這些享受實際照顧的人，覺得自己對其他人有任何的責任與虧欠，反而總覺得其他人對自己充滿了責任與虧欠，於是本來以為可以經由較為完善的教育與生活照顧，培養出健全與健康人格者的希望，不僅無法充分的達到，更有可能反過來使得某些受到照顧者，變成帶有無窮貪慾且不知感恩為何物的「烏賊」，由於對他人照顧難以如己意的永不滿足感，使得這類人經常生活在抱怨與憤恨之中，因此很難快樂起來。反過來那類沒有機會受到照顧者，由於事事必須自理，根本不知受到照顧為何物，所以多數不知道要求照顧，當然也就不會出現有那種理所當然要受照顧的奢望，更不可能出現有權力要求照顧的權利或心理的態度，當這類人意外受到照顧之際，即使沒有太大的感恩之心，大概也還不至於會有別人對自己照顧不周或不夠的怨恨之心，此種「自足」與「知足」的前提，讓這類人可以比較有機會活在快樂之中。這是不是一個很有趣的對比，就是受愛心照顧越多的人，可能反而越沒有愛心，甚至越不知道要照顧別人。這也就是我常說強迫式的教育根本不是教育，就像同學絕對多數在被逼的狀態下接受教育，因此讀書確實是件痛苦的差事。對於像我這類沒有機會好好讀書的世代而言，讀書真是一件幸福的好事，更由於讀書可以逃避工作，我甚至還覺得「讀書就是休息」。此種生存背景不同而出現價值差異的理解，當同學研究之際進行評價判斷，或分析研究對象評價判斷產生差異原因的認知時，記得

12　[明]洪鼐：《讀易索隱》卷三〈損卦·象辭〉（《古籍庫》本），頁47。

要納入考慮。

同學如若同意社會上確實存在有「受照顧越多的人越覺得自己沒有受到應有與良善的照顧」，因而充滿不滿與不平；以及「受照顧越少的人越會覺得自己經常受到過多和善意照顧」，因而充滿感激與愉悅的事實，則至少可以提醒同學三個方向的思考：首先是同學這個世代相對於較早時代受到更多更好的社會普遍性照顧，甚至因而使得多數人認為受到更多更好照顧是理所當然之事的轉變，並不是社會退步或是一件壞事，反而是一件值得慶幸的好事，因為這實質表現了臺灣整個社會與制度的進步，可以讓更多人享受以往所沒有的物質與教育的服務。所謂「進步」的意義，從物質層面來說，就表現在這種以往少見只有少數人能享受之事物，變成為普遍理所當然可以享受之事物的改變。當然這種物質性的進步事實，並不能代表精神層面也都完全跟著進步，有時可能變得更糟糕，這可以從社會上憂鬱症或躁鬱症犯者越來越多的現象獲得證明。這就好像學歷是學問的基礎但不等同於學問，教學是執行教育的方式但不能等同於教育，教書是執行教學的工具但不能等同於教學一樣。這種「進步」的意義若用在研究上，就是指某個時空下的「創見」變成「俗見」的過程與事實，我的博士論文中曾經提到這一點，有興趣的同學或者可以去看看。其次是在這樣的社會「進步」狀況下，提醒同學不要忘記上課時告知學童：不要把別人對自己的照顧，當成理所當然擁有的權利，因而失去應有的感恩之心，因為「學鋼琴的孩子也可能變壞，會感恩的孩子絕不會變壞」故也。其三是提醒同學在面對學童或家長時，必須深刻了解他們都是屬於接受較多照顧的世代，因此出現那種「抱怨情緒」甚多，「感恩之心」甚少狀況時，同學應該就可以了解，這不過是整個社會的一般性「平常」心理反應，一種「常態」性質的表現而已。同學若能確實承認並了解自己和自己面對的學童或家長，都是屬於視他人的照顧為

理所當然世代的人，因而心態上會有一種永不滿足的要求別人為自己付出的不自覺欲求時，當然也就可以在面對學童或家長的不合理表現時，不至於出現太多或太大的情緒反應，於是也就能以「不相干」第三者「路人甲」的「理智」立場，用比較合宜的態度與方式處理問題。這種出乎意料之外的弔詭反應現象，不僅出現在現代社會，事實上也存在於歷史，當同學閱讀歷史文獻，以及現代人對歷史事件的評價之際，必須注意此種弔詭反應可能造成評價偏頗的現象。

　　雖然還有許多可以討論或值得討論的問題，像同學互通訊息的設計、思考程序的步驟、師生關係的演變、師生關係的內涵等等，甚至現在討論的問題都還可以有更深入的發揮，但由於時間的關係，我們這一學年的檢討就到此為止。下一堂課就直接進入課程結束的反省性說明。

第十講
結束語：總結性的說明

　　一學年四學分的「治學方法」課程，預計講授學習的內容，至此已全部結束。總體而言，「治學方法」課程的基本訴求，乃在於有效培養「發揮自我潛能」、「選定研究方向」、「確定研究主題」、「進行實質研究」等四項學術能力，這四項能力的獲得，大致可以歸納為四個層面的學習：一、基礎知識的層面：版本、目錄等等基本知識的了解；二、形式體制的層面：論文章節安排的方式、研究進行的程序、腳註的功能與呈現方式、參考書目的排列方式；三、內容思想的層面：研究議題的確立、研究方法的選取、研究資料的蒐輯；四、檢證修改的層面：評價論文的方法、面對評論的方式、自我檢證的方法。其中「基礎知識的層面」需要具備的知識，乃是學習如何治學的基本常識，若缺乏這些先備的知識，則在本課程的學習上，必然會遭受到某些限制，因此上此課程之前，就應該建立好這些必要知識，這在開始講課時就已提過。至於其他三個層面，則是本課程主要講述的重點。當然這些不同層面的要求，大致都曾經在上課過程中，或多或少，或明或隱的說明或引導，因此以下即再就本課程整體學習的基本功能要求，諸如：論文寫作程序、畢業口考要求、博士班考試狀況等，加以歸納而進行總結性的陳述，以便可以較完美的結束此一課程的學習。

　　課程的結束性內容，講述的重點主要放在「論文如何書寫」、「畢業口考要求」及「博士班口考狀況」等三個相關問題的探討說明上，以下的討論大致將前述三個問題的內容，加以歸納整合而分成兩

個大項討論。討論的問題及其建議，大多是以往上課時，就已提醒或要求過的內容，現在不過是將這些內容進一步細節化、格式化與程序化而已。本講次進行的程序：首先討論有關「論文寫作的標準作業程序」的問題；其次則探討關於「論文內容要求與畢業程序」的問題。

一　論文寫作的標準作業程序

研究生論文寫作「標準作業程序」（Standard Operating Procedure：SOP）的實際思考與操作的過程如下：首先確定研究的方向與內容等主題；其次訂定論文的標題；接著把「論文研究計畫」和「論文寫作大綱」想好、寫好。在思考訂定研究的方向與內容等主題時，對於剛入學術研究領域的同學們，我有一個良心的建議，就是要把握一個基本的原則，即屬於「大家都知道」的不用做，「大家都不知道」的不要做，建議同學尋求那類處於「大家都知道」與「大家都不知道」之間，那種「大家知道一點」卻「不夠深入」、或「長期誤解」、或「未曾注意」等類的主題進行研究，此類型的議題比較有可能開發出新議題、出現學術突破，是以較有可能具備學術價值。接著進行與研究主題相關文獻的搜尋與閱讀，閱讀的先後程序是：一、首先閱讀具有直接關係的必要文獻：即與研究對象或主題直接相關者，如研究對象的著作、傳記等；二、其次閱讀具有間接關係的相關文獻：例如：師友弟子與後人的引述或評論，現代人的研究成果；三、再則閱讀具有深度思考功能的歷史背景文獻：像生存時代如政治、文教、經濟等等；或生活相關紀錄，如家庭、交友、學術淵源等；四、最後閱讀具有協助研究功能的輔助利用文獻：諸如：版本目錄、學術理論、相關書籍等。這些資料搜尋確定之後，再根據尋求的結果，歸納統計這些不同性質且必需閱讀文獻字數的多寡？然後計算自己每日

可運用閱讀的時間有多少？再考慮整個論文寫作時間的規畫，容許自己花費多少時間閱讀這些資料？將這兩者的條件混合考慮，選出「非讀不可」的第一優先文獻；「儘可能閱讀」的第二優先文獻；「若有充裕時間纔需閱讀」的第三優先文獻。接著排定第一優先閱讀論著名單的先後次序；第二優先閱讀論著名單的先後次序及第三優先論著閱讀的先後次序。這些程序完成後，就可以進行實際的閱讀行為，開始為論文寫作打好基礎。

進行實際寫作之前，有關文獻資料的選取，一定要有一個明確的斷限時間。當開始進行實際的論文寫作之後，所有新出現的資料，絕對禁止在全書完稿前再行閱讀，否則必然會影響到論文寫作完成的時間，一定要等到「粗稿」完成後，進行全面整體性修改之前，纔能閱讀新出版的著作，這時候閱讀所得成果，纔能對研究與論文有實質的幫助。絕對禁止一面寫作一面閱讀新資料，並對論文進行修改的理由是：一則因為論文的整體性還未建立，此時閱讀所得的有益意見，可能僅是對論文某一部份有效，但其他篇章則可能因此而必須大幅度修改。再則新資料的觀點如果剛好與論文的觀點有衝突，由於多數研究生此時的學術自信還不足，即使是對方的觀點不一定正確，甚至還可能是錯誤的瞎說，但缺乏自信的研究生很容易誤以為自己的構思有問題，於是重新大幅度修改，很可能把原本具有個人見解的正確思考，改成錯誤的訛謬意見。三則如前所述，多數研究生自信心不足，當看到新資料正好有某些觀點與自己相同或相近，不免就會出現一種或覺得自己的想法別人都已經說過，並且說得比自己好；或發現人家用的資料，自己並不知道；或人家用的理論，自己一無所知等等，別人的一切好像都比自己行、比自己佳等。在這種自以為是的自我貶抑的錯誤觀念影響下，必然嚴重打擊自己的學術信心，其後果最可能出現的狀況，就是無法繼續按照自己既定的計畫寫下去。四則由於研究生的

研究主體性還無法有效的確立，因而一面書寫一面閱讀的結果，總不免會產生一種「風吹兩面倒」般的情況，就是覺得每一種新資料的意見都可用，但新資料作者的立場並非一致，甚至互相衝突，於是缺乏研究主體的研究生，看到甲的觀點改寫修正一次，看到乙的意見又再改寫修正一次，這樣不斷的對論文進行修改，當然會嚴重影響寫作進度，甚至永遠只在某個章節中打轉，最後更可能因為時間過於緊迫，於是僅能不得已的潦草結束論文寫作，甚至無法完成論文，這豈非太過可惜了？

在研究主題和章節確定之後，進行閱讀相關資料的過程中，必須將自己認為有助於論文寫作的資料，盡量摘錄出來，並且根據閱讀當時的靈感而置放到適當的章節中，同時還要把資料出處與當時的想法標註出來。因為註明資料出處，可以減少實際寫作論文之際，有關「腳註」與「參考文獻」的查找時間；註明當時的靈感或想法，可以在正式寫作時參考利用，更可以隨時用在其他相關論文的寫作上。這樣的閱讀程序必然非常緩慢，表面看起來似乎速度不夠快、效率不夠高，甚至有浪費時間的感覺，但依我個人實際寫作的經驗，此種閱讀之際「分配篇章內容」與「加註突發想法」的閱讀方式，在實際寫作論文時，反而可以節省許多與資料相關問題的精力，例如查找文獻出處、針對引述文獻進行必要解說、針對引述文獻進行分析發揮等等方面，都有很正面的積極功能，因此總體而言，此種閱讀方式可能還是一種節省時間成本與閱讀收穫較高的利多方式，因為讀一篇就有一篇的收穫，讀一本就有一本的收穫。

論文寫作實際操作的程序，大致可以分成以下五個步驟：一、首先是寫作之前，需先確定每一章與每一節，甚至每一段的主題焦點和想要表達的內容，並且根據安排的章節次序，寫成自己可以了解的摘要性文字。二、按照先前確定的主題需要，觀察前述閱讀文獻時摘錄

與心得的現成資料，篩選其中可用於論文不同章節段落的部分，將其區分為「非用不可的必要資料」、「必須斟酌運用的資料」、「可以斟酌參考的資料」、「未來發展需要的資料」及「議題用不到的資料」等等五類使用上的先後次序，並將「未來發展需要」和「議題用不到」等這兩類暫時無用的資料剔除。除這兩類無用資料外，其他三類有用資料的篩選剔除標準有二：一是引用協助證明或引用協助辯駁論點的文獻，必須取用最早出現的論著，其他後出相同論點的資料不要用。二是相同論點的論著，取用前文沒有出現過的文獻，前文已經出現過的文獻，除非是公認的典範著作，否則儘量不要一再引述。亦即在一本書或一篇論文中，同樣內容的文獻資料，盡量不要再第二次引述，若真的非用不可時，最好是用陳述的方式帶過。至於那些被剔除的相關資料的出處與簡要的內容說明，以及針對相反觀點論著的辯駁，可以放在註腳中陳述，用以表現自己博覽的程度。三、文獻資料的基本區分與剔除工作完成後，就可以根據使用優先次序的先後，將相關「必用」、「該用」和「有用」的資料加入章節中最合適的位置，進行適當的排比、組合。四、依據每一章節內容主題的需要，進行實際的分析論證，寫成正式的論文。五、每一章節都依照前述的作業程序寫作，最後再進行整篇論文的綜合性潤飾，論文於焉完成。另外還可以有一種不同的寫作方式：就是把每一章節，視為一篇篇獨立的正式論文寫作。雖然相關的作業程序還是一樣，但這時候就可以不必管章節前後次序的安排，完全依照自己當時的需要與感覺進行單獨內容的寫作，最後纔進行全書內容的統整與章節安排次序的調整。不過用這種方式寫作，雖然因為不必接受原先章節的束縛而比較自由，但比較困難的問題，則在於統合之際，可能會面臨某些內容與章節連貫上的問題，如果這些問題無法有效克服，則就有可能導致論文議題分散而零碎化，因而無法成為連貫一體的後遺症。

　　進行實際論文寫作之時，無論用那一種寫作方式，都必須先確定可以有效掌控的寫作時間有多少？然後按照實際可以自由使用的時間，規定每一禮拜要工作多少天，例如：「平均」四天。每天工作多少時間？例如：「平均」每天工作八小時。每天或每週至少必須寫多少字？例如：「平均」每天寫二千字，「平均」每週寫八千字到一萬字，一個月「平均」寫四萬字到五萬字；當然也可以調整為每日寫一千字，每週至少五千字等等。碩士論文大約在十二萬字以上，比較正常應該在十五萬字到二十萬字之間較為合宜；博士論文大約在二十萬字以上，但也不宜太過龐大。同時還要具有「風險管理」的概念，就是如果寫作計畫的時間表，無法達到既定的標準時，要如何補救的問題？例如：可以利用週日或放假日；或利用零碎時間。當然也可以用一個禮拜的時間為基準，按照每天不同的作息時間計算，然後再確定不同日子的寫作時間與完成的字數，就是先規定每週應該完成的字數後，再設計每日工作的時間。這類計畫當然不能完全沒有彈性，但也不能太過於有彈性，變成和沒有規定一樣。這種寫作程序的設計確實執行的前提要件，還是建基於先前摘錄資料與寫出想法的閱讀方式上，因為該種閱讀方式已經累積了許許多多的資料，可以節省甚多尋找相關資料、思索如何安排資料，以及如何有效發揮資料內容的時間，因此就比較有可能確實執行，遵守自訂承諾的可能性就會比較高，如果前述相關的作業程序，在執行上沒有重大的疏漏，則進行實際寫作時，就比較不會因為遭遇困難而「自我耍賴皮」或「自我找理由」，那麼在規定的時限內，完成一篇夠水準，甚至超水準的論文，應該不會是個大問題。

　　當論文的「粗稿」完成後，必需再回過頭來，從論文整體內容表現的角度，進行統整性、確定性、明晰性的深度修改，以及遣詞用字的必要修飾，在執行前述寫作程序的過程中，除非要對整個論文架構

進行完全不一樣的調整，否則一定要克制自己「回顧性」修改的衝動，就是絕對禁止一面寫作又一面迴轉過來修改前面章節的內容，因為這樣做的結果，除了必然影響書寫思考一貫性的「慣性思考」功能的正面發揮之外，同時更由於動一髮而牽連到全身的「連鎖作用」或「漣漪作用」，導致因為某些小幅度的改動，必須對全部寫好的內容進行調整，甚至對論文整個章節的安排造成影響，這樣必然嚴重影響寫作的進度。所謂不要進行「不斷回顧性修改」的要求，並不是說不要管新出現的想法，而是說在寫作過程當中，若有新的想法出現，應該馬上紀錄下來，但不要急著想盡辦法非要插入正在書寫的論文中不可，面對新想法比較正常的思考方式，我的建議是先朝向另寫一篇相關論文的方向思考，千萬不要奢想自己有能力把寫作過程中所有暫時性的觸發，都可以非常合宜的納入現在書寫的論文之內，除「天才」之外，這是個可能性很低的奢想。面對新想法、新觀點，一定要忍耐到論文「粗稿」完成以後，纔進行必要的修改，這時候就可以考慮那些在寫作過程中觸發性的觀點，是否可以納入論文某個章節段落的問題。但還必須慎重考慮論文納入這些臨時觸發性的觀點之後，是否會引發大幅度的更改？如果答案是絕對肯定，則必須再考慮是否有必要如此做？這樣的納入而改動比較好？還是寫成另外一篇文章比較好？必須慎重考慮這兩者的得失之後，纔做最後的決定。研究生書寫論文的過程中，如果無法克制不斷走回頭路修改的「惡習」，那麼就有可能因為在寫作過程中，沒完沒了的重複修改行為，於是原來的書寫設想無法繼續進行，甚至因而停頓，最嚴重的話，還可能會因為過多觀點的干擾，寫不出論文來。

　　除新想法、新觀點之外，在進行實際的書寫過程中，必然會不斷發現新的問題，這些出現的新問題，必需置放於整體論文主題內容表現中思考後，再進行接受與否的考慮，絕對不能放在單一的章節中思

考，甚至據以修改論文內容。如果忍不住新問題的誘惑，因而據以修改論文的章節與內容，就必然會面臨沒完沒了的修改，因為會有越來越多的相關資訊與構思出現，這些新出現的資訊與構思會帶來許多原先沒有納入論文的新問題，如果不加考慮的奢想把這些新問題全部納入論文中探討解決，則其結果最有可能出現的狀況，就是讓論文的內容甚至主旨完全偏離原來的設計，變成寫另外一篇不同的論文，於是原來設計的章節和預定的內容也必須重新設計調整，如此一來則論文就有可能就永遠寫不完了。

執行實際寫作論文程序之際，如果能夠結合前述兩種標準作業程序，則就比較可以減除寫作過程中時間給予的心理壓力，比較有可能在既定時間內完成論文。問題在於人類的惰性與不守信諾，尤其是遵守自己承諾的時候，經常性的毀諾似乎已成為「理所當然」的慣性。經常見到的都是那類孟軻所謂「言不必信，行不必果，惟『意』所在」的「大人」（《孟子·離婁下》）；[1]至於孔子所說的那類「言必信，行必果」的「硜硜然小人」（《論語·子路》），真的非常難得，因此提供此一作業程序，就理論來說固然立意甚佳，但是否有可能達成預定的效果？還是需要看同學是否願意拋棄以往的陋習，遵守執行自己承諾的基本信用了。

二　論文內容要求與畢業程序

「論文內容的要求與畢業的程序」大致可以再細分成幾個主要的項目：一、體例與文筆的講求：寫作基本原則的確立；二、進行寫作前的準備：形式與程序的省思；三、粗稿完成後的準備：學習真正開

---

[1] 案：「意」本作「義」，我改成「隨意」的「意」，以便符合課程要說的現況。

始的了解；四、完成初稿後的準備：接受批判的心理認知；五、初稿的檢討與修改：背負全責的自我承擔；六、口試的進行與準備：承認必有錯誤的前提；七、博士班口試的準備：延續學習機會的嘗試。以下即針對這七個項目的內容，進行比較詳細的討論。

（一）文筆與體例的講求：寫作基本原則的確立

「論文」一詞的意思，就我粗淺的了解，當是融合「論證」與「作文」而寫成的文章，因此我纏會有「不會作文者無法寫論文；只會作文者也無法寫論文」的說法，意思是作文能力不佳者無法寫出好論文，但太過專注於作文寫作者也寫不出好論文。因為「論文」除需要具備有「作文」的想像、創造與文采之外，還必須加入歸納與分析，以及以實據為證的基本要求，因此現代學術「論文」就其實質的內涵而言，當然可以歸入「論證」加「作文」的一種「新文體」。大陸學者陳平原（1954-）曾經從「文章學」角度，討論現代學術論文的屬性，[2]大致上也抱持著類似我所說的那種融合「論證」與「作文」的觀點或態度，因此纏會將現代學術論文當作一種「新文體」。這種「學術新文體」就其文章內涵的基本要求而言，我以為至少要能達到下述幾點的基本表現：

一、研究主題要明確而不含混。
二、論文標題要清晰而不模糊。
三、引述文獻要適當而不旁涉。
四、論證過程要合法而不矛盾。

2　陳平原：〈「精心結構」與「明白清楚」——胡適述學文體研究〉，《中央研究院近代史研究所集刊》第38期（2002年12月），頁153-186一文即是。

五、解說要明白有效而不囉唆。

六、文字要簡潔流暢而不隱諱。

七、腳註安排合理必要而恰當。

八、分段標點適度合宜而不亂。

九、用詞典雅而不會引發誤解。

十、內容連貫而不會分散零碎。

這十個基本表現，實際上也就是論文在理想上，應該遵循的寫作要求，論文若能符合這十項基本要求，則至少在形式上就沒有問題了。

（二）寫作之前的準備：形式與程序的省思

寫作之前的準備，可以和第八講中〈投稿的準備與退稿的因應〉一節，引述的張晉芬教授提醒「投稿前的準備功夫」的內容同看，兩者都是在提醒進入實際行程之前的準備，目的都是在於保證產出物的品質。論文寫作前思考要如何寫的準備項目大致有四項，其細目如下：

一、研究對象範圍思考的基本原則：

（一）研究對象要明確。

（二）研究範圍要確定。

二、研究主題觀點表達思考的要求：

（一）表達意思必須要具體明白。

（二）內容主張要追求不落俗套。

（三）分析討論應達到細緻深入。

（四）觀點內涵要具系統連貫性。

三、文獻選取需要遵守的原則性思考：

（一）選用來源、內容確實可靠的文獻材料。

（二）選用適當、必要、典型等有利的文獻材料。

（三）選用新發現、未被注意、不同角度等富有新意的文獻材料。

（四）選用較容易理解的文獻材料。

（五）選用前文還未曾使用過的文獻材料。

四、論文寫作的整體形式的思考：

（一）論文標題。

（二）論文摘要。

（三）關鍵詞。

（四）內容目次（不是「目錄」）。

（五）內容正文：

　　　1.緒論（或：前言）。

　　　2.本論。

　　　3.結論（或：結語）。

（六）正文腳註：

　　　1.當頁注。

　　　2.章節後注。

　　　3.全書後注。

（七）參考書目：

　　　1.依書籍性質分類排列。

　　　2.依作者時代先後排列。

　　　3.依作者姓名筆畫排列（本課程不主張此種排列）。

以上這些寫作細節思考上的提醒，同學如果能夠確實的注意遵循，則不僅可以有效完成論文的寫作，同時寫出來的論文，應該也不會有太多形式上的瑕疵，即使沒有甚麼驚天動地的偉大學術發現，但至少不會讓指導教授頭痛。了解前述這些基本的形式構思上的要求之後，接

著當然就是思考如何完成論文的程序問題，我大致將這個從構思到離校的作業過程，細分為二十個進行的步驟：

一、訂定論文的題目與研究的範圍。

二、設計論文段落書寫次序的大綱。

三、確定論文章節段落的寫作內容。

四、進行論文相關資料的蒐集判讀。

五、組織安排運用資料的合宜位置。

六、根據資料合理有效的具體論述。

七、針對成稿嚴苛的自我深度批判。

八、排除內容與形式上瑕疵的檢查。

九、論文的系統性與連貫性的確認。

十、以挑毛病之心閱讀通檢全文並修正後成為粗稿。

十一、送交論文粗稿請求相關的師長或同學閱讀批判。

十二、針對師長和同學的修改反對批評意見進行反思。

十三、慎重而不帶情緒的回應師長同學等具有建設性的批評意見。

十四、反思回應修改之後重新確認自己論點的有效性與學術價值。

十五、繳交慎重反思回應修改確認後的初稿給學校單位接受評審。

十六、針對口考或審查者的不同觀點或誤解進行合法有效的辯駁。

十七、再次修改而排除瑕疵以確認論文整體表現的正當性與價值。

十八、完成儘量追求少錯而不可能無錯的第一篇章節完整的論文。

十九、繳交完整論文給指導教授確定論文是否合乎一般畢業水準。

二十、指導教授同意畢業後辦理離校手續結束研究生的學習生涯。

這二十個程序不能顛倒，只能按部就班的一步接著一步完成，千萬不要想僭越跳躍而過。同學了解這個作業程序，當然有助於論文寫作的時間安排。

（三）粗稿完成後的準備：學習眞正開始的了解

　　這一節旨在說明完成粗稿的作業程序及其應注意的事項，書寫粗稿之際，必須注意遵守的基本原則如下：

一、章節安排的相關事項：

　　（一）安排章節內容的要求：

　　　　　1.章節的內容主旨必須明確而不含混。

　　　　　2.章節的觀點前後必須統一而不雜亂。

　　　　　3.章節內容的論證必須完整而不殘缺。

　　　　　4.章節的長度必須適中而不冗長零散。

　　（二）安排章節方法的要求：

　　　　　1.章節的次序要條理分明。

　　　　　2.必須有分章分節的觀念。

　　　　　3.注意各章節的不同主題。

　　（三）章節之間銜接的要求：

　　　　　1.必須有章與節連貫成一體的思考。

　　　　　2.必須有先後次序融成一體的原則。

　　　　　3.必須有全書一體成型的基本認知。

二、意見表達的相關問題：

　　（一）文字的表達形式：

　　　　　1.以文言文進行書作。

　　　　　2.以白話文進行寫作。

　　（二）敘述的表達方式：

　　　　　1.描寫性的表達形式。

　　　　　2.說明性的表達形式。

　　　　　3.議論性的表達形式。

4.分析性的表達形式。

5.考辨性的表達形式。

6.綜合性的表達形式。

三、文字表現的相關問題：

（一）意思精確明白。

（二）文字簡明清晰。

（三）風格表現平易。

（四）態度莊重嚴肅。

（五）要能富有文采。

同學若是在寫作之際，能注意遵守前述這些基本內容，則必然可以完成符合一般論文規定的「粗稿」，但是粗稿完成之後，其實纔是研究生的生涯中，最重要的學習階段，因此必需首先在心理上，建立一種修改乃正常且必須接受的態度，否則學習的效果必然大打折扣。從比較實際的學習層面而言，在粗稿完成之前，任何涉及論文內容的討論，因為並沒有實際的東西可以為證，因此大都是屬於「水中月」或「霧中花」一類的空口說白話，必須等到粗稿完成之後，纔有可能針對實際的論文內容進行真正的討論。然而在粗稿完成之後的一段時間內，可以發現許多研究生，完全缺乏此種學習真正開始的基本認知，多數研究生甚至還反過來產生一種虛幻的如釋重負的快樂感，甚至有一種長途賽跑到達終點後的虛脫感，過早的「已經完成」的自我認定，導致無心對論文進行任何基本的學習反思，更遑論進行真正實質的辛苦學習修改的自我要求。這種類型的研究生在這個時候，會出現一種學習厭倦的心理反應，因此最討厭指導教授要求論文較大幅度的修改，因此當指導教授要求修改論文時，心中不免就會出現諸如：「我都已經那麼辛苦的寫好了，你這個討厭的老師知不知道啊？幹嘛還要那麼囉哩囉唆的要我再改來改去，你真的是很煩呢！」等類似的

心理反彈，當研究生出現這類潛在的反彈情緒之時，大概也就可以宣布這位研究生在學習上確實已經「畢業」了。具有這種情緒上不願接受大幅度修改態度的研究生，尤其在面對指導教授要求再看完某些指定的新書後，纔可以進行修改時，更可能由於長期書寫論文累積壓力的刺激，因而爆發更大的反彈情緒。基於此種可能出現的情緒反應，因此纔希望同學在論文寫作之前，必須先要有「最後堅持」的心理準備，免得到時候真的出現過多的反彈情緒。

（四）完成初稿後的準備：接受批判的心理認知

論文粗稿經過必要的自我批判改寫之後，纔能夠成為送交指導教授批改的初稿，繳交初稿之前，還必須再進行一次比較全面性的檢查與修改，這一次的檢查修改如果做得不夠澈底，將有可能面臨指導教授的嚴重指責，並還有可能因此無法被同意提出論文口考，因此不能不特別謹慎，這個接受批判前的檢查與修改的執行內容與程序如下：

一、全面性的檢查：

（一）思想觀點是否具合法性。（二）分析角度是否適當合理。

（三）先驗的立場是否有偏頗。（四）閱讀的對象是否有遺漏。

（五）引文內容是否正確無誤。（六）版本資料是否齊全正確。

（七）行文表現是否典雅清晰。（八）標點與分段是否不恰當。

（九）字數的多寡是否都適當。（十）章節的安排是否都合宜。

（十一）論述的方式是否很適合。（十二）前後連貫性是否很確實。

二、在檢查過程中徹底修改不當者。

「粗稿」必須經過前述諸項的深入檢查修正後，纔可以稱之為論文「初稿」，初稿纔有資格送給指導教授批閱，千萬不要把「粗稿」當成「初稿」，把修改的責任推給指導教授。不過根據我觀察到的實際

表現，現在研究生確實有前述張晉芬教授觀察到的投稿狀況那樣：
「自我要求稿件必須是已經論證清楚、字斟句酌且經過多遍修改後才
會投出去」的基本守則，似乎已經「不再是主流的作法」了，但我還
是希望同學能夠「逆流而上」，表現出研究生應有的學習基本操守。

（五）初稿的檢討與修改：背負全責的自我承擔

初稿完成之後，必須再根據指導教授的意見，進行必要的調整修
改，經過再一次的修改後，通過指導教授的檢驗同意，纔能夠成為論
文的定稿，然後繳交給學校，準備接受畢業口考。在繳交指導教授同
意口考的初稿給學校之前，還必須進行最後一次的檢查，檢查的工作
程序如下：

一、定稿的檢查：

　　（一）查對每一條引用的文獻。

　　（二）確定引文的標點、分段。

　　（三）錯別字確實認真的改正。

　　（四）多餘的贅字一個也不留。

　　（五）統一遣辭、數字和體例。

二、形式的檢查（不一定每項都有，這裡是儘量列出而已）：

　　（一）論文封面：1. 大學系所名稱、2. 論文學位類別、3.指導教
　　　　　授、4. 論文標題名稱、5. 著者姓名、6.論文完成時間。

　　（二）書名首頁：1. 標題名與副題名（若有）、2. 著者姓名與學位
　　　　　別、3. 系所與學位名稱及種類、4. 指導教授、5. 論文完成日
　　　　　期。6.若有出版則需有：出版地、出版者、出版日期。

　　（三）論文口試委員審定書。

　　（四）勘誤表。

（五）致謝辭。

（六）論文摘要：內容需包括研究1. 主旨、2. 目的、3. 方法、4. 結果、5. 結論等。

（七）關鍵詞：一般論文以不超過十二個名詞為原則。

（八）序言（若有）：內容與「緒論」或「摘要」相近，即介紹論著特色，可以表現諸如：1. 研究緣起；2. 研究背景；3. 研究主旨；4. 研究目的；5. 撰寫體例等的內容。

（九）目次：兩冊以上，每一冊都要有分冊的「目次」與全書的「總目次」。特別要提醒的是「目次」絕不可以寫成「目錄」，因為這是兩個不同概念內涵的專有名詞。

（十）插圖與表格說明一覽表。

（十一）縮寫與符號對照表：在正文第一次出現時需要加以說明；若是外文翻譯，第一次出現要附上外文的原文。

（十二）名詞定義：一般專有名詞在正文第一次出現時，必需在正文中或加腳註說明，如果是外文翻譯過來的概念，必需用括弧附上外文的原文，例如「向度」（即維度：dimensional）、「原初效應」(primary effect)、「權威效應」（authority effect）、「消失的女性」（missing women）、「終極結果論」（culmination outcomes）、「綜合結果論」（comprehensive outcomes）等等。

（十三）生存時代：正文內出現的人名，當其第一次出現時，需加註其生卒年或生存時代；若是外國學者更需附上其外文本名，並儘量在名字前加上其國籍與學術專長或學術榮譽。例如：明代以後在經典解說上幾乎取代孔子地位的南宋理學家朱熹（1130-1200）、明代末期經學研究者何楷（約1600-1640前後）；美國華裔歷史學者余英時

（1930-）、日本著名佛學研究者荒木見悟（1917-）、
瑞士心理學家榮格（Carl Gustav Jung，1875-1961）、
德國社會學家盧曼（Niklas Luhmann，1937-）、諾貝爾
一九九八年經濟學獎得主英國籍的印度裔經濟學者沈恩
（森恩：Sen Amartya Kumar，1933-）之類。這些國籍
與生存時代的資料，大致可以在圖書館系統、書籍的作
者介紹、年譜、傳記資料、名人或人名辭典、碑傳集、
登科錄、實錄、史書、大陸期刊網的作者簡介等文獻中
找到。

（十四）論文正文：

1. 正文一般以「緒論」開始，「結論」結束。「緒論」
應簡要說明論文研究重點、研究方法，以及相關領域
的研究成果（文獻探討）；「結論」與「結果」的意
義不同，「結論」是對研究所獲得「結果」的進一步
歸納分析，以明確說明此研究「結果」的價值與貢
獻；「結果」是說研究的創獲，「結論」是說研究創
獲的價值與貢獻。

2. 正文內的「引述」，無論是「引詩」或「引文」，都
應與「正文」明顯區別，並在腳註說明出處，以免惹
上抄襲之嫌。如果是同一本書或同一位作者的論著，
也可以直接在引文後以括弧註明簡要出處，但第一次
使用時，必須加腳註清楚的說明。

3. 「引用文獻資料」要標明詳細的出版資料（詳「參考
書目」所言）。

（十五）論文腳註：

1. 腳註的功能：

（1）指明文獻出處；

（2）對提供資料與意見者的感謝；

（3）說明書寫之際的特殊規則，如《四庫全書總目》以下稱作《總目》等一類的「簡稱」；或「以下所有資料皆出自同一本書，故僅隨文註明卷數頁碼而不再加註」等一類「特殊狀況」的說明；

（4）說明使用與不使用某些文獻相關的原因（如有訛誤或較精確、方便性等）；

（5）針對不同意見的辯駁；

（6）補充加強正文的論點；

（7）提供更詳細相關研究的文獻資料等。行文之際即根據這些功能的需要而加腳註。

2. 腳註的書寫：

（1）版本資料來源交代清楚；

（2）形式體例前後具有一致性；

（3）使用資料要注意連貫性（同註幾或同注幾）；

（4）行文簡潔而不繁複等。

（十六）附錄（或置於「參考書目」後）：可包含與學位論文相關的更詳細資料，例如：研究方法的綜論、建議閱讀書目、統計表格或其他與正文相關的資訊。

（十七）參考書目：

1. 專書與期刊論文分開排列。

2. 按照著作性質分類（如傳統的四部分類）。

3. 依朝代與作者生存年代的前後排列（無法得知者置於該朝代之最後）。

4. 依照著作完成時間的先後排列（後代整理完成者，置

於該作者之時代）。

5. 依照和論文的相關性排列，如「主要參考著作」、「次要參考著作」、「一般參考著作」或「普通參考著作」等。

6. 按照作者或書名的筆畫順序排列。

7. 外文資料置於該類之最後，排列原則同上；翻譯書則納入中文書的排列。

8. 專書需詳列：（1）朝代（清代之前的古人）或國籍（外籍學者）；（2）原作者（儘量附上生卒年）；（3）整理者或翻譯者；（4）書名（翻譯書籍附原書名與出版資料）；（5）出版地（可以加「市」或「縣」，不可以逕稱「中國」）；（6）出版社（要用全名，不可以用簡稱）；（7）出版時間（最好到月份）；（8）版本（初版幾刷可以不管，但是修訂版、增補版、整理版、標點本、點校本等則要註明）；（9）冊數；（10）卷數；（11）原頁碼；（12）新整理或出版的總頁碼等。出版時間的紀年要一致，建議全部改為西元紀年較方便。

9. 單篇論文需列：（1）國籍（外籍學者）；（2）作者；（3）翻譯者；（4）篇名（翻譯論文附原篇名與出版資料）；（5）刊登之刊名；（6）卷期；（7）刊登之年月；（8）起訖頁碼等。

10. 網際網路資料應列出全名與網址、發表或取用時間，置於書籍或論文之後。

11. 除非研究辭書類的論文，一般論文不列現代的字典、辭典和索引一類書籍。

（十八）後附資料：

    1. 索引。

    2. 著者履歷。

    3. 封底。

    4. 附件。

口試定稿繳交之前，必須經過前述諸項的細部檢驗，這纔是比較負責任的做法。但是多數申請畢業的研究生，由於許多不同因素的影響，事實上都無法達到此一基本要求，能夠達到「初稿」的層次者已經不多，遑論達到「定稿」的層次，但即使口考前無法達到此要求，至少在口試後修改時，可以按照前述的項目，進行更詳細的檢證，這樣繳交出去收藏在學校圖書館或國家圖書館的論文，纔不至於淪為他日相關研究者的笑柄，纔不至於要向內政部申請改名。

（六）口試的進行與準備：承認必有錯誤的前提

    研究生畢業之前，必須經過論文的口試，這是整個研究生的學習過程中，最終極與最重要的檢驗，必須非常慎重的面對與準備，因此許多研究生對這個過程有著難以言宣的焦慮，為了減輕同學們的焦慮，因此將口考的整個過程表白，或者可以因此而稍減同學的焦慮之情緒。面對口試的準備與過程的狀況如下：

一、口試之前：

    （一）重新整理論文，除找出錯別字，以及需要加強補充或糾正的論點外，更要仔細思考熟悉論文的優點與可以繼續發展的論題。

    （二）根據自己的閱讀經驗，擬訂某些可能受到質疑追問的問題。

二、口試程序：

（一）主持教師說話：

1.口考教師們先公推一位主持人。

2.主持教師進行大約幾分鐘的鼓勵性談話。

（二）學生報告論文：大約在十五分鐘到三十分鐘之間，但指導老師可以和主持教授商量控制。

1. 確定報告的時間：先打電話請問助教，確定報告是否有規定多少時間，然後按照時間多寡，寫成口頭報告稿。

（1）報告稿的前置辭：首先可以有一些感謝指導教師、口考教師、所長、學校等一類的感謝辭；接著表示論文如有疏漏錯誤是自己不夠努力，與學校和指導教師無關。時間不宜太長，最好能在三分鐘之內完成。

（2）論文的修補與自我檢討：論文在繳交出去之後，如有需要再補充或發現新資料者；或者有疏漏及錯誤之處。均要先大略補充或自我批判一下，時間最好不要超過三分鐘。

（3）論文主體報告：首先要將研究動機說清楚，論文值得進行研究的理由、研究的資料、研究的方法、研究的結果、研究的價值、研究的貢獻等等，陳述內容一定要非常的清晰明白，某些教師對「貢獻」兩字敏感，因此可以用「意義」替代。最後還要進行研究的缺失及可以繼續發展議題的進一步說明。

（4）論文重點報告的方式：有關研究結果、研究價值、研究貢獻等，可以用條列式的方式表現，例如研究結果有幾點，第一點是什麼；研究貢獻有幾點，第

一點是什麼之類。必需把最重要與最有價值的成果
擺在第一點，其他次要的依次類推。

（5）重要的提醒：一定要先按照規定的時間，把口頭報
告稿寫好，事先一定要練習幾次，絕對不可以馬
虎。最重要的是一定要在規定時間內，把論文的精
華呈現出來，這是整個論文口考的首要重點，也是自
己的努力唯一可以表現的機會，千萬不能自我放棄。

（三）提問與回答：

1. 教師的指正或告知的答案及提出的問題，都要認真紀
錄，並記得說謝謝！

2. 回答問題時，態度要誠懇。答得出來就回答，忘記或答
不出來，就要明白的承認，不可以打馬虎眼。

3. 教師的問題聽不懂或聽不清楚時，可以有禮貌的說：
「老師！對不起，我剛剛沒聽清楚。是不是可以麻煩老
師再說一遍？謝謝！」絕對禁止沒有聽到或聽不清楚，
因為緊張或害羞而假裝聽到或聽得懂而胡亂發言回應。

4. 針對教師的提問，若有需要澄清之處，更要注意回應的
禮貌，尤其遣詞用字必須特別謹慎，不可讓提問的教師
出現有「指責」、「質詢」、「質疑」或「反問」的不
良感覺。要消除此種可能產生的問題，必須要先建立一
種承認「提問」是在幫忙自己的「先設」心理，實際上
「提問」的目的，的確是在幫助學生尋找問題、發現問
題，幫忙學生儘可能改正論文的缺點，增補論文的不足
或缺漏。

5. 對教師的提問，有些同學無論知與不知乾脆都說：「謝
謝老師！我會根據老師的指示好好的思考修正。」但這

樣的回態度，有時候也會引發某些教師不快，因為會覺得學生在敷衍了事，完全沒有學習的誠意。

（四）指導教授發言：

1. 學生若表現不理想，通常會說一些譴責性的話，然後幫學生辯解，提出學生平常的表現為證，說明這只是學生一時的失誤，雖然不是很好，但還是可以原諒，經由這次口考教師的認真指正之後，相信會把論文改得更好等一類的話。或大罵學生一頓，數落學生平常的不夠用功，但其實是很聰明能力也不錯，因此經過這次口考教師的嚴厲教導，一定要改過向善，認真的把論文改寫好等一類表面譴責而實際隱含脫罪及鼓勵性的話。

2. 如果表現還可以，會說一些客套話。當然也會要求學生，一定要按照口考教師的指正，認真修改論文。

（五）主持人總結性的發言。

（六）主持人要求口考者及在場學生出場。

（七）教師評量打分數（一般在70分-92分之間）。

（八）口考學生進場，主持人告知口考者有沒有通過。

三、口試之後：

（一）論文修改：根據口考之際獲得的訊息，認真思考之後，盡最大努力將論文修改到自己最滿意的程度。還要記得將修改後的新版本，寄給每位參與口考的教師，同時附上一封文情並茂的感謝函。若能把每位教師提供的意見及修改的狀況，列在感謝函上則更佳。

（二）領取學位證書：注意繳交論文的規定，精裝本與平裝本各要多少本，按規定繳交論文後，領取學位證書。

（三）再接受挑戰：如果覺得有興趣，以及有某些議題可以再研

究討論，或者可以嘗試進行學術論著的寫作，或者參加博
士班的考試，進入博士班，接受另一層次的學習挑戰。
以上是口考之前及過程中需要注意事項的提醒，就如同第九講在〈教
學內容的系統性說明〉中提到的那樣，口考教師雖然也帶有「品管
員」的性質，但基本上還都以抱持著「補證式」或「抓漏式」的「維
修員」立場發言，提供自己認為最佳的修改建議，目的是協助研究生
的論文可以更好，並不是要毀滅研究生，同學若能確實了解此點，則
當面對口考時應該就比較能以平靜感激的心情接受口考，不至於出現
過度的焦慮情緒。

（七）博士班口試與準備：延續學習機會的嘗試

臺灣的博士已相當多，博士學位價值已嚴重縮水，現在待業的國
內外博士，至少在萬人以上，但即便如此，博士依然有其固定的價
值，所謂「無恃其不來，恃吾有以待之」，[3] 世事難料，說不定機會
來到，博士學位因而成為協助獲得某個重要職位的主要條件，因此我
雖不特別鼓勵同學考博士班，但同學若有機會也不妨試試。我只考過
臺灣大學中文研究所，其他各大學的狀況我不了解，以下即就我的經
驗，提出口考的過程供同學們參考：
一、口試之前的準備：
　　（一）重新整理論文，除找出錯別字、標點符號、分段、章節及
　　　　　需要加強補充或糾正的論點外，更要仔細思考熟悉論文的
　　　　　優點與可以繼續發展的論題。
　　（二）口考教師學校都不公開，但可根據該校教師開課和研究的

3　[周]孫武：《孫子・九變》（《四庫》本），頁12。

方向，大致了解。

（三）搜尋瀏覽該校可能口考教師最近發表的論著，了解其上課
　　　長期使用的論著，這樣的了解即使有誤，至少可以舒緩口
　　　考前的緊張心理。

二、口試的程序與應答注意事項：

（一）口試的主考教師說話（臺大的口考老師七位，主考老師兩
　　　位）：

（二）論文與研究計畫報告：

　　　每家學校不同，一般約在五到二十分鐘之間，時間長短絕
　　　對要弄清楚。

　　1.確定報告的時間與內容：先看規定或打電話請問助教，
　　　確定報告是否有規定多少時間？是否規定要報告什麼內
　　　容？然後按照時間多寡，寫成口頭報告稿，但報告時不
　　　可照稿子唸。

　　2.報告稿的前置辭：首先可以有一些感謝口考教師的感謝
　　　辭，時間不宜太長，最好能在兩三分鐘之內完成。感謝
　　　的話要在報告之前說，表情與口氣都要表現得體，要記
　　　得那句「人情要做在進行之先，不要做在完事之後」的
　　　俗語！

　　3.論文主體與研究計畫的報告：需將論文與研究計畫的研
　　　究主要動機，值得進行研究的理由、研究的資料、研究
　　　的方法、研究的結果、研究的價值、研究的貢獻等，非
　　　常清晰的說明白。還要說明論文的缺失及可繼續發展議
　　　題，最好能說明研究計畫與論文的關聯性。這是報告最
　　　重要的部分，千萬馬虎不得。

　　4.論文與計畫的報告方式：論文的研究結果、研究價值、

研究貢獻等，可以用條列的方式表現，必需把最重要與最有價值的擺在最前頭，次要的則依次類推。研究計畫也同樣要把值得研究的學術價值和可能的學術貢獻，以及自己何以研究及可以研究的理由陳述清楚。

5. 非常鄭重的提醒：一定要先按照規定的時間與內容，寫好口頭報告稿，並且要多練習幾次。最重要的是呈現論文與研究計畫的精華，這是自己唯一能努力表現的機會，千萬不能自我放棄。

（三）教師提問與學生回答：

1. 口考教師指正或告知的答案，以及提出的問題，都要認真的傾聽並作成紀錄，以便可以清楚的回答。

2. 回答問題態度要誠懇。忘記或答不出來，就要明白承認，嚴禁不懂而假裝懂，把口試教師當作「大白癡」。陳述其他學者的話，儘量把出處說清楚，並說明同意的理由。批評前賢要能說出有效理由。這類發言要特別小心，以免讓口試教師產生「傲慢」或「自以為是」的壞印象。

3. 口考教師的問題聽不懂或聽不清楚，可以有禮貌的請口考教師再說一遍。絕對禁止沒有聽到或聽不清楚，卻假裝聽到而胡亂發言。

4. 針對教師的提問，若有需要澄清之處，更要注意回應的禮貌，尤其遣詞用字更要謹慎。

（四）口試完畢離開會場之際，記得感謝考試教師看論文與研究計畫，並且提供有益問題的辛苦，這種基本禮貌一定要有。

這個口考的內容與程序，實際上與研究生畢業論文的口考相近，只不

過再加上「研究計畫」的內容，還有缺乏指導老師在場的呵護而已，如果可以平安的經過畢業口試，當然也可以坦然的面對這種口試，先預祝參與博班考試的同學順利成功。

三　教學總檢討：臨別贈言

　　這一學年來同學們應該很多次，被楊老師某些特別不同的說法或想法嚇到，或者竟覺得不以為然，同學如果有這類反應，一點也不用覺得奇怪，因為這本是當初在設計課程時，就已經預先安排的教學效果。會有這樣的想法，主要是看到杜甫（712-770）說李白（699-762）「筆落驚風雨，詩成泣鬼神。」說自己「語不驚人死不休」的話引發。[4]雖然明代黃汝亨（1558-1626）說「語不驚人死不休」是「詞人之雄，作欺漫一世語」，[5]王守仁（1472-1528）的弟子劉曉（1500-1536前後），更惋惜杜甫為何不做「學不驚人死不休」。[6]但就我來看杜甫這些話，重點雖在陳述作詩時詞彙的設計與表現，但背後當也有引發讀者興趣與注意，以便行銷詩作的內涵。教學當然也要能引發學生的興趣與注意，這樣纔有可能獲得預定的教學效果，於是乃師法杜甫這個「筆落驚風雨」、「語不驚人死不休」的精神，因而有這個「嚇人要求」或「令人不爽」的作為，目的就是希望獲得引發同學們學習的興趣及注意課程的功能，除了這個基本功能的考慮之外，自然也還有其他教學的考慮。基於這個課程秉持的「做了再說」

4　[清]仇兆鰲：《杜詩詳註》卷八〈寄李十二白二十韻〉（《四庫》本），頁35；卷十〈江上值水如海勢聊短述〉，頁11。

5　[明]黃汝亨：〈答鹿門先生書〉，[明]賀復微編：《文章辨體彙選》卷二百四十六〈書四十二〉（《四庫》本），頁17。

6　[清]黃宗羲編：《明儒學案》卷十九〈江右相傳學案四·縣令劉梅源先生曉〉（《四庫》本），頁25。

的基本訴求，故而就有必要在學習結束進行總檢討之際，向同學們比較清楚的說明。其中部分理由，在第九講曾有粗略的回應，以下則是更細緻的分析說明。

由於這個課程是「有為而後作」思考下的設計，基於同學都是在職或未來的教師，以及「生活即研究；研究即生活」基本研究概念的前提，因此以下的討論，雖也牽涉到學術研究、教學方法，但主要還是以師生關係、實際生活及生存的相關思考為重點，分析這個課程教學行為的意義與目的，同時也附帶表達教師對同學們的建議與期許：

一、教師教學方法的檢討：這個課程根據的「吳楊式教學法」，從一開始在消極上就將重點及目的，放在臺灣體制教育下教學整體環境造成的學習弊病的矯正；積極上的作為則是特別堅持「先做後講」、「做過再說」、「行先於言」的「做了再講」的教學原則，這種有別於同學們長期接受的那種「按規定學習」和「聽命令行事」的「循規蹈矩」教學法，在剛開始接觸的一段時間，應該會讓許多同學難以適應，實施一學年的結果，同學應該有能力感知此種教學法的效果如何？並且有資格針對此種學習方式進行比較深度的批評，所以特別希望同學可以在「自評」中，毫不保留的針對此種教學法的「教學理念」、「教學表現」的執行方式和有效性進行檢討評估，這對完善我的教學方法，當然會有許多正面的幫助。宋朝的司馬光（1019-1086）曾經提到「聖人之經，高深幽遠，固非一人所能獨了，是以前世並存百家之說，使明者擇焉，所以廣思慮，重經術也。……經猶的也，一人射之，不若眾人射之，其為取中多矣」的觀點。[7]英國籍的神學研究者大衛‧福特（David F. Ford，1948-）在論及二十世紀的神學研究時也說到：「在二十世紀裡……理智交流中的一種爆炸式的

7　[宋]司馬光：《傳家集》卷八十六〈古文孝經指解序〉（《四庫》本），頁12。

激增。這些使得多樣性的局面成為無可避免的，並使我們⋯⋯沒有
概觀之可能。但它也擴展了心靈，讓它發揮自己的某種能力，正如它
擴展了其他的能力一樣。在一切領域裡，知識與解釋的迅速增長比以
往更清楚地表明，需要有受過不同學術訓練的合作群體來應對或處理
它。」[8]無論學術研究或教學，其實都需要有司馬光此種「非一人所能
獨了；不若眾人射之」，以及福特「要有受過不同學術訓練的合作群
體來應對或處理」的基本認知，意即必須能夠接受讀者或學生等「接
受者」一方的意見，纔有可能「讓它發揮自己的某種能力」，因而對
自己的缺漏進行有效的改善，於是獲得「廣思慮」和「取中多」的集
思廣益之效果。教學與研究如果能夠時時注意到並深思「接受者」
（學生或閱聽者）的意見，則也就可以比較有效的改善自己知識上或
方法上的盲點，讓自己的教學或研究的缺漏越來越少。同學們應該還
記得在第九講中提到的「維修員」立場的「完滿性批評」和「品管
員」立場的「毀滅性批評」等兩種不同的思考，居於教學和學術追求
完善理想「希望」的自我要求，我一向都自居於「維修員」的立場，
把學術和教學的批評，理所當然的歸入「完滿性批評」的範圍內，因
此希望同學可以盡情甚至無情的評論。當然我也「希望」同學在教學
活動中或學術研究上，同樣能夠抱持此種正常的心態，愉快的歡迎
「接受者」的批判回饋。我這裡只說「希望」並沒有說「要求」，因
為「希望」或「期望」都是主動或自由的作為，至於「要求」則是被
動或被迫的作為，因此我只說「希望」同學們在教學時能確實注意到
這兩者之間的差別。

　　二、上課教學氣氛的分析：就實際涉及教學氣氛的班級經營而

8　[英]福特：〈跋：千年期之交的基督教神學〉，[英]福特編，董江陽、陳佐人譯：
　　《現代神學家：二十世紀基督教神學導論》（香港：道風書社，2005），頁716-
　　717。

言，師生之間的「熟悉度」與「親近感」，大致與學生對課程的學習態度成正比，但卻會與同學發表個人意見和遵守班級秩序的表現成反比。亦即師生之間的親近感與學生上課的嚴肅程度成反比，並與學生的輕鬆程度成正比。鬧哄哄的情況、意見一大堆，甚至公開和教師討價還價、公開抱怨教師種種不當等等的情形越熱烈，師生的親近感就越濃厚，這應該不是只有我上課的狀況，應該是許多同學和其他教師們上課的實際表現。我的想法是學校既不是監獄更不是軍隊，應該是一個快樂學習的場所。教師不是軍訓教官，更不是典獄長或獄卒，應該是博得學生高度信任，且願意跟隨學習的可親對象。教學的目的不是訓練為國家犧牲生命的士兵，更不是矯正已經犯法受罰的受刑人，而是要引導學生發揮個人潛在的知識能量和正面的道德意識，進而成長學生適應群體的社會生存能力，以及遵循必要的法律和倫理規範。在這些前提下思考師生的關係和學習效果的問題，當該可以同意在輕鬆互信的氣氛中，學習的潛移默化效果，應該要比那種過分嚴肅的緊張對立狀態要來得有效。這自然僅僅是我個人一廂情願的觀點，同學們當然可以不同意，甚至反對我的觀點，只要不是「誓死」就好了。

　　三、師生教習心理的分析：從學習心理的角度而言，學生修習任何課程，在積極上應該都會有一種獲得最佳學習效果的自我期望心；消極上則不免會有擔心不符合教師要求的戒慎恐懼心，以及學習表現不如其他同學的好勝心，甚至還會有因為沒有盡心完成教師學習要求而感到慚愧的羞恥心。從教師教學的積極心理而言，在面對學生之際，即使完全缺乏對學生「起點行為」（entering behavior）的基本了解，卻也不免會因為過度熱心，因而出現錯誤的混淆「期望」和「要求」的判斷，把學生可以自由選擇接不接受的「期望」，當成學生沒有選擇餘地必須無條件接受的「要求」，於是教師不免就會產生一種對學生「期望太高」的學習收穫及某種「虛妄」學習態度的預

設，當學生的表現無法達到那個不知何來的預期表現時，教師在心理上也就免不了會出現某種沮喪的感覺，不僅如此，更有可能出現一種不知不覺怨恨學生何以如此「不受教」的情緒，於是本來基於協助學生獲得更佳學習效果的正面心理，竟在不知不覺間「豬羊變色」的變成負面情緒。教師「希望」學生表現在合乎基本要求之外，可以更進一步超越一般性，且達到理想性的「夢想」預期，這種「常態性」不合理要求的心態可以理解，但卻不見得是教學的正常心理。因為教師這種把「期望」等同「要求」的謬誤，不僅無法確實達到預期，反而容易帶來負面情緒，影響正常的教學行為，我的這點觀察應當值得同學們仔細思考。總體而言，師生教習的關係中，學生對教師的理解、接受或排斥，一般正常狀況下，大致都會有一個由「陌生」、「恐懼」、「猜疑」、「了解」到「接受」或「排斥」，最後甚至是「欺負」或「不理」的發展過程。但無論過程和結果如何，同學們一定要時時記得《禮記·曲禮》「禮聞來學，不聞往教」的古訓，以及我常說的「學生與家長相信就要當救苦救難的大菩薩」與「學生與家長不相信就當一面之緣的路人甲」的正常師生相處之道，千萬不要勉強甚至強迫學生非得接受自己的教導不可。教師對學生的「愛」，當然可以讓學生知道甚至感受，但教師無權也不能強迫學生非得接受自己的「愛」不可，強迫的愛不是愛而是「控制」的別名，甚至是「惡意迫害」的同夥，我的這點認知或者也可以提供同學們在教學和處世時做參考，「參考」的意思就是「之一」而非「唯一」。

　　四、師生關係內涵的檢討：師生關係大致可以歸納為兩類：（一）就教學的內涵來說，教師只是學生的引路人，甚至只是指著方向的引路人，並不是牽著學生之手或揹著學生走的交通工具或司機。教師對學生而言，只是一陣溫暖的「風」，順著「風」的方向，則「風」就有可能協助跑者前進或跑得更快，但溫暖的「風」僅該是一

種無形的力量，看不到也摸不著，只能憑感覺確認。溫暖之「風」要發揮功能，先決條件是跑者有行動的自由意願與行為，因此學生若沒有行動的意願或行為，則教師即使想協助也無法有任何作用，所謂「師傅領進門，修行在個人」，就是從這個角度思考下的發言。

（二）就情感的關係來說，我一向認為人與人相處的感覺，除掉那類擁有「大愛無愛」的至高修養，因而視所有生命為毫無親疏遠近差別的「一視同仁者」的最高級境界者外，就我這位修養還非常「陋」（low）的人來看，師生關係既可以是一種「沒有選擇可能」的痛恨無奈，也可以是一種「幾世修來意外」的驚奇緣分。然而無論是何種感覺，我的基本觀點是在師生關係的範圍內，學生應該是感覺的主動者，教師則應該要主動退居於「被動者」的角色。因此我主張現代學生尤其是研究生在學術研究的領域內，一定要擺脫傳統「天地君親師」意義下「倫理世界」的無形壓力，盡可能從法律行政制度意義下純粹「契約世界」的角度思考。根據「契約世界」的思考，若是覺得和某位教師的師生關係是一種痛恨無奈，則自然可以在課程結束後「相見不如不見」，學生絕對擁有「心安理得」拒絕再和讓自己覺得痛恨無奈的教師來往的權力，千萬不要有任何猶豫或遲疑，更不可以還有那種來自佛教徒所謂「一日為師，終世為天；一日為主，終身為父。」[9]這一類不需要且不恰當的聯想，導致給自己平添某些無謂的負面壓力。至於覺得師生關係是一種驚奇緣分的同學，當然也可以繼續「保持聯繫」啦！就我身為信「神」不信「教」的「有神論者」來說，對於師生之間的關係，我有一種類比的詮釋，教師就如同充滿熱情向外邦人傳教的熱心基督宗教徒，絕不可以因為對方不接受而發

9　[南唐]釋靜、釋筠編撰，吳福祥、顧之川點校：《祖堂集‧洞山和尚》（長沙：嶽麓書社，1996），卷六，頁138。

飆嘗罵，說人家是「罪人」，說人家「會下地獄」，導致對方不僅更無法接受，甚至因此而對整個基督宗教界產生極大的反感。就是說身為教師者，經常要記得《論語・述而》「自行束脩以上」和《禮記・曲禮》「聞來學，不聞往教」的古訓，尊重學生自由學習選擇的意願，即使學生一時甚至永遠無法接受自己，但也絕對不要因為自己的發言或作為，導致學生對學習產生反感。教師在教學過程中，絕對要避免出現引發學生對學習產生反感的任何負面作為，以免讓自己變成嚴重影響學生學習意願，甚至阻絕學生未來學習的「藏鏡人」（罪魁禍首）。

五、課程結束之前的叮嚀：經過一學年的相處，在課程結束之後，自然也就要如同「翩翩堂上燕，冥冥天際鴻」般，「從此分西東」了；[10]或像明代的善真和尚（？-1598）所說「父子上山，各自努力」那樣，[11]各自為一己的理想或生活打拼了。臺灣的幅員雖小，但也可能永遠不再相見，相信同學心中都會有各自的感慨。這個感慨或者快樂的鬆了一口氣，或者是無奈的失落感，或者是淡淡的依依離情愁緒。我當然不必去猜測同學們那有如遙遠天邊星光般，忽明忽暗又突然發亮的心理感受，同時也沒有必要預估爾後師生關係發展的方向。但無論如何，身為教師至少可以趁著課程結束之前，針對同學們爾後的學術研究、工作學習與待人處世的需要，從「理想」上較為合宜反應方式的角度，提供某些我認為比較具有建設性與整體性意義的處世基本原則，贈給同學們參考或思考，希望可以在同學們面對選擇之際時有點實際作用。身處社會的一般正常人，都必然要針對自身面臨的情境或方向，進行必要且確定後唯一方向的選擇，選擇的後果自

---

10 [清]曹林堅：《曇雲閣集》卷一〈補裳刺史〉（《古籍庫》本），頁13。

11 [明]釋明河：《補續高僧傳》卷十六〈常潤善真二師傳〉（《古籍庫》本），頁213。

然自己負責，當然也可能連累自己親近的人。例如面對同樣的遭遇，快不快樂就是一種抉擇，選擇之後必然帶來不同的反應與結果。因此事前有效合理的規畫思索，或者平時的自我充實評量，當然都有助於自己做出最佳的選擇。但無論同學的選擇結果如何？希望以下的一些想法，對同學們未來的生活與研究，可以有一些實質性的正面助益：

一、在心靈上：肯定自己擁有的優點而排除任何自我傷害的可能。

二、在能力上：承認天賦差異存在而確知勤有益非必有功的真實。

三、在精神上：肯認現實必然不理想而可以快樂正常面對的胸襟。

四、在情感上：讓對方知道自己真情但尊重對方選擇權力的原則。

五、在生命上：培養離棄塵世爭競自由自在快樂享受孤獨的心境。

六、在世情上：認知人生不如意十常八九是世界永恆存在的規律。

七、在疾病上：同意疾病存在的必然性並學習與疾病正常的共處。

八、在問題上：直接面對以解決而不逃避或製造更多問題的思考。

九、在態度上：努力開闊眼界以排除慣習制約與權威效應的影響。

十、在行動上：時時記住只要答應做就必須盡力做到最好的承諾。

十一、在學習上：善用天賦並盡情發揮內在潛能以深化知識的內涵。

十二、在研究上：認定自己確實擁有全世界獨一無二創發力的自信。

十三、在方法上：重視理論適用性及程序性和時間規畫的有效管控。

十四、在判斷上：開展多元觀點視野擺脫慣習單一固守角度的制約。

十五、在評價上：分清源自善意的協助與啄木鳥附帶好處間的差別。

十六、在論文上：有效運用習得的知識以完善深化研究議題的內容。

十七、在寫作上：注意詞彙表現與內容表達間難以割捨的密切關係。

十八、在教育上：遵守信任尊重學生的自由自願為前提的基本信念。

十九、在教導上：要求學生善盡自己責任以避免愛之反害之的後果。

二十、在教學上：信守引導學生思考重於提供一知半解答案的原則。

以上二十項小小的提醒，只是我認為比較重要的事項，當然不可能窮

盡所有人生面對的問題，同時在面對實際狀況時，如何有效執行的方法和步驟，也不可能在此詳述，因此還希望同學們可以在此一基礎上，根據自己的需求進行更進一步的取捨、檢討及發揮。提供這些建議最主要的目的，就在於期待同學可以使自己成為一位具有研究與學習能力的「快樂者」。這也就是我從「處世」的角度上，一再強調且希望同學記住的那個「我們即使無法讓別人覺得自己很偉大；但至少可以讓自己的心靈活得很快樂」的基本思考，以及為人：「可以『表功』卻不可以『搶功』；可以『驕傲』卻不可以『自滿』；可以『官僚』卻不可以『腐敗』」的處世原則。

　　從「學術」和「學習」的角度來看，所謂「更進一步的取捨、檢討及發揮」，這裡可以提供某些例證給同學們參考。就理論上而言，例如在研究上若再進行更細緻的分析，則所謂「創發」還可以區分為「發明」與「發現」兩個不同的層次，「發明」指的就是「本來無一物，使之惹塵埃」的「無中生有」；「發現」則是指「本在虛無飄渺間，使之現身落塵埃」的「有中見無」之類。另外同學在研究思考上，如果可以先建立一個「一體成型」的系統性基本觀念，因而也就能夠真正了解「分項」、「分類」等的分割或分解，都只是為了講說或教學上的方便而設，實際上在表現或運用之際，根本就是一個無法分割或分解的「整體」。這就如同經學研究中「訓詁」與「義理」或「經學」與「致用」的關係一樣，經學是為了致用而存在，致用需要理解義理，要理解義理必須先理解訓詁，但要正確理解訓詁卻又必須對義理有更好的理解。其實無論所謂「義理明訓詁明」，或所謂「訓詁明義理明」的說法，不過都是從對立角度思考下的結果，更可以從整體的觀點加以理解，就是「義理」與「訓詁」在實際的「致用」行動之際，根本就是同時產生作用的結構，無從分辨誰先誰後，當理解訓詁之際，也同時理解了義理；當理解義理之際，同時也理解了訓

詁，在實際運作時是一種同生同滅同作用的關係，很難有效區分先後與重要性。如果同學能了解這種類似「完形心理學」（格式塔心理學）所謂「部分加部分不會是整體，必須加上關係纔能形成整體」的概念，則應該對同學們了解何謂「更進一步」分析的意義有正面的幫助。

　　杜甫曾有「富貴必從勤苦得，男兒須讀五車書」的說法，[12]清代柴紹炳（1616-1670）批評杜甫這兩句，意「近鄙淺」，[13]但我覺得杜甫說得很實在，無論任何時代，只要是生活在正常社會，「勤苦」和「知識」，絕對是獲得生活保障的基本因素。蘇軾（1036-1101）也曾說過「詩須要有為而後作」，[14]這個「治學方法」課程的背後，就是借用蘇東坡此話的精神，轉成「事須要有為而後行動」下的設計，這個課程就以這兩位我喜歡的歷史人物所言做結束吧。

---

12 [清]仇兆鰲：《杜詩詳註》卷二十一〈題柏學士茅屋〉（《四庫》本），頁12。
13 [清]仇兆鰲：《杜詩補註》卷下〈諸家論杜〉（《四庫》本），頁52。
14 [宋]蘇軾：《東坡志林》卷九（《四庫》本），頁8。

跋

　　「治學方法專欄」終於結束了。本來任何專欄的寫作，作者就像舞臺上的演員一樣，戲演完了就該下臺換人上場，不應該再找任何理由，繼續留在臺上，妨礙下一齣戲上場的演員。作者該下場時就要下場，文章該結束時就應當結束，作者消失不見後，接著自是讀者或觀眾出場說三道四，這纔是一般寫作或表演的正途，作者實在不應該在結束之後，再來個「回馬槍」般的狗尾續貂。不過陳滿銘老師和梁錦興總經理，覺得花三年多寫這個專欄，總該有些回顧性的話可以說說，想想確實也是如此，因此就順應著兩位老人家的意思，說說自己這三年來寫作的一些想法和感謝。

　　首先是自從二〇〇八年二月喝春酒時，不小心答應陳滿銘老師、林慶彰老師和梁錦興總經理，要將二〇〇〇年開始在臺北市立教育大學（即現在的「臺北市立大學」）中語系夜碩班和高雄師範大學經學所講授的「治學方法」，以及二〇〇一年在臺北大學中文系開過兩年的「讀書指導」，還有平常在各大學演講有關「治學方法」的觀點和內容，整理出來公諸於眾之後，就開始將以往上課留下的相關資料整理公佈，於是自二〇〇九年一月開始，經過三年多每月固定寫稿，以免影響出刊的忐忑日子，現在對三位長者終於可以交代了。這當然要感謝陳老師和梁總經理這三年多來刻意在《國文天地》空出七千字的版面，讓我有發表的空間。還要感謝林慶彰老師當年「不記仇」的「大肚」，古國順老師和臺北市立教育大學中語系老師們，以及所有曾經上過課的學生們之信任，因而纔有機會將自己不成熟的「治學方

法」落實講授。更要感謝這三年多來所有負責《國文天地》編務工作同人們的大力協助，讓這個「治學方法專欄」可以毫無阻礙的繼續，我想這個謝意無論如何都應該要說出來。

其次在刊登的過程中，很感謝上過「治學方法」、「讀書指導」和「《詩經》研究」等課程，以及聽演講同學們的回饋提問，無論是刻意針對內容的質疑，或是提問之際無意的觸及，在在都讓我可以更清楚了解自己所說存在的問題，因而認真思考尋求更確實或更深入的答案，於是或修正或補充不足或訛誤的觀點或內容。例如同學們問及「語言風格學」的問題，於是直接寫信向竺家寧老師請教，因而獲得不少有關「語言風格學」的有益知識。再如為了回應同學詢問「報導文學」作者寫作位置的問題，因而促使我思考以寫作為職業的現代專業寫作者地位與功能和價值的問題，最終提出了一個我所謂「啄木鳥理論」的觀察，用以更清楚的說明現代專業寫作者，雖也是以營利賺錢為目的，但其結果則達成了作者、讀者和社會等三方「共同獲益」的實際效果，這同時也讓我想到「倫理學」在論及「動機」和「效果」的關係時，其中有「不良動機獲得良善效果」的事實。除此之外，自然還有其他不同的收穫，其中多數已在講課的內容有所表現，因此就不再多說了。另外更需要特別感謝張春榮教授、余崇生教授、林文寶學長、許學仁學長等的鼓勵指正，尤其張春榮教授不僅大方惠賜大作，讓我在寫作過程獲益良多，同時還顧及我的面子，隱晦的提醒我，出書的篇幅不宜過大，否則會讓現代追求快速獲得結果的讀者群，怯而不前，這正和余崇生教授不斷善意提醒我「不要太囉嗦」的意思一樣，這個謝意也不容沉默不言。同時也誠如張教授和余教授兩位前輩所言，這個刊登在《國文天地》公開的課程講說內容，確實既囉嗦又冗長，但所以會如此者，其實是我把好幾年的講義整合在一起的關係，果然瞞不過兩位細心學者的炯炯巨眼。

　　其三則是稍微有點遺憾的小小感慨，就是我曾在第一講〈基本理念說明〉的〈前言〉中，特別提到：「非常歡迎覺得『不順眼』的君子們，隨隨便便的來『踢館』」，透過「互相『漏氣』求進步」的過程，因而有機會「讓這個『專欄』可以因為大家的熱心參與，於是對那些有心於中文相關學術研究的『未來學術的主人翁們』，有點實質性的協助功能」的那個期待，就是希望有讀者願意公開對我的觀點或內容提出質疑，好讓我可以有機會改善的願望。不過實際的狀況是：除了上課和聽演講很少數的同學外，並沒有得到其他讀者的回應，這當然只是我個人一廂情願的「期望」，「期望」本來就像是買「大樂透」一樣，中獎的機率其實非常低，不過還是讓我覺得有點遺憾啦！我相信這個課程提供的觀點和內容，固然對讀者有某些不一樣的實質性觸動或協助，但也必然存在著許多可以再斟酌討論的問題，何況我在設計課程時，本來就設計有需要同學糾謬的內容。事實上我在正式上課的過程中，經常故意講錯話或做些奇怪的行為，觀察同學們的反應，以便了解同學們處事和學習的基本態度，就是同學上課的注意力集不集中？以及面對和自己切身相關事情的反應態度？例如我會先發「教學大綱」，然後上課口頭講述時，故意把繳交「習作」的時間說得和「大綱」不一樣。有一年我還故意把「T恤外衣」反穿，以便測試同學們的反應等等。因此這裡還要再一次的提醒讀者們，這個課程講說的內容，以及提供的答案，有許多是必須或可以再繼續斟酌思考。因為就人文學科的研究而論，無論多麼偉大的作者，都僅能提供「一個」答案，「絕對」無法提供「唯一」答案，所有人文學的課程也同樣是如此，這點請讀者千萬注意。我想在這個時候，再提一下「第一講」中曾經引述過的英國思想家卡爾・巴柏（Karl Raimund Popper，1902-1994）所謂「承認我可能錯，你可能對，透過努力，我

們可更進一步接近真理」的話，[1]應該有其意義。或者也可以稍微提一下古希臘哲學家柏拉圖（Plato，前427？-前347？）所謂「也許你說了些對的，也許我說了些對的，可是不管怎樣，我們並沒有說出確定不易的道理」的話，[2]應該也有一些實質性的意義吧！

其四則是依稀記得四歲多到五歲多背誦的《三字經》，末尾兩句是：「勤有功，嬉無益。」這自然是承襲韓愈（768-824）〈進學解〉所謂「業精於勤，荒於嬉；行成於思，毀於隨」的觀念而有；[3]初中時也曾讀過梁啟超（1873-1929）的〈志未酬〉，還記得這首詩的最後幾句是：「男兒志兮天下事，但有進兮不有止，言志已酬便無志。」[4]雖然我從不相信讀書研究「勤能補拙」會帶來多大的效果，同時也不太相信「立志」對實際的人生，可以帶來多少的正面功能，但學習確實是個需要持續不斷累積的永恆過程，因此一定先要有「心」，纔有可能堅定執著。同學用不用「心」當然全在自己，他人無從置喙，因此我有幾句歸納性的話語，或者可以提供給有興趣的讀者參考：「有心無心自心了，無待人說方知曉；行為選擇本自由，態度決定得多少。」「心」摸不著看不見，看得見的是從「心」引發出來的「態度」，現在一般人常說「態度決定你的高度」，如果將這個觀點運用在學習上，則大致可以如此說：「態度不僅決定生活的高度，態度更決定學習與學術的程度。」[5]現在就用這句話來結束吧！最

---

1 [英]卡爾・巴柏著，莊文瑞、李英明編譯：《開放社會及其敵人》（臺北：桂冠圖書公司，1989），下冊，頁986。

2 [古希臘]柏拉圖著，王太慶譯：《柏拉圖對話錄・卡爾彌德篇》（北京：商務印書館，2004），頁89。

3 [唐]韓愈：《東雅堂昌黎集註》十二〈進學解〉（《四庫》本），頁4。

4 梁啟超：〈志未酬〉，《飲冰室合集・飲冰室文集之四十五（下）・詩》（北京：中華書局，1994），第5冊，頁16。

5 杜正勝老師在當教育部長時，曾在教育廣播電臺開闢了一個「杜老師人文館」的

後要謝謝所有花費寶貴時間，願意和我共享這些不成熟見解的讀者們。

節目，邀約臺灣教育、文化及藝術界的人物對談，二○○七年十月二十二日有幸獲得杜老師的邀約對談，杜老師後來將對談的內容整理出版，老師與我對談的內容即用〈態度，決定你人生的高度〉為標題發表，見杜正勝老師主編：《杜老師人文館》（臺北：教育部，2008），頁244-247。這個對談的內容可以和我的〈自介〉相互發明，有興趣的讀者或者也可以參看。

徵引論著目錄

一 傳統古籍

（依時代先後排列）

[魏]王弼　[魏]韓康伯注　[唐]孔穎達等正義　《周易正義》　臺北
　　藝文印書館　1981年影印[清]嘉慶20年[1815]江西南昌府學
　　《重栞宋本十三經注疏附校勘記》本

[漢]孔安國傳　[唐]孔穎達等正義　《尚書正義》　《重栞宋本十三
　　經注疏附校勘記》本

[漢]毛公傳　[漢]鄭玄箋　[唐]孔穎達等正義　《毛詩正義》　《重栞
　　宋本十三經注疏附校勘記》本

[漢]鄭玄注　[唐]孔穎達等正義　《禮記正義》　《重栞宋本十三經
　　注疏附校勘記》本

[晉]杜預注　[唐]孔穎達等正義　《春秋左傳正義》　《重栞宋本
　　十三經注疏附校勘記》本

[唐]玄宗注　[宋]邢昺疏　《孝經注疏》　《重栞宋本十三經注疏附
　　校勘記》本

[漢]趙岐注　[宋]孫奭疏　《孟子注疏》　《重栞宋本十三經注疏附
　　校勘記》本

[周]孫武　《孫子》　臺北　臺灣商務印書館　1983年影印文淵閣
　　《四庫全書》本

[周]荀況撰　[唐]楊倞註　《荀子》　《四庫》本

[周]莊周等著　[晉]郭向注　《莊子注》　《四庫》本

[周]韓非著　[元]何犿註　《韓非子》　《四庫》本

[漢]河上公注　《老子道德經》　《四庫》本

[漢]班固　《白虎通義》　《四庫》本

[漢]班固撰　[唐]顏師古注　《前漢書》　《四庫》本

[漢]高誘注　《淮南子》　《四庫》本

[漢]許慎撰　[宋]徐鉉增釋　《說文解字》　《四庫》本

[魏]何晏集解　[宋]邢昺疏　《論語注疏》　《四庫》本

[晉]袁宏　《後漢紀》　《四庫》本

[晉]陶潛著　楊勇校箋　《陶淵明集校箋》　香港　吳興記書局
　　　　　1971

[梁]沈約　《宋書》　《四庫》本

[梁]蕭統編　[唐]李善註　《文選》　《四庫》本

[唐]王勃　《王子安集》　《四庫》本

[唐]令狐德棻等　《周書》　《四庫》本

[唐]司空圖　《司空表聖文集》　《四庫》本

[唐]白居易　《白氏長慶集》　《四庫》本

[唐]杜甫著　[清]仇兆鰲註　《杜詩詳註》　《四庫》本

[唐]房玄齡等　《晉書》　《四庫》本

[唐]韓愈著　[宋]廖瑩中集註　《東雅堂昌黎集註》　《四庫》本

[唐]韓愈著　[宋]魏仲舉編　《五百家注昌黎文集》　《四庫》本

[唐]釋智昇　《開元釋教錄》　《四庫》本

[唐]釋僧祐　《弘明集》　《四庫》本

[南唐]釋靜、釋筠編　吳福祥、顧之川點校　《祖堂集》　長沙　岳
　　　　　麓書社　1996

[金]李俊民　《莊靖集》　《四庫》本

[宋]王安石　《臨川文集》　《四庫》本

[宋]王益之　《西漢年紀》　《四庫》本

[宋]王應麟　《漢藝文志考證》　《四庫》本

[宋]司馬光　《傳家集》　《四庫》本

[宋]朱熹　《四書章句集註》　《四庫》本

[宋]朱熹　《晦庵集》　《四庫》本

[宋]朱熹編　《宋名臣言行錄前集》　《四庫》本

[宋]李衡著　[宋]龔昱編　《樂菴語錄》　《四庫》本

[宋]祝穆　《事文類聚》　《四庫》本

[宋]章如愚　《群書考索》　《四庫》本

[宋]陳振孫　《直齋書錄解題》　《四庫》本

[宋]陸九淵　《象山集》　《四庫》本

[宋]輔廣　《詩童子問》　《四庫》本

[宋]鄭樵　《通志》　《四庫》本

[宋]黎靖德編　《朱子語類》　《四庫》本

[宋]謝維新　《事類備要》　《四庫》本

[宋]魏慶之　《詩人玉屑》　《四庫》本

[宋]贊寧等　《宋高僧傳》　《四庫》本

[宋]蘇軾　《東坡志林》　《四庫》本

[宋]釋正覺　《宏智禪師廣錄》　《大正新脩大藏經》　臺北　新文
　　豐出版公司　1983

[明]釋明河　《補續高僧傳》　北京　愛如生數字化技術研究中心
　　2000年《中國基本古籍庫》本

[明]羅貫中　《三國志通俗演義》　《古籍庫》本

[明]張溥編　《漢魏六朝一百三家集》　《四庫》本

[明]鄭之珍　《目連救母勸善戲文》　《古籍庫》本

[明]胡應麟　《少室山房筆叢》　《四庫》本

[明]梅鼎祚輯　《釋文紀》　《四庫》本

[明]陸人龍編纂　《型世言》　臺北　中央研究院中國文哲研究所
　　　　1992

[明]洪鼐　《讀易索隱》　《古籍庫》本

[明]賀復徵編　《文章辨體彙選》　《四庫》本

[清]王鳴盛　《十七史商榷》　《古籍庫》本

[清]永瑢等　《欽定四庫全書總目》　《四庫》本

[清]朱一新　《無邪堂答問》　《古籍庫》本

[清]汪喜孫著　楊晉龍主編　《汪喜孫著作集》　臺北　中央研究院
　　　　中國文哲研究所　2003

[清]洪亮吉　《北江詩話》　《古籍庫》本

[清]袁枚著　王英志主編　《袁枚全集》　南京　江蘇古籍出版社
　　　　1993

[清]張廷玉等　《明史》　《四庫》本

[清]曹秷堅　《曇雲閣集》　《古籍庫》本

[清]章學誠　《校讎通義內篇》　《古籍庫》本

[清]黃宗羲編　《明儒學案》　《四庫》本

[清]戴震　《孟子字義疏證》　《古籍庫》本

[清]戴震　《戴東原集》　《古籍庫》本

[清]繆荃孫　《藝風堂文續集》　《古籍庫》本

[清]羅汝懷　《綠漪草堂集》　《古籍庫》本

[清]顧炎武著　徐文珊點校　《原抄本日知錄》　臺北　臺灣明倫書
　　　　局　1978

二 現代學者著作

（依作者姓氏筆畫排列）

中國國民黨中央委員會黨史委員會編訂 《國父全集》 臺北 中國
　　國民黨中央委員會黨史委員會 1973

仇小屏 《呂祖謙《古文關鍵》文章論》 臺北 萬卷樓圖書公司
　　2010

王逢振 《女性主義》 臺北 揚智文化公司 1995

王瑾 《互文性》 桂林 廣西師範大學出版社 2005

石元康 《羅爾斯》 桂林 廣西師範大學出版社 2004

朱汝珍等修纂 《（民國）清遠縣志》 北京 愛如生數字化技術研
　　究中心 2011-2013《中國方志庫》本

余嘉錫 《四庫提要辨證》 北京 中華書局 1980

吳錦勳採訪撰述 《臺灣，請聽我說——壓抑的、裂變的、再生的
　　六十年》 臺北 天下遠見文化公司 2009

呂妙芬 《孝治天下：《孝經》與近世中國的政治與文化》 臺北
　　聯經出版事業公司 2011

呂慶廣 《60年代美國學生運動》 南京 江蘇人民出版社 2005

宋偉杰 《中國・文學・美國：美國小說戲劇中的中國形象》 廣州
　　花城出版社 2003

巫和懋、夏珍 《賽局高手：全方位策略與應用》 臺北 時報文化
　　出版企業公司 2002

李玉珍、林美玫合編 《婦女與宗教：跨領域的視野》 臺北 里仁
　　書局 2003

李誠主編 《知識經濟的迷思與省思》 臺北 天下遠見出版公司
　　2001

李衛華 《20世紀西方文論選講：以「語言學轉向」為視域》 石家
莊 河北人民出版社 2007

李熾昌主編 《文本實踐與身分辨識：中國基督徒知識份子的中文著
述（1583-1949）》 上海 上海古籍出版社 2005

杜正勝 《新史學之路》 臺北 三民書局 2004

杜正勝主編 《杜老師人文館》 臺北 教育部 2008

沈定平 《明清之際中西文化交流史——明代：調適與會通》 北京
商務印書館 2007年3月增訂本

邢泰釗編著 《教師法律手冊》 臺北 教育部 2004

河清 《全球化與國家意識的衰微》 北京 中國人民大學出版社
2003

河清 《現代，太現代了！中國：比照西方現代與後現代文化藝術》
北京 中國人民大學出版社 2004

竺家寧 《語言風格與文學韻律》 臺北 五南圖書出版公司 2008

金庸 《笑傲江湖》 《金庸作品集》 臺北 遠流出版公司 1988

俞建章、葉舒憲 《符號：語言與藝術》 上海 上海人民出版社
1988

洪漢鼎 《詮釋學史》 臺北 桂冠圖書公司 2003修定版

洪漢鼎 《語言學的轉向：當代分析哲學的發展》 臺北 遠流出版
事業公司 1995

孫震 《邁向已開發國家》 臺北 三民書局 1990

高宣揚 《布迪厄的社會理論》 上海 同濟大學出版社 2004

高振鐸主編 《古籍知識手冊》 臺北 萬卷樓圖書公司 1997

高莉芬 《蓬萊神話：神山、海洋與洲島的神聖敘事》 臺北 里仁
書局 2008

張一兵 《問題式、症候閱讀與意識型態：關于阿爾都塞的一種文本

學解讀》　北京　中央編譯出版社　2003

張小虹　《性別/研究讀本》　臺北　麥田出版公司　1998

張小虹　《性別越界：女性主義文學理論與批評》　臺北　聯合文學出版公司　1995

張以仁師　《春秋史論集》　臺北　聯經出版事業公司　1990

張旭東　《批評的蹤跡：文化理論與文化批判（1985-2002）》　北京　三聯書店　2003

張西平　《歐洲早期漢學史：中西文化交流與西方漢學的興起》　北京　中華書局　2009

張曉紅　《互文視野中的女性詩歌》　桂林　廣西師範大學出版社　2008

曹祥芹、韓雪屏主編　《閱讀學原理》　鄭州　大象出版社　1992

曹莉主編　《永遠的烏托邦——西方文學名著導讀》　北京　清華大學出版社　2002

曹逢甫　《從語言學看文學：唐宋近體詩三論》　臺北　中央研究院語言學研究所　2004

梁啟超　《飲冰室合集》　北京　中華書局　1994

梁啟超著　吳松等點校　《飲冰室文集點校》　昆明　雲南教育出版社　200

梁啟超撰　朱維錚導讀　《清代學術概論》　上海　上海古籍出版社　1998

許平、朱曉罕　《一場改變了一切的虛假革命：20世紀60年代西方學生運動》　上海　上海人民出版社　2004

勞思光　《思想方法五講》　香港　文光書局　1958

黃武忠　《臺灣作家印象記》　臺北　眾文圖書公司　1984

黃金川 《正續合編金川詩草》 臺北 中央研究院中國文哲研究所 1992

黃俊傑編 《東亞儒學研究的回顧與展望》 臺北 國立臺灣大學出版中心 2005

黃葵、俞君立編著 《閱讀學基礎》 武昌 武漢大學出版社 1996

楊牧（王靖獻） 《失去的樂土》 臺北 洪範書店 2002

楊義 《通向大文學觀》 合肥 安徽教育出版社 2006

楊義 《讀書的啟示：楊義學術演講錄》 北京 三聯書店 2007

楊儒賓、張寶三編 《日本漢學研究續探：思想文化篇》 臺北 國立臺灣大學出版中心 2005

經濟部中央標準局編 《圖書館相關國家標準彙編》 臺北 經濟部中央標準局 1994

經濟部中央標準局編 《圖書館相關國家標準彙編》 臺北 經濟部中央標準局 1995

鄒進 《現代德國文化教育學》 太原 山西教育出版社 1992

褚斌杰等 《儒家經典與中國文化》 武漢 湖北教育出版社 2000

趙毅衡編選 《符號學文學論文集》 天津 百花文藝出版社 2004

劉禾等主編 《國際理論空間》 北京 清華大學出版社 2003

劉亞猛 《追求象徵的力量：關於西方修辭思想的的思考》 北京 三聯書店 2004

劉耘華 《詮釋的圓環：明末清初傳教士對儒家經典的解釋及其本土回應》 北京 北京大學出版社 2005

潘光旦 《夔庵隨筆》 天津 百花文藝出版社 2002

蔣寅 《學術的年輪》 北京 中國文聯出版社 2000

蔣經國 《蔣主席言論集：勝利之路》 臺北 中央文物供應社 1983

魯迅著　林非主編　《魯迅著作全編》　北京　中國社會科學出版社
　　　　1999

錢鍾書　《管錐編》　北京　中華書局　1994

韓震、董立河　《歷史學研究的語言學轉向：西方後現代歷史哲學研
　　　　究》　北京　北京師範大學出版社　2008

顏崑陽　《李商隱詩箋釋方法論：中國古典詮釋學例說》　臺北　臺
　　　　灣學生書局　1991

羅積勇　《用典研究》　武昌　武漢大學出版社　2005

三　翻譯外文學術專著
（依國籍及作者姓氏筆畫排列）

[日]川合康三著　蔡毅譯　《中國的自傳文學》　北京　中央編譯出
　　　　版社　1998

[日]早川博士父子著　林佩熹譯　《語言與人生》　臺北　麥田出版
　　　　社　2014

[日]溝口雄三先生著　林右崇譯　《中國前近代思想的演變》　新竹
　　　　國立清華大學歷史研究所思想史研究室　1992

[加]Alberto Manguel著　吳昌杰譯　《閱讀史》　北京　商務印書館
　　　　2002

[加]安德烈・貢德・弗蘭克著　劉北成譯　《白銀資本：重視經濟全
　　　　球化中的東方》　北京　中央編譯出版社　2000

[加]馬偕著　林晚生譯　鄭仰恩校注　《福爾摩沙紀事：馬偕台灣回
　　　　憶錄》　臺北　前衛出版社　2007

[加]馬歇爾・麥克魯漢著　何道寬譯　《理解媒介：論人的延伸》
　　　　北京　商務印書館　2000

[古希臘]亞里斯多德著　苗力田譯　《尼各馬科倫理學》　北京　中國社會科學出版社　1990

[古希臘]柏拉圖著　王太慶譯　《柏拉圖對話錄》　北京　商務印書館　2004

[法]Henri Béhar　[法]Michel Carassou合著　陳聖生譯　《達達：一部反叛的歷史》　桂林　廣西師範大學出版社　2003

[法]布爾迪約、帕斯隆著　邢克超譯　《再生產：一種教育系統理論的要點》　北京　商務印書館　2002

[法]西蒙娜‧德‧波伏娃著　陶鐵柱譯　《第二性》　北京　中國書籍出版社　2004

[法]波丢著　王作虹譯　《人：學術者》　貴陽　貴州人民出版社　2006

[法]茨維坦‧托多洛夫著　王東亮、王晨陽譯　《批評的批評：教育小說》　北京　三聯書店　1988

[法]傅柯著，王德威譯　《知識的考掘》　臺北　麥田出版公司　1993

[法]蒂費納‧薩莫瓦約著　邵煒譯　《互文性研究》　天津　天津人民出版社　2003

[阿根廷]方迪啟　[阿根廷]李普著　黃藿譯　《價值是什麼：價值學導論》　臺北　聯經出版事業公司　1986

[美] Pamela J. Farris著　張誼、王克譯　《美國中小學社會課教學實踐》　北京　華夏出版社　2004

[美]Jeffrey Robbins編　吳程遠等譯　《費曼的主張》　臺北　天下遠見出版公司　2001

[美]Peter Hanns Reill、Ellen Judy Willson著　劉北成、王皖強編譯　《啓蒙運動百科全書》　上海　上海人民出版社　2004

[美]丹‧艾瑞利著　周宜芳等譯　《誰說人是理性的：聰明消費者與行銷高手必讀的行為經濟學》　臺北　天下遠見出版公司　2008

[美]丹尼爾‧貝爾著　趙一凡等譯　《資本主義文化矛盾》　北京　三聯書店　1989

[美]王國斌著　李伯重、連玲玲譯　《轉變的中國：歷史變遷與歐洲經驗的局限》　南京　江蘇人民出版社　1998

[美]王斑著　孟祥春譯　《歷史的崇高形象：二十世紀中國的美學與政治》　上海　三聯書店　2008

[美]弗洛姆著　陳琍華譯　《理性的掙扎》　臺北　志文出版社　1975

[美]克伯屈著　王建新譯　《教學方法原理——教育漫談》　北京　人民出版社　1991

[美]克里斯‧安德森著　李明等譯　《長尾理論：打破80/20法則的新經濟學》　臺北　天下遠見出版公司　2006

[美]杜拉克著　劉真如譯　《下一個社會》　臺北　商周出版公司　2002

[美]沃爾特‧翁著　何道寬譯　《口語文化與書面文化：語詞的技術化》　北京　北京大學出版社　2008

[美]周蕾　《寫在家國之外》　香港　牛津大學出版社　1995

[美]明恩溥著　舒揚等譯　《文明與陋習——典型的中國人》　太原　書海出版社　2004

[美]杭廷頓著　周琪等譯　《文明的衝突與世界秩序的重建》　北京　新華出版社　2010修訂版

[美]杰夫瑞‧C‧亞歷山大　[美]史蒂芬‧謝德門（Steven Seidman）主編　古佳豔等譯　《文化與社會：當代辯論》　臺北　立

緒文化事業公司　1997

[美]保羅・法伊爾阿本德著　周昌忠譯　《反對方法》　臺北　時報文化出版公司　1996

[美]哈羅德・布魯姆著　朱立元、陳克明譯　《比較文學影響論：誤讀圖示》　臺北　駱駝出版社　1992

[美]柯保安著，李榮泰等譯　《美國的中國近代史研究：回顧與前瞻》　臺北　聯經出版事業公司　1991

[美]約瑟夫・弗雷徹著　程立顯譯　《境遇倫理學：新道德論》　北京　中國社會出版社　1989

[美]高彥頤著　李志生譯　《閨塾師：明末清初江南的才女文化》　南京　江蘇人民出版社　2005

[美]喬治・瑞澤爾著　謝立中等譯　《後現代社會理論》　北京　華夏出版社　2003

[美]彭慕蘭著　史建云譯　《大分流：歐洲、中國及現代世界經濟的發展》　南京　江蘇人民出版社　2003

[美]彭慕蘭著　邱澎生等譯　《大分流：中國、歐洲與現代世界經濟的形成》　臺北　巨流圖書公司　2004

[美]湯瑪斯・庫恩著　金吾倫、胡新和譯　《科學革命的結構》　北京　北京大學出版社　2003

[美]黃宗智　《長江三角洲小農家庭與鄉村發展：1350-1988》　香港　牛津大學出版社　1994

[美]福山著　李永熾先生譯　《歷史之終結與最後一人》　臺北　時報文化出版公司　1993

[美]賓克萊著　馬元德等譯　《理想的衝突：西方社會中變化著的價值觀念》　北京　商務印書館　1983

[美]劉禾著　宋偉杰等譯　《跨語際實踐：文學、民族文化與被譯介

的現代性（中國1900-1937）》 北京 三聯書店 2002

[美]諾齊克著 何懷宏等譯 《無政府、國家與烏托邦》 北京 中國社會科學出版社 1991

[美]韓南著 尹慧珉譯 《中國白話小說史》 杭州 浙江古籍出版社 1989

[美]薩伊德著 王志弘等譯 《東方主義》 臺北 立緒文化事業公司 1999

[美]魏若望著 吳莉葦譯 《耶穌會士傅聖澤神甫傳：索隱派思想在中國及歐洲》 鄭州 大象出版社 2006

[英] John Hick著 王志成、思竹譯 《第五向度·我們毋須知道的事》 成都 四川人民出版社 2000

[英] John Hick著 鄧元尉譯 《第五向度·我們毋須知道的事》 臺北 商周出版社 2001

[英]Basil Hatim [英]Ian Mason著 王文斌譯 《話語與譯者》 北京 外語教學與研究出版社 2005

[英]卡爾·巴柏著 莊文瑞、李英明編譯 《開放社會及其敵人》 臺北 桂冠圖書公司 1989

[英]阿克頓爵士著 侯健、范亞峰譯 《自由與權力·箴言錄·權力》 北京 商務印書館 2001

[英]約翰·斯道雷著 徐德林譯 《斯道雷：記憶與欲望的耦合——英國文化研究中的文化與權力》 桂林 廣西師範大學出版社 2007

[英]福特編 董江陽、陳佐人譯 《現代神學家：二十世紀基督教神學導論》 香港 道風書社 2005

[英]鮑曼著 郇建立、李靜韜譯 《後現代性及其缺憾》 北京 學林出版社 2002

[荷蘭]弗克馬　[荷蘭]蟻布思著　俞國強譯　《文學研究與文化參與》　北京　北京大學出版社　1996

[意]烏蒙勃托・艾柯著　盧德平譯　《符號學原理》　北京　中國人民大學出版社　1990

[德]弗里德里希・包爾生著　何懷宏、廖申白譯　《倫理學體系》　臺北　淑馨出版社　1989

[德]恩斯特・布洛赫著　夢海譯　《希望的原理（第一卷）》　上海　上海譯文出版社　2012

余國藩著　李奭學編譯　《《紅樓夢》、《西遊記》與其他：余國藩論學文選》　北京　三聯書店　2006

聖經公會編譯　《和合本聖經》　香港　聖經公會　1975

四　單篇論文與報導

（依發表或出版時間先後排列）

蕭瑜　〈漢學研究在烏拉圭的活躍〉　《建設》第16卷第7期　1967年12月　頁16-18

吳錫澤　〈從「漢學」到「中國研究」〉　《東方雜誌》復刊第2卷第10期　1969年4月　頁45-49

余光中　〈「怎樣改進英式中文」？──論中文的常態與變態〉　《明報月刊》第22卷第10期　1987年10月　頁75-81

楊晉龍　〈「四庫學」研究的反思〉　《中國文哲研究集刊》第4期　1994年3月　頁349-394

鄒桂苑　〈文學要向全人類的思潮與智慧開放──李瑞騰專訪楊義（下）〉　《文訊》第114期　1995年4月　頁84-89

楊晉龍　〈論《詩傳大全》與《詩傳通釋》的差異〉　《中國文哲研

究集刊》第8期　1996年3月　頁105-146

楊晉龍　〈《詩傳大全》來源問題探究〉　林慶彰、蔣秋華主編
　　　　《明代經學國際研討會論文集》　臺北　中央研究院中國文
　　　　哲研究所籌備處　1996　頁317-346

楊晉龍　〈《孟子》在司馬翎武俠小說中的應用及其意義〉　淡江大
　　　　學中國文學系主編　《縱橫武林：中國武俠小說國際學術研
　　　　討會論文集》　臺北　臺灣學生書局　1998　頁207-245

[法]于連著　陳彥譯　〈答張隆溪〉　《二十一世紀》第55期　1999
　　　　年10月　頁119-122

陳玉慧專訪　〈世紀大師訪談系列——百歲哲學大師伽達瑪：資訊氾
　　　　濫，將阻止人類思考〉　《聯合報》　1999年12月17日第3版

沈玲　〈學術論文摘要和結論的寫作方法〉　《現代情報》2000年第
　　　　6期　頁59-60

蔡明月　〈引用文獻分析與引用動機研究〉　《教育資料與圖書館
　　　　學》第38卷4期　2001年6月　頁385-406

羅思嘉　〈引用文獻分析與學術傳播研究〉　《中國圖書館學會會
　　　　報》第66期　2001年6月　頁98-112

楊晉龍　〈臺灣近五十年詩經學研究概述（1949-1998）〉　《漢學
　　　　研究通訊》第20卷第3期　2001年8月　頁28-50

陳平原　〈「精心結構」與「明白清楚」——胡適述學文體研究〉
　　　　《中央研究院近代史研究所集刊》第38期　2002年12月　頁
　　　　153-186

王梅玲　〈電子期刊興起及其對學術傳播影響的探討〉　《中國圖書
　　　　館學會會報》第71期　2003年12月　頁61-78

秦海鷹　〈互文性理論的緣起與流變〉　《外國文學評論》2004年第
　　　　3期　頁19-30

楊晉龍　〈摘要寫作析論〉　張高評主編　《實用中文寫作學》　臺
　　　　北　里仁書局　2004　頁259-305

[法]于連著　林志明譯　〈由希臘繞道中國，往而復返：基本主張〉
　　　　林志明、魏思齊編輯　《輔仁大學第二屆漢學國際研討會
　　　　「其言曲而中：漢學作為對西方的新詮釋──法國貢獻」論
　　　　文集》　臺北　輔仁大學出版社　2005　頁71-87

伍純嫻　〈《詩傳大全》與《詩經傳說彙纂》關係探論：簡析明代
　　　　《詩經》官學的延續與發展〉　《中山人文學報》第20期
　　　　2005年夏　頁81-118

季旭昇　〈《上博三·恆先》「意出於生，言出於意」說〉　《中國
　　　　文字》新30期　2005年11月　頁183-192

王汎森　〈如果讓我重做一次研究生〉　《花蓮教育大學國民教育研
　　　　究所電子報》第8期　2005年12月25日

楊晉龍　〈開闢引導與典律：論屈萬里與臺灣詩經學研究環境的生
　　　　成〉　國立臺灣大學中國文學系等主編　《屈萬里先生百歲
　　　　誕辰國際學術研討會論文集》　臺北　國立臺灣大學中國文
　　　　學系　2006　頁109-150

李明輝　〈中西比較哲學的方法論省思〉　《中國哲學史》2006年第
　　　　2期　頁17-20

楊晉龍　〈勤能補拙？：學習迷思的反省〉　《百世教育雜誌》第
　　　　178期　2006年7月　頁4-6

楊晉龍　〈論經學和思維在臺灣教育及研究上的意義〉　國立臺灣師
　　　　範大學國文學系主編　《紀念瑞安林尹教授百歲誕辰學術研
　　　　討會論文集》　臺北　文史哲出版社　2009　上冊　頁129-
　　　　152

楊晉龍　〈論曾子傳述孔子思想的信實問題〉　編輯小組編　《吳宏

　　　　　一教授六秩晉五壽慶暨榮休論文集》　臺北　里仁書局
　　　　　2008　頁685-724

楊晉龍　〈論兒童讀經的淵源及從理想層面探討兩種讀經法的功能〉
　　　　　《（高師大）國文學報》第8期　2008年6月　頁71-120

秦海鷹　〈怎樣言說他者：談于連教授對中國古典文論概念的梳理和
　　　　　闡釋〉　《跨文化對話》第23輯　2008年8月　頁96-103

楊晉龍　〈從「現代經濟理論」論《四庫全書總目》：經濟學及其相
　　　　　關概念與傳統中華文化研究〉　《故宮學術季刊》第26卷第
　　　　　1期　2008年9月　頁133-169

王元化、林毓生　〈王元化、林毓生對話錄〉　《跨文化對話》第24
　　　　　輯　2009年2月　頁79-115

楊晉龍　〈《張壽林著作集》校訂跋〉　林慶彰、蔣秋華主編　《張
　　　　　壽林著作集（續修四庫提要稿）》　臺北　中央研究院中國
　　　　　文哲研究所　2009　第4冊　頁333-358

楊晉龍　〈經學與基督宗教：明清詩經學專著內的西學概念〉　國立
　　　　　政治大學中國文學系編　《第五屆中國經學國際學術研討會
　　　　　論文集》　臺北　國立政治大學中國文學系　2009　頁399-
　　　　　437

楊晉龍　〈閱讀、批判與分析角度的自我省思：論多元開放的治學方
　　　　　法〉　《北市大語文學報》第3期　2009年12月　頁97-122

楊晉龍　〈經學對通俗文學的滲透：論《西遊記》的「引經據典」〉
　　　　　《漢學研究》第28卷第3期　2010年9月　頁63-97

林慶彰　〈學術論文寫作〉　張高評主編　《實用中文講義》　臺北
　　　　　東大圖書公司　2010　頁200-217

楊晉龍　〈提要摘要寫作〉　張高評主編　《實用中文講義》　臺北
　　　　　東大圖書公司　2010　頁243-265

楊晉龍　〈「情人眼裏出西施」的現代詮釋〉　《止善》第9期
　　　　2010年12月　頁3-22

張晉芬　〈主編的話〉　《台灣社會學》第23期　2012年6月　頁1-2

楊晉龍　〈看書何如讀書精：讀經與研究探論〉　《中國經學》第11
　　　　輯　2013年6月　頁201-216

楊晉龍　〈穆斯林學者王岱輿著作引述及應用經書探論〉　《中國文
　　　　哲研究集刊》第43期　2013年9月　頁173-216

楊晉龍　〈論文摘要寫作概說（上）（下）〉　《國文天地》第29卷
　　　　第10-11期　2014年3-4月　頁128-135　頁126-135

楊晉龍　〈引導與典範：王叔岷先生論著在臺灣學位論文的引述及意
　　　　義探論〉　臺北　國立臺灣大學中國文學系主辦「王叔岷先
　　　　生百歲冥誕國際學術研討會」論文　2014年5月24日

黃俊傑　〈東亞思想交流史中「脈絡性轉換」的兩個方法論問題〉
　　　　臺北中央研究院中國文哲所主辦《「全球與本土之間的哲學
　　　　探索──賀劉述先先生八秩壽慶」學術研討會論文集》
　　　　2014年7月28日　頁1-9

五　學位論文

（依畢業時間先後排列）

江惜美　《烏臺詩案研究》　臺北　東吳大學中國文學研究所碩士論
　　　　文　1987

楊晉龍　《錢謙益史學研究》　高雄　國立高雄師範學院國文研究所
　　　　碩士論文　1989

謝爾達　《論語與古蘭經主要相關思想的研究》　臺北　國立政治大
　　　　學中國文學研究所碩士論文　1993

楊晉龍　《明代詩經學研究》　臺北　國立臺灣大學中國文學研究所
　　　博士論文　1997

伍純嫻　《《詩傳大全》與《詩經傳說彙纂》比較研究》　臺北　中
　　　國文化大學中國文學研究所碩士論文　2000

六　網路論文

（依發表時間先後排列）

http://www.cdn.com.tw/live/2004/05/02/text/930502e4.htm　陳曼玲
　　　〈跨海連線學者把脈臺灣科學教育〉　2004年5月2日發表

http://www.natureasia.com/ch/webfocus/chinavoice　蒲慕明　〈建立中
　　　國的科研機構——文化的反思〉　2004年7月21日發表

http://www.guoxue.com/wk/000467.htm　程志華　〈中國哲學史研究的
　　　詮釋理路〉　2008年10月24日發表

http://blog.xuite.net/lichanglee/kuastm/31189791　李力昌　〈研究性論
　　　文當中「結論」的寫法與注意事項〉　2010年2月21日發表

http://mypaper.pchome.com.tw/ytjiang/post/1321774030　逸竹　〈一首
　　　名詩引用多流傳廣版本多影響大〉　2010年12月25日發表

http://hk.apple.nextmedia.com/news/art/20130816/18381055　端木少華
　　　〈解讀「旺角粗口」新聞事件 以政府之力對抗一公民〉
　　　2013年8月15日發表

http://www.editing.tw/blog/writing/如何處理退稿意見.html　〈如何處
　　　理退稿意見〉　2014年7月4日發表

http://www.bime.ntu.edu.tw/~dsfon/specialtopics/writethesis.htm　馮丁樹
　　　〈如何撰寫論文摘要〉　2014年3月10日搜尋

http://sex.ncu.edu.tw/papers/1-1.php　何春蕤　〈論文寫作〉　2014年3

月10日搜尋

http://www.lawtw.com/index.php　邢泰釗　〈特別權力關係之理論
　　　（三）：學校與學生關係之理論〉　2014年7月31日搜尋

七　網路資料庫或搜尋引擎

《漢籍電子文獻瀚典全文檢索系統》　臺北　中央研究院　1984-

《文淵閣四庫全書電子版3.0版》　香港　迪志文化出版公司　2007
　　　簡稱「《四庫》本」

《中國基本古籍庫》　北京　愛如生數字化技術研究中心　2003　簡
　　　稱「《古籍庫》本」

《中國方志庫》　北京　愛如生數字化技術研究中心　2011-2013

http://libnt.npm.gov.tw/s25/index.htm：故宮[寒泉]古典文獻全文檢索資
　　　料庫

http://skqs.lib.ntnu.edu.tw/dragon/：臺灣師大圖書館[寒泉]古典文獻全
　　　文檢索資料庫

http://dict.revised.moe.edu.tw/：網路版重編國語辭典修訂本

http://cidian.xpcha.com/：在線漢語詞典

http://terms.naer.edu.tw/detail/1315632/：雙語詞彙、學術名詞暨辭書資
　　　訊網

http://www.confuchina.com/10%20lishi/zhongzheshiquanshi.htm：中國儒
　　　學網

http://www.ica.org.cn：國際儒學聯合會網站

https://www.google.com.tw/：Google

http://tw.baidu.com/：百度

http://www.baike.com/：互動百科

http://zh.wikipedia.org/wiki/Wikipedia:%E9%A6%96%E9%A1%B5：維
基百科

編後記

　　二〇一〇年退伍到萬卷樓任職，至今已經四個年頭了。負責編輯部的業務，不論是自己編輯，或是參與編輯的書籍，已出版超過二百本的新書。本書是我第一次為出版品寫〈編後記〉。這要感謝晉龍師給我這個機會，以及一直以來對我的鼓勵和指導。

　　就讀臺北市立教育大學時，晉龍師已在研究所開設「治學方法」課程，是系上赫赫有名的老師。但當時的我，只聞其名，未識其人。一直到慶彰師要我到文哲所擔任助理的時候，在洪楷萱學姊的引薦下，才跟晉龍師有初步的認識。

　　楷萱學姊是晉龍師的高足，也是我在市立教育大學的學姊。當時助理們有一間辦公室，大家在一起學習。我在楷萱學姊的介紹下，很快的便和晉龍師的學生們變成好友。晉龍師常過來關心學生們的學習狀況，因為我也在旁邊，所以也得到許多晉龍師的關心和指導。晉龍師的指導方式，與其他老師頗有不同之處。既不是講授式的循循善誘，也不是操作式的諄諄教誨。他強調辯論和思考，透過詰問與反向問題，讓學生從不同的角度，去思考問題，並加強問題意識。晉龍師不會擺出師長的架子，而是在一派輕鬆的態度下，丟出一個問題，讓同學思考或回答。他從不直接告訴你答案，但答案往往在後來的思考中，呼之欲出。我想這就是所謂的「不教之教」吧。

　　在當時，除了日常相處的學習之外，我與晉龍師之間，並沒有更進一步的學習機會。一方面是指導教授不同，另一方面是當時參與的國科會計劃，與晉龍師正在研究的課題不同。畢業後，就沒再跟晉龍師聯絡。一直到退伍，進入了萬卷樓編輯部。當時，萬卷樓編輯部的

工作之一，是負責每個月《國文天地》雜誌的編輯和出刊。當時晉龍師已經在《國文天地》連載「治學方法」的專欄了。因此，我每個月都必須跟老師聯繫稿件編輯事宜，這才又開始跟晉龍師的聯繫。

　　雖然我不直接負責《國文天地》的編輯工作，但每期的每篇文章，都必須通讀一次。在當時，已經沒有趕著寫論文的壓力。但每次看完晉龍師發表的文章，往往獲益良多。有時會想起論文寫作期間，所碰到的問題，如果用書中提到的方式來解決，就不會走許多冤枉路。此外，也會想到部分已經處理完的問題，如果再透過晉龍師所提的方式去思考，可能會有不同的結論和思考！

　　晉龍師所寫的「治學方法」，與市面上的「治學方法」，存在幾項差異：一、有別於傳統的「國學導讀」類的文獻學知識。二、有別於一般的資料檢索和查找的指導。三、有別於論文寫作格式的指導和規範。四、有別於「邏輯」思考的分析和方法。五、有別籠統抽象式的分析和說明。六、有別於論文寫作技術的指導。上述的幾種類型的書籍，在研究和治學上，都扮演不同的角色，各有各的重要性。但，對於一個寫作論文的學生來說，顯得各有所偏。單靠一種書籍的指導，要順利寫完論文，幾乎不可能。各種不同的治學書籍，又各自形成體系。在論文寫作的壓力下，往往越看越模糊了。在審查《國文天地》稿件的時候，會發現有些論文寫作者，拿著一些西方方法論的概念，強加在研究的主題上，很主觀的導出一些個人想要的結果。我想會有這種狀況，可能的原因之一，便是市面上的治學方法書籍，都各有所偏的原因。而晉龍師的這本書，則是打破了現有的窠臼，從一個研究者的角度，從一個過來人的經驗，來指導讀者如何寫作論文。全書除緒論外，共分十講，分別從治學方法的基本理念、個人問題意識的探討、教學與研究的環境、世界視野下的研究環境、標點與閱讀的分析、論文書寫的技術性、論文書寫的實質性、論文評論的相關內

容、總結性的教學歸納和說明,從外而內,兼顧了廣泛性的理論分析,到具體的操作指導,都作了詳細的說明。打破了各種「治學方法」或「論文寫作法」的藩籬,重新建構起新的治學方法的體系。讓面對論文寫作的學生、讀者,能夠有系統地了解如何做研究,以及如何把研究的內容寫成論文。

今天本書即將出版,在編輯部稿件即將殺青的同時。有感於過去和晉龍師相處,他所帶給我的「不教之教」,以及個人學習過程中,所遇到的困境,和閱讀過本書的所獲得的解答、感觸。特別徵求晉龍師的同意,撰寫此一〈編後語〉。一方面記我跟晉龍師學習的經過;另一方面分享我編輯、閱讀本書的感想;三方面誠摯地向各位讀者推薦,這是一本做學術研究、寫學術論文不可或缺的案頭寶典。

萬卷樓圖書股份有限公司
副總經理　副總編輯　張晏瑞
二○一四年九月四日謹誌

通識教育叢書・治學方法叢刊 0201003

治學方法

作　　者	楊晉龍
校 稿 者	劉柏宏、曹琦、龔家祺
責任編輯	吳家嘉

發 行 人	林慶彰
總 經 理	梁錦興
總 編 輯	張晏瑞
編 輯 所	萬卷樓圖書股份有限公司
	臺北市羅斯福路二段 41 號 6 樓之 3
	電話 (02)23216565
	傳真 (02)23218698

發　　行	萬卷樓圖書股份有限公司
	臺北市羅斯福路二段 41 號 6 樓之 3
	電話 (02)23216565
	傳真 (02)23218698
	電郵 SERVICE@WANJUAN.COM.TW
大陸經銷	廈門外圖臺灣書店有限公司
	電郵 JKB188@188.COM

ISBN 978-957-739-882-6

2020 年 9 月初版三刷
2018 年 12 月初版二刷
2014 年 9 月初版

定價：新臺幣 680 元

如何購買本書：

1. 劃撥購書，請透過以下郵政劃撥帳號：
   帳號：15624015
   戶名：萬卷樓圖書股份有限公司

2. 轉帳購書，請透過以下帳戶
   合作金庫銀行 古亭分行
   戶名：萬卷樓圖書股份有限公司
   帳號：0877717092596

3. 網路購書，請透過萬卷樓網站
   網址 WWW.WANJUAN.COM.TW

大量購書，請直接聯繫我們，將有專人為
您服務。客服：(02)23216565 分機 610

如有缺頁、破損或裝訂錯誤，請寄回更換
版權所有・翻印必究
Copyright©2020 by WanJuanLou Books CO., Ltd.
All Rights Reserved　　　Printed in Taiwan

國家圖書館出版品預行編目資料

治學方法 / 楊晉龍著.
　-- 初版. -- 臺北市：萬卷樓, 2014.09
　　面；　公分. -- (通識教育叢書)
ISBN 978-957-739-882-6(平裝)
1.通識教育 2.治學方法 3.論文寫作法
525.33　　　　　　　　　103016634